北京大學中國語言學研究中心

国家出版基金项目
NATIONAL PUBLICATION FOUNDATION

早期北京話珍稀文獻集成

主编 劉雲

清代滿漢合璧文獻萃編

漢文主編 劉雲 陳曉

滿文主編 王碩 [日]竹越孝

卷一

滿漢成語對待

[清]劉順 編著

[日]竹越孝 陳曉 校注

北京大学出版社
PEKING UNIVERSITY PRESS

圖書在版編目 (CIP) 數據

滿漢成語對待：全三册 / （清）劉順編著；（日）竹越孝，陳曉校注．—北京：北京大學出版社，2018. 11

（早期北京話珍本典籍校釋與研究）

ISBN 978-7-301-29966-1

Ⅰ.①滿… Ⅱ.①劉… ②竹… ③陳… Ⅲ.①滿語－成語詞典－漢語 ②成語詞典－滿語、漢語 Ⅳ.①H221.6

中國版本圖書館 CIP 數據核字（2018）第 238940 號

書　　名	滿漢成語對待（全三册） MAN HAN CHENGYU DUI DAI
著作責任者	［清］劉順　編著　［日］竹越孝　陳曉　校注
責任編輯	宋思佳
標準書號	ISBN 978-7-301-29966-1
出版發行	北京大學出版社
地　　址	北京市海淀區成府路 205 號　100871
網　　址	http://www.pup.cn　　新浪微博：@ 北京大學出版社
電子信箱	zpup@pup cn
電　　話	郵購部 010-62752015　發行部 010-62750672　編輯部 010-62753027
印 刷 者	北京虎彩文化傳播有限公司
經 銷 者	新華書店
	720 毫米 ×1020 毫米　16 開本　81.75 印張　1032 千字
	2018 年 11 月第 1 版　2018 年 11 月第 1 次印刷
定　　價	328.00 元（全三册）

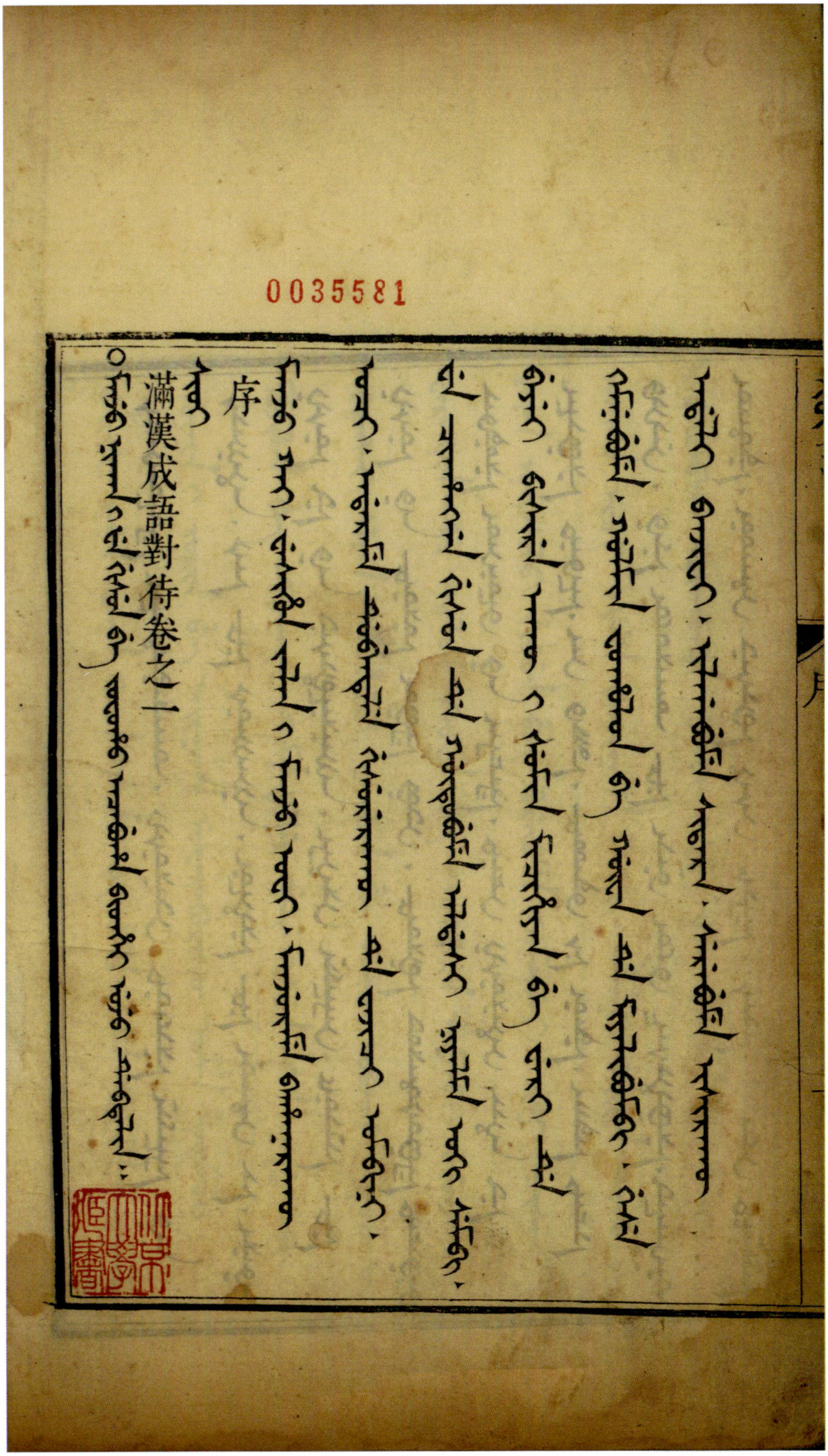
0035581
序
滿漢成語對待卷之一

《滿漢成語對待》書影（來源：北京大學圖書館）

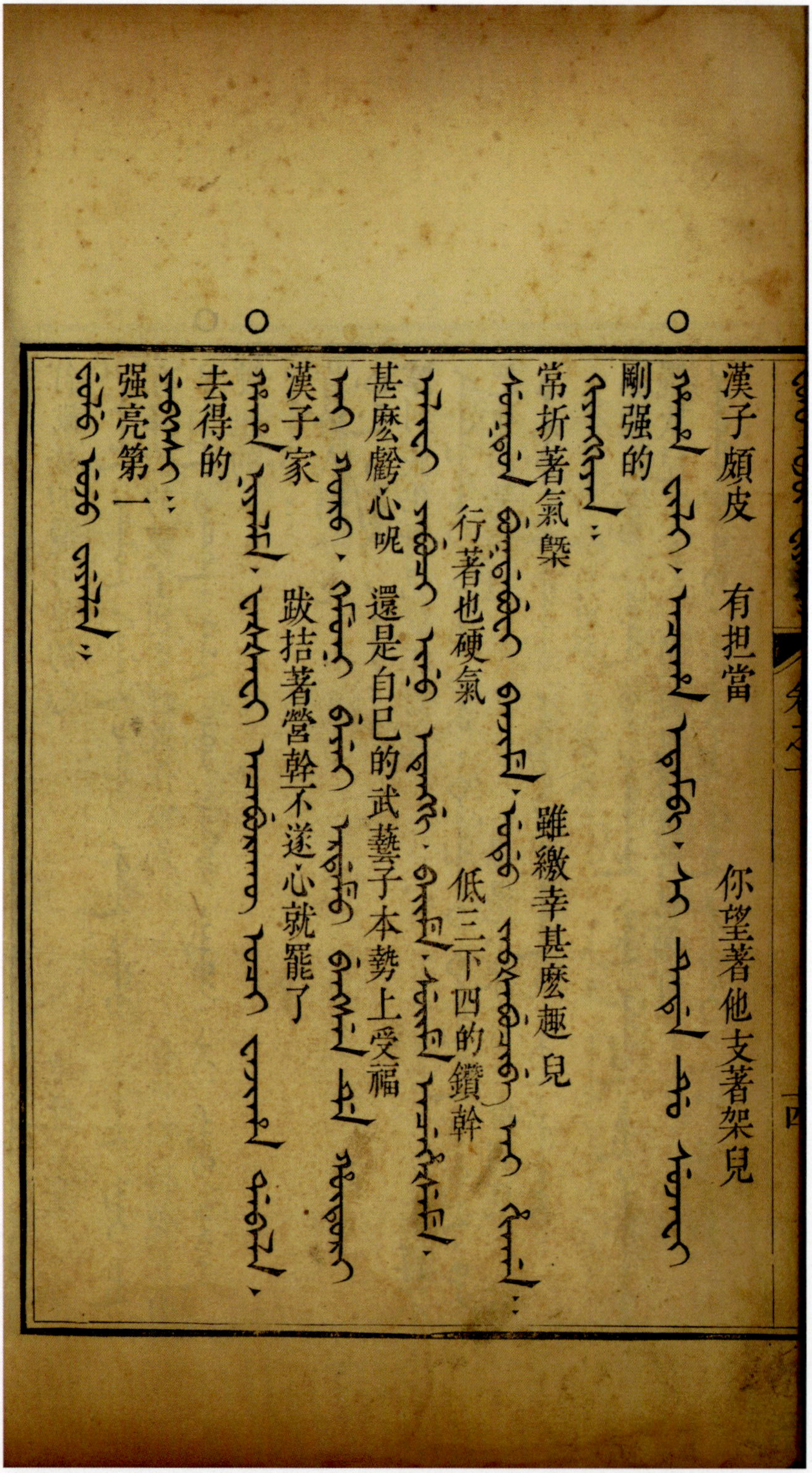

漢子頗皮　有担當　你望著他支著架兒
剛強的
常折著氣槩　雖繳幸甚麽趣兒
行著也硬氣　低三下四的鑽幹
甚麽齡心呢　還是自巳的武藝子本勢上受福
漢子家　跋拮著營幹不遂心就罷了
去得的
强亮第一
四

《滿漢成語對待》書影（來源：北京大學圖書館）

總 序

語言是文化的重要組成部分，也是文化的載體。語言中有歷史。

多元一體的中華文化，體現在我國豐富的民族文化和地域文化及其語言和方言之中。

北京是遼金元明清五代國都（遼時爲陪都），千餘年來，逐漸成爲中華民族所公認的政治中心。北方多個少數民族文化與漢文化在這裏碰撞、融合，産生出以漢文化爲主體的、帶有民族文化風味的特色文化。

現今的北京話是我國漢語方言和地域文化中極具特色的一支，它與遼金元明四代的北京話是否有直接繼承關係還不是十分清楚。但可以肯定的是，它與清代以來旗人語言文化與漢人語言文化的彼此交融有直接關係。再往前追溯，旗人與漢人語言文化的接觸與交融在入關前已經十分深刻。本叢書收集整理的這些語料直接反映了清代以來北京話、京味兒文化的發展變化。

早期北京話有獨特的歷史傳承和文化底藴，於中華文化、歷史有特別的意義。

一者，這一時期的北京歷經滿漢雙語共存、雙語互協而新生出的漢語方言——北京話，它最終成爲我國民族共同語（普通話）的基礎方言。這一過程是中華多元一體文化自然形成的諸過程之一，對於了解形成中華文化多元一體關係的具體進程有重要的價值。

二者，清代以來，北京曾歷經數次重要的社會變動：清王朝的逐漸孱弱、八國聯軍的入侵、帝制覆滅和民國建立及其伴隨的滿漢關係變化、各路軍閥的來來往往、日本侵略者的占領等等。在這些不同的社會環境下，北京人的構成有無重要變化？北京話和京味兒文化是否有變化？進一步地，地域方言和文化與自身的傳承性或發展性有着什麼樣的關係？與社會變遷有着什麼樣的關係？清代以至民國時期早期北京話的語料爲研究語言文化自身傳承性與社會的關係提供了很好的素材。

了解歷史纔能更好地把握未來。中華人民共和國成立後，北京不僅是全國的政治中心，而且是全國的文化和科研中心，新的北京話和京味兒文化或正在形成。什麼是老北京京味兒文化的精華？如何傳承這些精華？爲把握新的地域文化形成的規律，爲傳承地域文化的精華，必須對過去的地域文化的特色及其形成過程進行細緻的研究和理性的分析。而近幾十年來，各種新的傳媒形式不斷涌現，外來西方文化和國内其他地域文化的衝擊越來越强烈，北京地區人口流動日趨頻繁，老北京人逐漸分散，老北京話已幾近消失。清代以來各個重要歷史時期早期北京話語料的保護整理和研究迫在眉睫。

“早期北京話珍本典籍校釋與研究（暨早期北京話文獻數字化工程）”是北京大學中國語言學研究中心研究成果，由“早期北京話珍稀文獻集成”“早期北京話數據庫”和“早期北京話研究書系”三部分組成。“集成”收録從清中葉到民國末年反映早期北京話面貌的珍稀文獻并對内容加以整理，“數據庫”爲研究者分析語料提供便利，“研究書系”是在上述文獻和數據庫基礎上對早期北京話的集中研究，反映了當前相關研究的最新進展。

本叢書可以爲語言學、歷史學、社會學、民俗學、文化學等多方面的研究提供素材。

願本叢書的出版爲中華優秀文化的傳承做出貢獻！

王洪君　郭鋭　劉雲

二〇一六年十月

“早期北京話珍稀文獻集成”序

清民兩代是北京話走向成熟的關鍵階段。從漢語史的角度看，這是一個承前啓後的重要時期，而成熟後的北京話又開始爲當代漢民族共同語——普通話源源不斷地提供着養分。蔣紹愚先生對此有着深刻的認識：“特别是清初到19世紀末這一段的漢語，雖然按分期來説是屬於現代漢語而不屬於近代漢語，但這一段的語言（語法，尤其是詞彙）和‘五四’以後的語言（通常所説的‘現代漢語’就是指‘五四’以後的語言）還有若干不同，研究這一段語言對於研究近代漢語是如何發展到‘五四’以後的語言是很有價值的。”（《近代漢語研究概要》，北京大學出版社，2005年）然而國内的早期北京話研究并不盡如人意，在重視程度和材料發掘力度上都要落後於日本同行。自1876年至1945年間，日本漢語教學的目的語轉向當時的北京話，因此留下了大批的北京話教材，這爲其早期北京話研究提供了材料支撑。作爲日本北京話研究的奠基者，太田辰夫先生非常重視新語料的發掘，很早就利用了《小額》《北京》等京味兒小説材料。這種治學理念得到了很好的傳承，之後，日本陸續影印出版了《中國語學資料叢刊》《中國語教本類集成》《清民語料》等資料匯編，給研究帶來了便利。

新材料的發掘是學術研究的源頭活水。陳寅恪《〈敦煌劫餘録〉序》有云：“一時代之學術，必有其新材料與新問題。取用此材料，以研求問題，則爲此時代學術之新潮流。”我們的研究要想取得突破，必須打破材料桎梏。在具體思路上，一方面要拓展視野，關注“異族之故書”，深度利用好朝鮮、日本、泰西諸國作者所主導編纂的早期北京話教本；另一方面，更要利用本土優勢，在“吾國之舊籍”中深入挖掘，官話正音教本、滿漢合璧教本、京味兒小説、曲藝劇本等新類型語料大有文章可做。在明確了思路之後，我們從2004年開始了前期的準備工作，在北京大學中國語言學研究中心的大力支持下，早期北京話的挖掘整理工作於2007年正式啓動。本次推出的“早期北京話珍稀文獻集成”是階段性成果之一，總體設計上“取異族之故書與吾國之舊籍互相補正”，共分“日本北京話教科書匯編”“朝鮮日據時期漢語會話書匯編”“西人北京話教科書匯編”“清代滿漢合璧文獻萃編”“清代官話正音文獻”“十全福”“清末民初京味兒小説書系”“清末民初京味兒時評書系”八個系列，臚列如下：

“日本北京話教科書匯編”於日本早期北京話會話書、綜合教科書、改編讀物和風俗紀聞讀物中精選出《燕京婦語》《四聲聯珠》《華語跬步》《官話指南》《改訂官話指南》《亞細亞言語集》《京華事略》《北京紀聞》《北京風土編》《北京風俗問答》《北京事情》《伊蘇普喻言》《搜奇新編》《今古奇觀》等二十餘部作品。這些教材是日本早期北京話教學活動的縮影，也是研究早期北京方言、民俗、史地問題的寶貴資料。本系列的編纂得到了日本學界的大力幫助。冰野善寛、内田慶市、太田齋、鱒澤彰夫諸先生在書影拍攝方面給予了諸多幫助。書中日語例言、日語小引的翻譯得到了竹越孝先生的悉心指導，在此深表謝忱。

“朝鮮日據時期漢語會話書匯編”由韓國著名漢學家朴在淵教授和金雅瑛博士校注，收入《改正增補漢語獨學》《修正獨習漢語指南》《高等官話華語精選》《官話華語教范》《速修漢語自通》《速修漢語大成》《無先生速修中國語自通》《官話標準：短期速修中國語自通》《中語大全》《“内鮮滿”最速成中國語自通》等十餘部日據時期（1910年至1945年）朝鮮教材。這批教材既是對《老乞大》《朴通事》的傳承，又深受日本早期北京話教學活動的影響。在中韓語言史、文化史研究中，日據時期是近現代過渡的重要時期，這些資料具有多方面的研究價值。

“西人北京話教科書匯編”收録了《語言自邇集》《官話類編》等十餘部西人編纂教材。這些西方作者多受過語言學訓練，他們用印歐語的眼光考量漢語，解釋漢語語法現象，設計記音符號系統，對早期北京話語音、詞彙、語法面貌的描寫要比本土文獻更爲精準。感謝郭鋭老師提供了《官話類編》《北京話語音讀本》和《漢語口語初級讀本》的底本，《尋津録》、《語言自邇集》（第一版、第二版）、《漢英北京官話詞彙》、《華語入門》等底本由北京大學圖書館特藏部提供，謹致謝忱。《華英文義津逮》《言語聲片》爲筆者從海外購回，其中最爲珍貴的是老舍先生在倫敦東方學院執教期間，與英國學者共同編寫的教材——《言語聲片》。教材共分兩卷：第一卷爲英文卷，用英語講授漢語，用音標標注課文的讀音；第二卷爲漢字卷。《言語聲片》采用先用英語導入，再學習漢字的教學方法講授漢語口語，是世界上第一部有聲漢語教材。書中漢字均由老舍先生親筆書寫，全書由老舍先生録音，共十六張唱片，京韵十足，殊爲珍貴。

上述三類“異族之故書”經江藍生、張衛東、汪維輝、張美蘭、李無未、王順洪、張西平、魯健驥、王澧華諸先生介紹，已經進入學界視野，對北京話研究和對外漢語教學史研究産生了很大的推動作用。我們希望將更多的域外經典北京話教本引入進來，考慮到日本卷和朝鮮卷中很多抄本字迹潦草，難以辨認，而刻本、印本中也存在着大量的異體字和俗字，重排點校注釋的出版形式更利於研究者利用，這也是前文“深度利用”的含義所在。

對“吾國之舊籍”挖掘整理的成果，則體現在下面五個系列中：

“清代滿漢合璧文獻萃編”收入《清文啓蒙》《清話問答四十條》《清文指要》《續編兼漢清文指要》《庸言知旨》《滿漢成語對待》《清文接字》《重刻清文虚字指南編》等十餘部經典滿漢合璧文獻。入關以後，在漢語這一强勢語言的影響下，熟習滿語的滿人越來越少，故雍正以降，出現了一批用當時的北京話注釋翻譯的滿語會話書和語法書。這批教科書的目的本是教授旗人學習滿語，却無意中成爲了早期北京話的珍貴記録。“清代滿漢合璧文獻萃編”首次對這批文獻進行了大規模整理，不僅對北京話溯源和滿漢語言接觸研究具有重要意義，也將爲滿語研究和滿語教學創造極大便利。由於底本多爲善本古籍，研究者不易見到，在北京大學圖書館古籍部和日本神户市外國語大學竹越孝教授的大力協助下，“萃編”將以重排點校加影印的形式出版。

“清代官話正音文獻”收入《正音撮要》（高静亭著）和《正音咀華》（莎彝尊著）兩種代表著作。雍正六年（1728），雍正諭令福建、廣東兩省推行官話，福建爲此還專門設立了正音書館。這一“正音”運動的直接影響就是以《正音撮要》和《正音咀華》爲代表的一批官話正音教材的問世。這些書的作者或爲旗人，或寓居京城多年，書中保留着大量北京話詞彙和口語材料，具有極高的研究價值。沈國威先生和侯興泉先生對底本搜集助力良多，特此致謝。

《十全福》是北京大學圖書館藏《程硯秋玉霜簃戲曲珍本》之一種，爲同治元年陳金雀抄本。陳曉博士發現該傳奇雖爲崑腔戲，念白却多爲京話，較爲罕見。

以上三個系列均爲古籍，且不乏善本，研究者不容易接觸到，因此我們提供了影印全文。

總體來説，由於言文不一，清代的本土北京話語料數量較少。而到了清末民初，風氣漸開，情况有了很大變化。彭翼仲、文實權、蔡友梅等一批北京愛國知識分子通過開辦白話報來“開啓民智”“改良社會”。著名愛國報人彭翼仲在《京話日報》的發刊詞中這樣寫道：“本報爲輸進文明、改良風俗，以開通社會多數人之智識爲宗旨。故通幅概用京話，以淺顯之筆，達樸實之理，紀緊要之事，務令雅俗共賞，婦稚咸宜。”在當時北京白話報刊的諸多欄目中，最受市民歡迎的當屬京味兒小説連載和《益世餘譚》之類的評論欄目，語言極爲地道。

“清末民初京味兒小説書系”首次對以蔡友梅、冷佛、徐劍膽、儒丐、勳鋭爲代表的晚清民國京味兒作家群及作品進行系統挖掘和整理，從千餘部京味兒小説中萃取代表作家的代表作品，并加以點校注釋。該作家群活躍於清末民初，以報紙爲陣地，以小説爲工具，開展了一場轟轟烈烈的底層啓蒙運動，爲新文化運動的興起打下了一定的群衆基礎，他們的作品對老舍等京味兒小説大家的創作産生了積極影響。本系列的問世亦將爲文學史和思想史研究提供議題。于潤琦、方梅、陳清茹、雷曉彤諸先生爲本系列提供了部分底本或館藏綫索，首都圖書館歷史文獻閲覽室、天津圖書館、國家圖書館提供了極大便利，謹致謝意！

“清末民初京味兒時評書系”則收入《益世餘譚》和《益世餘墨》，均係著名京味兒小説家蔡友梅在民初報章上發表的專欄時評，由日本岐阜聖德學園大學劉一之教授、矢野賀子教授校注。

這一時期存世的報載北京話語料口語化程度高，且總量龐大，但發掘和整理却殊爲不易，稱得上“珍稀”二字。一方面，由於報載小説等欄目的流行，外地作者也加入了京味兒小説創作行列，五花八門的筆名背後還需考證作者是否爲京籍，以蔡友梅爲例，其真名爲蔡松齡，查明的筆名還有損、損公、退化、亦我、梅蒐、老梅、今睿等。另一方面，這些作者的作品多爲急就章，文字錯訛很多，并且鮮有單行本存世，老報紙殘損老化的情况日益嚴重，整理的難度可想而知。

上述八個系列在某種程度上填補了相關領域的空白。由於各個系列在内容、體例、出版年代和出版形式上都存在較大的差異，我們在整理時借鑒《朝鮮時代漢語教科書叢刊續編》《〈清文指要〉匯校與語言研究》等語言類古籍的整理體例，結合各個系列自身特點和讀者需求，靈活制定體例。“清末民初京味兒小説書系”和“清末民初京味兒時評書系”年代較近，讀者群體更爲廣泛，經過多方調研和反復討論，我們决定在整理時使用簡體横排的形式，儘可能同時滿足專業研究者和普通讀者的需求。“清代滿漢合璧文獻萃編”“清代官話正音文獻”等系列整理時則采用繁體。“早期北京話珍稀文獻集成”總計六十餘册，總字數近千萬字，稱得上是工程浩大，由於我們能力有限，體例和校注中難免會有疏漏，加之受客觀條件所限，一些擬定的重要書目本次無法收入，還望讀者多多諒解。

“早期北京話珍稀文獻集成”可以説是中日韓三國學者通力合作的結晶，得到了方方面面的幫助，我們還要感謝陸儉明、馬真、蔣紹愚、江藍生、崔希亮、方梅、張美蘭、陳前瑞、趙日新、陳躍紅、徐大軍、張世方、李明、鄧如冰、王强、陳保新諸先生的大力支持，感謝北京大學圖書館的協助以及蕭群書記的熱心協調。“集成”的編纂隊伍以青年學者爲主，經驗不足，兩位叢書總主編傾注了大量心血。王洪君老師不僅在經費和資料上提供保障，還積極扶掖新進，“我們搭臺，你們年輕人唱戲”的話語令人倍感温暖和鼓舞。郭鋭老師在經費和人員上也予以了大力支持，不僅對體例制定、底本選定等具體工作進行了細緻指導，還無私地將自己發現的新材料和新課題與大家分享，令人欽佩。“集成”能够順利出版還要特别感謝國家出版基金規劃管理辦公室的支持以及北京大學出版社王明舟社長、張鳳珠副總編的精心策劃，感謝漢語編輯部杜若明、鄧曉霞、張弘泓、宋立文等老師所付出的辛勞。需要感謝的師友還有很多，在此一并致以誠摯的謝意。

“上窮碧落下黃泉，動手動脚找東西。”我們不奢望引領“時代學術之新潮流”，惟願能給研究者帶來一些便利，免去一些奔波之苦，這也是我們向所有關心幫助過“早期北京話珍稀文獻集成”的人士致以的最誠摯的謝意。

劉 雲

二〇一五年六月二十三日

於對外經貿大學求索樓

二〇一六年四月十九日

改定於潤澤公館

整理説明

一　體例説明[1]

“清代滿漢合璧文獻萃編”（以下簡稱“萃編”）一共收入《清文啓蒙》《清話問答四十條》《一百條》《清語易言》《清文指要》《續編兼漢清文指要》《庸言知旨》《滿漢成語對待》《清文接字》《字法舉一歌》《重刻清文虚字指南編》等十一種清代滿漢合璧教本，大致分爲三類：（一）綜合性教本：如《清文啓蒙》和《清語易言》，既有會話内容，也涉及語音、詞彙、語法；（二）會話類教本：包括《清話問答四十條》《一百條》《清文指要》《續編兼漢清文指要》《庸言知旨》和《滿漢成語對待》六種；（三）虚詞和語法類教本：包括《清文接字》《字法舉一歌》和《重刻清文虚字指南編》三種。“萃編”首次對清代滿漢合璧教本進行系統整理，爲研究清代北京話、滿語以及滿漢語言接觸提供了材料上的便利。

“萃編”各書由六部分組成：（一）書影；（二）導讀；（三）重排本；（四）轉寫本；（五）漢文詞彙索引；（六）影印本。各部分體例介紹如下：

（一）書影

各書文前均附彩色書影若干張。

（二）導讀

導讀部分對本書的作者、内容特點、版本和研究價值加以介紹。

（三）重排本

重排本爲豎排，版式大致仿照底本，滿文部分字體采用太清文鑒體，居左列，對應的漢文采用宋體繁體，居右列。滿文和漢文均經過校對整理。

1　本部分由劉雲執筆。

（四）轉寫本

轉寫本爲橫排，這部分是校勘整理工作的重點，以會話類教本《清話問答四十條》中的第一句爲例：

1-1[A] age simbe tuwa-qi,

阿哥 你.**賓** 看-**條**

阿哥看你，（1a2）

底本中這一句以滿左漢右的形式呈現，占兩列，在轉寫本增加爲三行。第一行采用太清轉寫方案對底本中的滿文進行轉寫（詳見第二部分“太清轉寫方案説明”），更利於母語爲漢語的學習者和研究者使用。第三行對底本中的漢文部分進行整理，繁體字、簡化字照録，異體字、俗字等疑難字改爲相應的繁體正字，個别難以辨識的疑難字則照録原文。根據不同版本對滿文和漢文部分所做的校勘工作在脚注中予以説明。爲了方便不熟悉滿語的研究者使用，我們增列了第二行，對第一行滿文轉寫進行逐詞對譯，其中黑體字（如上例中的“**賓**”和“**條**”）是我們針對一些虚詞或語法標記專門設計的一套漢語術語（第三部分“語法標注方案”中有詳細介紹）。

此外爲了方便讀者檢索詞彙和查找底本，我們給會話類教本中的每一句都加注了索引號（如1-1[A]）和底本號（1a2），“1-1[A]”中第一個“1”代表第一節，第二個“1”代表第一句，上標的A和B代表對話人A和B，所以“1-1[A]”的完整意義就是“第一節的第一句，是A説的”。索引部分“阿哥、看、你”所對應的索引號衹有“1-1”，讀者很容易找到這些詞在轉寫本中的位置。

而在句尾底本號“1a2”中，“1”代表底本葉心所記葉數爲“一”的書葉（古籍一個書葉大致對應於現代出版物中一頁紙張的正反兩面），“a”代表該葉的上半葉，“b”代表該葉的下半葉，“2”代表該半葉“第二大列”（多數情況下一個大列由一列滿文和一列對應的漢文構成。個别情況下滿漢文會混爲一大列，但此時大列之間的界限也會比較分明）。“1a2”的完整意義指在“底本第一葉上半葉的第二大列”能够找到這句話對應的滿漢原文。由於底本中的一些語句較長（尤其是滿文部分，通常比漢文長），經常會出現跨大列甚至跨葉的情況，例如：

1-3　sure banji-ha-bi,

聰明 生長-**完**-**現**

生的伶俐，（1a2-3）

1-7　bengsen taqi-re be hono ai se-re,

本事 學習-**未** **賓** 尚且 什麽 説-**未**

學本事還算不得什麽，（1a5-b1）

"1a2-3"表示在"底本第一葉上半葉的第二大列和第三大列"能找到該句對應的滿漢原文，"1a5-b1"則表示該句的滿漢原文位於"底本第一葉上半葉的第五大列和底本第一葉下半葉的第一大列"。通過上述底本號，讀者可以迅速定位相應的底本原文。

而《清文接字》等虚詞和語法類教本中的講解部分則無須逐詞對照和逐句索引，涉及的知識點、語法點酌情劃分爲若干小節，節號用"[1]……"表示。

（五）漢文詞彙索引

"萃編"索引爲選詞索引，重點選擇當時的口語詞以及一些特殊的虚詞、語法標記作爲詞目，并列齊詞目所在的原文語句的索引號。需要注意的是，虚詞和語法類教本中因較少出現口語詞彙，未出索引。綜合性教本中的語法講解部分也作同樣處理。爲了方便讀者查閲，漢文詞彙索引作爲附録，附於轉寫本後。

（六）影印本

滿漢合璧教本存世數量有限，館藏分散，且相當一部分已被列入善本，研究者鮮有機會一窺全貌。承蒙北京大學圖書館古籍部和日本大阪大學圖書館大力支持，"萃編"得以集齊相關底本，可爲研究者提供第一手材料。其中《一百條》《清語易言》的底本由日本大阪大學圖書館提供，竹越孝先生和陳曉博士其間出力甚夥；其餘九種底本皆爲北京大學圖書館藏本，感謝古籍部李雲、丁世良、常雯嵐等老師的大力協助。各書整理者在校勘整理過程中，還親赴國家圖書館、中央民族大學圖書館、日本國會圖書館、早稻田大學圖書館、天理圖書館、大阪大學圖書館、哈佛大學圖書館等處，查閲并參校了數量可觀的不同版本。另外，承北京外國語大學王繼紅教授惠示相關版本，特此致謝。

二 太清轉寫方案説明[1]

滿文自1599年創製以來，已有四百餘年歷史。清初，來華傳教士出於學習、研究和印刷的方便，創製了最早針對滿文的拉丁字母轉寫方案——俄國有基里爾字母轉寫方案，日、韓亦有用本民族字母轉寫滿文的方案，本文不做討論——目前，無論是國際還是國内，針對滿文都有多套拉丁字母轉寫方案，尚未達成統一。

本次整理包括《重刻清文虚字指南編》《清文啓蒙》等在内的十一種古籍，爲方便更多的科研工作者利用本“萃編”的語料，特增加滿文拉丁轉寫并附全文語法標注。據不完全統計，目前常見的滿文拉丁轉寫方案有八種。因此，在本“萃編”編寫中就涉及使用何種拉丁轉寫方案的問題。

本次整理工作，經過慎重考慮，采用由馬旭東先生設計的太清轉寫系統。做出這種決定的理由如下：

（一）本“萃編”讀者中絶大部分是以漢語爲母語或極其熟悉漢語文的人士，他們對漢語拼音相對敏感和熟悉，而太清轉寫系統與漢語拼音的高度一致性爲他們使用本“萃編”提供了便利。其他轉寫系統都或多或少地受到印歐語文的影響，出現了用如“dz”“ts”等與中文拼音存在明顯差異的雙字母轉寫單輔音的情況，讓漢語母語者感到困惑。

（二）太清轉寫方案除“ng”外，没有使用雙字母表示音位，且没有使用26個字母之外的拉丁擴展字母，是一種經濟的方案。太清轉寫方案放弃了“š”“ū”“ž”“ü”“ö”“ô”“ů”等對絶大多數讀者來説陌生的擴展拉丁字母，加入了爲大部分轉寫方案放弃的“q”“v”等基本拉丁字母。

（三）太清轉寫方案相較其他方案，對編寫書籍整理中使用的工具軟件更友好。其他的轉寫系統因爲不同程度地引入中國人不熟悉的“š”“ū”“ž”“ü”“ö”“ô”“ů”等擴展拉丁字母，使得不同的人在輸入這些字母時可能會用到看起來相同、但實際上編碼不同的字母，導致後期的詞彙索引、字母頻度等統計工作難以使用各種統計小工具。而太清轉寫系統嚴格使用26個字母和撇號來轉寫滿文，避免了這些問題，節省了大量的

1 本部分由馬旭東、王碩執筆。

人力和不必要的失誤。

（四）目前太清轉寫方案被十餘萬滿語文使用者當作“亞文字”“拉丁化滿文”“新新滿文”在各種場合中使用。在非學術領域，太清轉寫系統是絶對的强勢方案。基於抽樣調查的保守估計，目前在中國有超過十萬人使用該方案以服務語言生活。在學術領域，太清轉寫系統正被越來越多的機構和學者接受，比如：荷蘭萊頓大學漢學院正在進行的有史以來規模最大的歐盟滿學古籍數字化工程就采用了該系統，韓國慶熙大學，我國清華大學、中國人民大學、中央民族大學等高校的青年學者們也逐漸轉向於此。

基於以上四點理由，我們審慎地選擇了太清轉寫系統。

下面我們將用表格方式對比太清轉寫系統和其他系統，以方便廣大的讀者使用本“萃編”。以下表格轉引自馬旭東《滿文拉丁字母轉寫研究》（未刊稿），本文僅做適當調整。

1. 元音字母：

滿文	ᠠ	ᡝ	ᡳ	ᡟ	ᠣ	ᡠ	ᡡ
國際音標	/ɑ/	/ə/	/i/	/ɿ/	/ɔ/	/u/	/ʊ/
太清	a	e	i, (y')*	y'	o	u	v
穆麟德	a	e	i, y	y, 無	o	u	ū
BablePad	a	e	i	y	o	u	uu
新滿漢	a	e	i, y	y	o	u	uu
五體	a	e	i, y	y	o	u	ů
語彙集	a	e	i, y	y	o	u	û
Harlez	a	e	i		o	u	ô
Adam	a	e	i		o	u	ȯ
其他		ä, ö		ï	ô	ou	oe, ō

*祇有在輔音ᠰ、ᡯ後的ᡳ纔轉寫爲y'。

2. 輔音字母：

滿文	ᠪ	ᡦ	ᠮ	ᡶ ᡶ	ᡩ ᡩ (ᡩ)*	ᡨ ᡨ	ᠨ	ᠯ
國際音標	/p/	/pʰ/	/m/	/f/	/t/	/tʰ/	/n/	/l/
太清	b	p	m	f	d	t	n/n'**	l
穆麟德	b	p	m	f	d	t	n	l
BablePad	b	p	m	f	d	t	n	l
新滿漢	b	p	m	f	d	t	n	l
五體	b	p	m	f	d	t	n	l
語彙集	b	p	m	f	d	t	n	l
Harlez	b	p	m	f	d	t	n	l
Adam	b	p	m	f	d	t	n	l
其他	p	p'			t	t'		

*輔音字母d在母音字母v前没有點兒，故而ᡩᡠ轉寫爲dv，而非tv。

**在單詞尾的輔音字母ᠨ轉寫爲n'。

滿文	ᡤ ᡤ	ᡴ ᡴ	ᡥ ᡥ	ᠩ	ᡬ	ᡴ	ᡭ
國際音標	/k, q/	/kʰ, qʰ/	/x, χ/	/ɴ, ŋ/	/k/	/kʰ/	/x/
太清	g	k	h	ng	g'	k'	h'
穆麟德	g	k	h	ng	gʽ	kʽ	hʽ
BablePad	g	k	h	ng	gh	kh	hh
新滿漢	g	k	h	ng	gg	kk	hh
五體	g	k	h	ng	ǵ	kʽ	ḣ
語彙集	g	k	h	ng	g'	k'	h'
Harlez	g	k	h	ng	g'	k'	h'
Adam	g	k	h	ng	g'	k'	h'
其他	k,γ	k', q	x, gh	ń, ñ, ṅ	ġ	ḱ	h̊, xx, x'

滿文	ᠵ	ᠴ	ᡧ	ᡰ	ᡯ	ᡮ	ᠰ	ᡵ	ᠶ	ᠸ
國際音標	/tʃ/	/tʃʰ/	/ʃ/	/ɻ/	/ts/	/tsʰ/	/s/	/r/	/j/	/w/
太清	j	q	x	r’	z	c	s	r	y	w
穆麟德	j	c	š	ž	dz	tsʻ	s	r	y	w
BablePad	j	c	x	z	dz	ts	s	r	y	w
新滿漢	zh	ch	sh	rr	z	c	s	r	y	w
五體	j	c	š	ž	dz	tsʻ	s	r	y	w
語彙集	j	c	s̀	z̀	z	zh	s	r	y	w
Harlez	j	c	s’	z’	dz	ts	s	r	y	w
Adam	j	c	x	ż	z	z’	s	r	y	w
其他	ǰ, ch	č, chʻ	j, ǰ	zh	tz	c̀,		rr, r’	j	v

3. 知、蚩、詩、日、資、雌、思音節：

滿文	ᡷᡳ	ᡱᡳ	ᡧᡳ	ᡰᡳ	ᡯᡳ	ᡮᡟ	ᠰᡟ
國際音標	/tʂʅ/	/tʂʰʅ/	/ʂʅ/	/ɻʅ/	/tsɿ/	/tsʰɿ/	/sɿ/
太清	jy’	qy’	xi	r’i	zi	cy’	sy’
穆麟德	jy	cʻy	ši	ži	dzi	ts	sy
BablePad	zhi	chi	xi	zi	dzi	tsy	sy
新滿漢	zhy	chy	shi	rri	zy	cy	sy
五體	ǰi	c’i	ši	ži	dzy	tsʻy	sy
語彙集	ji̊	cĭ	s̀i	z̀i	zy	c̀y	sy
Harlez	j’h	c’h	s’i	z’i	dz	ts	ss
Adam	j’i	c’i	xi	żi	-	-	ş
其他	d’i, ʒi, ǰi, jhi	ḉi, či		zhi	ze, tzi	tsï, zhy	sï

三 語法標注方案

1. 複——複數

在滿語中，指人的名詞可以通過接綴附加成分-sa、-se、-si、-so、-ta、-te、-ri構成其複數形式。如：

sakda-sa
老人-複
老人們

axa-ta
嫂子-複
嫂子們

在職務名詞後分寫的sa、在人名後分寫的se可以表達"……等人"之意。如：

oboi baturu sa
鰲拜 巴圖魯 複
鰲拜巴圖魯等

batu se
巴圖 複
巴圖等人

2. 屬——屬格格助詞

滿語的屬格格助詞爲-i或ni，用於標記人或事物的領屬關係等。如：

bou-i kouli
家-屬 規矩
家規

daiming ni qouha
大明 屬 士兵
大明的士兵

3. 工——工具格格助詞

滿語的工具格格助詞爲-i或ni，用於標記完成動作、行爲所借助的工具或手段。如：

tondo -i ejen be uile-mbi
忠 **工** 君主 **賓** 侍奉-**現**
以忠事君

qiyanliyang ni uda-mbi
錢糧 **工** 買-**現**
用錢糧買

另外，形容詞可以和工具格格助詞一起構成副詞來修飾動詞。如：

nuhan -i gama-mbi
從容 **工** 安排-**現**
從容地安排

4. 賓——賓格格助詞

滿語的賓格格助詞爲be，用於標記賓語，即動作、行爲所指向的受事。如：

bithe hvla-ra be sa-qi, ai gisure-re ba-bi?
書 讀-**未** **賓** 知道-**條** 什麽 説話-**未** 處-**有**
知道該念書，有什麽説處呢？

賓格格助詞be也可用於標記所經之處。如：

musei qouha nimanggi alin be gemu dule-ke.
咱們.**屬** 軍隊 雪 山 **賓** 都 經過-**完**
我兵皆已越過雪山。

5. 位——位格格助詞

滿語的位格格助詞爲de，用於標記動作發生的地點、時間、原因，以及人或事物所處的地點、時間和狀態等。如：

mujilen de eje-mbi.
心 **位** 記住-**現**
心裏頭記。

位格格助詞de也可用於標記動作、行爲進行的手段、方式。如：

emu gisun de waqihiya-me mute-ra-kv.

一 話語 **位** 完結-**并** 能够-**未**-**否**

不是一言能盡的。

某些由de構成的詞或詞組具有連詞、副詞等功能，如aikabade“若”，ede“因此”，emde“一同”，jakade“……之故；……之時”，ohode“若”等，可以不對其進行拆分標注，僅標注詞義。如：

bi gene-ra-kv ohode, tere mimbe jabqa-ra-kv-n?

我 去-**未**-**否** 倘若 他 我.**賓** 埋怨-**未**-**否**-**疑**

我若不去的時候，他不埋怨我麼？

6. 與——與格格助詞

滿語的與格格助詞爲de，用於標記動作、行爲的方向、目的和對象等。如：

niyalma de tusa ara-mbi.

人 **與** 利益 做-**現**

與人方便。

sy' pai leu se-re ba-de gene-mbi.

四 牌 樓 叫-**未** 地方-**與** 去-**現**

往四牌樓去。

7. 從——從格格助詞

滿語的從格格助詞爲qi，用於標記動作、行爲的起點、來源、原因等。另外，在事物之間進行比較時，從格格助詞qi用於標記比較的起點。如：

abka qi wasi-mbi.

天 **從** 降下-**現**

自天而降。

i sinqi antaka? minqi fulu.

他 你.**從** 怎麼様 我.**從** 强

他比你如何？比我强。

8. 經——經格格助詞

滿語的經格格助詞爲deri，用於標記動作、行爲經過、通過之處。如：

edun sangga deri dosi-mbi.
風 孔 **經** 進入-**現**
風由孔入。

gisun angga deri tuqi-mbi.
話 嘴巴 **經** 出來-**現**
話從口出。

9. 完——完整體

滿語中動詞的完整體附加成分爲-HA（-ha/-he/-ho, -ka/-ke/-ko），表示做完了某動作或行爲。如：

erdemu ili-bu-ha manggi gebu mutebu-mbi.
德才 立-**使**-**完** 之後 名字 能成-**現**
德建而後名立。

aga hafu-ka.
雨 濕透-**完**
雨下透了。

在句中，動詞的完整體形式具有形容詞或名詞詞性。如：

ama eme -i taqibu-ha gisun be, gelhun akv jurqe-ra-kv.
父親 母親 **屬** 教導-**完** 話語 **賓** 怕 **否** 悖逆-**未**-**否**
父母教的話，不敢違背。

此句中taqibuha爲動詞taqibumbi“教導”的完整體形式，做形容詞修飾gisun，taqibuha gisun即“教導的話”。

sini gosi-ha be ali-ha.
你.**屬** 憐愛-**完** **賓** 接受-**完**
領了你的情。

此句中gosiha爲動詞gosimbi“憐愛”的完整體形式，在句中具有名詞詞性，做謂語動詞aliha的賓語，aliha是動詞alimbi“接受”的完整體形式。

10. 未——未完整體

滿語中動詞的未完整體附加成分一般爲-rA（-ra/-re/-ro），表示動作發生，没結束，或者將要發生。也可用於表達常識、公理等。如：

bi amala qouha fide-fi da-me gene-re.
我 然後 軍隊 調兵-**順** 救援-**并** 去-**未**
吾隨後便調兵接應也。

niyalma o-qi emu beye -i duin gargan be uherile-re.
人 成爲-**條** 一 身體 **屬** 四 肢 **賓** 統共-**未**
人以一身統四肢。

與完整體相似的是，動詞的未完整體形式在句中也具有形容詞或名詞詞性。如：

taqi-re urse
學習-**未** 者
學習者

taqire爲動詞taqimbi“學習”的未完整體形式，在此句中作形容詞修飾名詞urse“者”。

faihaqa-ra be baibu-ra-kv.
急躁-**未** **賓** 需要-**未**-**否**
不必着急。

faihaqara爲動詞faihaqambi“急躁”的未完整體形式，在此句中faihaqara是謂語動詞baiburakv“不必”的賓語。

11. 現——現在將來時

滿語中動詞的現在將來時附加成分爲-mbi，源自動詞bi“存在；有”，表示動作、行爲發生在説話的當前時刻或未來。也可用來泛指客觀事實、普遍真理等等。如：

age si bou-de aina-mbi? bithe hvla-mbi.
阿哥 你 家-**位** 做什麽-**現** 書 讀-**現**
阿哥你在家做什麽？讀書。

mini guqu qimari ji-mbi.

我.**屬** 朋友 明天 來-**現**

我的朋友明天來。

xun dergi qi mukde-mbi.

太陽 東方 **從** 升起-**現**

太陽從東方升起。

12. 過——過去時

滿語中動詞的過去時附加成分一般爲bihe或-mbihe，表示動作、行爲發生在説話的時刻之前。如：

dade gvwa ba-de te-mbihe.

原先 别的 處-**位** 居住-**過**

原先在别處住。

niyaman guqu de yandu-fi bai-ha bihe.

親戚 朋友 **與** 委托-**順** 找尋-**完** **過**

曾經煩親友們尋訪。

13. 否——否定式

滿語中動詞的否定附加成分爲-kv，表示不做某動作，或某動作没發生。如：

taqi-ra-kv o-qi beye-be waliya-bu-mbi-kai.

學習-**未**-**否** 可以-**條** 身體-**賓** 捨弃-**使**-**現**-也

不學則自弃也。

tuqi-bu-me gisure-he-kv.

出去-**使**-**并** 説話-**完**-**否**

没説出來。

形容詞、副詞等詞彙的否定式需要在後面接akv。akv在某些情况下也能表達實義，意思是“没有”。如：

uba-qi goro akv.

這裏-**從** 遠 **否**

離此處不遠。

taqin fonjin -i doro gvwa-de akv.

學 問 屬 道理 其他-位 否

學問之道無他。

14. 疑——疑問語氣

滿語中表達疑問的附加成分爲-u和-n。如：

tere niyalma be taka-mbi-u?

那 人 賓 認識-現-疑

認得那個人麼?

baitala-qi ojo-ra-kv-n?

使用-條 可以-未-否-疑

不可用麼?

除此之外，還有表達疑問或反問的語氣詞，如na、ne、no、nu、ya等。

15. 祈——祈使式

滿語的祈使式分爲命令語氣和請願語氣。

1）動詞的詞幹可以表達命令語氣，即説話人直接命令聽話人做某事。如：

bithe be ure-me hvla.

書 賓 熟-并 讀.祈

將書熟熟的念。

2）附加成分-kini表達説話人對他人的欲使、指令、祝願等語氣。-kini後面連用sembi時，sembi引導説話人欲使、指令的内容，sembi在句中會有相應的形態變化。如：

bithe hvla-ra niyalma gvnin werexe-kini.

書 讀-未 人 心 留心-祈

讀書之人留心。

ejen -i jalafun enteheme akdun o-kini.

君主 屬 壽命 永遠 堅固 成爲-祈

願汗壽域永固。

si imbe ureshvn -i hvla-kini se.

你 他.**賓** 熟練 工 讀-**祈** 説.**助**.**祈**

你叫他念得熟熟地。

上句使用了兩次祈使式，-kini表達説話人欲使他人“熟讀”，se爲sembi祈使式，表達説話人對聽話人的命令語氣。

3）附加成分-ki表達説話人對聽話人的祈請語氣，請聽話人做某事。還可以表達説話人自己想要做某事。-ki後面連用sembi時，sembi引導祈請的内容，sembi在句中會有相應的形態變化。

説話人請聽話人做某事，如：

nahan -i dele te-ki.

炕 **屬** 上 坐-**祈**

請在炕上坐。

説話人自己想要做某事。如：

gurun -i mohon akv kesi be hukxe-me karula-me faxxa-ki.

國家 **屬** 盡頭 否 恩 **賓** 感激-**并** 報答-**并** 奮勉-**祈**

感戴國家無窮的恩澤，願奮力報效。

bithe be tuwa-ki se-qi hafu buleku be tuwa.

書 **賓** 看-**祈** 説.**助**-**條** 通 鑒 **賓** 看.**祈**

要看書看《通鑒》。

此句中seqi引導了經由説話人之口説出、聽話人想要做的事情bithe be tuwaki“想要看書”，seqi爲助動詞sembi的條件副動詞形式。tuwa爲動詞tuwambi“看”的動詞詞幹形式，表達了説話人的命令語氣。

4）附加成分-rAu（-rau/-reu/-rou）表達説話人對聽話人的請求。-rAu可拆分爲未完整體附加成分-rA和疑問式附加成分-u，這種不確定性的疑問語氣使得-rAu所表達的祈請比-ki更顯尊敬，用於對長輩、上級等提出請求。如：

kesi isibu-me xolo xangna-rau.

恩 施予-**并** 空閑 賞賜-**祈**

懇恩賞假。

此句爲説話人請求上級領導恩賜假期。

5）附加成分-qina表達説話人對聽話人的建議、祈請，態度比較隨意，不可對尊長、不熟悉的人使用，可對下級、平輩、熟人、好友使用。如：

yo-ki se-qi, uthai yo-qina.
走-**祈** 説.**助**-**條** 就 走-**祈**

要走，就走罷。

此句中yoki“要走”爲説話人認爲聽話人想要做的事情，由seqi引導，yoqina“走吧”表達祈使語氣，態度隨意，不够客氣。

16. 虛——虛擬語氣

附加成分-rahv和ayou用於表達“恐怕”“擔心”的意思，後面可連用助動詞sembi，根據語法需要，sembi在句中會有相應的形態變化。如：

inde ala-rahv se-me teni uttu taqi-bu-me hendu-he.
他.**與** 告訴-**虛** **助**-**并** 纔 這樣 學-**使**-**并** 説-**完**

恐怕告訴他纔這樣囑咐。

gungge gebu mutebu-ra-kv ayou se-mbi.
功 名 使成-**未**-**否** **虛** **助**-**現**

恐怕功名不成。

bi hono sitabu-ha ayou se-mbihe.
我 還 耽誤-**完** **虛** **助**-**過**

我還恐怕耽誤了。

17. 使——使動態

滿語中，動詞的使動態附加成分一般爲-bu，用於表達致使者讓某人做某事，通常受使者後面用賓格格助詞be標記。如：

ekxe-me niyalma be takvra-fi tuwa-na-bu-mbi.
急忙-**并** 人 **賓** 差遣-**順** 看-去-**使**-**現**

忙使人去看。

此句中，niyalma“人”是takvra-“差遣”這一動作的受使者，又是tuwana-“去看”這一動作的致使者，作爲間接賓語，用賓格格助詞be

標記。

coucou lu giyang ni ba-i taixeu hafan ju guwang be wan qeng
曹操 廬江 **屬** 處-**屬** 太守 官員 朱光 **賓** 宛 城

be tuwakiya-bu-mbi.
賓 看守-**使**-**現**

曹操命廬江太守朱光鎮守宛城。

此句中，太守朱光在曹操的促使下鎮守宛城，朱光既是曹操命令的受使者，也是tuwakiya-“看守”這一行爲的施事，用賓格格助詞be標記。此外，宛城是“看守”這一動作的受事，作爲直接賓語，也用be標記。

18. 被——被動態

滿語中，動詞的被動態附加成分爲-bu。如：

weri de basu-bu-mbi.
他人 **與** 耻笑-**被**-**現**

被人耻笑。

此句中，動詞basu-“耻笑”的施事爲weri“他人”，由與格格助詞de標記，受事主語（即耻笑對象）没有出現。

19. 并——并列副動詞

動詞的并列副動詞構形成分爲-me。

1）并列副動詞和後面的動詞構成并列結構，充當謂語，表示動作、行爲并列或同時發生。如：

giyan be songkolo-me fafun be tuwakiya-mbi.
理 **賓** 遵循-**并** 法令 **賓** 防守-**現**

循禮奉公。

根據動詞的詞義，副動詞形式有時可以看作相應的副詞，充當狀語修飾後面的謂語動詞。如：

ginggule-me eje-fi kiqe-ki.
恭謹-**并** 記住-**順** 勤奮-**祈**

謹記着奮勉。

此句中，副動詞ginggguleme“恭謹地”修飾eje-“記住”，即“謹記”。

2）某些由-me構成的詞或詞組具有連詞、副詞等功能，如bime“和；而且”，bimbime“而且”，seme“因爲；雖然；無論”，aname“依次”，等等，可以不再拆分語法成分，僅標注整體的詞義。如：

gosin jurgan bime tondo nomhon.

仁 義 而且 忠 厚

仁義而且忠厚。

3）-me可以構成動詞的進行體，表達動作正在進行中，如現在時進行體V-me bi，過去時進行體V-me bihe。語法標注仍然寫作并列副動詞。如：

jing hergen ara-me bi.

正 字 寫-**并** **現**

正寫着字。

4）動詞的并列副動詞與助動詞mutembi和bahanambi構成固定搭配。V-me mutembi即“能够做某事”，V-me bahanambi即“學會做某事”。如：

emu gisun de waqihiya-me mute-ra-kv.

一 話語 **位** 完結-**并** 能够-**未**-**否**

不是一言能盡的。

age si manjura-me bahana-mbi-u.

阿哥 你 説滿語-**并** 學會-**現**-**疑**

阿哥你會説滿洲話嗎？

20. 順——順序副動詞

動詞的順序副動詞構形成分爲-fi。

1）順序副動詞與其後動詞共同作謂語，表示動作行爲按時間順序、邏輯順序等依次發生，做完某事再做某事。如：

dosi-fi fonji-na.

進-**順** 問-去.**祈**

進去問去。

2）順序副動詞可用於引導原因。如：

yabun tuwakiyan sain ofi, niyalma teni kundule-me tuwa-mbi.
行爲 品行 好 因爲 人 纔 尊敬-并 對待-現

因爲品行好，人纔敬重。

此句中，ofi爲ombi“成爲”的順序副動詞形式，在句中引導原因從句。

ere udu inenggi baita bifi.
這 幾 日子 事情 因有

這幾日因爲有事。

此句中，bifi爲bimbi“存在”的順序副動詞形式。

3）-fi可以構成動詞的完成體，如現在時完成體V-fi bi，表達動作、行爲已經發生，狀態延續到現在。如：

tuwa-qi, duka yaksi-fi bi.
看-條 大門 關閉-順 現

duka nei-qi se-me hvla-qi, umai jabu-re niyalma akv.
大門 開-條 助-并 呼喚-條 全然 回答-未 人 否

一瞧，關着門呢。叫開門呢，没有答應的人。

此句中，yaksifi bi説明門關上這個動作已經發生，這個狀態延續到叙述者叫開門的當下。

21. 條——條件副動詞

動詞的條件副動詞構形成分爲-qi。

1）條件副動詞所表達的動作行爲是其後動作行爲發生的條件或前提假設，可表達“如果”“則”之意。如：

kiqe-me taqi-qi xangga-qi o-mbi.
勤奮-并 學-條 做成-條 可以-現

勤學則可成。

2）某些由-qi構成的詞或詞組具有連詞、副詞等功能，如oqi“若是”，biqi“若有”，seqi“若説”，akvqi“不然，否則”，eiqi“或者”，等等，僅標注詞義。如：

taqi-ra-kv oqi beye-be waliya-bu-mbi-kai.

學習-未-否 可以-條 身體-賓 捨弃-使-現-也

不學則自弃也。

3）動詞的條件副動詞與助動詞ombi和aqambi構成固定搭配。V-qi ombi即“可以做某事”，V-qi aqambi即“應該做某事”。如：

tere bou te-qi ojo-ra-kv.

那 房子 居住-條 可以-未-否

那房子住不得。

taqi-re urse beye haqihiya-qi aqa-mbi.

學習-未 人們 自己 勸勉-條 應該-現

學者須自勉焉。

22. 持——持續副動詞

動詞的持續副動詞構形成分爲-hAi（-hai/-hei/-hoi）。

1）動詞的持續副動詞形式表示這個動作、行爲持續不停，一直進行或重複。如：

yabu-hai teye-ra-kv.

行-持 休息-未-否

只管走不歇着。

inenggi-dari tanta-hai fasi-me buqe-re de isibu-ha.

日子-每 打-持 上吊-并 死-未 與 以致於-完

每日裏打過來打過去以致吊死了。

2）-hAi可以構成動詞的持續體，如現在時持續體V-hAi bi，表示動作、行爲持續不停，一直進行或重複。如：

gemu mimbe tuwa-hai bi-kai.

全都 我.賓 看-持 現-啊

全都看着我。

sini ji-he nashvn sain bi-qibe, minde o-qi asuru baha-fi

你.屬 來-完 時機 好 存在-讓 我.位 成爲-條 十分 得以-順

gvnin akvmbu-ha-kv, soroqo-hoi bi.
心意 盡心-**完-否** 羞愧-**持** **現**
你來的機會固然好，在我却没有得十分盡心，尚在抱愧。

23. 至——直至副動詞

動詞的直至副動詞的構形成分爲-tAlA（-tala/-tele/-tolo），表示動作行爲進行到某時、某程度爲止。如：

goro goida-tala tuta-bu-ha.
遠 久-**至** 留下-**使-完**
久遠貽留。

fuzi hendu-me, inenggi-dari ebi-tele je-me, mujilen be
孔夫子 説道-**并** 日子-每 吃飽-**至** 吃-**并** 心思 **賓**
baitala-ra ba akv oqi, mangga kai se-he-bi!
使用-**未** 處 **否** 若是 困難 啊 説.**助-完-現**
子曰："飽食終日，無所用心，難矣哉！"

24. 極——極盡副動詞

動詞的極盡副動詞的構形成分爲-tAi（-tai/-tei/-toi）。極盡副動詞往往用於修飾其後的動作、行爲，表示動作、行爲以某種極致的程度或方式進行。如：

nure omi-re de wa-tai amuran.
黄酒 喝-**未** **與** 殺-**極** 愛好
極好飲酒。

此句中，watai amuran意爲"愛得要死"，watai表示程度極深。

ahvta -i giyangga gisun be singge-tei eje-mbi.
兄長.**複** **屬** 理義的 話語 **賓** 浸透-**極** 記住-**現**
兄長們的理學言論發狠的記着。

singgetei ejembi意爲"牢牢地、深入地記住"，singgetei在此句中形容被理學言論完全浸透的狀態。

25. 延——延伸副動詞

動詞的延伸副動詞的構形成分爲-mpi或-pi，表示動作、行爲逐漸完成，達到極限程度。如：

monggon sa-mpi hargaxa-mbi, mujilen je-mpi yabu-mbi.

脖子 伸-**延** 仰望-**現** 心思 忍耐-**延** 行-**現**

引領而望，忍心而行。

tumen gurun uhe-i hvwaliya-pi, eiten gungge gemu badara-ka.

萬 國 統一-**工** 和好-**延** 所有 功勞 都 滋蔓-**完**

萬邦協和，庶績咸熙。

26. 前——未完成副動詞

動詞的未完成副動詞的構形成分爲-nggAlA（-nggala/-nggele/-nggolo），表示動作行爲發生、進行之前。如：

gisun waji-nggala, uthai gene-he.

話 完-**前** 就 去-**完**

話未完，便去了。

baita tuqi-nji-nggele, nene-me jaila-ha.

事情 出-來-**前** 先-**并** 躲避-**完**

事未發，先躲了。

27. 伴——伴隨副動詞

動詞的伴隨副動詞構形成分爲-rAlame（-ralame/-relame/-rolame），表示動作、行爲進行的同時伴隨別的動作。如：

hvla-ralame ara-mbi.

讀-**伴** 寫-**現**

隨念隨寫。

gisure-relame inje-mbi.

説-**伴** 笑-**現**。

且說且笑。

28. 弱——弱程度副動詞

動詞的弱程度副動詞構形成分爲-shvn/-shun/-meliyan，表示動作程度的減弱，即“略微”。如：

sarta-shvn.
遲誤-**弱**
稍遲誤些。

enggele-shun.
探身-**弱**
稍前探些。

29. 讓——讓步副動詞

動詞的讓步副動詞構形成分爲-qibe，表示雖然、即使或無論等。如：

umesi urgunje-qibe, damu sandalabu-ha-ngge ele goro o-ho-bi.
很 喜悦-**讓** 衹是 相隔-**完**-**名** 更加 遥遠 成爲-**完**-**現**
雖然狠喜歡，但只是相隔的，越發遠了。

30. 名——名物化

滿語的動詞、形容詞等可以通過ningge或-ngge轉變爲相應的名詞或名詞短語。通過名物化生成的名詞或名詞短語往往在句中充當話題。如：

ehe gisun tuqi-bu-ra-kv-ngge, uthai sain niyalma inu.
壞 話語 出-**使**-**未**-**否**-**名** 就 好 人 是
不説不好語，便是好人。

i sinde fonji-ha-ngge ai baita?
他 你.**與** 問-**完**-**名** 什麽 事
他問你的是什麽事？

tumen jaka qi umesi wesihun ningge be niyalma se-mbi.
萬 事物 **從** 最 貴 **名** **賓** 人 叫做-**現**
比萬物最貴的是人。

31. 助——助動詞

滿語中的助動詞可分爲實義助動詞和表達語法功能的助動詞。

1）實義助動詞有mutembi、bahanambi、ombi、aqambi、tuwambi等，可以和其他動詞構成如下結構：V-me mutembi“能够做某事”，V-me bahanambi“學會做某事”，V-qi ombi“可以做某事”，V-qi aqambi“應該做某事”，V-me tuwambi“試試看做某事”。

對這一類助動詞不做語法標注，衹標注其實義。如：

age si gvni-me tuwa.
阿哥 你 想-**并** 看.**祈**
阿哥你想。

其中gvnime tuwa意爲“想想看”或“試想”。

2）bimbi、ombi、sembi三個動詞不僅具有實義，還可以當作助動詞使用。

如前所述，bimbi、ombi、sembi與其他語法功能附加成分可以構成連詞、副詞，如bime“并且”，biqi“若有”，oqi“若是”，ofi“因爲”，seqi“若説”，seme“雖然；無論”等。

bimbi、ombi、sembi在句中往往既有實義又兼具助動功能。又如oqi、seqi、sehengge、seme、sere、sehengge在句中也可用於標記話題。標注時可將助動詞詞幹和其後構形附加成分拆開，分別標注其語義和語法功能。如：

niyalma se-me jalan de banji-fi, uju-i uju de taqi-re-ngge oyonggo.
人 説.**助-并** 世界 **位** 生存-**順** 第一-**屬** 第一 **位** 學習-**未-名** 重要
人啊，生在世上，最最要緊的就是學習了。

此句中seme爲sembi的并列副動詞形式，提示了話題，又使niyalma seme具備副詞詞性修飾後面的謂語動詞banji-。

i emgeri sa-fi goida-ha, si kemuni ala-ra-kv o-fi aina-mbi?
他 已經 知道-**順** 久-**完** 你 仍 告訴-**未-否** 成爲.**助-順** 幹什麽-**現**
他知道已久，你還不告訴他幹什麽?

此句中ofi爲ombi的順序副動詞形式，由於alarakv無法直接附加-fi，所以需要助動詞ombi幫助其變爲合適的副動詞形式，然後纔能與後面的動詞

ainambi構成合乎語法的句子。

3）sembi作爲助動詞主要用於以下三種情況。

首先，sembi用於引導摹擬詞。如：

ser se-re ba-be olhoxo-ra-kv-qi ojo-ra-kv.
細微貌 **助-未** 處-**賓** 謹慎-**未**-**否**-**條** 可以-**未**-**否**

不可不慎其微。

seule-me gvni-re nergin-de lok se-me merki-me baha.
尋思-**并** 思考-**未** 頃刻-**位** 忽然貌 **助**-**并** 回憶-**并** 獲得.**完**

尋思之下，驀然想起。

其次，sembi用於引導説話的内容。如：

fuzi -i hendu-he, yadahvn bime sebjengge se-re gisun de
孔夫子 **屬** 説道-**完** 貧窮 而 快樂 説.**助**-**未** 話語 **位**

mute-ra-kv dere.
能够-**未**-**否** 吧

孔夫子説的，“貧而樂”的話，固是不能。

再次，sembi用於祈使句和虛擬語氣句，用法見祈使式和虛擬語氣。

32. 序——序數詞

基數詞變序數詞需要在基數詞之後附加-qi。如：

emu-qi.
一-**序**

第一。

33. 分——分配數詞

在基數詞之後附加-te構成分配數詞，表示“每幾；各幾”。如：

niyalma tome emu-te mahala.
人 每 一-**分** 帽子

每人各一個帽子。

補充説明：

1. 爲了避免語法功能成分的語法標注和實詞成分的語義標注相混淆，語法功能術語均縮寫爲一個字，使用黑體。如：

age simbe soli-na-ha de ainu jide-ra-kv.

阿哥 你.**賓** 邀請-去-**完** **位** 爲何 來-**未**-**否**

阿哥請你去，怎麽不來?

此句中，solinaha中soli-爲實義動詞詞幹，標注“邀請”，-na爲實詞性構詞成分，標注“去”，-ha爲完整體構形成分，標注“**完**”。

2. 同一個成分既有實詞詞義又有語法功能，或者一個成分有多個語法功能時，對同一個成分的多個標注之間用“.”隔開。如：

si imbe ureshvn -i hvla-kini se.

你 他.**賓** 熟練 **工** 讀-**祈** 説.**助**.**祈**

你叫他念得熟熟地。

人稱代詞的格附加成分統一不拆分，如上句中imbe標注爲“他.**賓**”。

3. 排除式第一人稱複數be標注爲“我們”，説明其所指對象不包括交談中的聽話人。包括式第一人稱複數muse標注爲“咱們”，説明其所指對象包括聽話人在内。

4. 本方案引用的例句部分取自本“萃編”，其餘例句通過日本東北大學栗林均先生建立的蒙古語諸語與滿語資料檢索系統（http://hkuri.cneas.tohoku.ac.jp/）檢索獲得。

以上説明，意在爲本“萃編”的滿文點校整理提供一套統一的標注指導方案。諸位點校者對滿語語法的分析思路各有側重點，在遵循標注方案的大原則下，對部分語法成分和某些單詞的標注、切分不免存在靈活處理的現象。例如seqi，從語義角度分析，可以將其當作一個固定成分，標注爲“若説”；從語法角度，可以拆分爲se-qi，當作動詞sembi的條件副動詞形式。又如jembi的未完整體形式存在特殊變化jetere，有兩種拆分方式：可以從現時層面分析，認爲jetere的詞幹是je-，而-tere是不規則變化的未完整體附加成分；也可以從語言演變的歷時變化角度分析，認爲詞幹是jete-，是jembi這個動詞的早期形式被保留在未完整體形式中。標注的方式原則上統一、細節上參差多態，不僅有利於表現某一語言成分在實際語句中的特徵，也便於讀者從多方面理解滿語這一黏着語的語法特色。

語法標注簡表*

簡稱	編號	名稱	示例	簡稱	編號	名稱	示例
伴	27	伴隨副動詞	-rAlame	弱	28	弱程度副動詞	-shvn, -shun, -meliyen
被	18	被動態	-bu	使	17	使動態	-bu
賓	4	賓格格助詞	be	屬	2	屬格格助詞	-i, ni
并	19	并列副動詞	-me	順	20	順序副動詞	-fi
持	22	持續副動詞	-hAi	條	21	條件副動詞	-qi
從	7	從格格助詞	qi	完	9	完整體	-HA
分	33	分配數詞	-te	未	10	未完整體	-rA
否	13	否定式	-kv, akv	位	5	位格格助詞	de
複	1	複數	-sa, -ta 等	現	11	現在將來時	-mbi
工	3	工具格格助詞	-i, ni	虚	16	虚擬語氣	ayou, -rahv
過	12	過去時	bihe, -mbihe	序	32	序數詞	-qi
極	24	極盡副動詞	-tAi	延	25	延伸副動詞	-mpi, -pi
經	8	經格格助詞	deri	疑	14	疑問語氣	-u, -n 等
名	30	名物化	-ngge, ningge	與	6	與格格助詞	de
祈	15	祈使式	-ki, -kini, -qina, -rAu 等	至	23	直至副動詞	-tAlA
前	26	未完成副動詞	-nggAlA	助	31	助動詞	sembi, ombi, bimbi 等
讓	29	讓步副動詞	-qibe				

*爲了方便讀者查閱，語法標注簡稱按音序排列，編號與正文中序號保持一致。

“萃編”滿文部分的整理是摸着石頭過河，上述語法標注系統是中日兩國參與滿文校注的作者們集體討論的結晶，由陸晨執筆匯總。方案雖充分吸收了前人時賢的研究成果，畢竟屬於開創之舉，難免存在不盡如人意之處，我們衷心希望得到廣大讀者的幫助和指正，以切磋共進。

本“萃編”的編校工作由北京大學出版社宋思佳老師精心統籌，杜若明、張弘泓、歐慧英三位老師在體例制定和底本搜集上給予了很多幫助，崔蕊、路冬月、唐娟華、王禾雨、王鐵軍等責編老師也付出了大量心血，在此深表謝忱。

編者

二〇一八年六月

目　録

導　讀 ……………………………………………………………………1

重排本 ……………………………………………………………………7

轉寫本 ……………………………………………………………………239

影印本 ……………………………………………………………………869

導讀

［日］竹越孝　陳曉

《滿漢成語對待》（滿文名：Manju nikan -i fe gisun be jofoho aqabuha bithe）一書，是迄今所見的年代最早的滿漢合璧會話教材，共四卷。在此書的現存版本和相關歷史記載中，尚未見到與此書作者或年代有關的記載，但德國滿語學家福克斯（Walter Fuchs，1902—1979）曾提出，此書的作者爲劉順（？—1761），出版年代爲1702年（即康熙四十一年）[1]。

據《清史稿・列傳》《國朝耆獻類徵初編》《滿漢名臣傳》等記載，劉順，順天人，雍正五年（1727）武進士，授藍翎侍衛。乾隆十三年（1748）赴金川（今屬四川省阿壩藏族羌族自治州），二十四年（1759）擢安西提督，二十六年（1761）十二月卒[2]。劉順的其他著作有《廣彙全書》（與阿敦、桑格合編），該書爲一部滿漢辭典。

《滿漢成語對待》的現存版本主要有以下五種：

聽松樓刊本：現可見的藏本主要有日本東洋文庫藏本、日本東京外國

1　Fuchs（1936）："Eine alte Ausgabe hiervon besitzt die Peitang zu Peking und die Berliner Staatsbibliothek; sonst ohne alle bibliographischen Data, trägt das Titelblatt zwischen dem zweisprachigen Titel der Angabe: 聽松樓梓行. Danach ist diese Ausgabe also von dem öfter erwähnten Liu Shun 劉順 gegen 1702 veröffentlicht worden."（*Beiträge zur mandjurischen Bibliographie und Literatur*, Tokyo: Deutsche Gesellschaft für Natur- und Völkerkunde Ostasiens, S.80.）

2　《清史稿・列傳九十八・劉順》："劉順，順天人。雍正五年武進士，授藍翎侍衛。以守備發陝西。累遷至金塔協副將。乾隆十三年，令將千五百人赴金川，偕副將高雄自甲索攻囊得，道松林。賊百餘出戰，擊之遁，毀賊碉。從大軍自卡撒左山梁進，諸碉以次皆下。惟普瞻雙、單二碉守甚堅。日暮，將收兵，順潛率所部逼單碉，縱火攻之，賊潰，并奪雙碉。師繼進，遂克色底。普瞻西有山曰阿利，賊碉林立。順冒雨奮攻，奪山梁木卡，破碉。發炮，殪賊數十，復破大碉一、石卡四。經略訥親屢奏順奮勇。金川平，擢貴州威寧鎮總兵。上以順熟邊情，移甘肅西寧鎮總兵。入見，賜孔雀翎。擢安西提督。病，乞罷。卒，加太子太保，謚壯靖。"（中華書局，1977，10651頁）另，據上述劉順的生平，若將1702年作爲《滿漢成語對待》的出版年，似乎有待商榷。

語大學圖書館藏本、大英圖書館藏本、法國國立圖書館藏本。

先月樓刊本：日本内閣文庫藏本。

二酉堂刊本：日本大阪大學圖書館藏本。

雲林堂刊本：日本天理圖書館藏本。

出版署不詳刊本：北京大學圖書館藏本。

據筆者調查，這幾種版本大同小異，差别不大。除了一些漢字和滿文詞彙方面的差異之外，最主要的區别在於兩方面：一、部分内容的前後順序顛倒，有的是單純的排列順序不同，有的則似乎是排版印刷時的錯誤；二、根據各版本的比較，聽松樓刊本與先月樓刊本應爲同一系統，二酉堂刊本與雲林堂刊本爲同一系統，而出版署不詳刊本融合了前兩個系統的内容，有取長補短的傾向，可能爲較晚的刊本。另外，日本東京外國語大學圖書館所藏的聽松樓刊本對每一漢字用手寫體加以滿文注音，寺村政男（2008）[1]將此版本的滿文全部轉寫成了羅馬字。

此書的主要内容是將467段古訓（滿語fe gisun，即“成語”）分爲十類來記述。此十類的名稱、滿文名以及每類所包含的古訓如下：

第一卷

强亮第一（fulu ujui fiyelen）43段

不及第二（eberi jai fiyelen）40段

良善第三（sain ilaqi fiyelen）19段

第二卷

凶惡第四（ehe duiqi fiyelen）63段

高貴第五（wesihun sunjaqi fiyelen）13段

下賤第六（fusihvn ningguqi fiyelen）18段

富貴第七（bayan nadaqi fiyelen）7段

貧窮第八（yadahvn jakvqi fiyelen）12段

第三卷

事情第九（baita uyuqi fiyelen）125段

1 ［日］寺村政男（2008）《東アジアにおける言語接觸の研究》，竹林舍。

第四卷

東西第十（jaka juwaqi fiyelen）127段

《滿漢成語對待》一書的叙述形式并非是《清文啓蒙》（1730）、《清文指要》（1789）那樣的對話體，而是獨白體。每一段内容有一個題目，其漢語部分大多爲“某某的”這一形式，如“强亮第一”的題目爲：“去得的”“剛强的”“硬正的”“得了主意的”“正道的”“亂了綫兒的”“抱怨人的”“不管閑事的”“着了事的”“拿定主意的”等等。内容大多是滿族老輩對年輕一輩講的訓教話語，其中生活上的斥責、牢騷之類較多，亦有對家畜、自然現象的描繪。序文及跋文中作者多次强調學習滿語的重要性，尤其重視老一輩所説的滿語。因此此書的主要編纂目的應該是鼓勵滿人學習滿語，但同時亦有傳達滿族傳統思想與處世方法這一目的。

《滿漢成語對待》的卷一尤其具有特殊性。開篇首先是“序”，其後爲“文法”，其三爲“雜話”。“序”與“文法”衹有滿文，“雜話”則是滿漢合璧形式。“文法”是一種滿語語音系統的概述，Tawney（2007）[1]曾將此部分的滿文拼寫爲羅馬字并翻譯成英語。“雜話”這一篇是由“主”與“賓”的對話構成的會話篇，每部分的對話内容前都明確標明了説話者是“主”還是“賓”。此篇的漢語部分口語性極强，摘録如下：

主：身上好麽？打那里來？家下都好麽？進來，現成的飯，快抬來。阿哥來的好，我也没吃飯，大家一塊兒吃些。

賓：别，咱們許久没會見，因没得見來會會，從家裏吃了飯出來的。果若没吃肚裏餓，誰于改着頓兒吃好東西有讐呢？你們家你跟前，我還裝假麽？要着吃還使不得麽？

主：裝烟，送茶來。這一向在家裏作甚麽來？爲甚麽一個人也不打發了來？我還疑着怎麽了呢，要看去來着。事情絆住了，一下子就忘了。

---

1 Tawney, Brian (2007) *Reading Jakdan's Poetry: An Exploration of Literary Manchu Phonology*. M. A. thesis, Harvard University.

賓：是，你家裏的事我明知道，來了也不得安然，故意兒的打了個沉兒。
主：過日子的人，誰家那一日些須没點子事？推着事故，就不會人麽？來的只管來，事情狠不要緊，管他呢？把事情擦在一邊子，騰個空兒罷了。

從上文可以看出，“雜話”這一篇的漢語生動自由，富有口語性，内容反映朋友間的日常對話。另外，筆者認爲，此篇不僅具有漢語史研究的價值，還有另一種價值，即語言教育史上的價值：即使用“主”和“賓”的説話者標記來編寫對話的語言教材在明代以前的中國本土文獻中極少見到，我們可以將此“雜話”篇視爲其最初的例子[1]。

除了上述的“雜話”篇，其他部分漢語的整體語言面貌也都具有很强的口語色彩，并且反映的是當時的北京話。根據太田辰夫先生1969年[2]提出的“清代北京話的七項詞彙語法特點”，《滿漢成語對待》符合其中六項：一、第一人稱代詞的包括式與排除式用“咱們”與“我們”區别；二、有介詞“給”；三、使用句末助詞“來着”；四、提醒對方注意的句末語氣詞使用“呢”而不用“哩”；五、有禁止副詞“别”；六、程度副詞“很”用於狀語。其中，最能反映北京話特點的句末助詞“來着”的出現頻率很高。另外，還有很多其他的北京話特色詞彙及語法現象，例如（判斷標準參見太田辰夫1964[3]，陳曉2015[4]）：

動詞後加詞綴da形成“扭搭”“闖搭”“抽答”“吹搭”“跳搭”一類，句末助詞“……的慌”（跟在某些形容詞和動詞之後，表示程度深），句末助詞“……是（似）的”，悄没聲兒（表“没有聲響或

1 關於近代以前東亞語言教材中的説話者標記，詳參古屋昭弘（1989）明代官話の一資料——リッチ·ルッジェーリの《賓主問答私擬》,《東洋學報》第70卷3·4號，以及竹越孝（2015）這句臺詞是誰説的？——近代以前東亞漢語會話教材的説話者標記，《神戶外大論叢》第65卷2號。

2 太田辰夫（1969）《中國語學新辭典·近代漢語》，光生館，收録於《中國語史通考》，白帝社，1989年；江藍生、白維國譯《漢語史通考》，重慶出版社，1991年。

3 太田辰夫（1964）北京語の文法特點，《久重福三郎先生·坂本一郎先生還曆記念中國研究》，37—55頁；1995《中國語文論集》（語學篇·元雜劇篇），東京：汲古書院，243—265頁。

4 陳曉（2015）從滿（蒙）漢合璧等文獻管窺清代北京話的語法特徵，《民族語文》第5期，21—34頁。

聲音很低”），編派（表“僞造”），跋拮（表“努力”），多昝/偺（表“什麼時候”），善查兒（表“容易對付的人”），扣扣搜搜（表“吝嗇”），數囉/落（表“絮絮叨叨地斥責”），吣（表“口吐污穢言語”），半拉（表“半個”），敢是（表“當然”），没溜兒（表“不正經”），克化（表“食物消化”），折餅（表“反復翻身”），打登兒（表“結巴”），鼓盜（表“搬弄”）等。

另外，此書中漢語的句末語氣詞也非常特殊[1]，尤其是“罷咱”“把咱”“不咱”這樣的b-z型語氣詞在滿漢合璧文獻及其他北京話文獻中極少出現，這些語氣詞的用例大都與滿語的動詞詞尾 -kini或 -qina相對應，這兩個詞尾均爲終止詞尾（finite form）：-kini表示説話者的願望或容許，-qina則表示説話者的委婉願望或祈使。但“罷咱”“把咱”“不咱”的詳細歷史面貌及變化還需進一步研究。

此次校注本使用的底本爲前文所述之出版署不詳刊本（北京大學圖書館藏本），同時參照聽松樓刊本（日本東洋文庫藏本）、先月樓刊本（日本内閣文庫藏本）、二酉堂刊本（日本大阪大學圖書館藏本）以及雲林堂刊本（日本天理圖書館藏本），將各版本的區别體現於注釋之中。另外，由於卷一的内容結構較爲特殊，因此句首編號也進行了相應改動，“S-”系編號指序文（siui），其後的“G-”系編號指“文法（gisun -i kouli）”篇，而“雜話（turgun forgoxorongge）”篇爲了突出説話角色的轉换，使用“A-”“B-”交替的形式表現。正文的“强亮第一（fulu ujui fiyelen）”則用通常的“1-”系表示，“不及第二（eberi jai fiyelen）”用“2-”系表示，其後依次類推。

值得特别提出的是，順治至康熙年間的滿語與雍正以後的滿語有着系統性的差别，由於《滿漢成語對待》年代較早，處於康熙年間，且書中强調老一輩的滿語，筆者因能力有限，其中個别滿文意義不詳的，暫時無從查考，這些滿文也標於注釋之中，望讀者諒之。

---

1 詳參［日］竹越孝（2017）《滿漢成語對待》——現存最早的清代滿漢合璧會話教材，《漢語史學報》第 18 輯，132—142 頁。

重排本

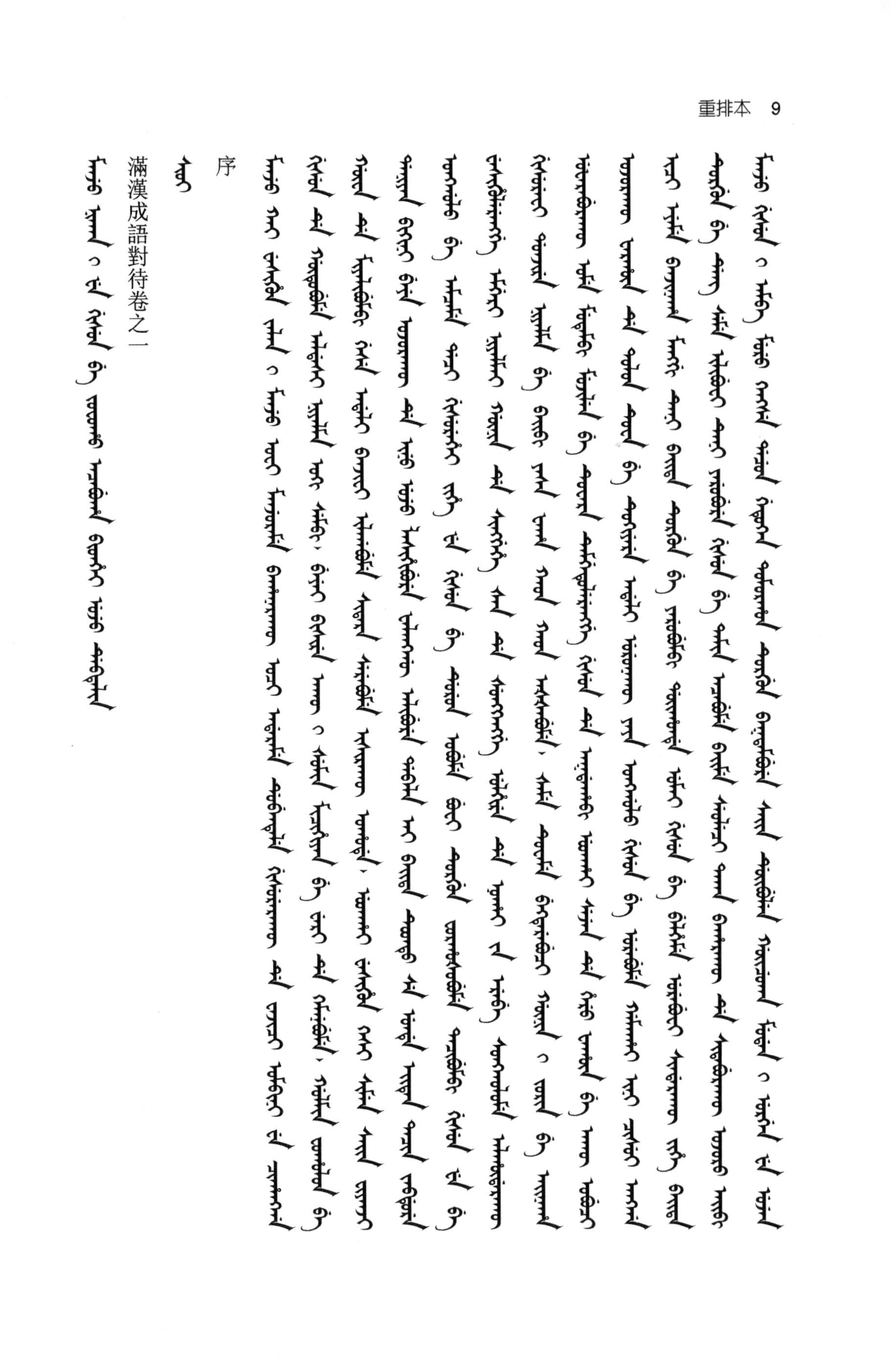

序

滿漢成語對待卷之一

[illegible: Manchu script, columns 1–12 (right to left), not transcribed]

文法

[illegible: Manchu script, final column, not transcribed]

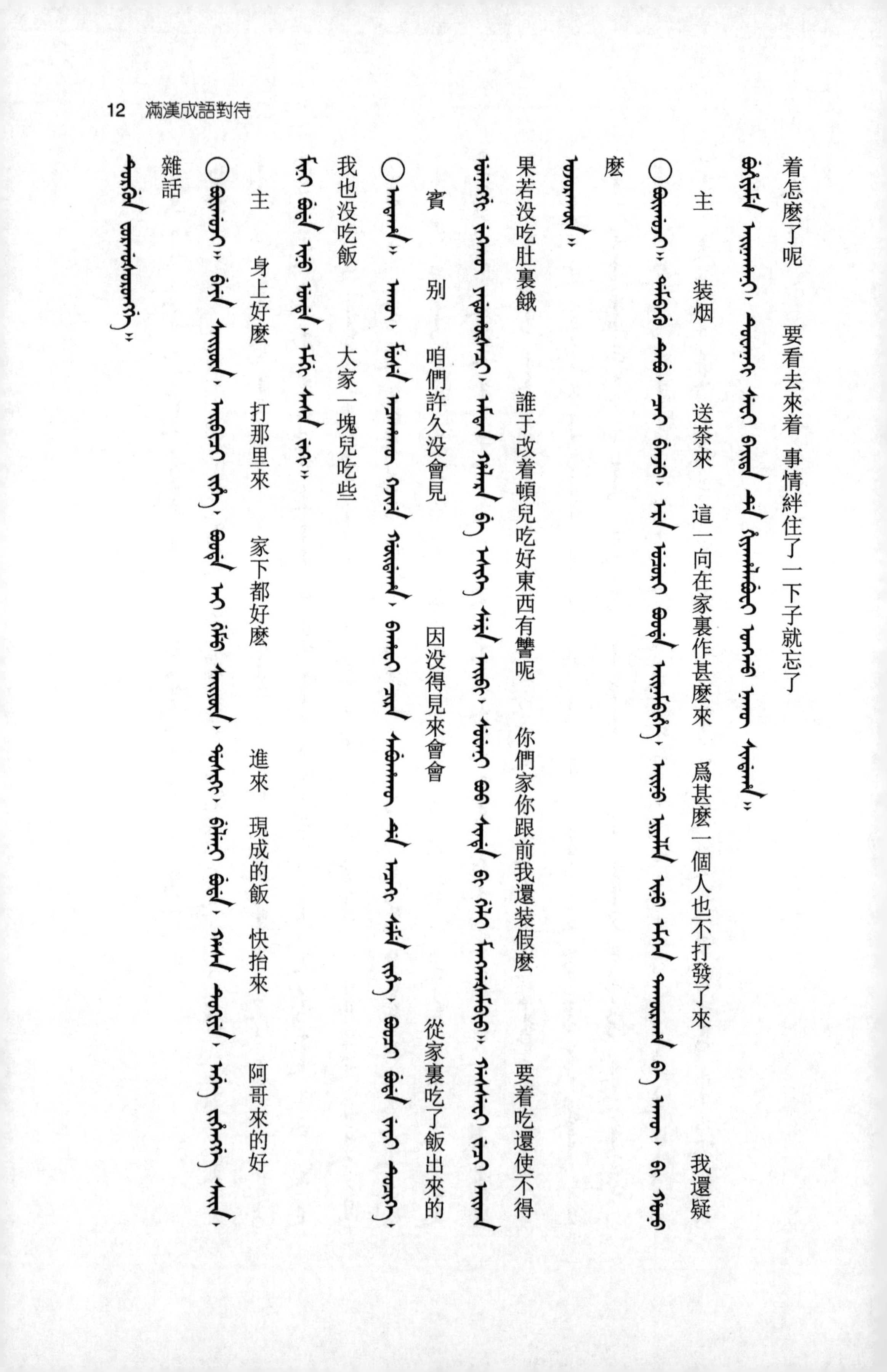

着怎麼了呢　要看去來着　事情絆住了一下子就忘了

主　裝烟　送茶來　這一向在家裏作甚麼來　爲甚麼一個人也不打發了來　我還疑麼

果若没吃肚裏餓　誰于改着頓兒吃好東西有譬呢　你們家你跟前我還裝假麼　要着吃還使不得

賓　别　咱們許久没會見　因没得見來會會　從家裏吃了飯出來的

我也没吃飯　大家一塊兒吃些

主　身上好麽　打那里來　家下都好麽　進來　現成的飯　快抬來　阿哥來的好

雜話

叫見打發回去　阿哥你是怎樣思量我怎得知道　我昧着心兒怎麼使得呢

告　這上頭阿哥豈有個異樣刁鑽的思量我麼　咱們彼此住的遠　槅着鄉黨　特來了不

主　阿哥外道我罷哩　果然我有脫不得的事　我是咱的了　就明

賓　不是那們說　咱們會的日子多　那一日會不得　因白會誤了事甚麼道理

只管來　事情狠不要緊　管他呢　把事情撩在一邊子騰個空兒罷了

主　過日子的人　誰家　那一日些須没點子事　推着事故就不會人麼　來的

賓　是　你家裏的事我明知道　來了也不得安然　故意兒的打了個沉兒

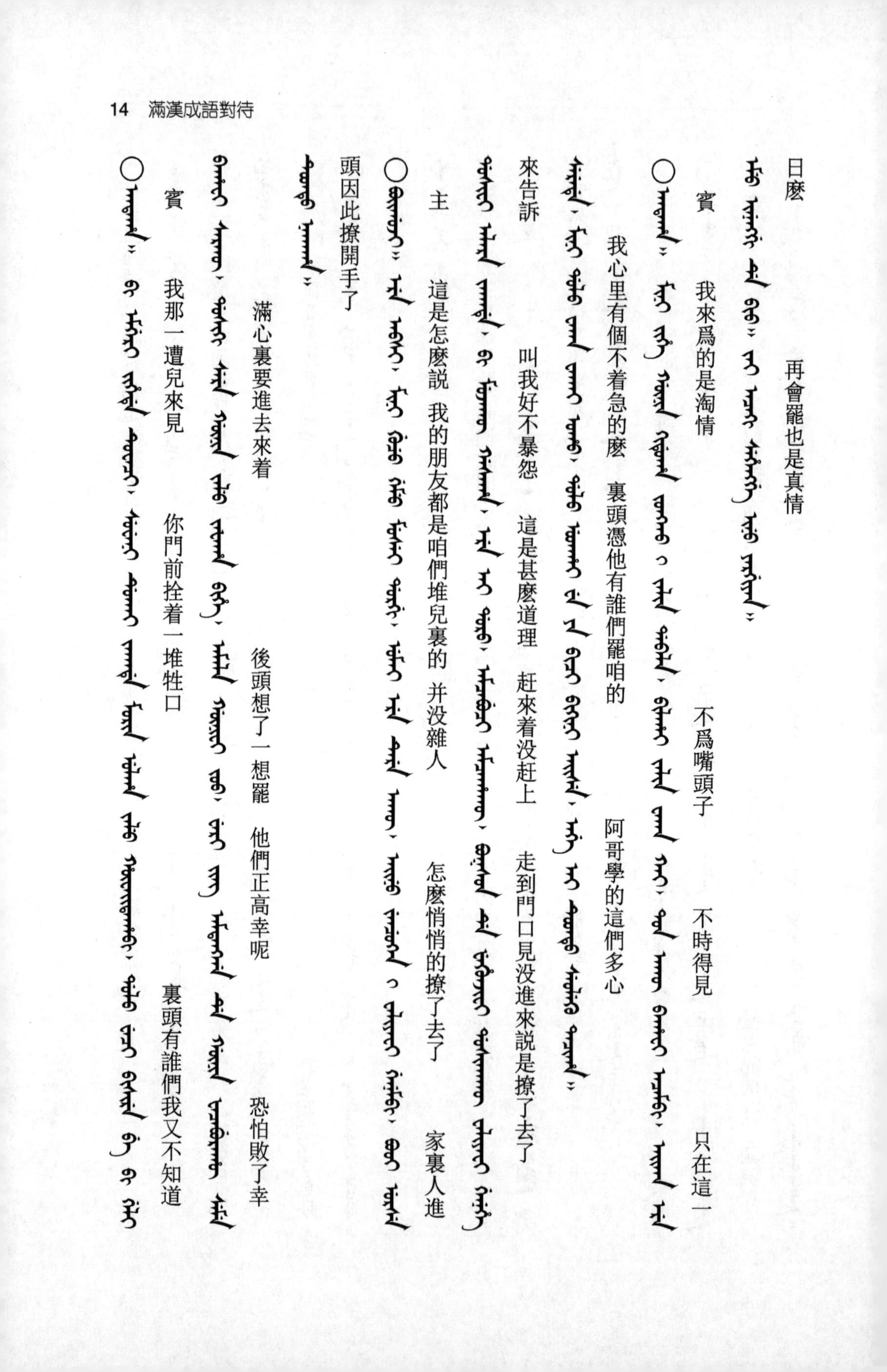

日麽　再會罷也是真情

賓　我來爲的是淘情　不爲嘴頭子　不時得見　只在這一

我心里有個不着急的麽　裏頭憑他有誰們罷咱的　阿哥學的這們多心

來告訴　叫我好不暴怨　這是甚麽道理　赶來着没赶上　走到門口見没進來説是撩了去了

主　這是怎麽説　我的朋友都是咱們堆兒裏的　并没雜人　怎麽悄悄的撩了去了　家裏人進

頭因此撩開手了

滿心裏要進去來着　後頭想了一想罷　他們正高幸呢　恐怕敗了幸

賓　我那一遭兒來見　你們前拴着一堆牲口　裏頭有誰們我又不知道

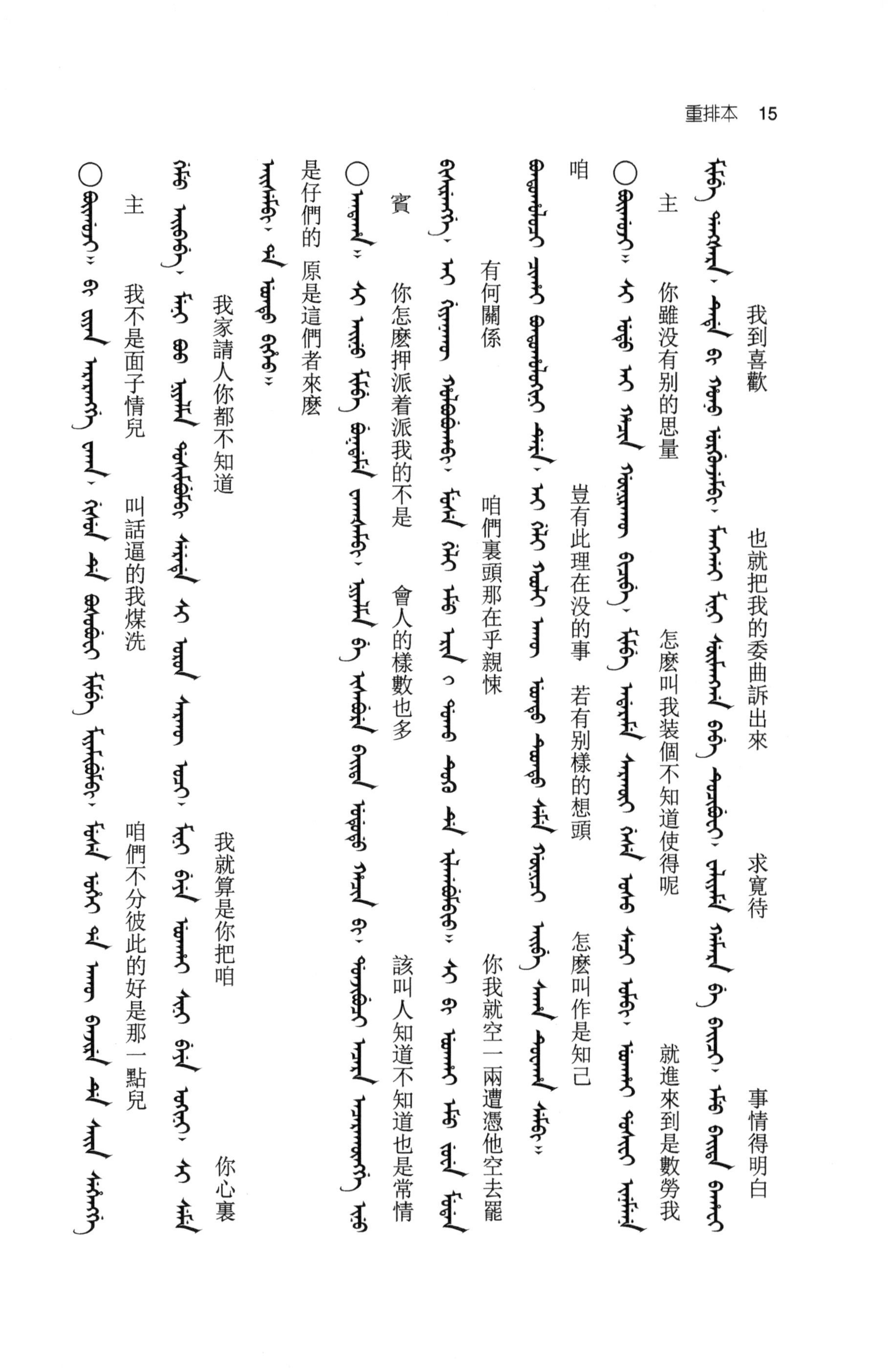

我到喜歡 也就把我的委曲訴出來 求寬待 事情得明白

主 你雖没有别的思量 怎麽叫我裝個不知道使得呢 就進來到是數勞我

咱 豈有此理在没的事 若有别樣的想頭 怎麽叫作是知己

有何關係 咱們裏頭那在乎親悚 你我就空一兩遭憑他空去罷

賓 你怎麽押派着派我的不是 會人的樣數也多 該叫人知道不知道也是常情

是仔們的 原是這們者來麽

我家請人你都不知道 我就算是你把咱 你心裏

主 我不是面子情兒 叫話逼的我煤洗 咱們不分彼此的好是那一點兒

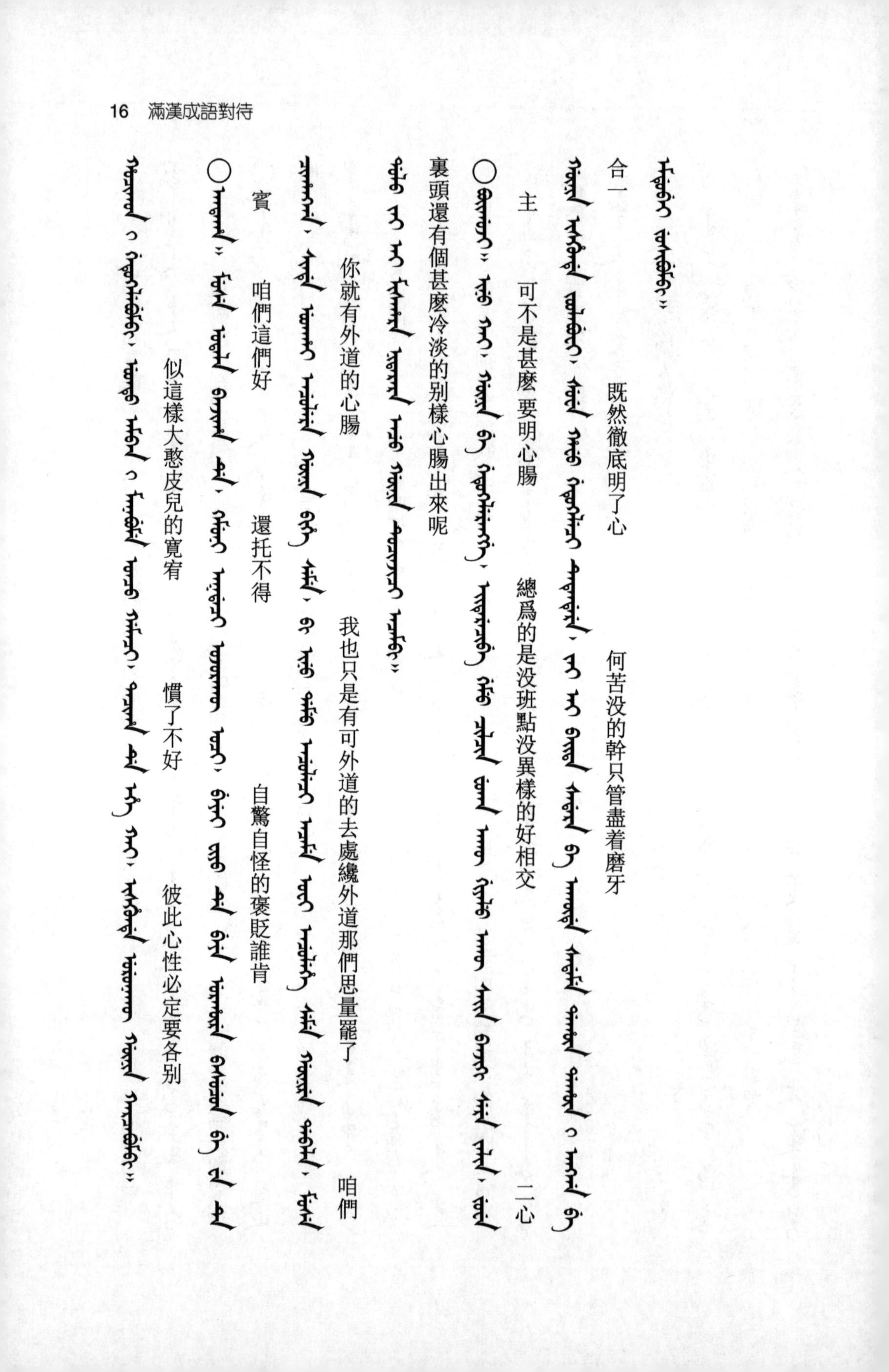

[illegible]

合一

[illegible]

既然徹底明了心 何苦没的幹只管盡着磨牙

[illegible]

主 可不是甚麼 要明心腸 總爲的是没班點没異樣的好相交 二心

○[illegible]

裏頭還有個甚麼冷淡的別樣心腸出來呢

[illegible]

你就有外道的心腸 我也只是有可外道的去處纔外道那們思量罷了 咱們

[illegible]

賓 咱們這們好 還托不得 自驚自怪的褒貶誰肯

○[illegible]

似這樣大憨皮兒的寬宥 慣了不好 彼此心性必定要各別

[illegible]

目録

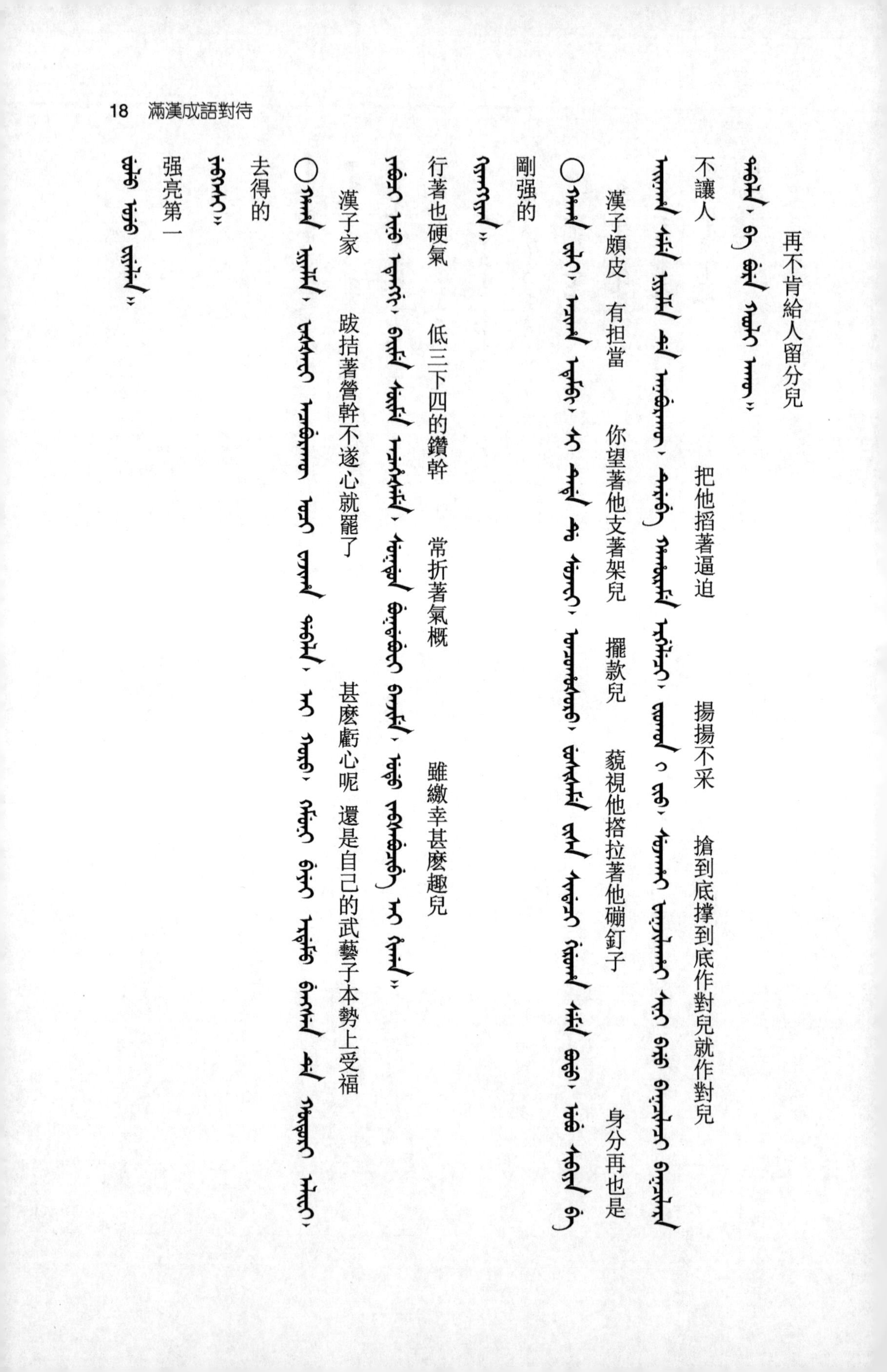

再不肯給人留分兒

不讓人 把他摺著逼迫 揚揚不采 搶到底撐到底作對兒就作對兒

○漢子頗皮 有担當 你望著他支著架兒 擺款兒 藐視他搭拉著他磞釘子 身分再也是

剛強的

行著也硬氣 低三下四的鑽幹 常折著氣概 雖繳幸甚麼趣兒

○漢子家 跋拮著營幹不遂心就罷了 甚麼虧心呢 還是自己的武藝子本勢上受福

去得的

強亮第一

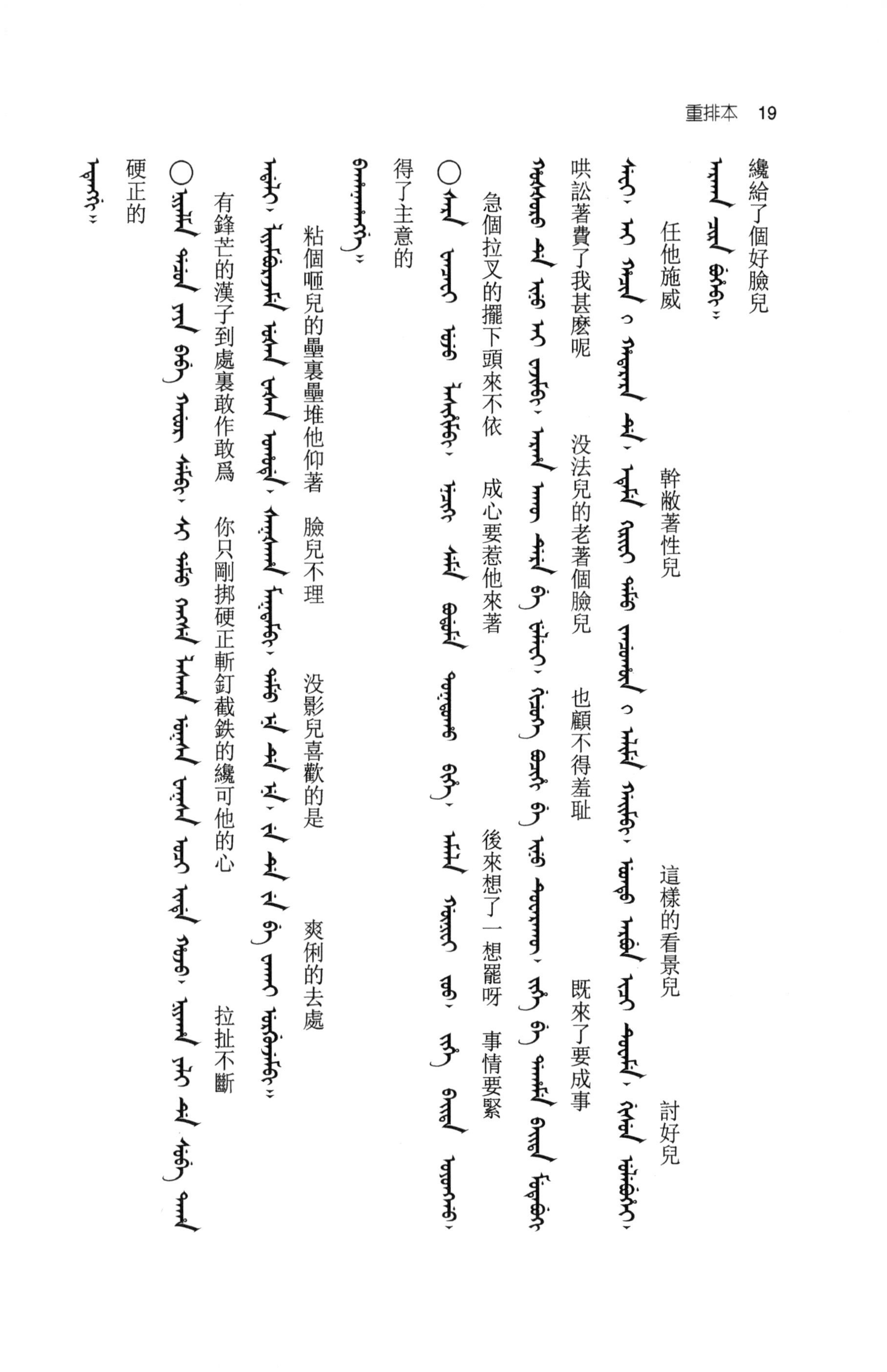

纔給了個好臉兒

任他施威　幹敝著性兒　這樣的看景兒　討好兒

哄詐著費了我甚麼呢　沒法兒的老著個臉兒　也顧不得羞耻　既來了要成事

急個拉叉的擺下頭來不依　成心要惹他來著　後來想了一想罷呀　事情要緊

得了主意的

粘個咂兒的壘裏壘堆他仰著　臉兒不理　沒影兒喜歡的是　爽俐的去處

有鋒芒的漢子到處裏敢作敢為　你只剛掙硬正斬釘截鐵的纔可他的心　拉扯不斷

硬正的

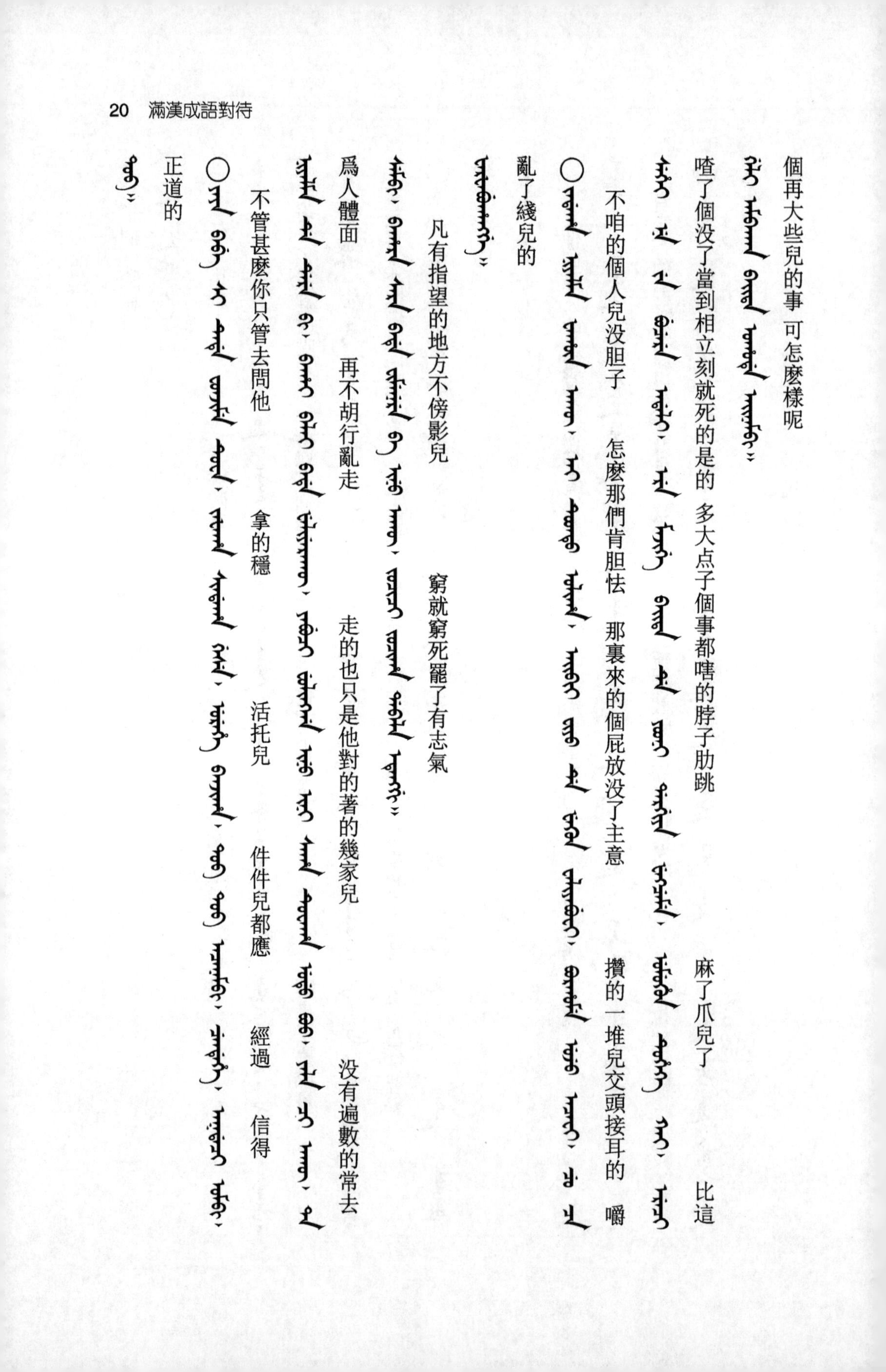

正道的

○不管甚麼你只管去問他 拿的穩 活托兒 件件兒都應 經過 信得

爲人體面 再不胡行亂走 走的也只是他對的著的幾家兒 沒有遍數的常去

凡有指望的地方不傍影兒 窮就窮死罷了有志氣

亂了綫兒的

○不咱的個人兒沒胆子 怎麼那們肯胆怯 那裏來的個屁放沒了主意 攢的一堆兒交頭接耳的 嚼

嗟了個沒了當到相立刻就死的是的 多大点子個事都唶的脖子肋跳 麻了爪兒了 比這

個再大些兒的事 可怎麼樣呢

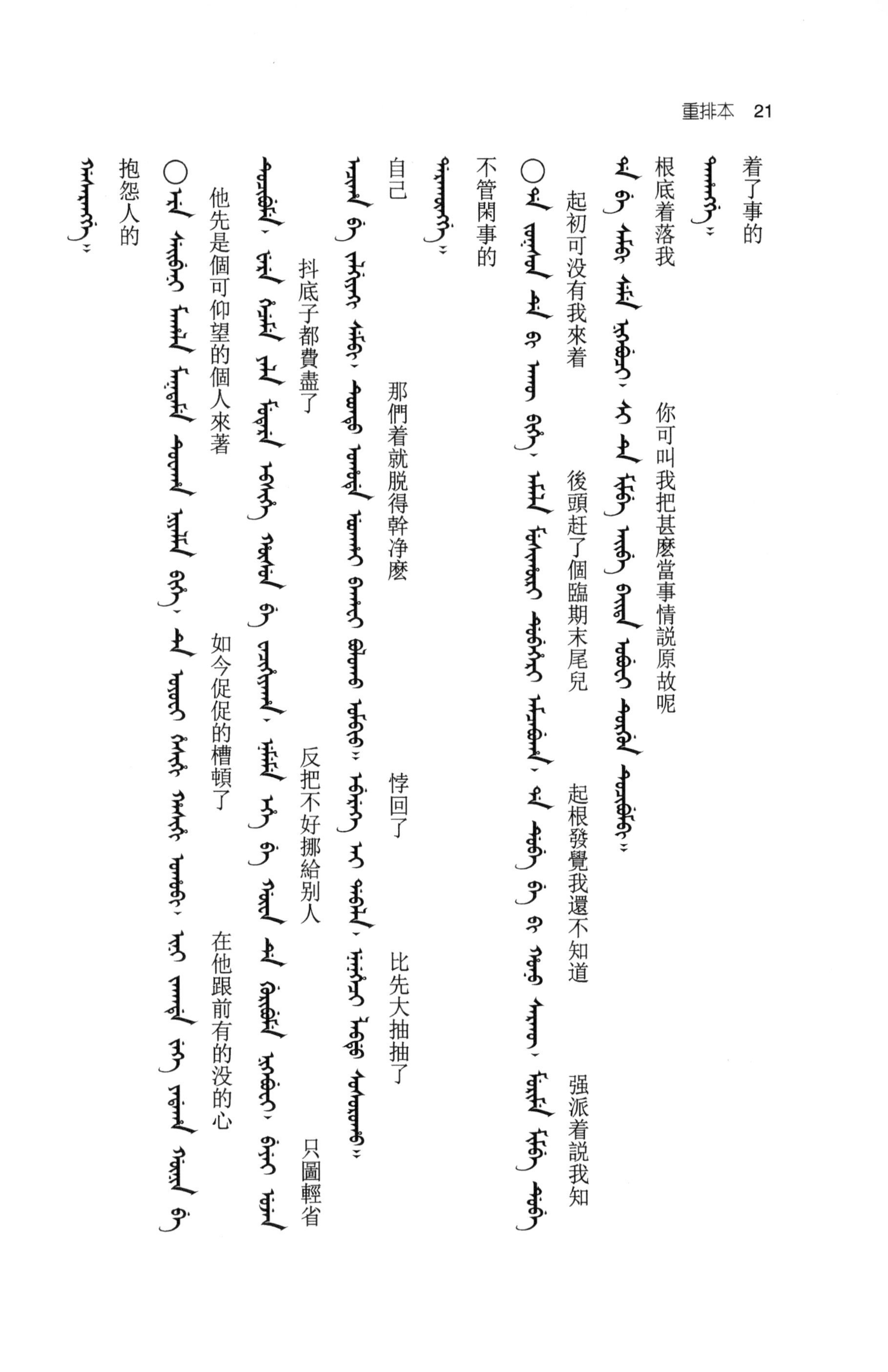

着了事的

根底着落我 你可叫我把甚麼當事情說原故呢

○ 起初可没有我來着 後頭赶了個臨期末尾兒 起根發覺我還不知道 强派着説我知

不管閑事的

自己 那們着就脱得幹净麽 悖回了 比先大抽抽了

抖底子都費盡了 反把不好挪給別人 只圖輕省

○ 他先是個可仰望的個人來著 如今促促的槽頓了 在他跟前有的没的心

抱怨人的

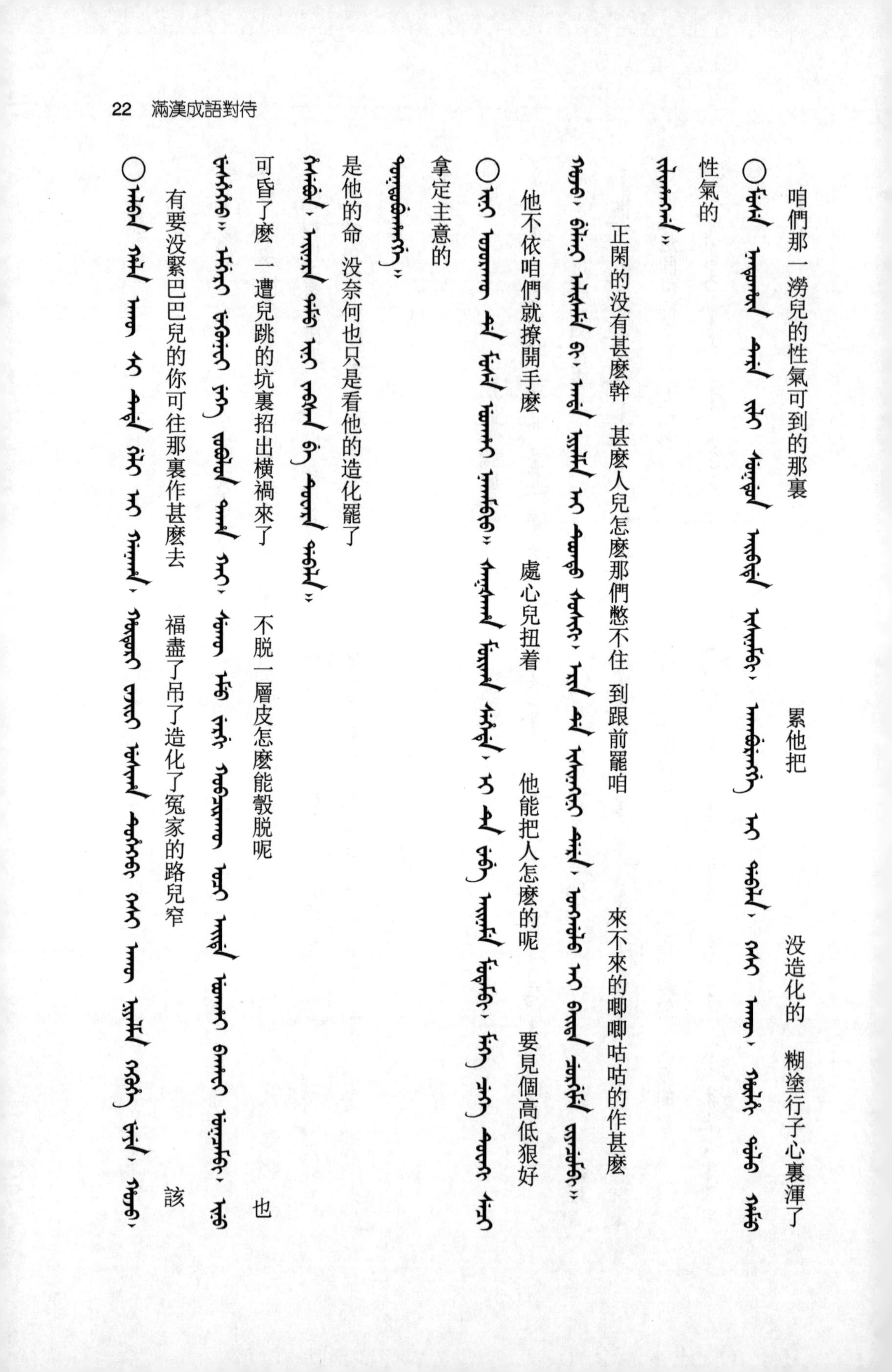

咱們那一滂兒的性氣可到的那裏 累他把 没造化的 糊塗行子心裏渾了
性氣的

正閑的没有甚麽幹 甚麽人兒怎麽那們憋不住 到跟前罷咱 來不來的唧唧咕咕的作甚麽

他不依咱們就撩開手麽 處心兒扭着 他能把人怎麽的呢 要見個高低狠好
拿定主意的

是他的命 没奈何也只是看他的造化罷了

可昏了麽 一遭兒跳的坑裏招出横禍來了 不脱一層皮怎麽能彀脱呢 也

有要没緊巴巴兒的你可往那裏作甚麽去 福盡了吊了造化了寃家的路兒窄 該

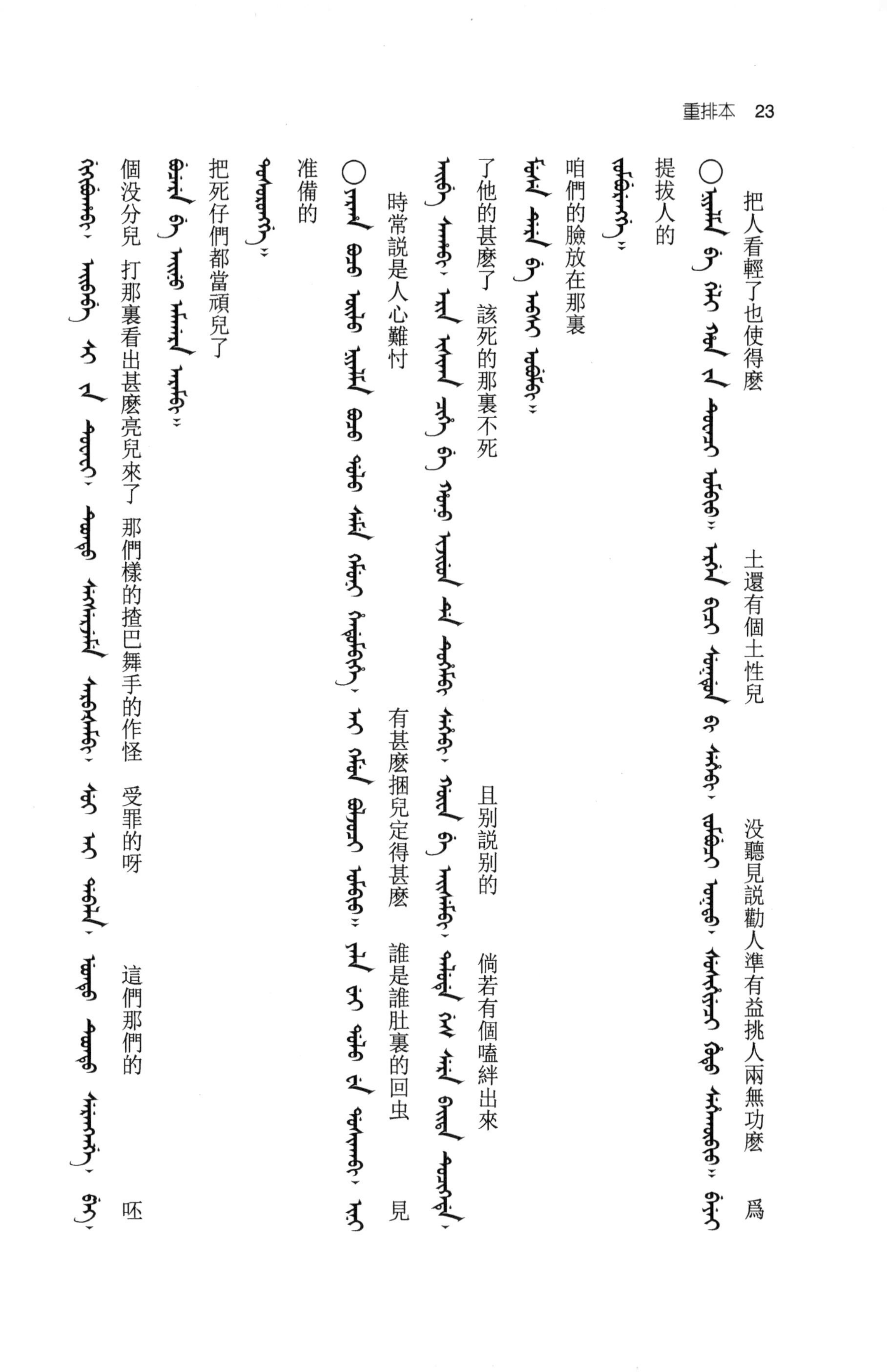

把人看輕了也使得麽　土還有個土性兒　沒聽見說勸人準有益挑人兩無功麽　爲

○

提拔人的

咱們的臉放在那裏

了他的甚麽了　該死的那裏不死　且別說別的　倘若有個嗑絆出來

時常說是人心難忖　有甚麽捆兒定得甚麽　誰是誰肚裏的回虫　見

○

準備的

把死仔們都當頑兒了

個沒分兒　打那裏看出甚麽亮兒來了　那們樣的揸巴舞手的作怪　受罪的呀　這們那們的　呸

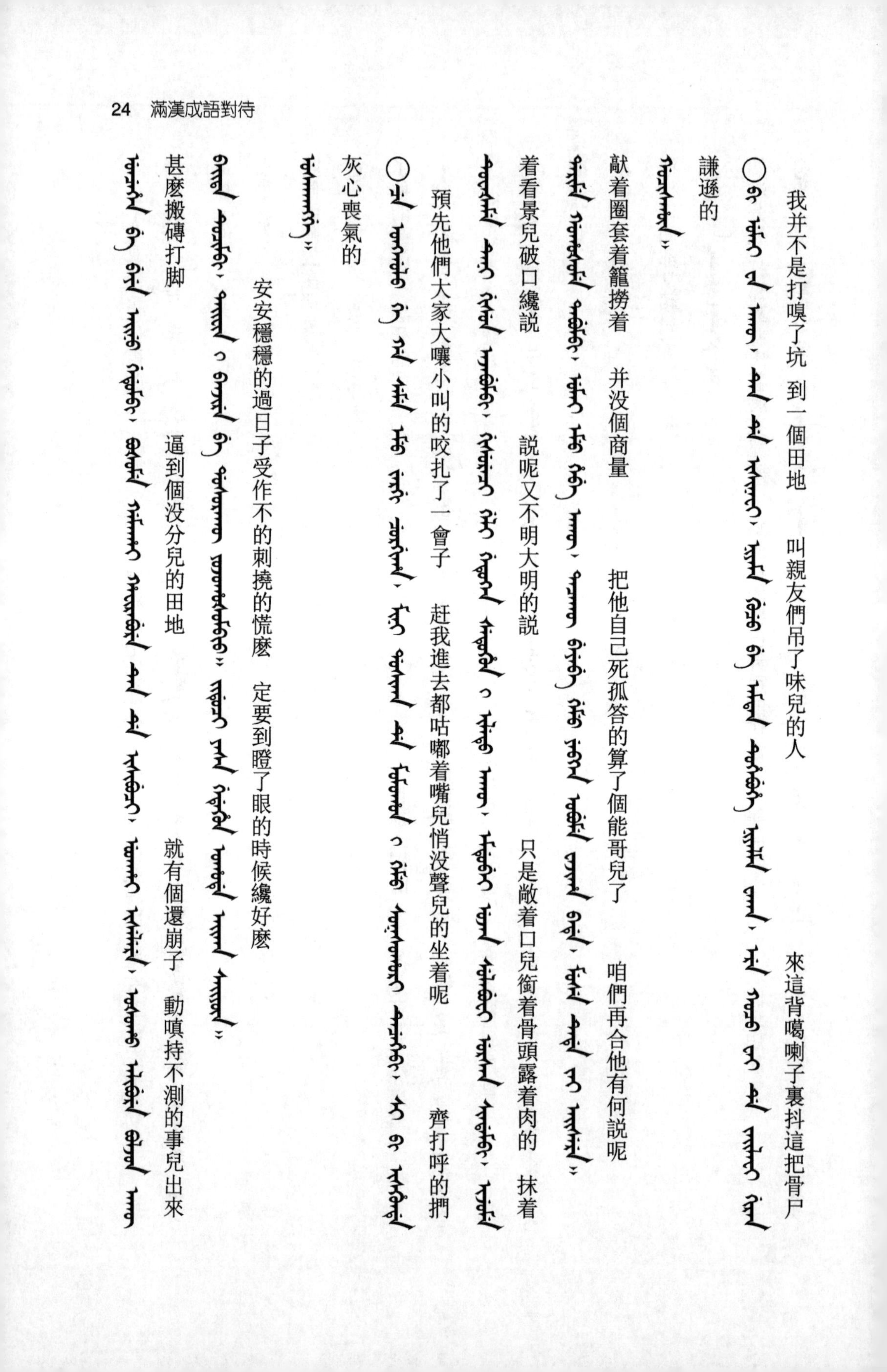

我并不是打嗅了坑　到一個田地　叫親友們吊了味兒的人　來這背噶喇子裏抖這把骨尸

謙遜的

獻着圈套着籠撈着　並沒個商量　把他自己死孤答的算了個能哥兒了　咱們再合他有何説呢

着看景兒破口纔説　説呢又不明大明的説　只是敞着口兒銜着骨頭露着肉的　抹着

預先他們大家大嚷小叫的咬扎了一會子　趕我進去都咕嘟着嘴兒悄没聲兒的坐着呢　齊打呼的撂

灰心喪氣的

安安穩穩的過日子受作不的刺撓的慌麼　定要到瞪了眼的時候纔好麼

甚麼搬磚打脚　逼到個没分兒的田地　就有個還崩子　動嗔持不測的事兒出來

逞臉兒了 你望着誰這們羊憨兒馬勢的 不叫人摔打 挫磨 幾日了 咱們多昝也會信

不叫人逞臉兒的

是甚麼急

他是怎樣 何苦只管這裏那裏的預備 儘着這們的有個甚麼了當 在那裏呢是的先不先着的

說是不相干 你是咱的了 果要作甚麼 他給你留情麼 只裝個不知道的是的 看

叫人顧擅的

還能得

渣子是爲甚麼 我没有相人家那樣狐假虎威的家當罷哩 樽着過伙 度命怕甚麼

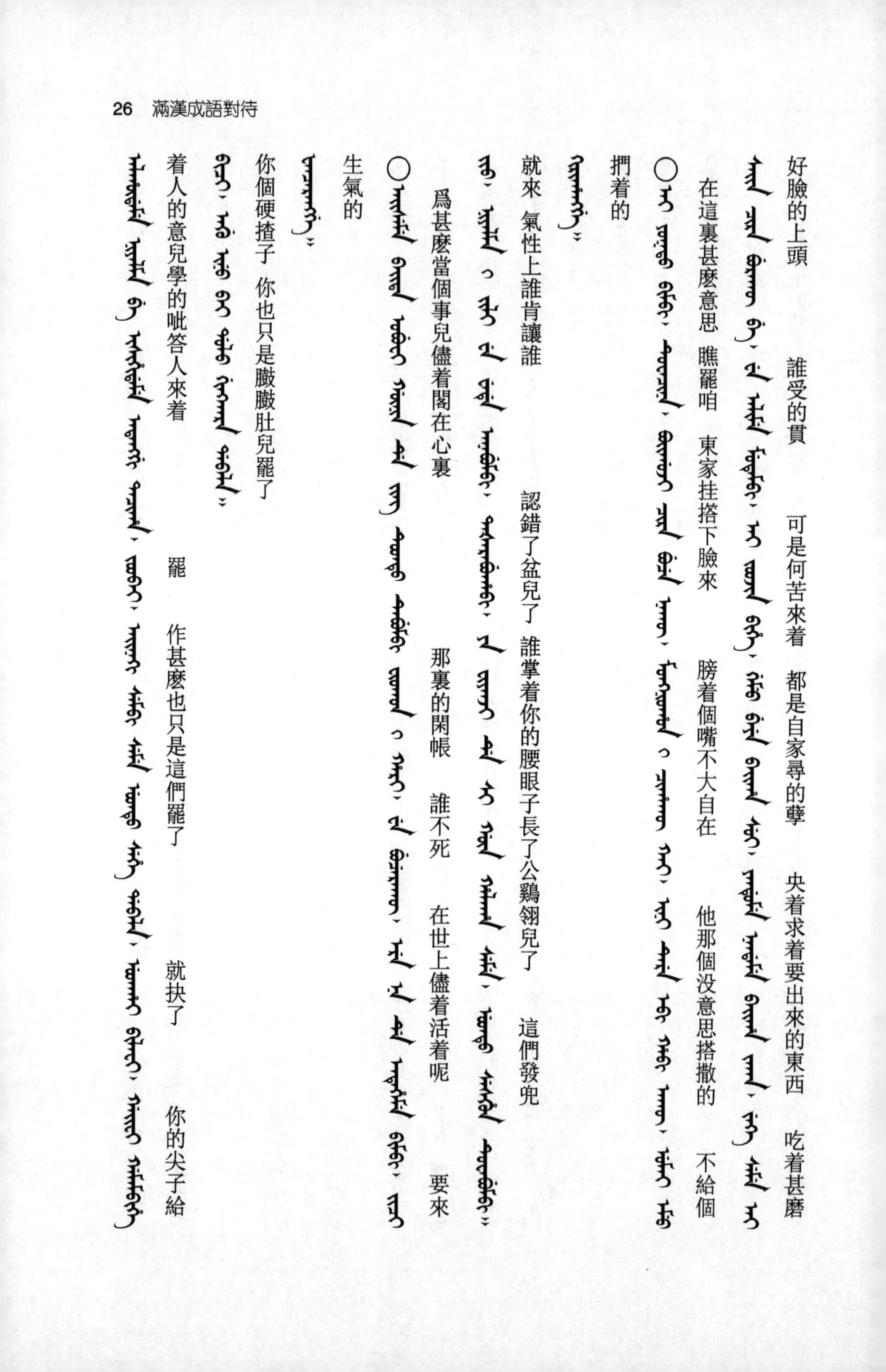

好臉的上頭　誰受的慣　可是何苦來着　都是自家尋的孽　央着求着要出來的東西　吃着甚磨

○在這裏甚麼意思　瞧罷咱　東家挂搭下臉來　膀着個嘴不大自在　他那個沒意思搭撒的　不給個把着的

就來　氣性上誰肯讓誰　認錯了盆兒了　誰掌着你的腰眼子長了公鷄翎兒了　這們發兜

○爲甚麼當個事兒儘着閣在心裏　那裏的閑帳　誰不死　在世上儘着活着呢　要來生氣的

你個硬揸子　你也只是臟臟肚兒罷了

着人的意兒學的呲答人來着　罷　作甚麼也只是這們罷了　就抉了　你的尖子給

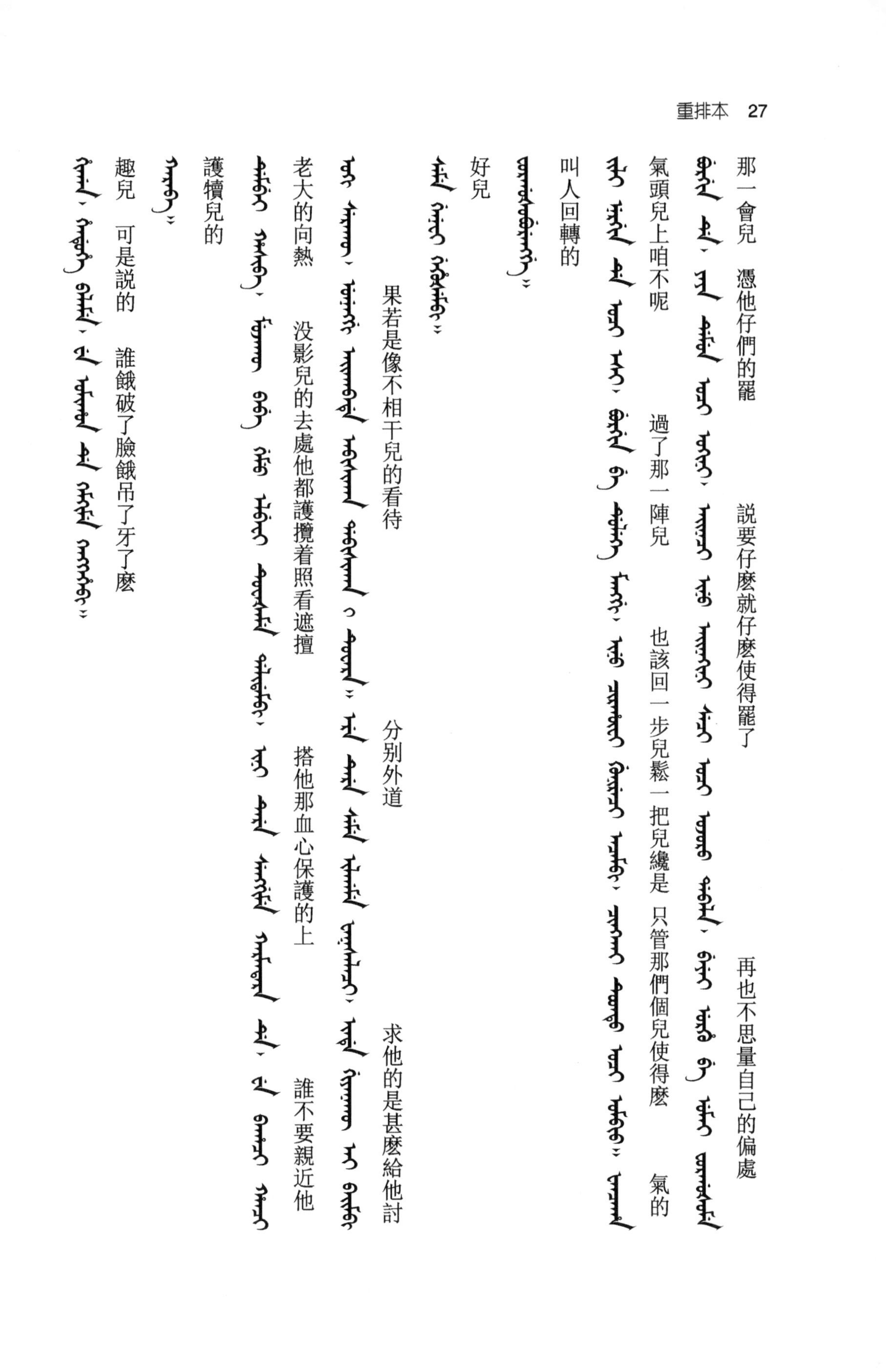

那一會兒　憑他仔們的罷　說要仔麼就仔麼使得罷了　再也不思量自己的偏處

氣頭兒上咱不呢　過了那一陣兒　也該回一步兒鬆一把兒纔是　只管那們個兒使得麼　氣的

叫人回轉的

好兒

果若是像不相干兒的看待　分別外道　求他的是甚麼給他討

老大的向熱　沒影兒的去處他都護攬着照看遮擋　搭他那血心保護的上　誰不要親近他

護犢兒的

趣兒　可是說的　誰餓破了臉餓吊了牙了麼

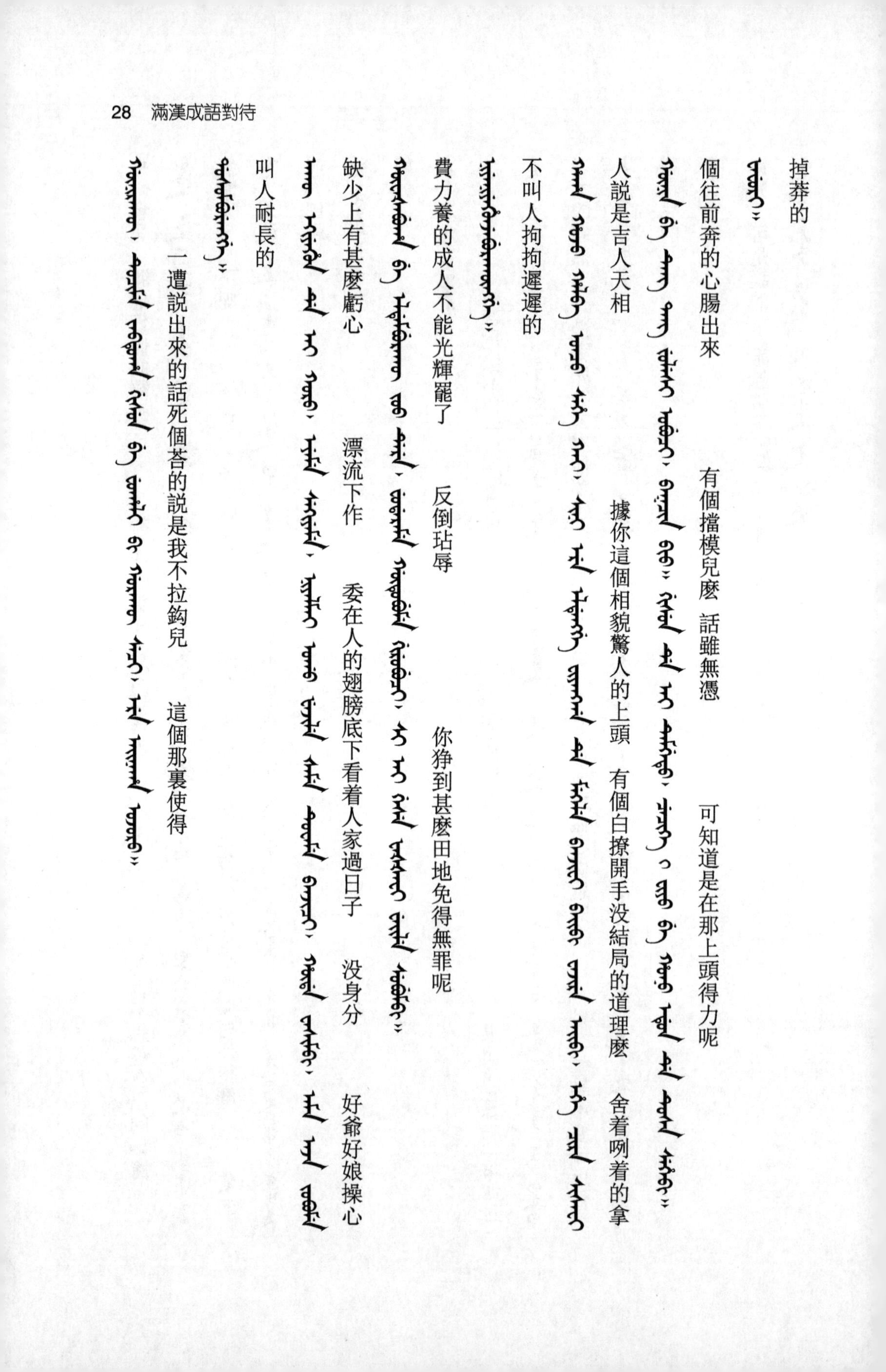

掉莽的

個往前奔的心腸出來　有個擋模兒麼　話雖無憑　可知道是在那上頭得力呢

人說是吉人天相　據你這個相貌驚人的上頭　有個白撩開手沒結局的道理麼　舍着咧着的拿

不叫人拘拘遲遲的

費力養的成人不能光輝罷了　反倒玷辱　你狰到甚麼田地免得無罪呢

缺少上有甚麼虧心　漂流下作　委在人的翅膀底下看着人家過日子　沒身分　好爺好娘操心

叫人耐長的

一遭說出來的話死個荅的說是我不拉鉤兒　這個那裏使得

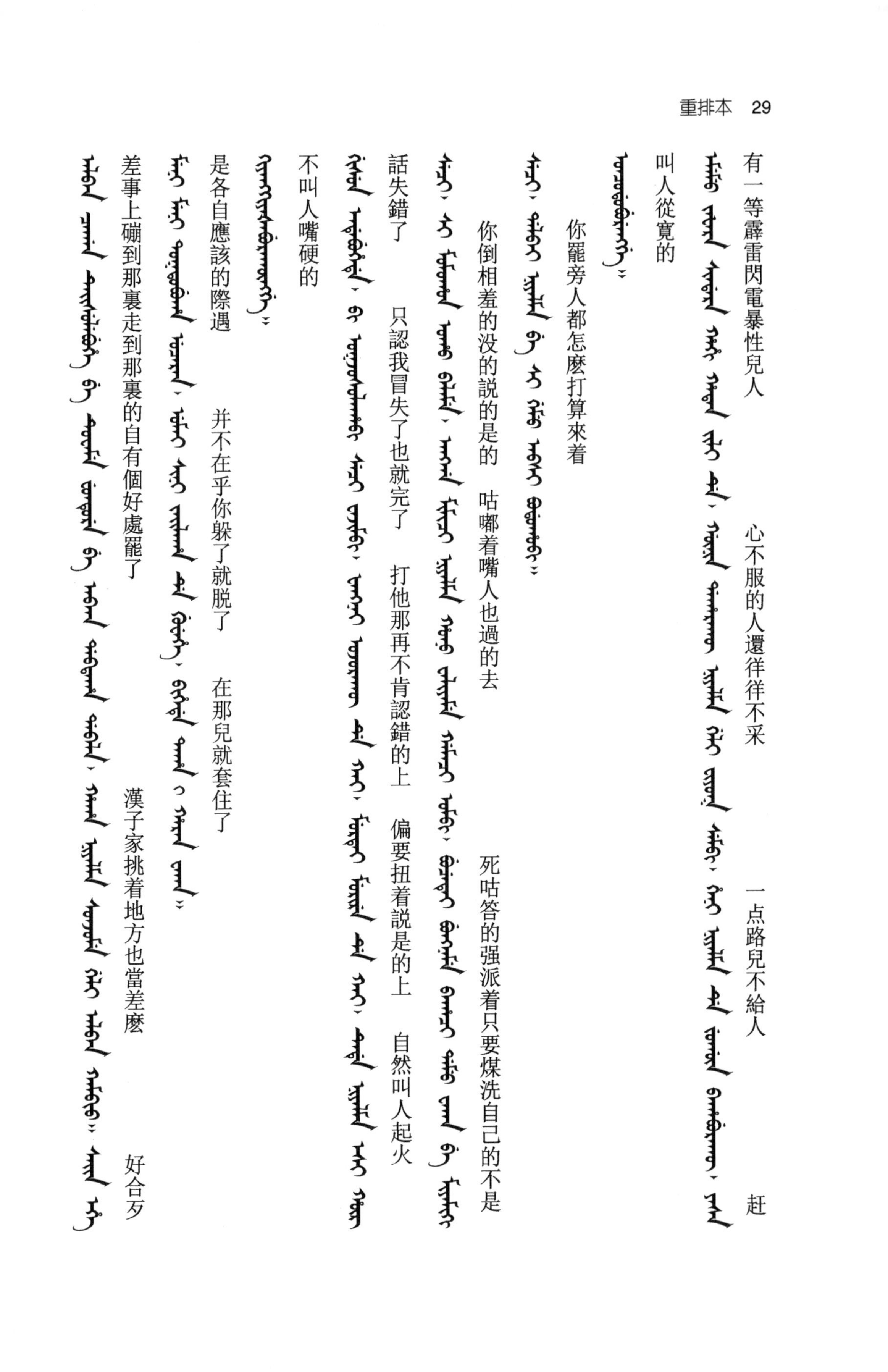

有一等霹雷閃電暴性兒人 心不服的人還徉徉不采 一点路兒不給人 赶

叫人從寬的

你罷旁人都怎麼打算來着

你倒相羞的没的説的是的 咕嘟着嘴人也過的去 死咕答的强派着只要煤洗自己的不是

話失錯了 只認我冒失了也就完了 打他那再不肯認錯的上 偏要扭着説是的上 自然叫人起火

不叫人嘴硬的

是各自應該的際遇 并不在乎你躲了就脱了 在那兒就套住了

差事上磞到那裏走到那裏的自有個好處罷了 漢子家挑着地方也當差麼 好合歹

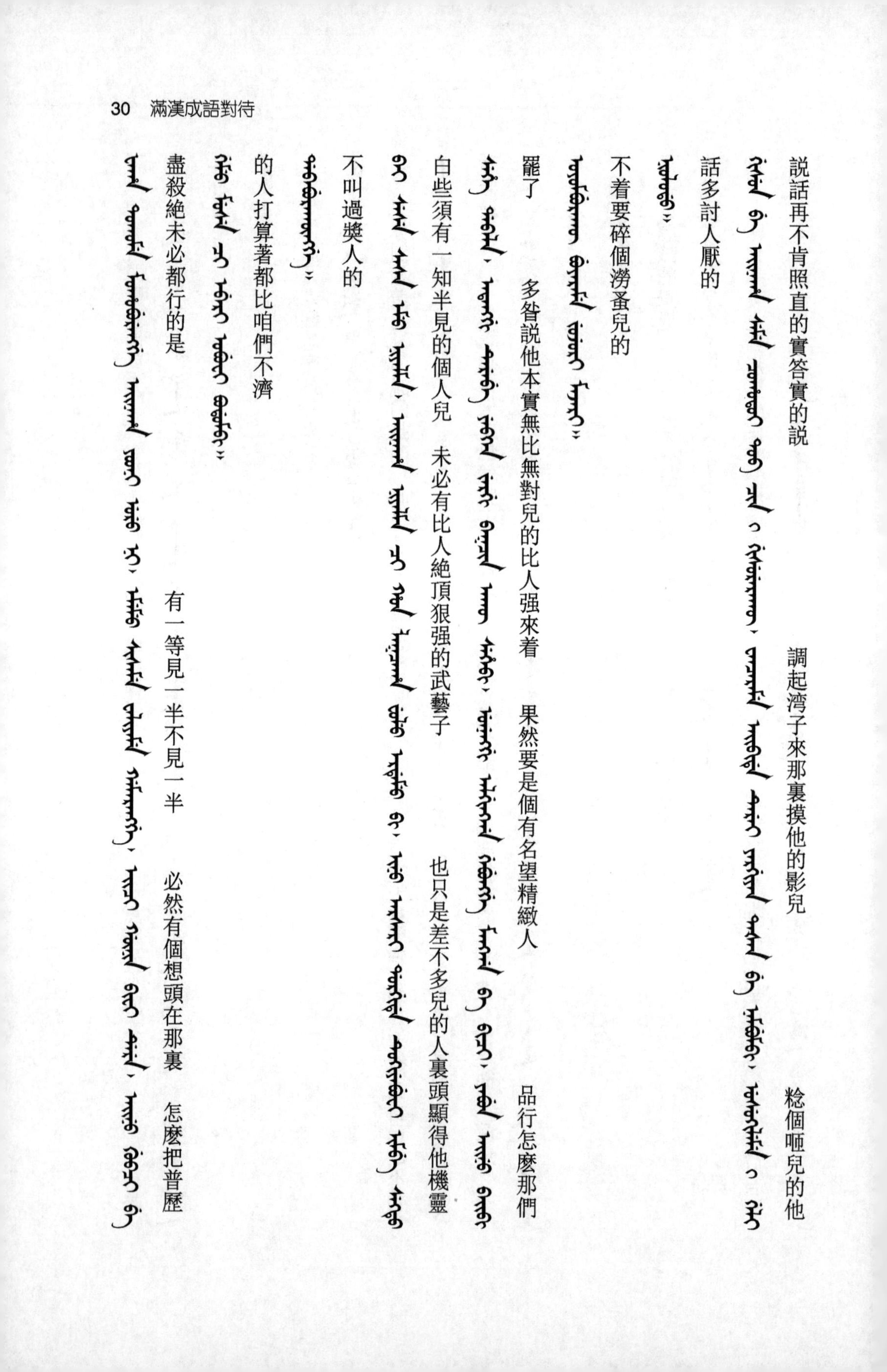

說話再不肯照直的實答實的說　調起灣子來那裏摸他的影兒　稔個啞兒的他

話多討人厭的

不着要碎個澇蚤兒的

罷了

多昝說他本實無比無對兒的比人强來着　果然要是個有名望精緻人　品行怎麼那們

白些須有一知半見的個人兒　未必有比人絕頂狠强的武藝子　也只是差不多兒的人裏頭顯得他機靈

不叫過獎人的

的人打算著都比咱們不濟

盡殺絕未必都行的是　有一等見一半不見一半　必然有個想頭在那裏　怎麼把普歷

潑倒身子給了他一下子　阿哥纔揸巴揸巴的翻白眼兒　壓派着賴他雖是使得　死咕荅的强

緊箍兒咒的

他個湊手不及　他纔点了頭兒了

他怎麼樣的　後來羞惱變成怒　說了個牙黄口嗅剛剛兒的暖服住了　不容搊脚給了

纔暖服的待好兒不好的　話不防頭又惹的發作了　設一設兒没要變卦　你說你如今可把

勸人别疑惑的

們個兒也不是那們個兒也不是了

也取笑着打趣人　誰肯容他　噎脖子堵嗓子的話撩了幾句給他　阿哥也毛的這

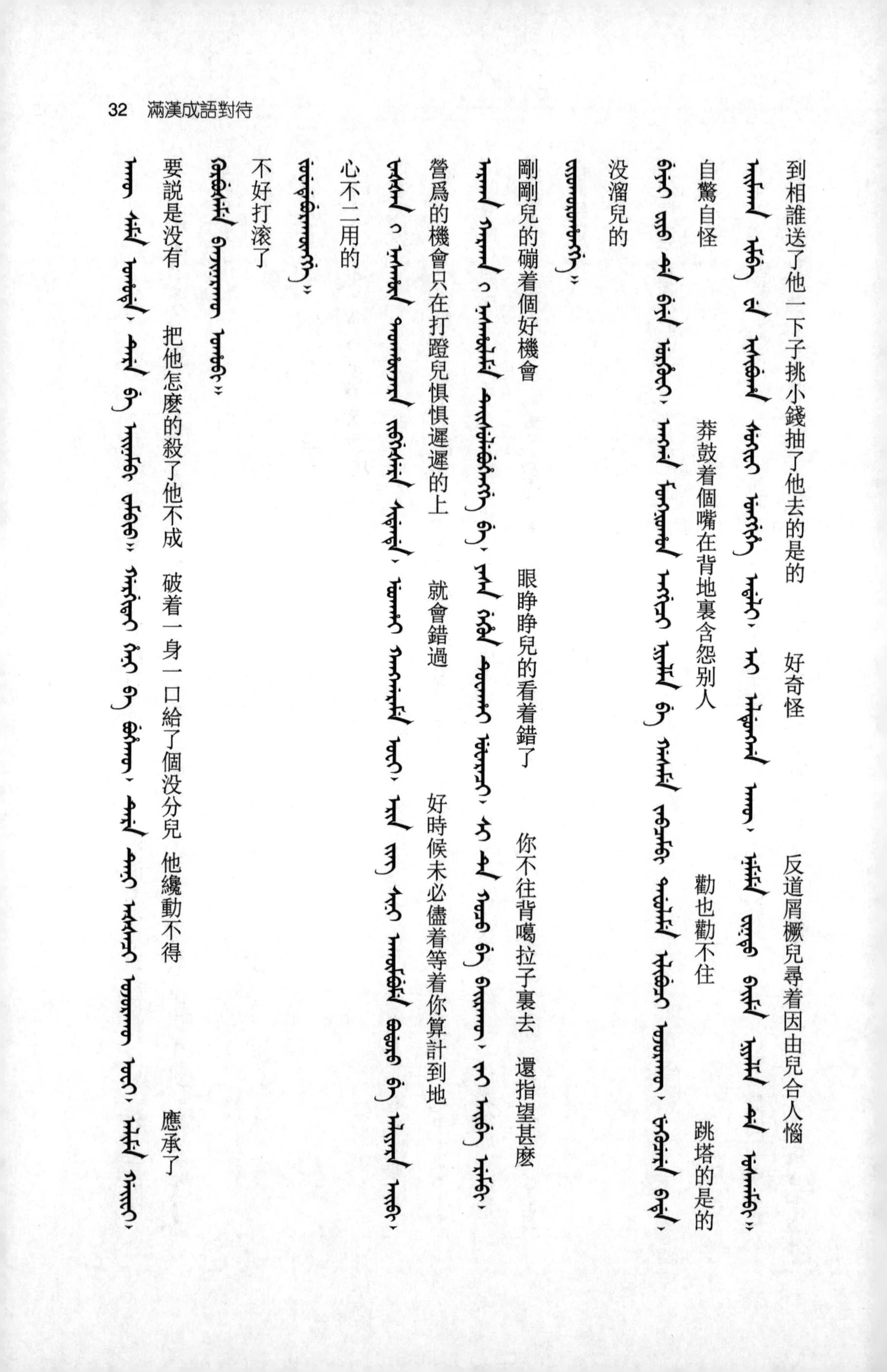

到相誰送了他一下子挑小錢抽了他去的是的　好奇怪　反道屑橛兒尋着因由兒合人惱

自驚自怪　莽鼓着個嘴在背地裏含怨別人　勸也勸不住　跳塔的是的

没溜兒的

剛剛兒的磞着個好機會　眼睜睜兒的看着錯了　你不往背噶拉子裏去　還指望甚麽

營爲的機會只在打蹬兒惧惧遲遲的上　就會錯過　好時候未必儘着等着你算計到地

心不二用的

不好打滾了

要説是没有　把他怎麽的殺了他不成　破着一身一口給了個没分兒　他纔動不得　應承了

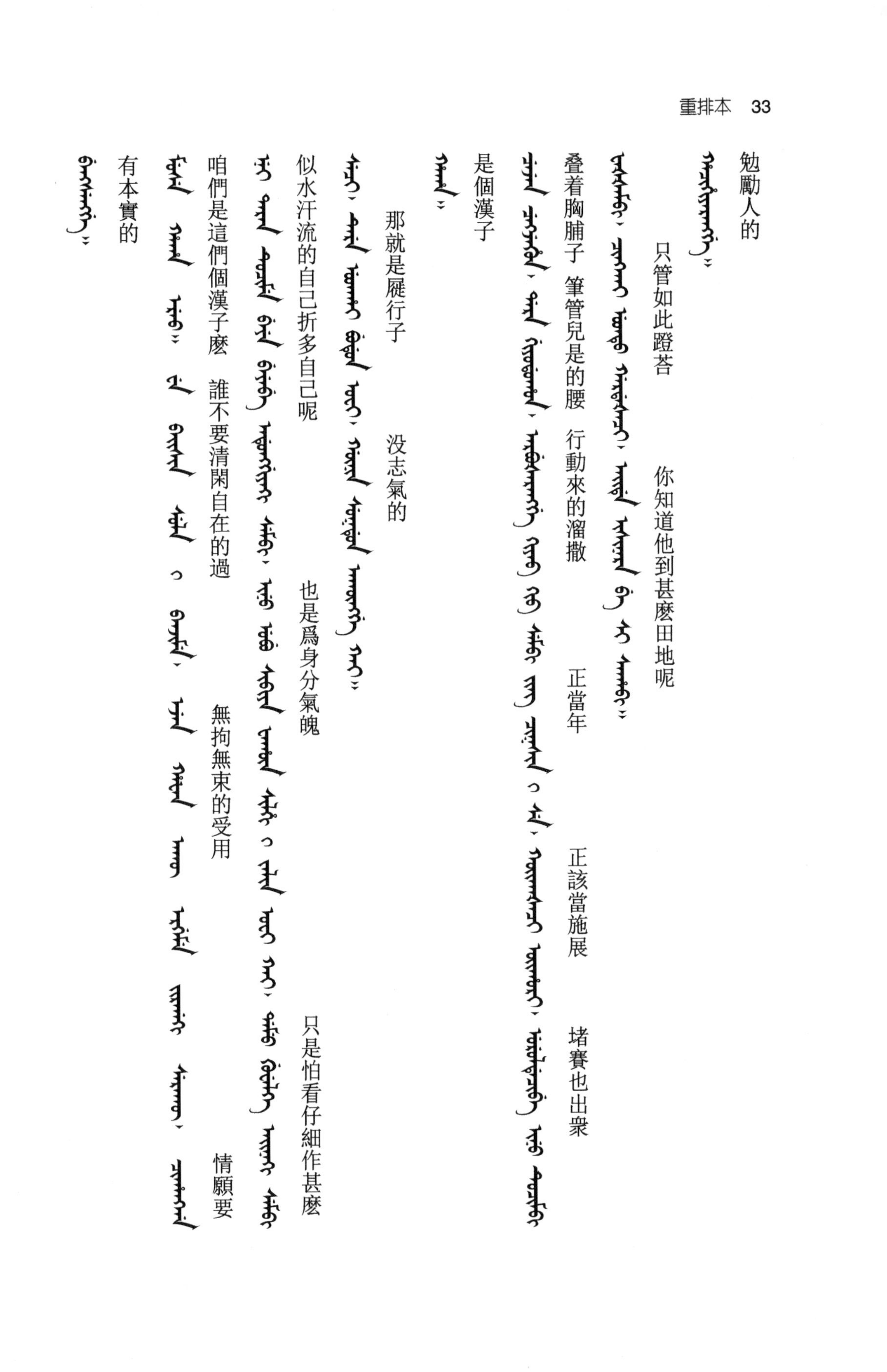

勉勵人的

只管如此蹬荅　你知道他到甚麼田地呢

疊着胸脯子　筆管兒是的腰　行動來的溜撒　正當年　正該當施展　堵賽也出衆

是個漢子

那就是屣行子　沒志氣的

似水汗流的自己折多自己呢　也是爲身分氣魄　只是怕看仔細作甚麼

咱們是這們個漢子麼　誰不要清閑自在的過　無拘無束的受用　情願要

有本實的

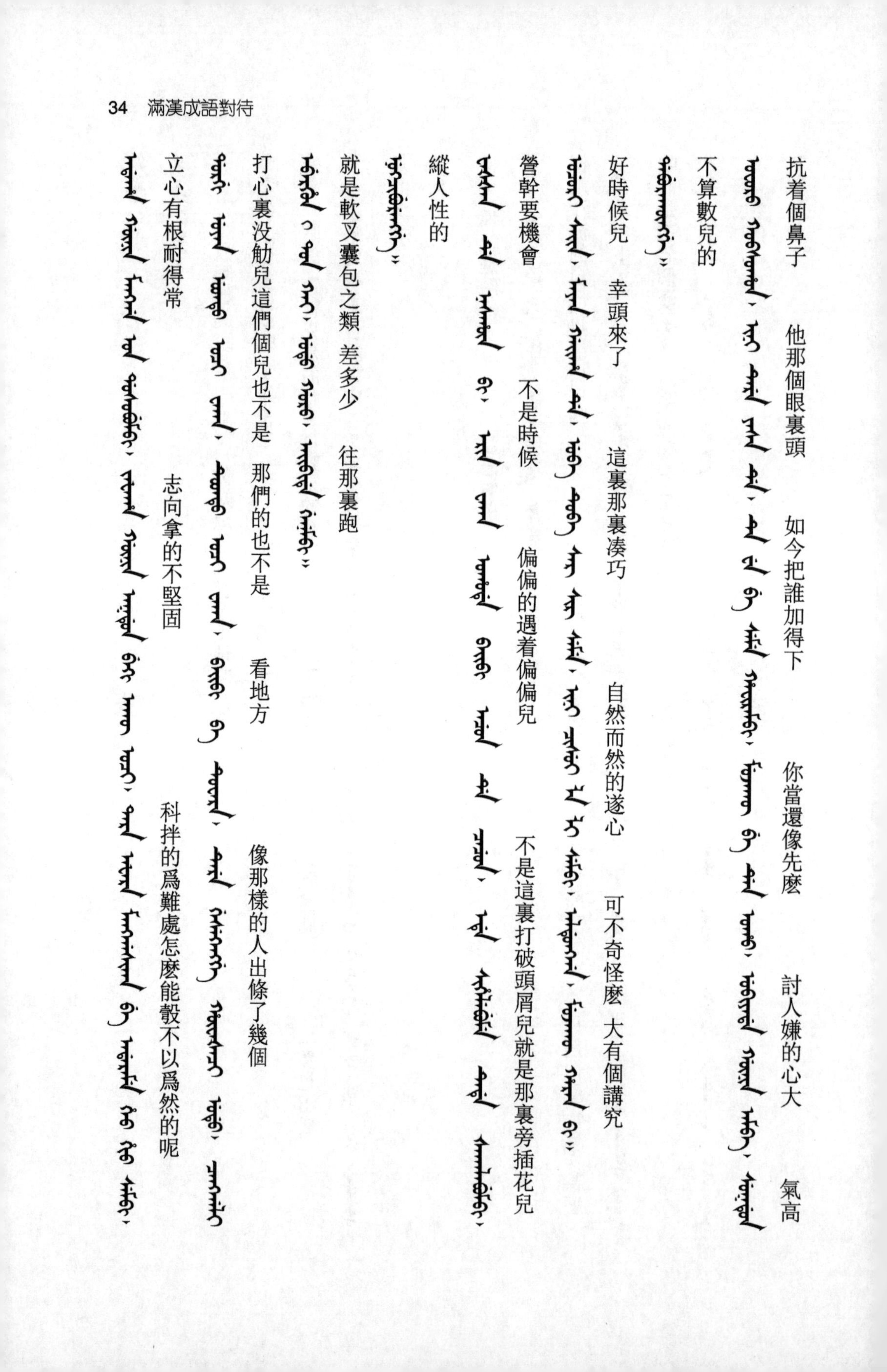

抗着個鼻子　他那個眼裏頭　如今把誰加得下　你當還像先麼　討人嫌的心大　氣高

不算數兒的

好時候兒　幸頭來了　這裏那裏湊巧　自然而然的遂心　可不奇怪麼　大有個講究

營幹要機會　不是時候　偏偏的遇着偏偏兒　不是這裏打破頭屑兒就是那裏旁插花兒

縱人性的

就是軟叉囊包之類　差多少　往那裏跑

打心裏没觔兒這們個兒也不是　那們的也不是　看地方　像那樣的人出條了幾個

立心有根耐得常　志向拿的不堅固　科拌的爲難處怎麼能彀不以爲然的呢

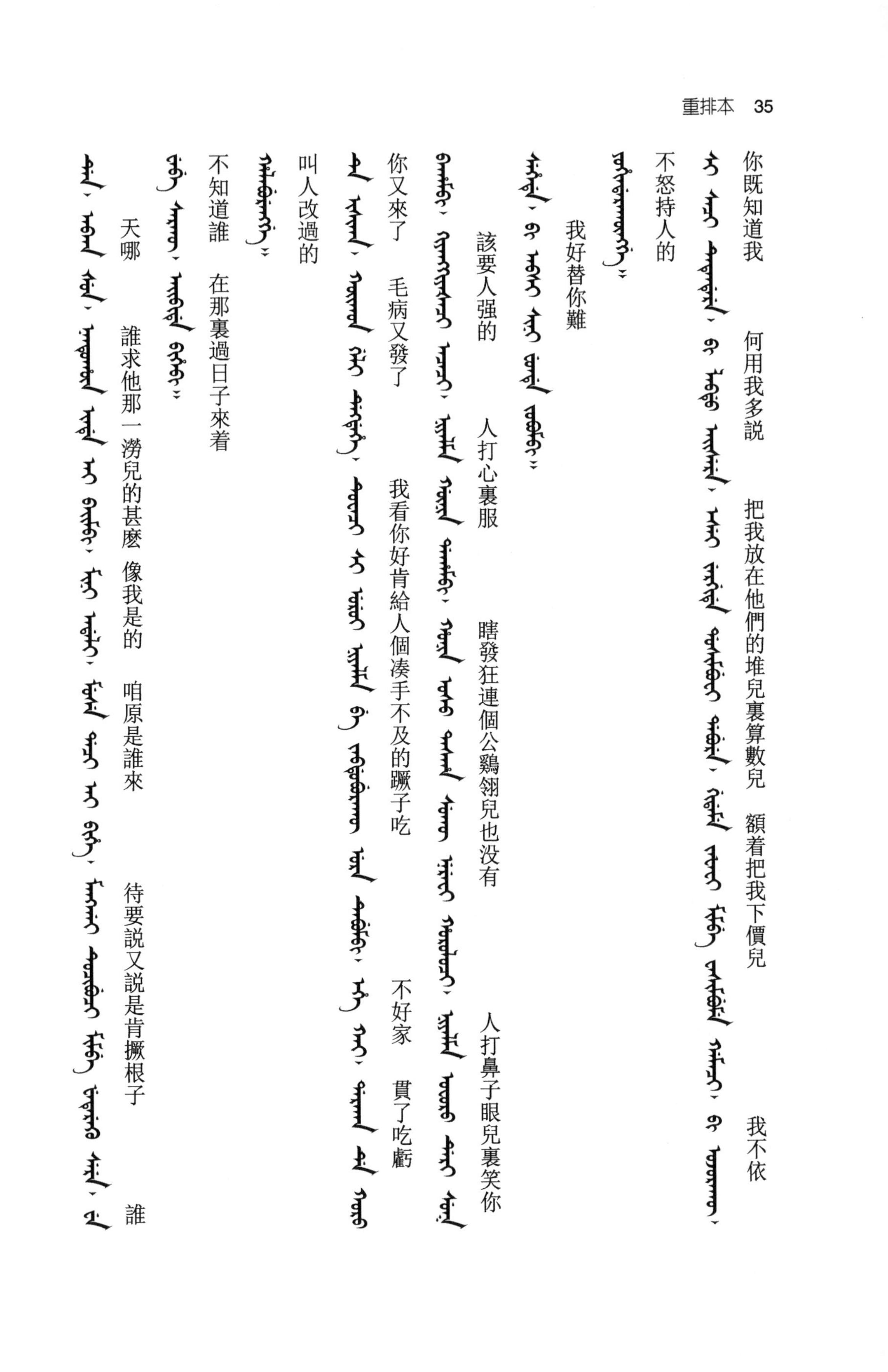

你既知道我　何用我多說　把我放在他們的堆兒裏算數兒　額着把我下價兒　我不依

不怒持人的

我好替你難

該要人强的　人打心裏服　瞎發狂連個公鷄翎兒也沒有　人打鼻子眼兒裏笑你

你又來了　毛病又發了　我看你好肯給人個凑手不及的蹶子吃　不好家　貫了吃虧

叫人改過的

不知道誰　在那裏過日子來着

天哪　誰求他那一滂兒的甚麽　像我是的　咱原是誰來　待要說又說是肯撅根子　誰

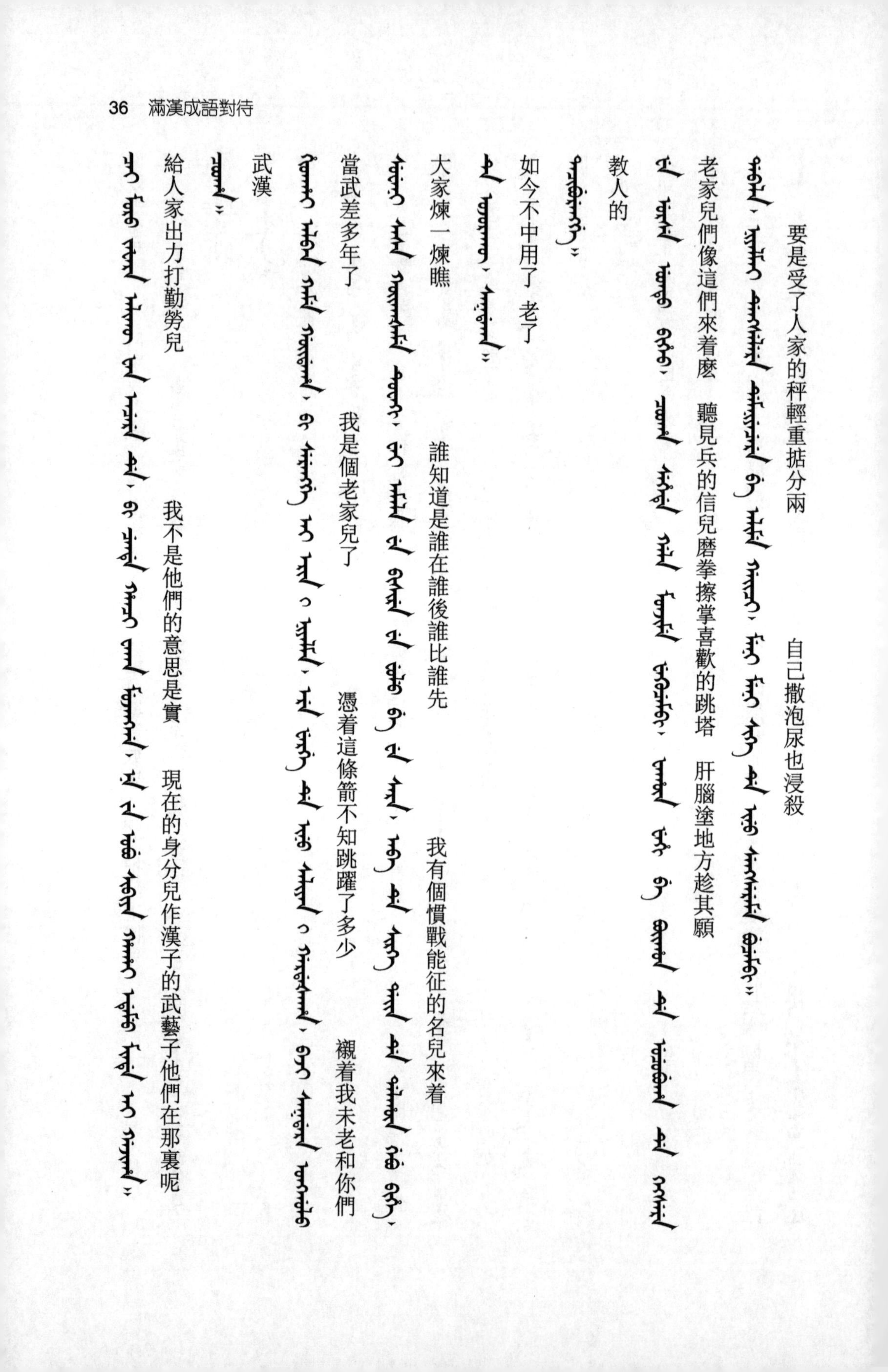

要是受了人家的秤輕重掂分兩　自己撒泡尿也浸殺

老家兒們像這們來着麼　聽見兵的信兒磨拳擦掌喜歡的跳塔　肝腦塗地方趁其願

教人的

如今不中用了　老了

大家煉一煉瞧　誰知道是誰在誰後誰比誰先　我有個慣戰能征的名兒來着

當武差多年了　我是個老家兒了　憑着這條箭不知跳躍了多少　襯着我未老和你們

武漢

給人家出力打勤勞兒　我不是他們的意思是實　現在的身分兒作漢子的武藝子他們在那裏呢

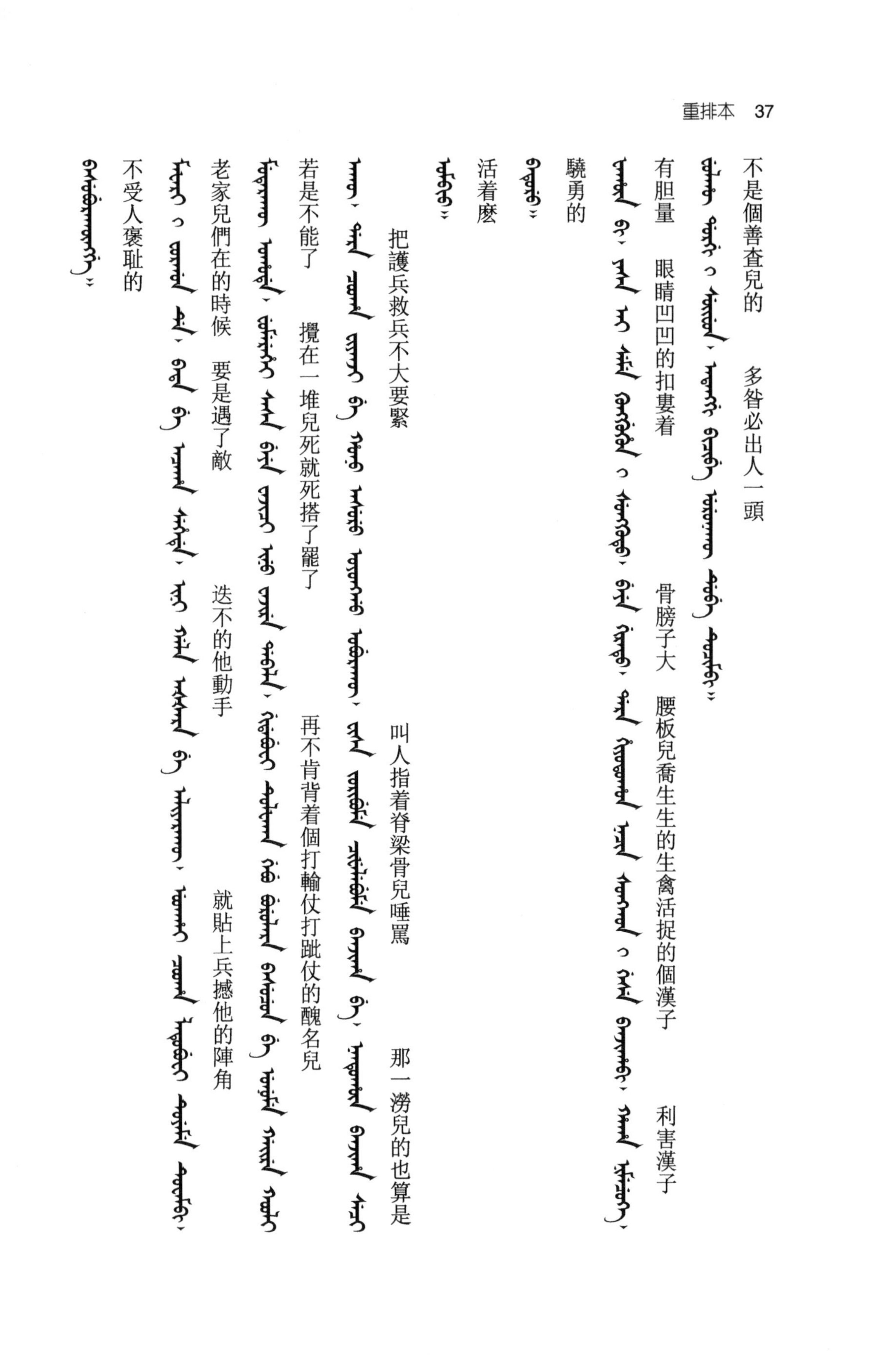

不是個善查兒的　多咎必出人一頭

有胆量　眼睛凹凹的扣婁着　骨膀子大　腰板兒喬生生的生禽活捉的個漢子　利害漢子

驍勇的

活着麼

把護兵救兵不大要緊　叫人指着脊梁骨兒唾罵　那一澇兒的也算是

若是不能了　攬在一堆兒死就死搭了罷了　再不肯背着個打輸仗打跐仗的醜名兒

老家兒們在的時候　要是遇了敵　迭不的他動手　就貼上兵撼他的陣角

不受人褒耻的

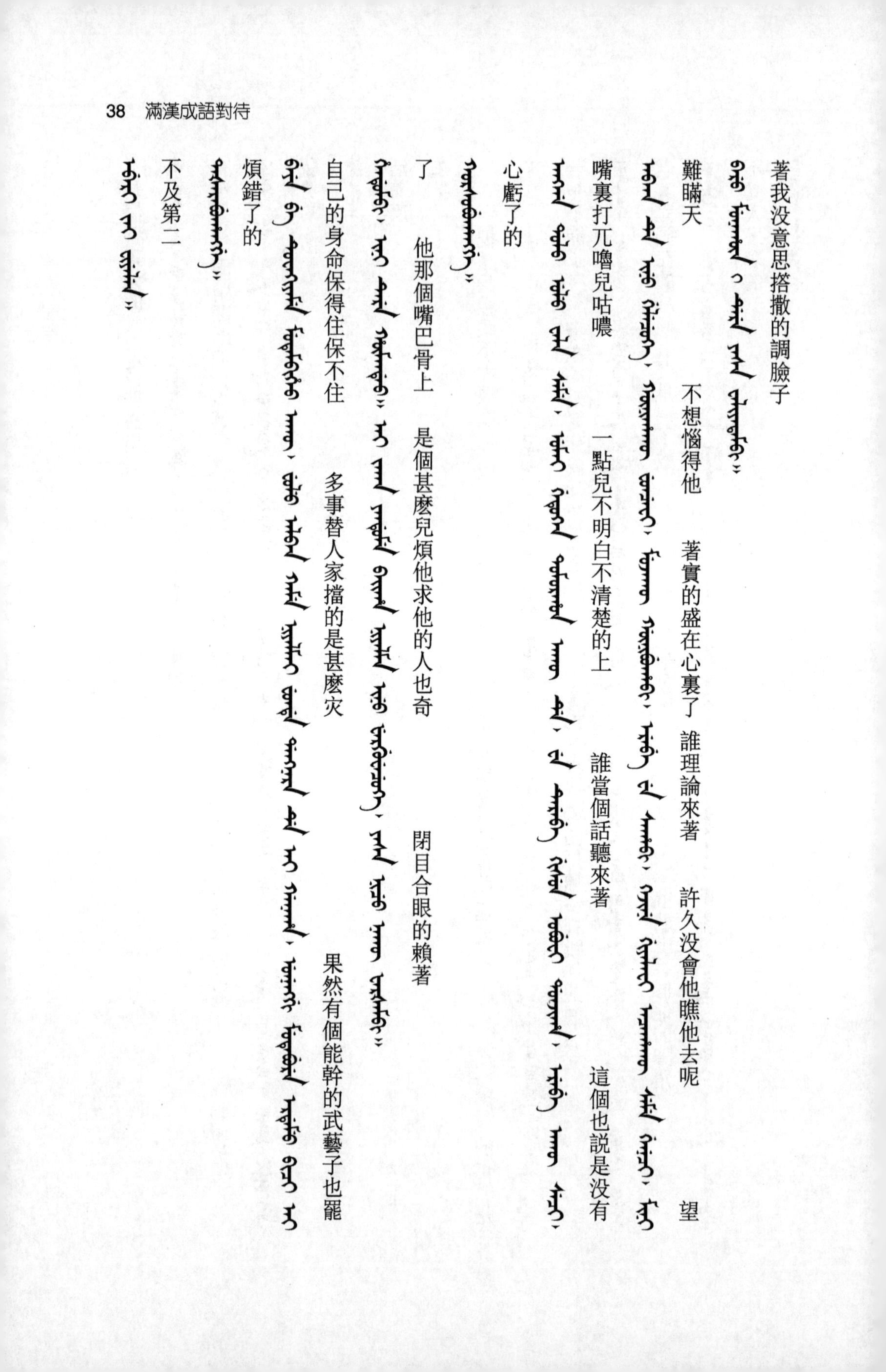

著我没意思搭撒的調臉子

難瞞天　不想惱得他　著實的盛在心裏了　誰理論來著　許久没會他瞧他去呢　望

嘴裏打兀嚕兒咕噥　一點兒不明白不清楚的上　誰當個話聽來著　這個也説是没有

心虧了的

了　他那個嘴巴骨上　是個甚麼兒煩他求他的人也奇　閉目合眼的賴著

自己的身命保得住保不住　多事替人家擋的是甚麼灾　果然有個能幹的武藝子也罷

煩錯了的

不及第二

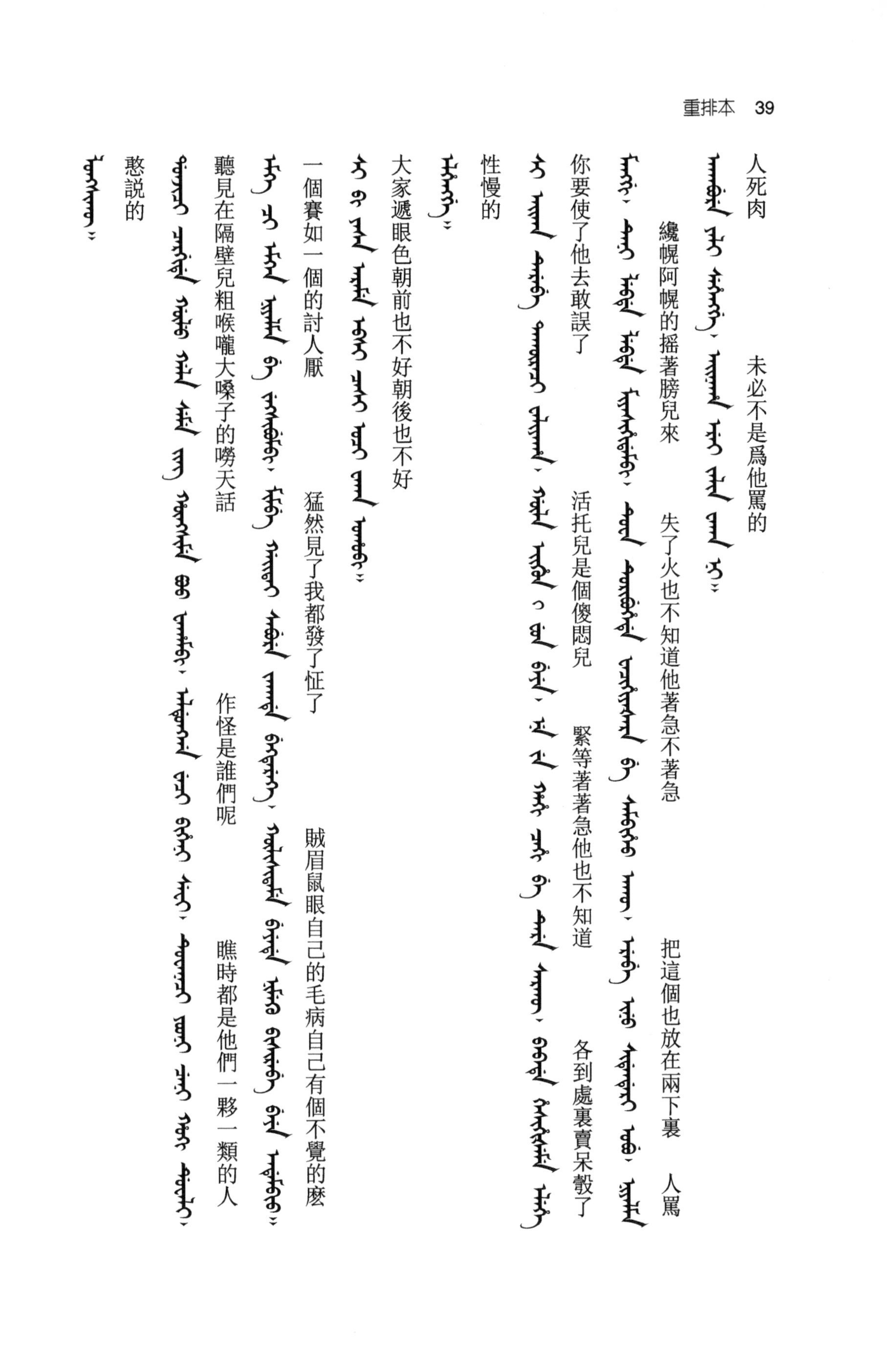

人死肉　未必不是爲他罵的

纔幌阿幌的搖著膀兒來　失了火也不知道他著急不著急　把這個也放在兩下裏　人罵

你要使了他去敢誤了　活托兒是個傻悶兒　緊等著著急他也不知道　各到處裏賣呆穀了

性慢的

大家遞眼色朝前也不好朝後也不好

一個賽如一個的討人厭　猛然見了我都發了怔了　賊眉鼠眼自己的毛病自己有個不覺的麼

聽見在隔壁兒粗喉嚨大嗓子的嘮天話　作怪是誰們呢　瞧時都是他們一夥一類的人

憨說的

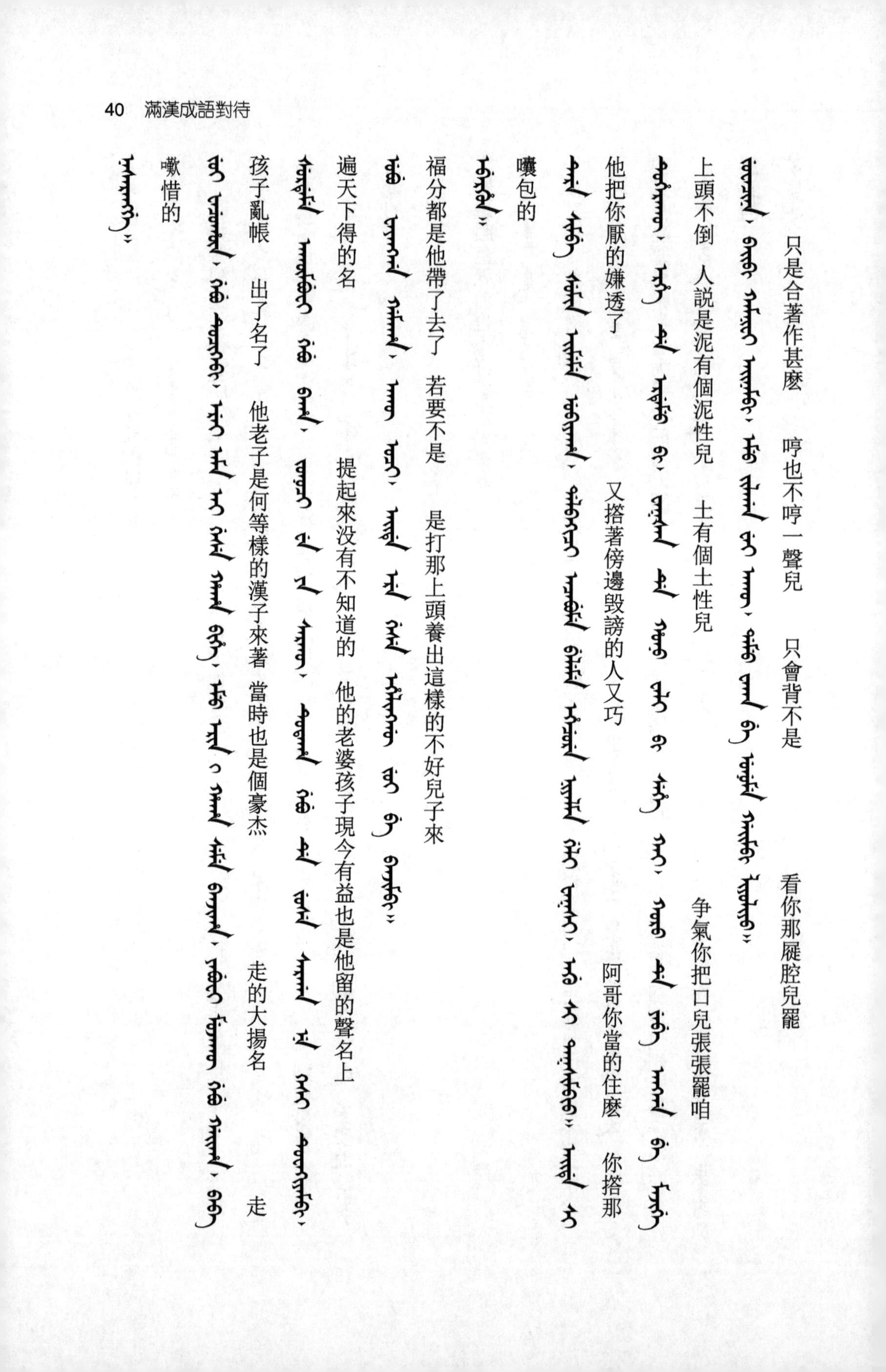

只是合著作甚麼 哼也不哼一聲兒 只會背不是 看你那屣腔兒罷

上頭不倒 人說是泥有個泥性兒 土有個土性兒 爭氣你把口兒張張罷咱

他把你厭的嫌透了 又搭著傍邊毀謗的人又巧 阿哥你當的住麼 你搭那

囔包的

福分都是他帶了去了 若要不是 是打那上頭養出這樣的不好兒子來

遍天下得的名 提起來没有不知道的 他的老婆孩子現今有益也是他留的聲名上

孩子亂帳 出了名了 他老子是何等樣的漢子來著 當時也是個豪杰 走的大揚名 走

嘆惜的

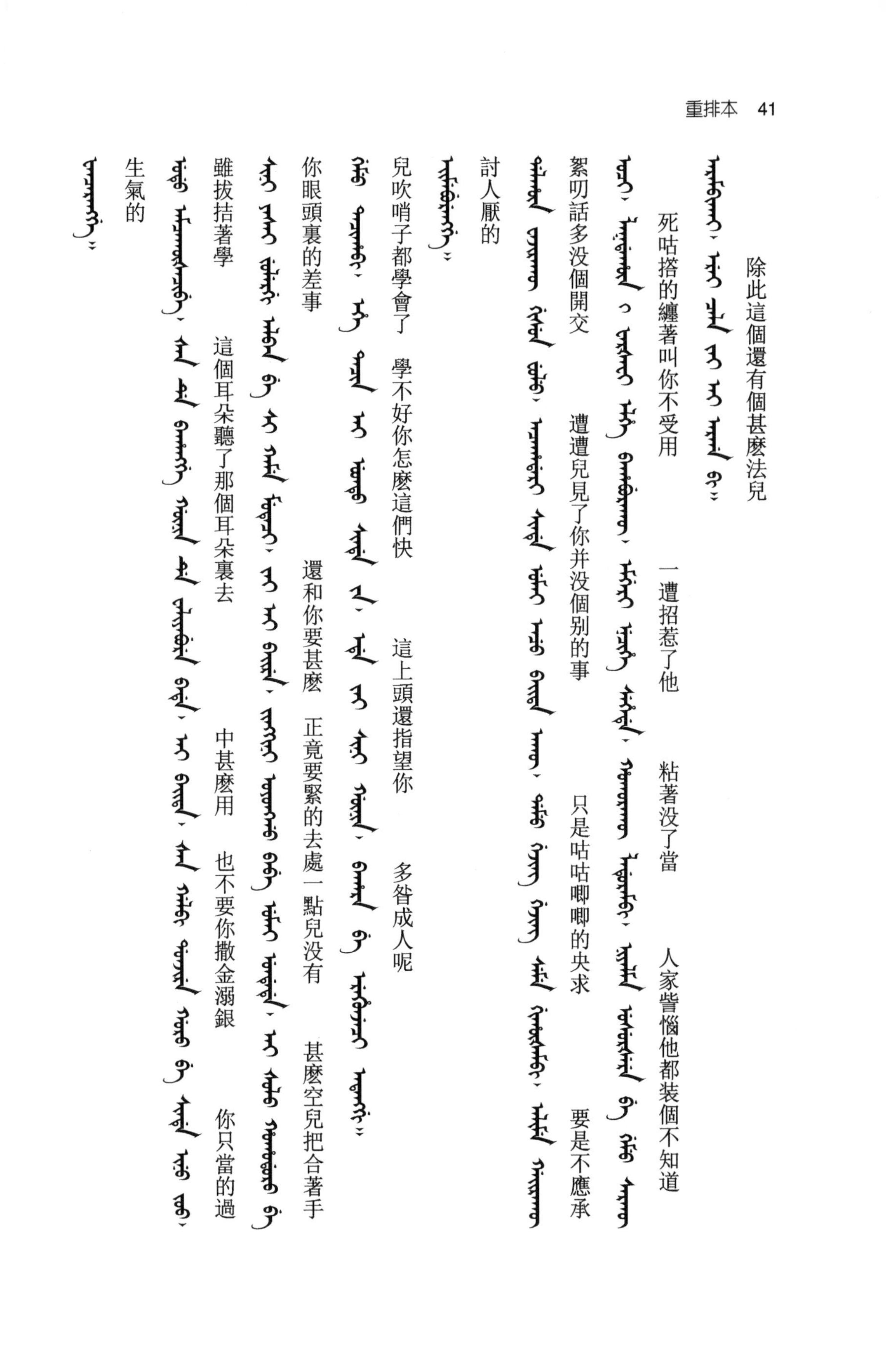

除此這個還有個甚麼法兒

死咕搭的纏著叫你不受用 一遭招惹了他 粘著没了當 人家皆惱他都裝個不知道

絮叨話多没個開交 遭遭兒見了你并没個別的事 只是咕咕唧唧的央求 要是不應承

討人厭的

兒吹哨子都學會了 學不好你怎麼這們快 這上頭還指望你 多咎成人呢

你眼頭裏的差事 還和你要甚麼 正竟要緊的去處一點兒没有 甚麼空兒把合著手

雖拔拮著學 這個耳朵聽了那個耳朵裏去 中甚麼用 也不要你撒金溺銀 你只當的過

生氣的

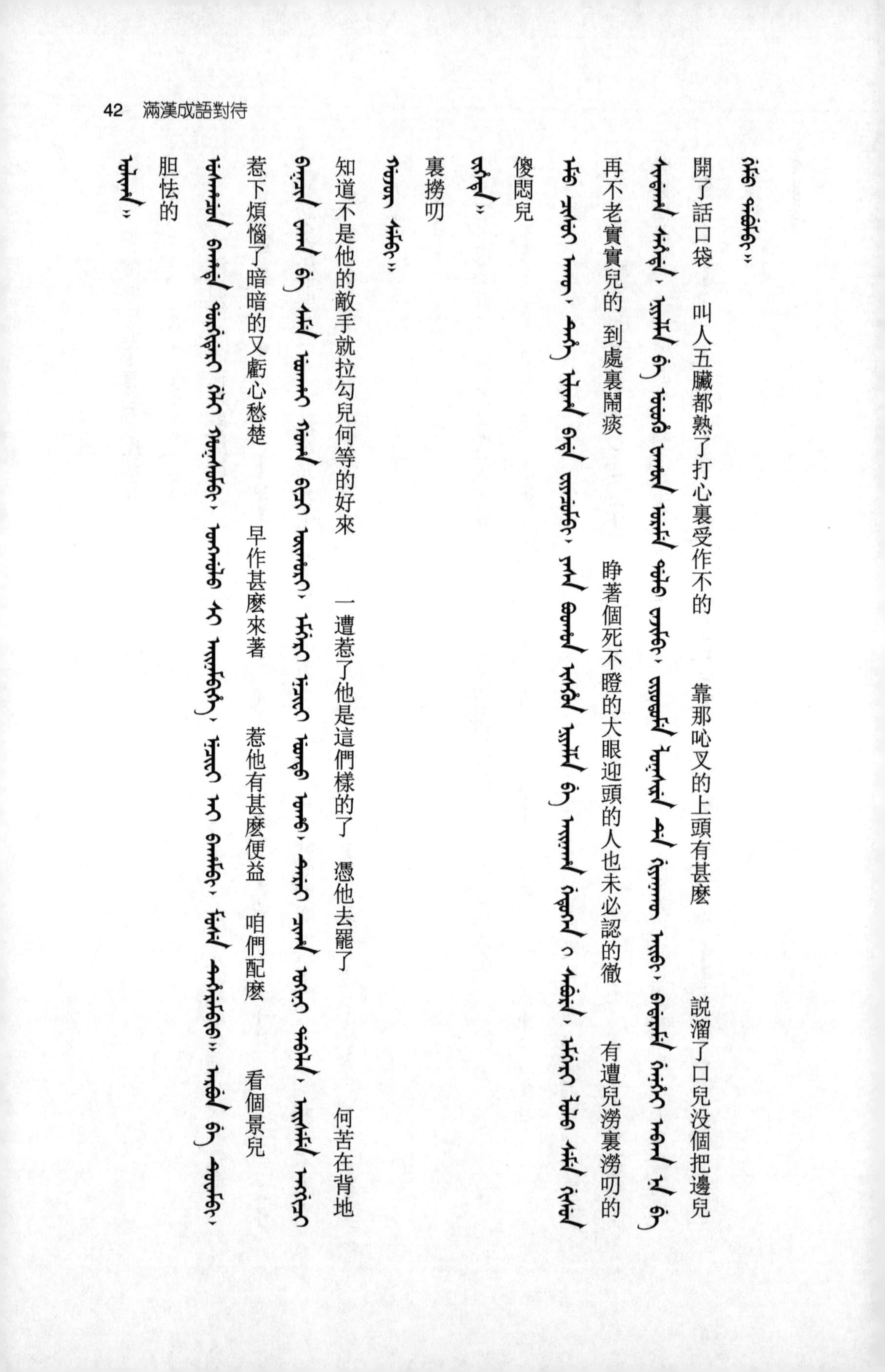

胆怯的

惹下煩惱了暗暗的又虧心愁楚　早作甚麼來著　惹他有甚麼便益　咱們配麼　看個景兒

知道不是他的敵手就拉勾兒何等的好來　一遭惹了他是這們樣的了　憑他去罷了　何苦在背地

裏撈叨

傻悶兒

再不老實實兒的　到處裏鬧痰　睁著個死不瞪的大眼迎頭的人也未必認的徹　有遭兒撈裏撈叨的

開了話口袋　叫人五臟都熟了打心裏受作不的　靠那吣叉的上頭有甚麼　說溜了口兒没個把邊兒

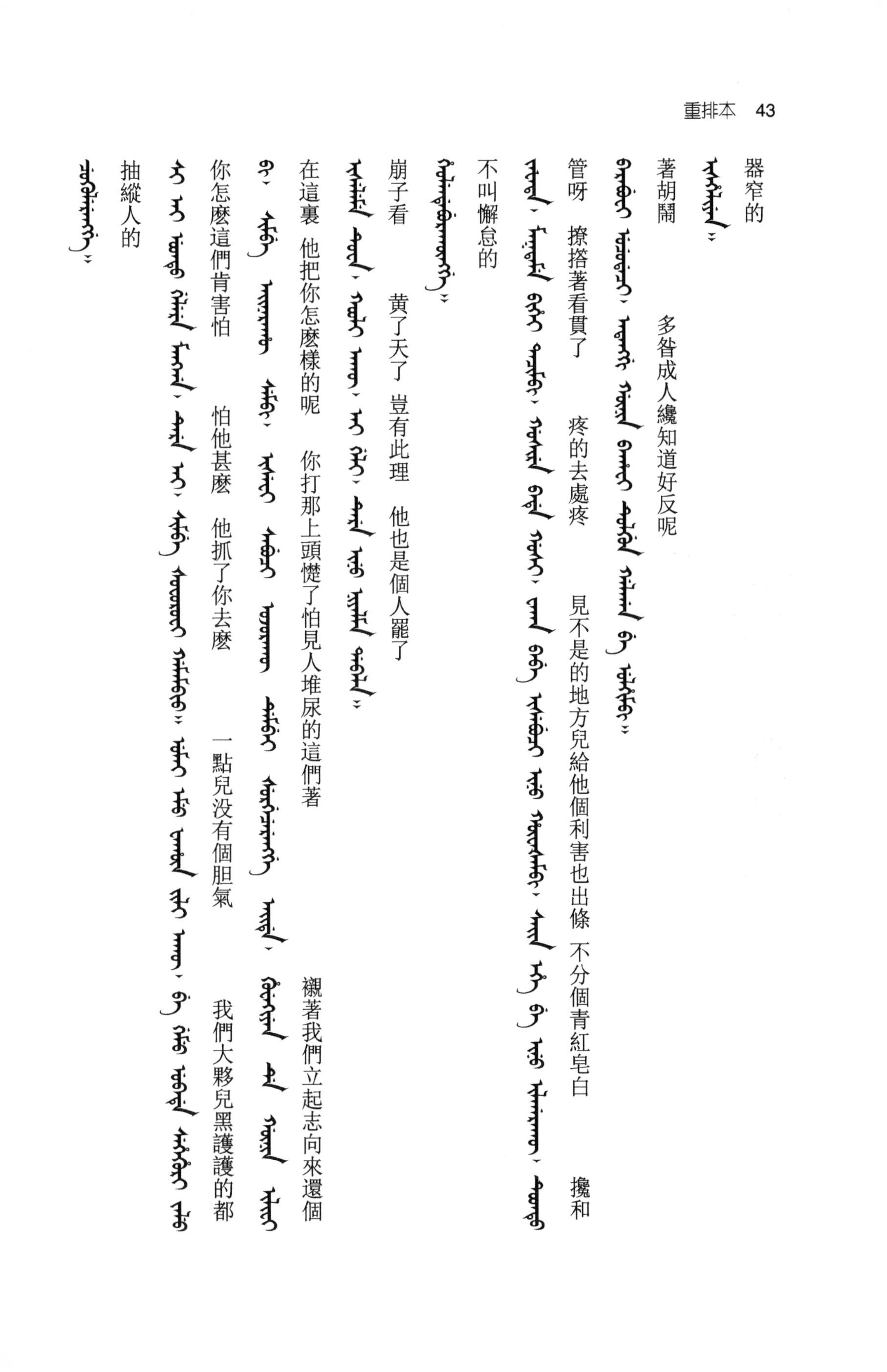

器窄的

著胡鬧　多昝成人纔知道好反呢

管呀　撩搭著看貫了　疼的去處疼　見不是的地方兒給他個利害也出條　不分個青紅皂白　攙和

不叫懈怠的

崩子看　黃了天了　豈有此理　他也是個人罷了

在這裏　他把你怎麼樣的呢　你打那上頭憷了怕見人堆尿的這們著　襯著我們立起志向來還個

你怎麼這們肯害怕　怕他甚麼　他抓了你去麼　一點兒沒有個胆氣　我們大夥兒黑護護的都

抽縱人的

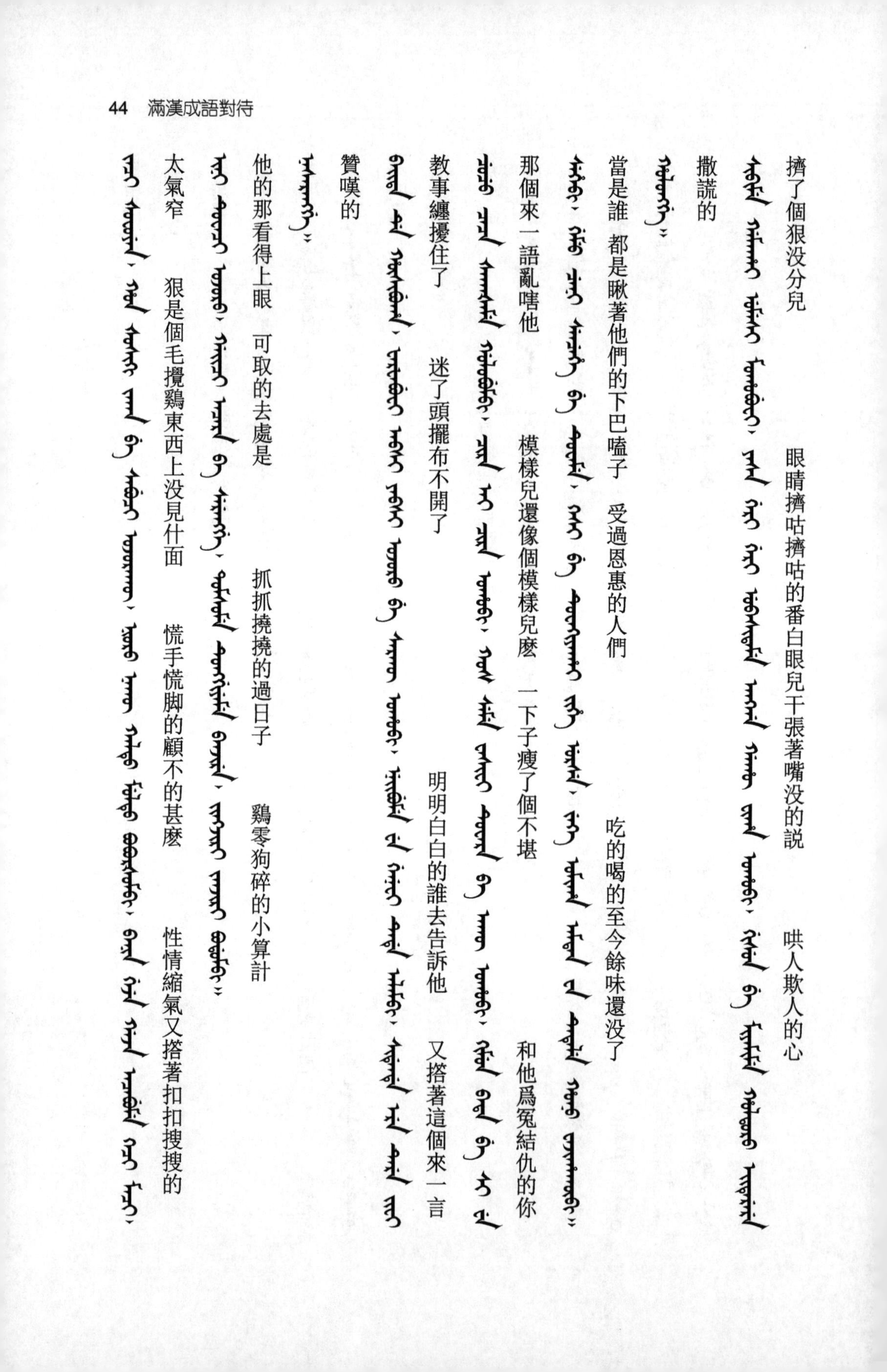

擠了個狠没分兒　眼睛擠咕擠咕的番白眼兒干張著嘴没的説　哄人欺人的心

撒謊的

當是誰　都是瞅著他們的下巴嗑子　受過恩惠的人們　吃的喝的至今餘味還没了

那個來一語亂嗐他　模樣兒還像個模樣兒麼　一下子瘦了個不堪　和他爲冤結仇的你

教事纏擾住了　迷了頭擺布不開了　明明白白的誰去告訴他　又搭著這個來一言

贊嘆的

他的那看得上眼　可取的去處是　抓抓撓撓的過日子　鷄零狗碎的小算計

太氣窄　狠是個毛攬鷄東西上没見什面　慌手慌脚的顧不的甚麽　性情縮氣又搭著扣扣搜搜的

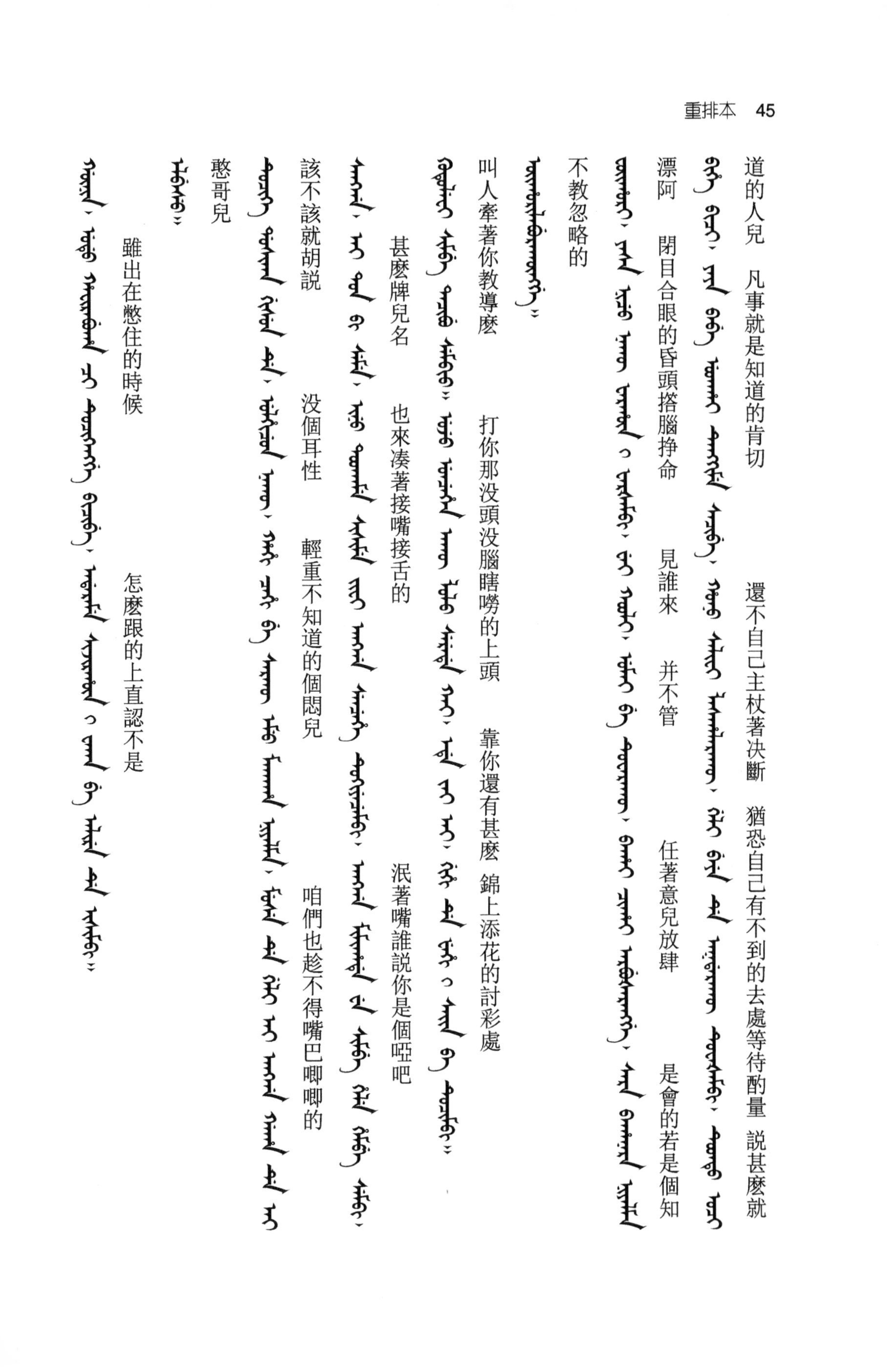

道的人兒　凡事就是知道的肯切　還不自己主杖著決斷　猶恐自己有不到的去處等待酌量　說甚麼就

漂阿　閉目合眼的昏頭搭腦掙命　見誰來　并不管　任著意兒放肆　是會的若是個知

不教忽略的

叫人牽著你教導麽　打你那没頭没腦瞎嘮的上頭　靠你還有甚麽　錦上添花的討彩處

甚麽牌兒名　也來凑著接嘴接舌的　泯著嘴誰說你是個啞吧

該不該就胡說　没個耳性　輕重不知道的個悶兒　咱們也趁不得嘴巴唧唧的

憨哥兒

雖出在憋住的時候　怎麽跟的上直認不是

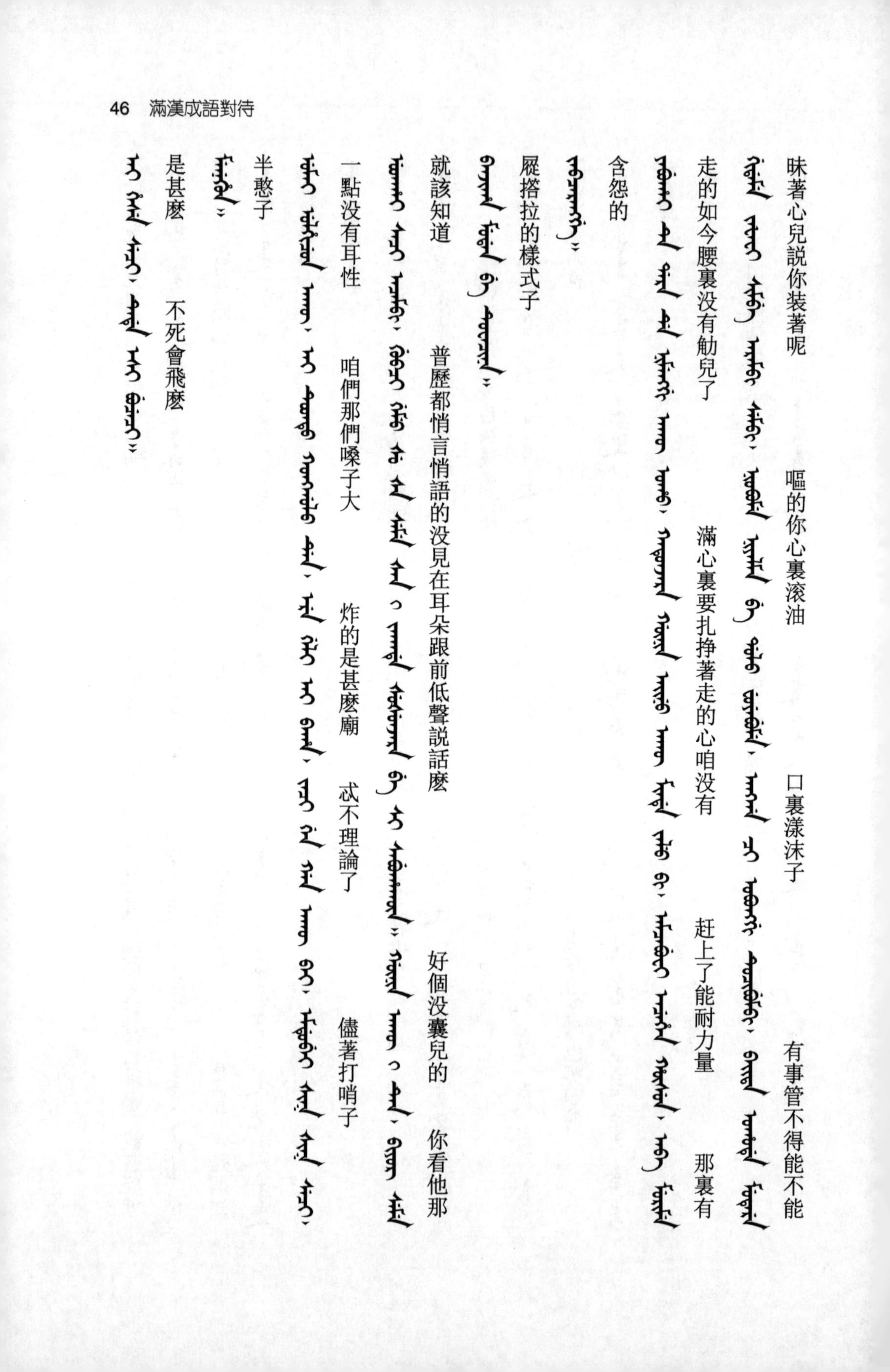

味著心兒說你裝著呢　嘔的你心裏滾油　口裏漾沫子　有事管不得能不能

走的如今腰裏沒有觔兒了　滿心裏要扎掙著走的心咱沒有　趕上了能耐力量　那裏有

含怨的

屣搭拉的樣式子

就該知道　普歷都悄言悄語的沒見在耳朵跟前低聲說話麼　好個沒囊兒的　你看他那

一點沒有耳性　咱們那們嗓子大　炸的是甚麼廟　忒不理論了　儘著打哨子

半憨子

是甚麼　不死會飛麼

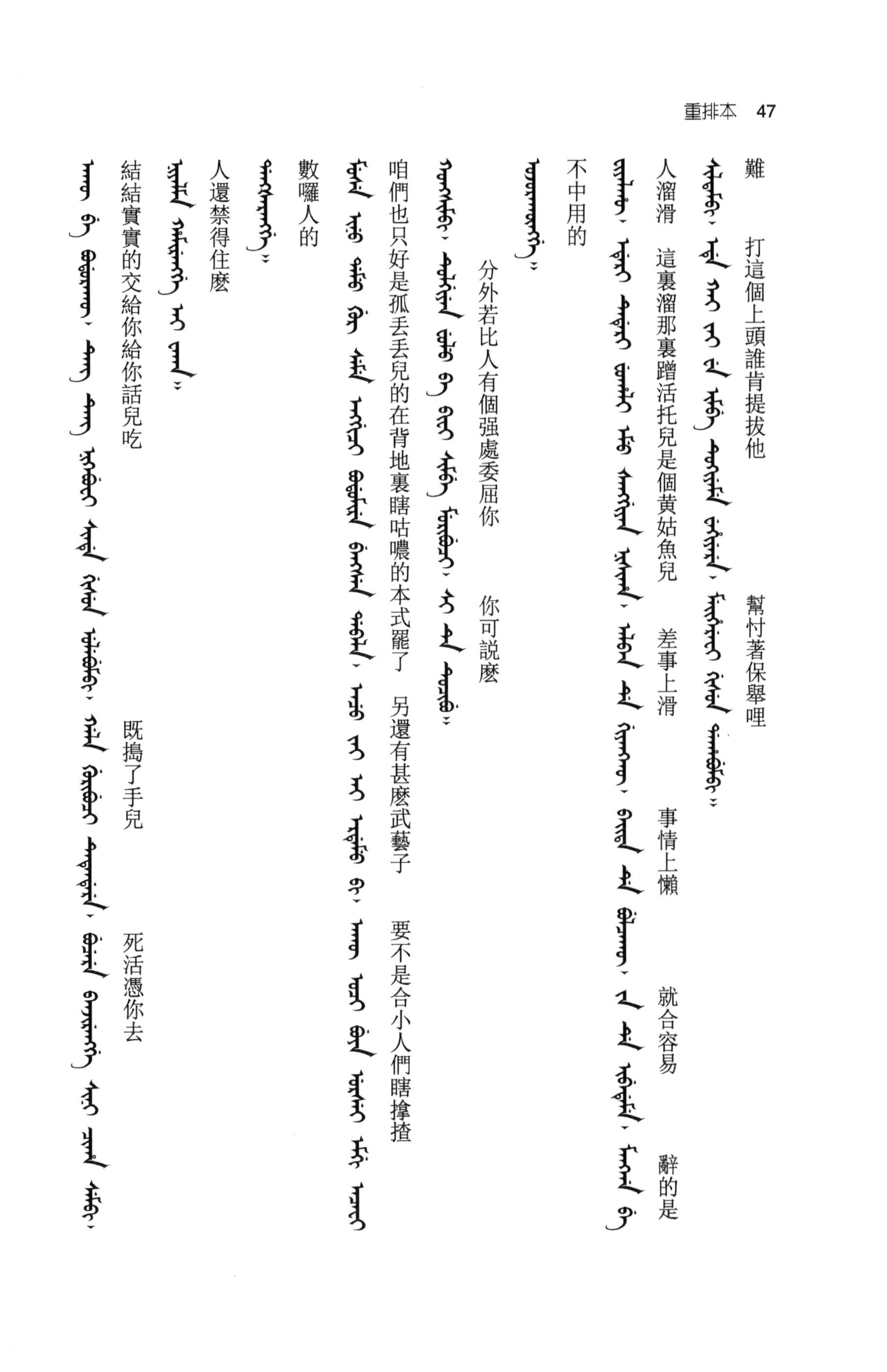

難　打這個上頭誰肯提拔他　幫忖著保舉哩

人溜滑　這裏溜那裏蹭活托兒是個黃姑魚兒　差事上滑　事情上懶　就合容易　辭的是

不中用的

分外若比人有個强處委屈你　你可說麼

咱們也只好是孤丟丟兒的在背地裏瞎咕噥的本式罷了　另還有甚麼武藝子　要不是合小人們瞎撑揸

數囉人的

人還禁得住麼

結結實實的交給你給你話兒吃　既搗了手兒　死活憑你去

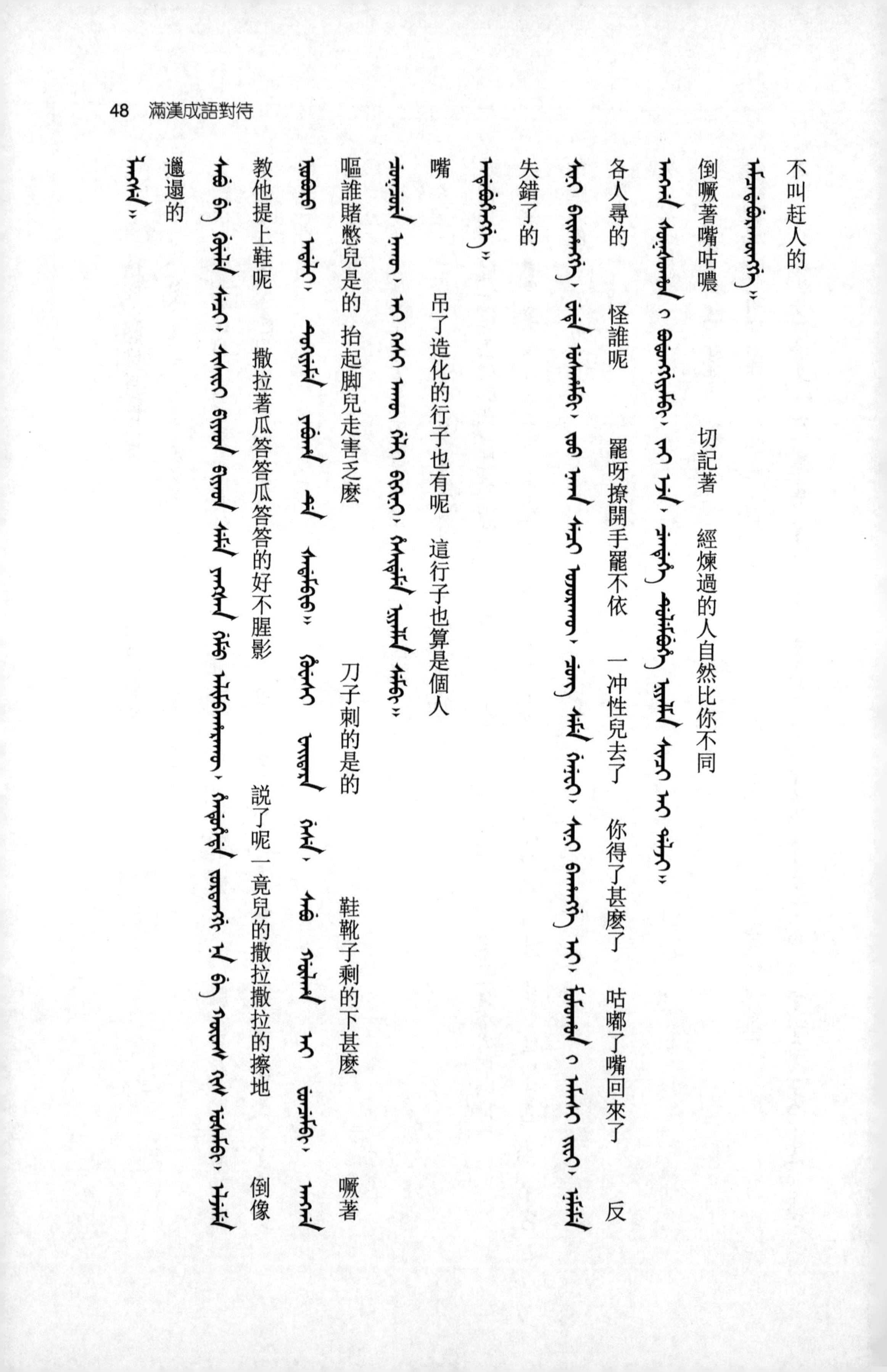

不叫赶人的

倒噘著嘴咕嚷　切記著　經煉過的人自然比你不同

各人尋的　怪誰呢　罷呀撩開手罷不依　一冲性兒去了　你得了甚麼了　咕嘟了嘴回來了　反

失錯了的

嘴　吊了造化的行子也有呢　這行子也算是個人

嘔誰賭憋兒是的　抬起脚兒走害乏麼　刀子刺的是的　鞋靴子剩的下甚麼　噘著

教他提上鞋呢　撒拉著瓜答答瓜答答的好不腥影　說了呢一竟兒的撒拉撒拉的擦地　倒像

邋遢的

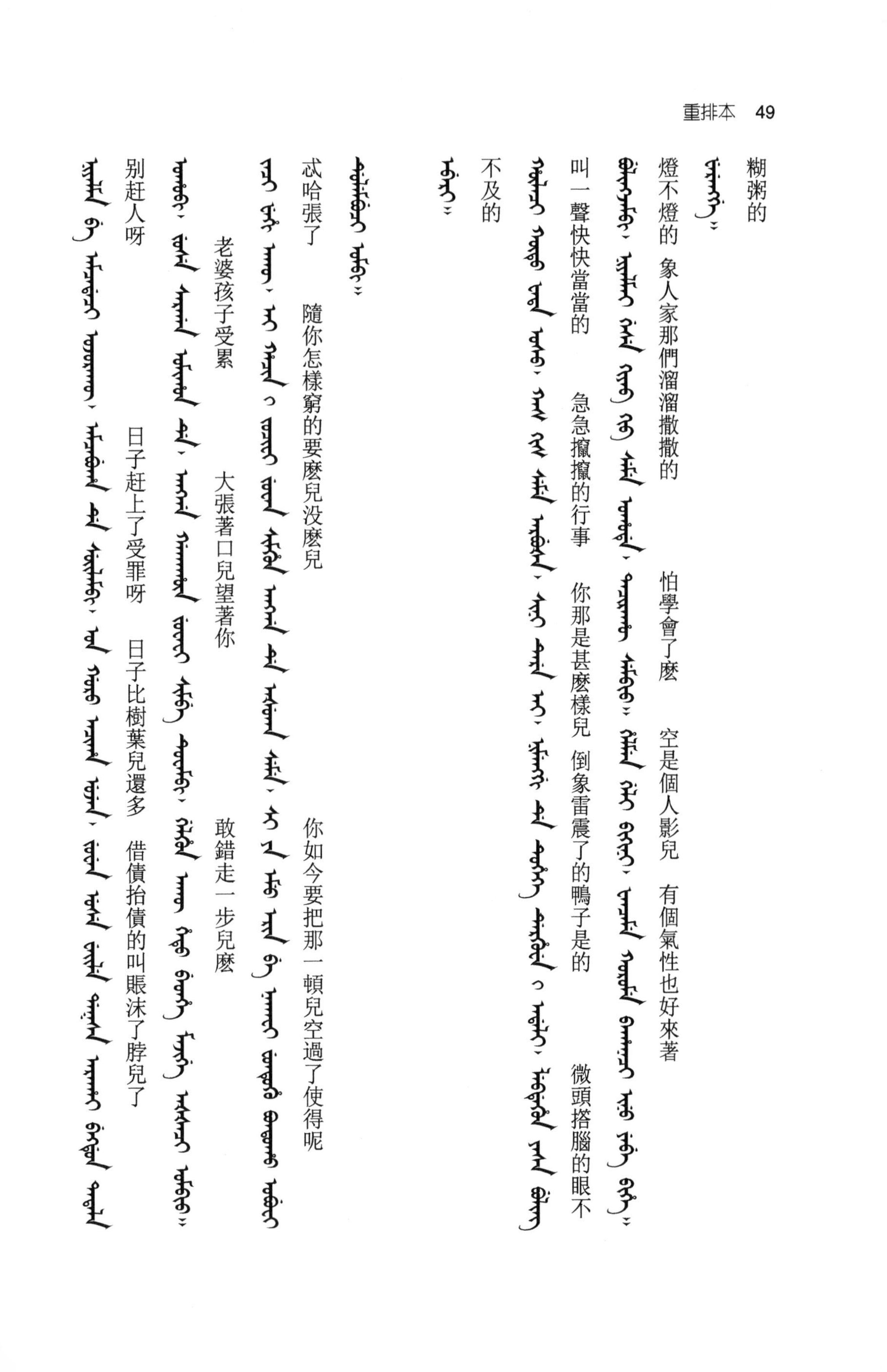

糊粥的

[Manchu text]

燈不燈的 象人家那們溜溜撒撒的 怕學會了麼 空是個人影兒 有個氣性也好來著

[Manchu text]

叫一聲快快當當的 急急攛攛的行事 你那是甚麼樣兒 倒象雷震了的鴨子是的 微頭搭腦的眼不

[Manchu text]

不及的

[Manchu text]

[Manchu text]

忒哈張了 隨你怎樣窮的要麼兒沒麼兒 你如今要把那一頓兒空過了使得呢

[Manchu text]

老婆孩子受累 大張著口兒望著你 敢錯走一步兒麼

[Manchu text]

別赶人呀 日子赶上了受罪呀 日子比樹葉兒還多 借債抬債的叫賬沫了脖兒了

[Manchu text]

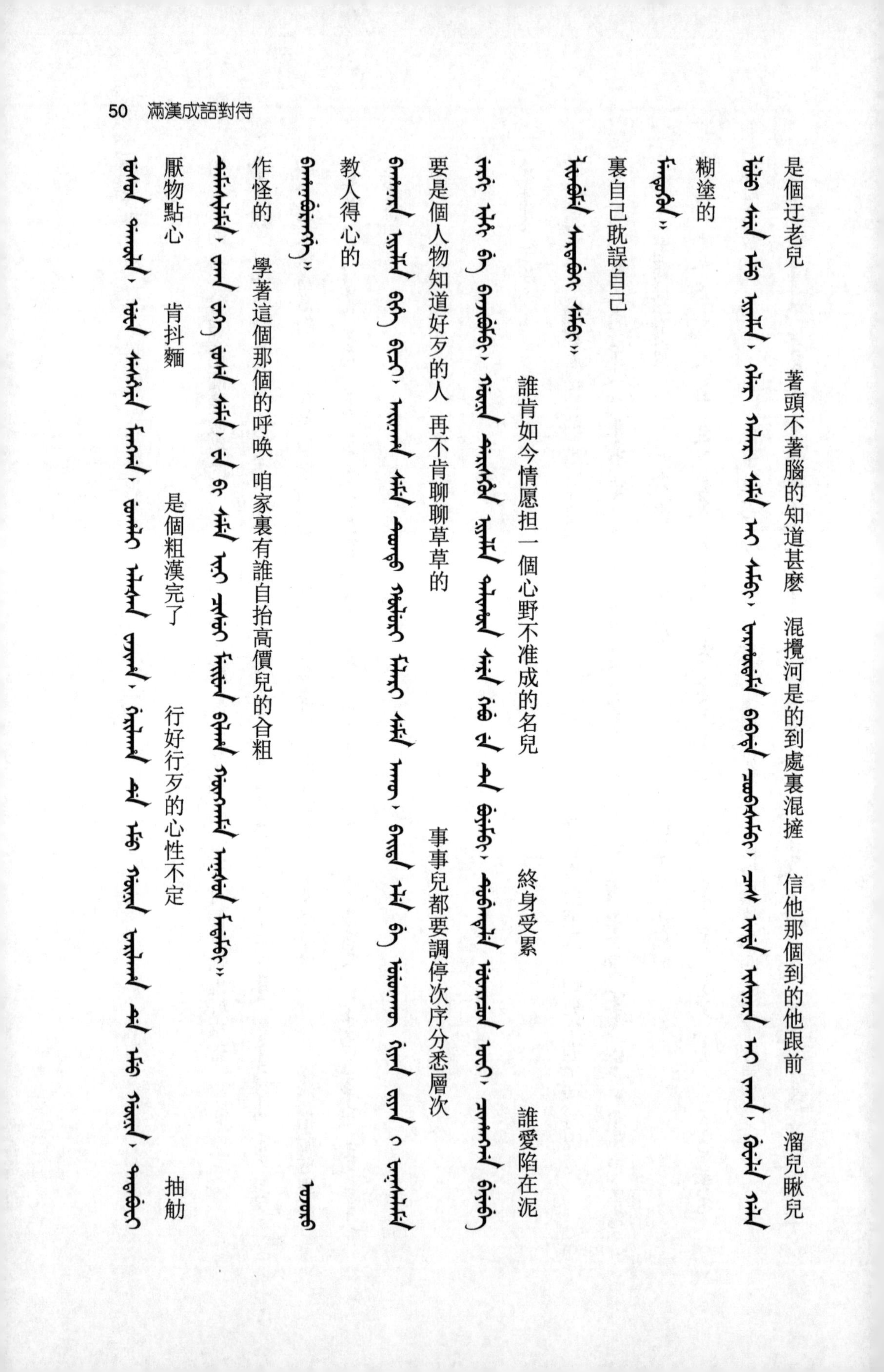

是個迂老兒　著頭不著腦的知道甚麼　混攪河是的到處裏混撞　信他那個到的他跟前　溜兒瞅兒

糊塗的

裏自己耽誤自己

誰肯如今情愿担一個心野不准成的名兒　終身受累　誰愛陷在泥

要是個人物知道好歹的人　再不肯聊聊草草的　事事兒都要調停次序分悉層次

教人得心的

作怪的　學著這個那個的呼喚　咱家裏有誰自抬高價兒的合粗

厭物點心　肯抖麵　是個粗漢完了　行好行歹的心性不定　抽觔

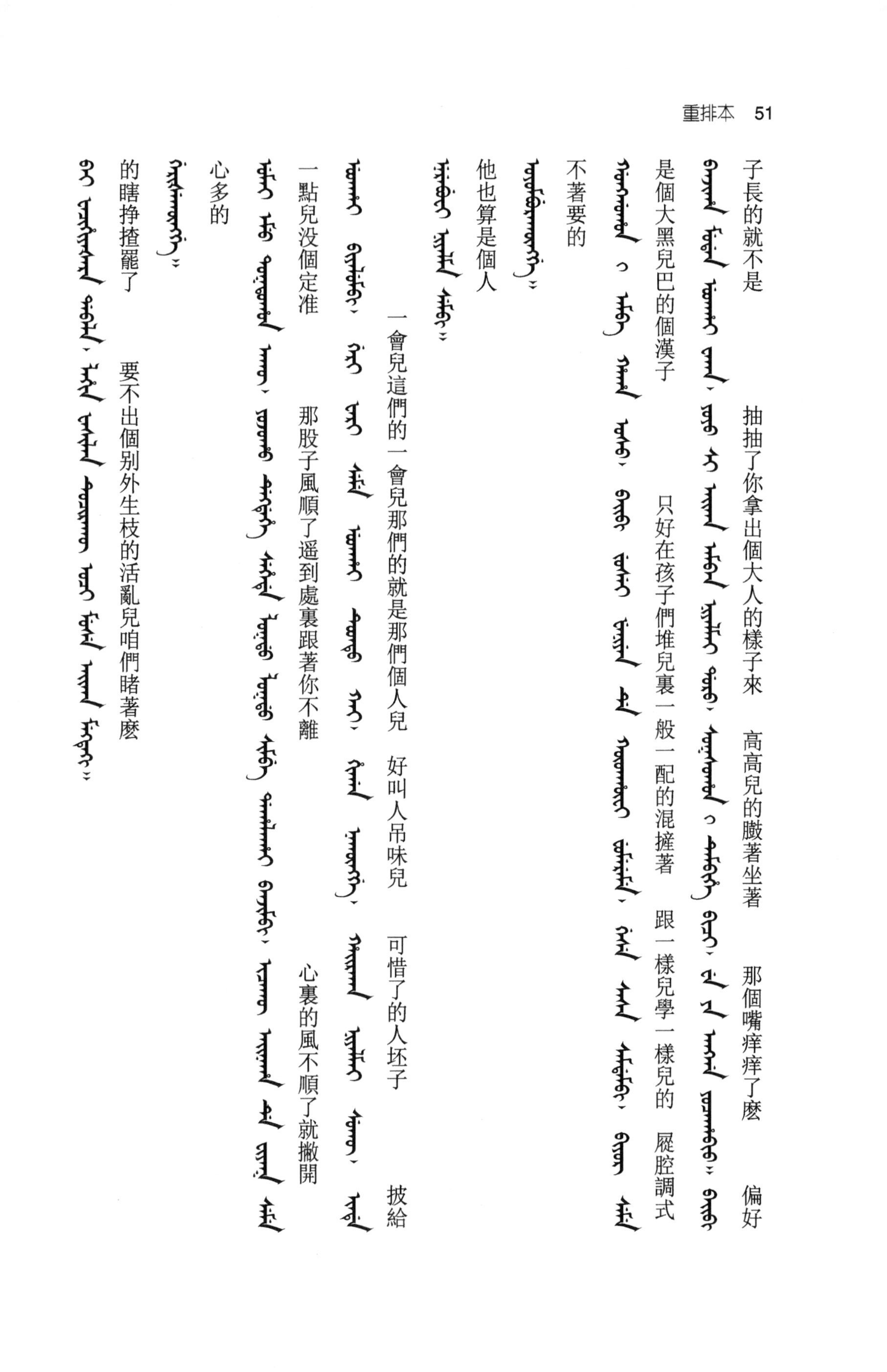

子長的就不是　抽抽了你拿出個大人的樣子來　高高兒的撇著坐著　那個嘴痒痒了麼　偏好

是個大黑兒巴的個漢子　只好在孩子們堆兒裏一般一配的混攙著　跟一樣兒學一樣兒的　屣腔調式

不著要的

他也算是個人

一會兒這們的一會兒那們的就是那們個人兒　好叫人吊味兒　可惜了的人坯子　披給

一點兒没個定准　那股子風順了遥到處裏跟著你不離　心裏的風不順了就撇開

心多的

的瞎挣揸罷了　要不出個別外生枝的活亂兒咱們瞎著麼

人兒 再不人家是的自家没點子主搶骨兒的主宰

心活不穩當 好商量可不決斷 肯認真没個剪絶 好多事 没本式聽 肯猜肯度忒好冤屈個

没囊兒的

個精光 在你怎麽没有一星星兒的心疼

拽的 不是容易跋拮著挣的 倒像鬼摧的是的 眼瞧著費盡了 抖搜

手鬆糊裏糊塗的手脚子大 這上頭剩得下甚麽 哥哥趁早兒想是撆受不起没日子過了 老家兒苦扒苦

奢華的

在你跟前説長道短的

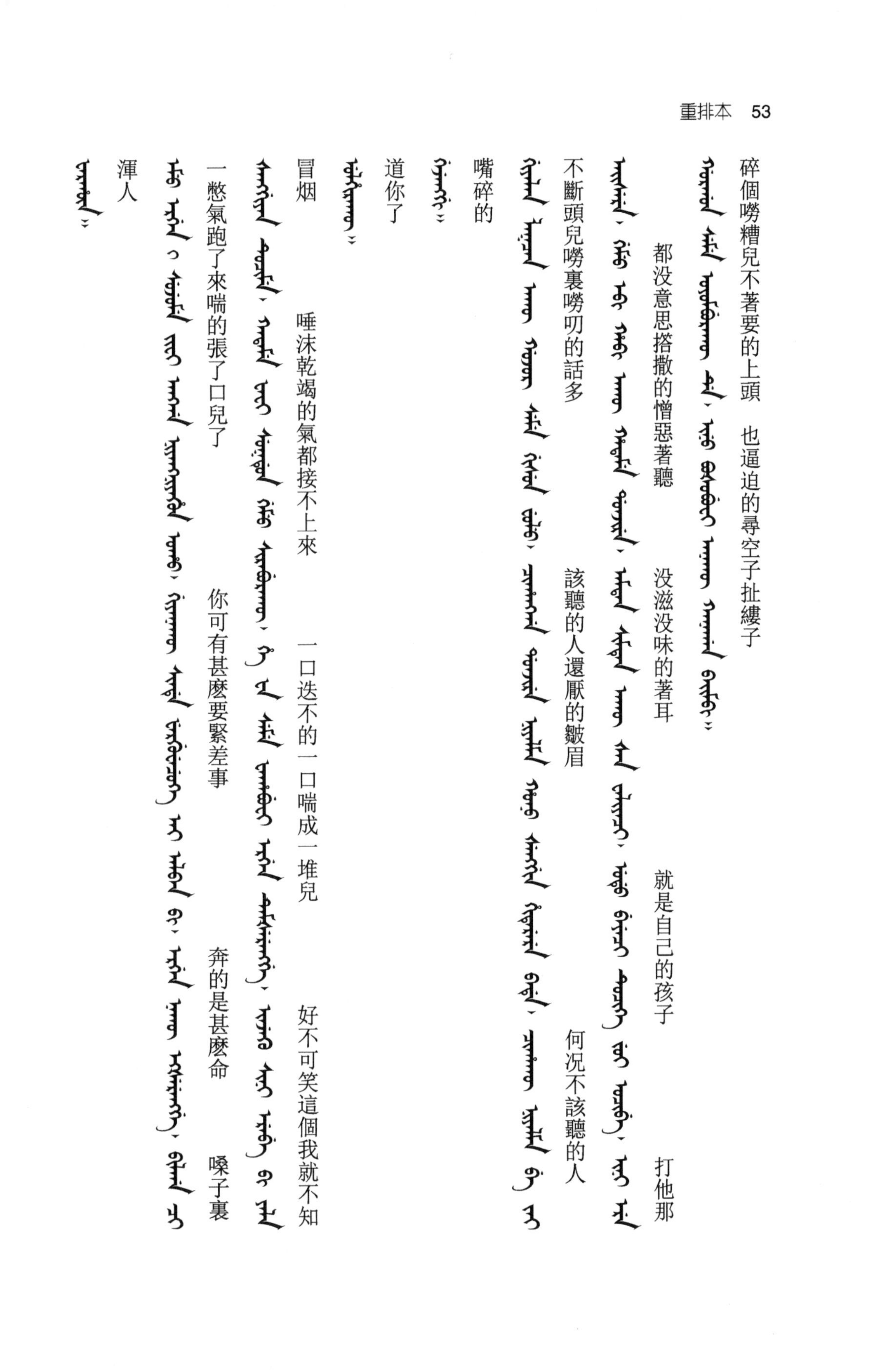

碎個嘮糟兒不著要的上頭　也逼迫的尋空子扯縷子

都没意思搭撒的憎惡著聽　没滋没味的著耳　就是自己的孩子　打他那

不斷頭兒嘮裏嘮叨的話多　該聽的人還厭的皺眉　何況不該聽的人

嘴碎的

道你了

冒烟　唾沫乾竭的氣都接不上來　一口迭不的一口喘成一堆兒　好不可笑這個我就不知

一憋氣跑了來喘的張了口兒了　你可有甚麼要緊差事　奔的是甚麼命　嗓子裏

渾人

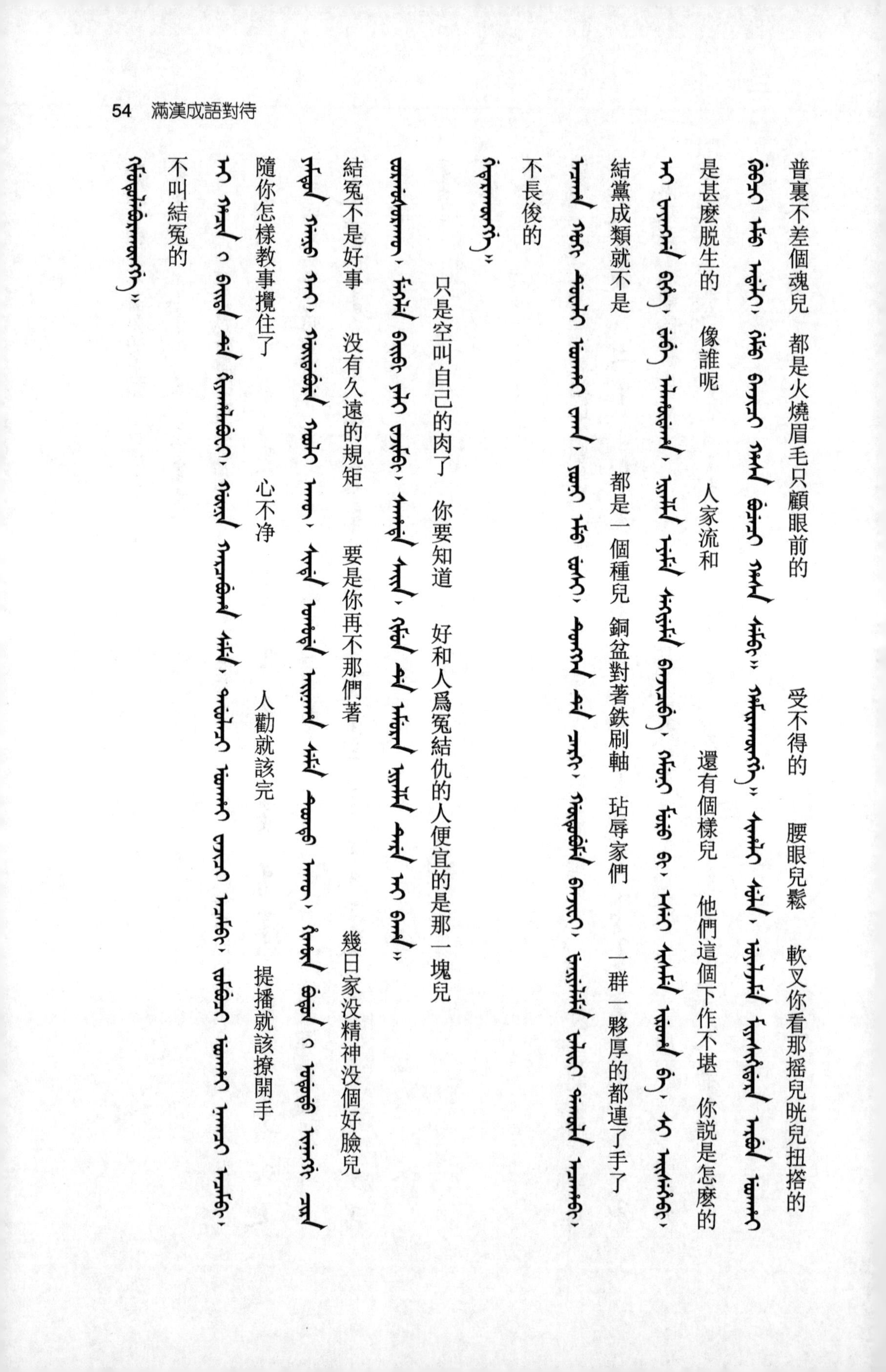

普裏不差個魂兒　都是火燒眉毛只顧眼前的　受不得的　腰眼兒鬆　軟叉你看那摇兒晄兒扭搭的

是甚麽脱生的　像誰呢　人家流和　還有個樣兒　他們這個下作不堪　你説是怎麽的

結黨成類就不是　都是一個種兒　銅盆對著鐵刷軸　玷辱家們　一群一夥厚的都連了手了

不長俊的

只是空叫自己的肉了　你要知道　好和人爲冤結仇的人便宜的是那一塊兒

結冤不是好事　没有久遠的規矩　要是你再不那們著　幾日家没精神没個好臉兒

隨你怎様教事攬住了　心不净　人勸就該完　提播就該撩開手

不叫結冤的

自己的身分再發抖　何苦不該出醜的地方都去出醜

他如今提臉兒和人家對撐著　要是個漢子可說甚麼呢　見個硬對兒就影了　量量

僵遭瘟兒

生相兒　希鬆夯了個不堪　著了事情乾見他渣巴

叠暴著個眼睛大頭大腦的黑呼呼身量　胖股轤粗的立在頭裏　好像遮了一堵山　看著何等的魁偉標緻的個

不中用的

去處也不咱的　試他一試浪浪滄滄的渣巴　略著些重兒壓的呲牙咧嘴兒的

樣式就不是起　動不動他乏的没了觔骨兒了　不潑拉　打心裏屣　是處裏不中用　抬抗的

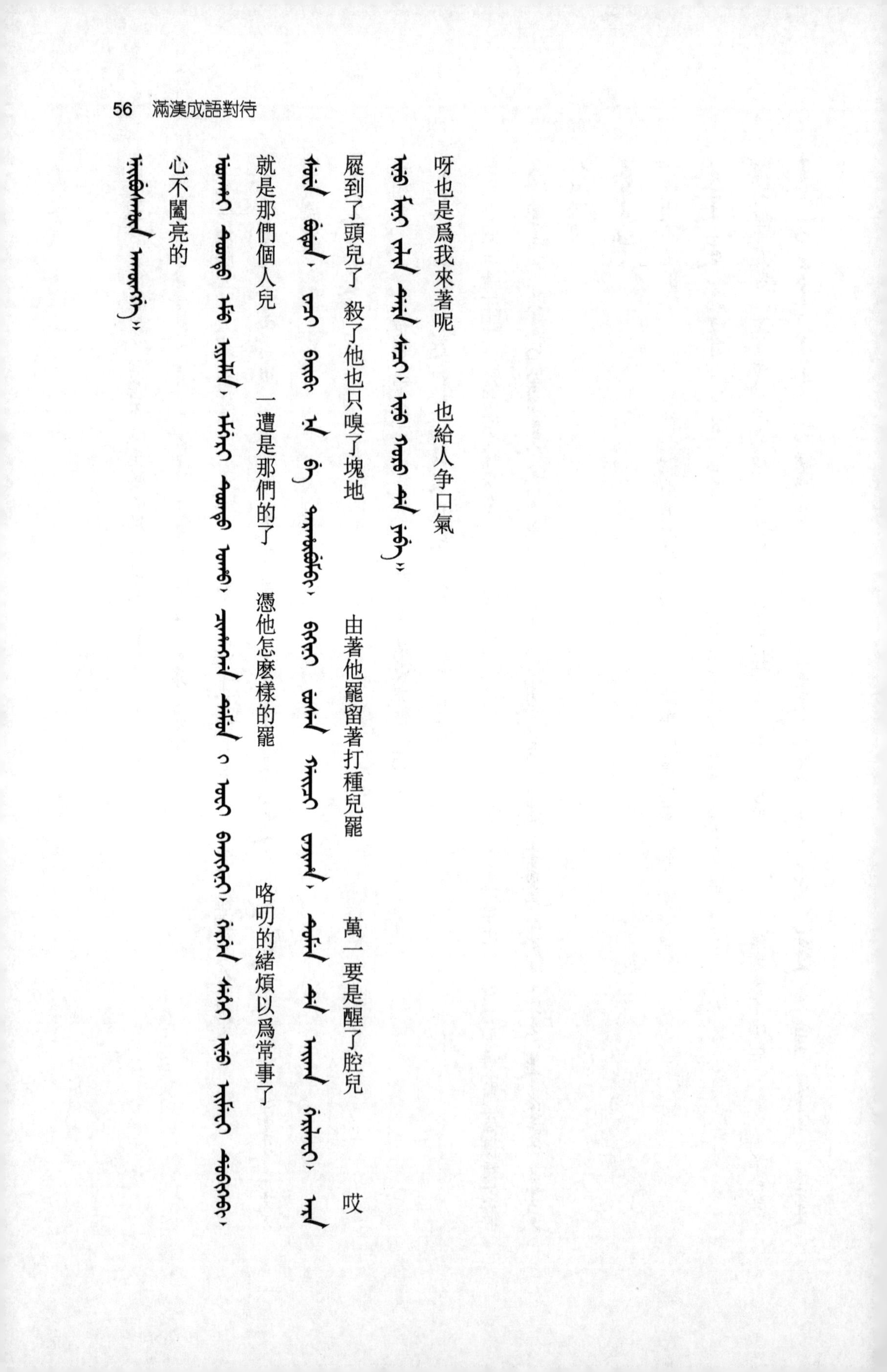

呀也是爲我來著呢　也給人爭口氣

屣到了頭兒了　殺了他也只嗅了塊地　由著他罷留著打種兒罷　萬一要是醒了腔兒　哎

就是那們個人兒　一遭是那們的了　憑他怎麽樣的罷　咯叨的緒煩以爲常事了

心不闓亮的

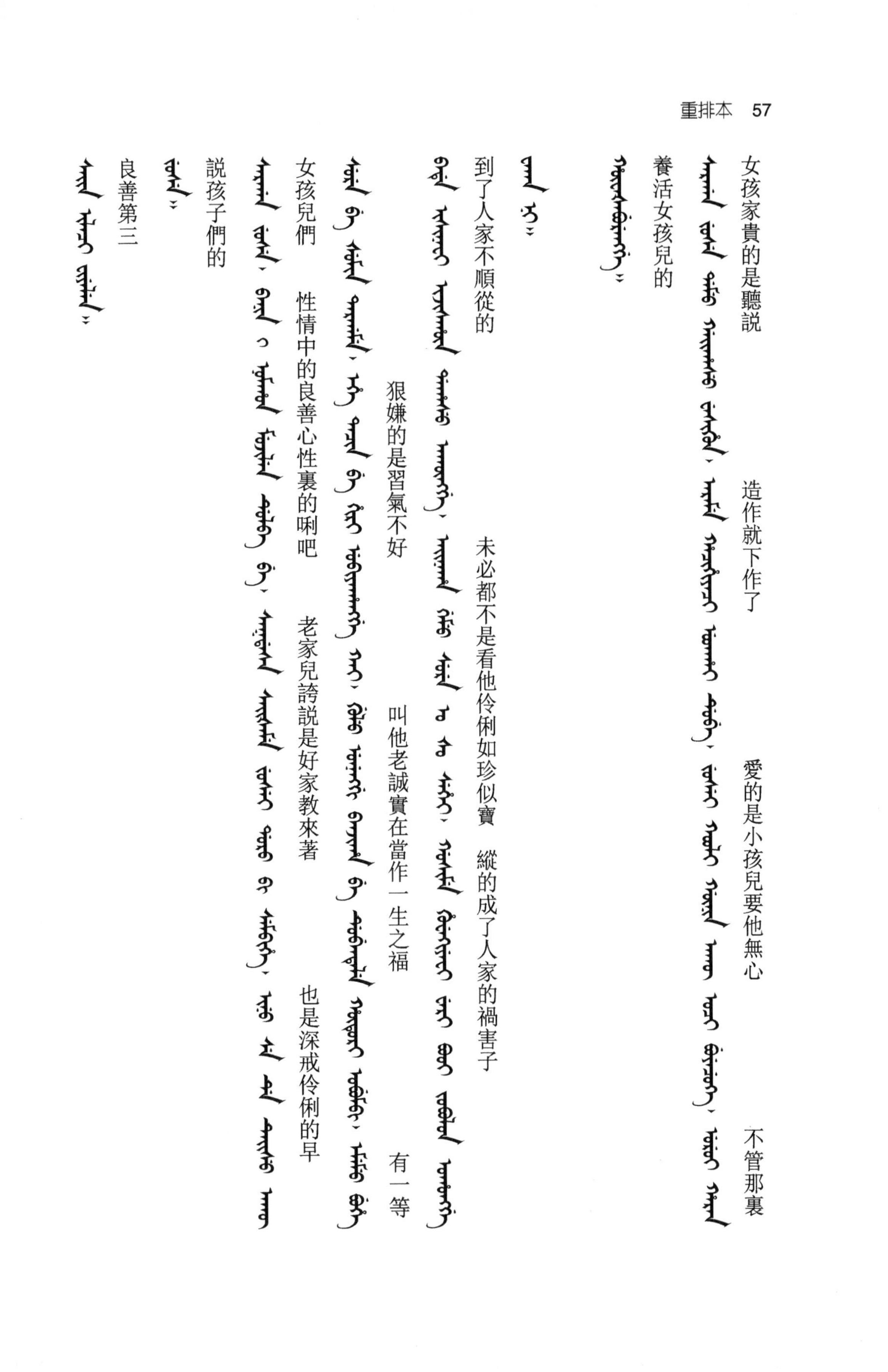

女孩家貴的是聽説　造作就下作了　愛的是小孩兒要他無心　不管那裏

養活女孩兒的

到了人家不順從的　未必都不是看他伶俐如珍似寶　縱的成了人家的禍害子

狠嫌的是習氣不好　叫他老誠實在當作一生之福　有一等

女孩兒們　性情中的良善心性裏的唎吧　老家兒誇説是好家教來著　也是深戒伶俐的早

説孩子們的

良善第三

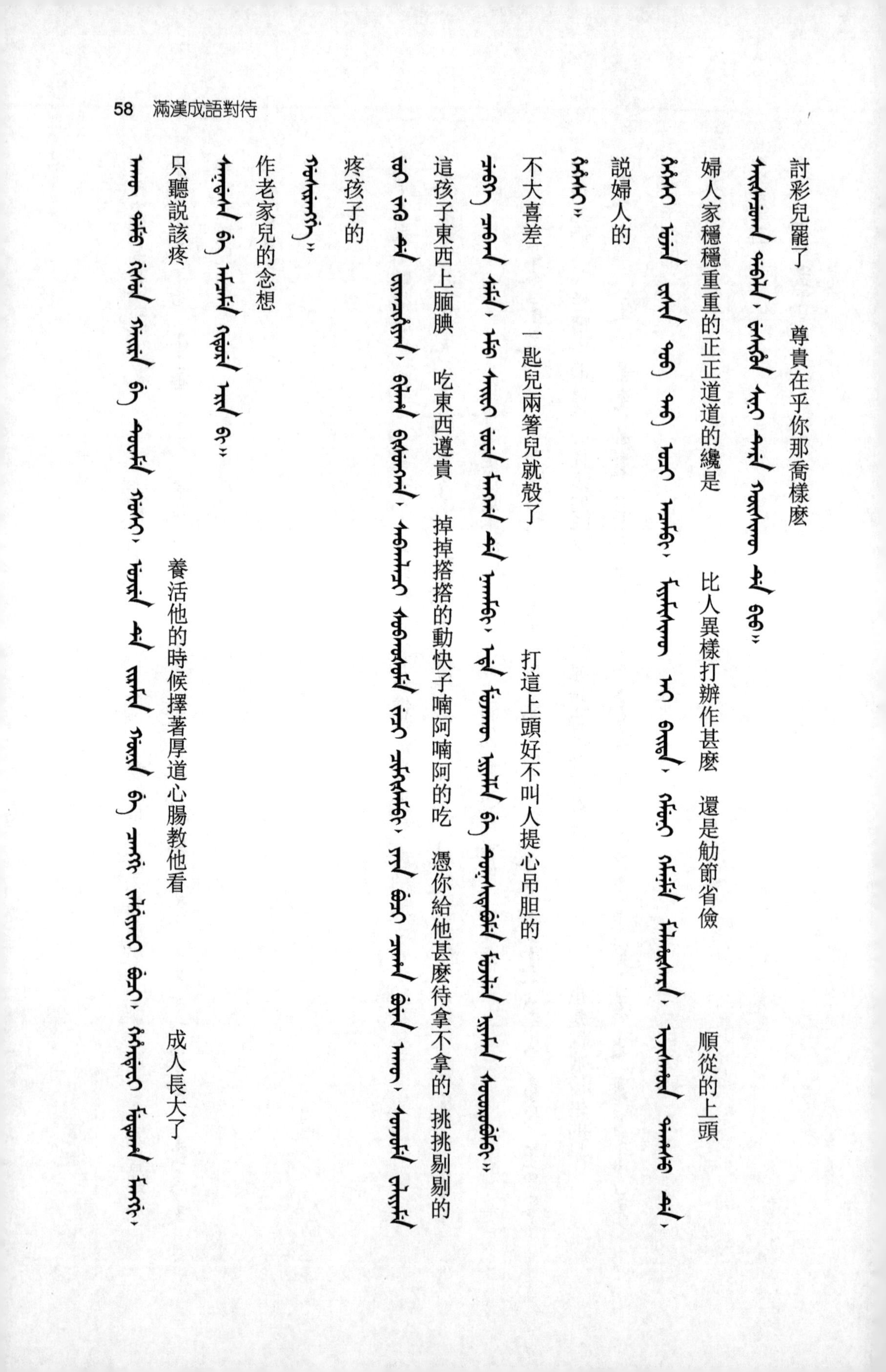

討彩兒罷了　尊貴在乎你那喬樣麼

婦人家穩穩重重的正正道道的纔是　比人異樣打辦作甚麼　還是觔節省儉　順從的上頭

說婦人的

不大喜差　一匙兒兩箸兒就殼了　打這上頭好不叫人提心吊胆的

這孩子東西上腼腆　吃東西遵貴　掉掉搭搭的動快子喃阿喃阿的吃　憑你給他甚麼待拿不拿的　挑挑剔剔的

疼孩子的

作老家兒的念想

只聽說該疼　養活他的時候擇著厚道心腸教他看　成人長大了

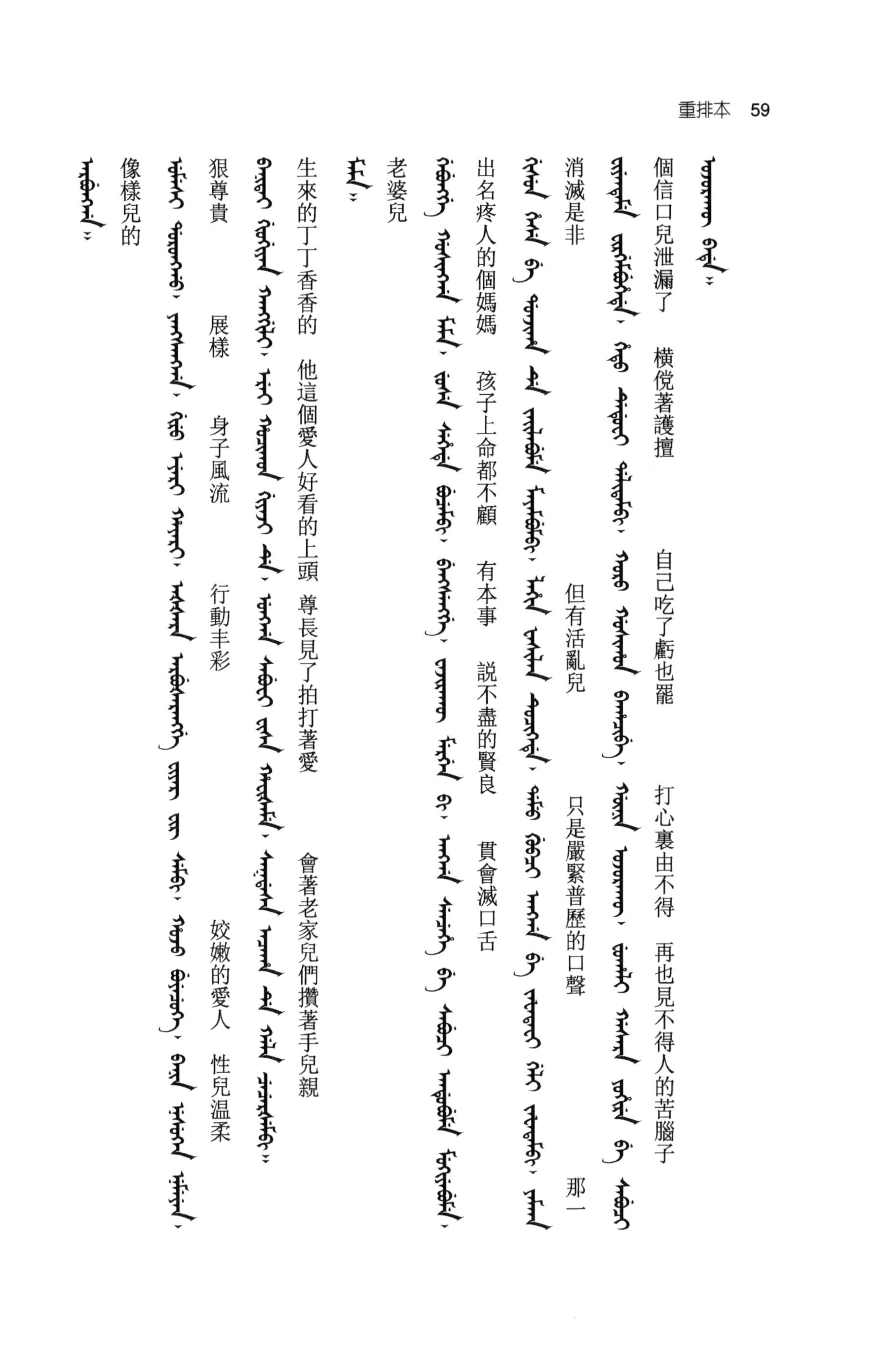

[illegible]

個信口兒泄漏了　橫儻著護擅　自己吃了虧也罷　打心裏由不得　再也見不得人的苦腦子

[illegible]

消滅是非　但有活亂兒　只是嚴緊普歷的口聲　那一

[illegible]

出名疼人的個媽媽　孩子上命都不顧　有本事　說不盡的賢良　貫會滅口舌

[illegible]

老婆兒

[illegible]

生來的丁丁香香的　他這個愛人好看的上頭　尊長見了拍打著愛　會著老家兒們攢著手兒親

[illegible]

狠尊貴　展樣　身子風流　行動丰彩　姣嫩的愛人　性兒溫柔

[illegible]

像樣兒的

[illegible]

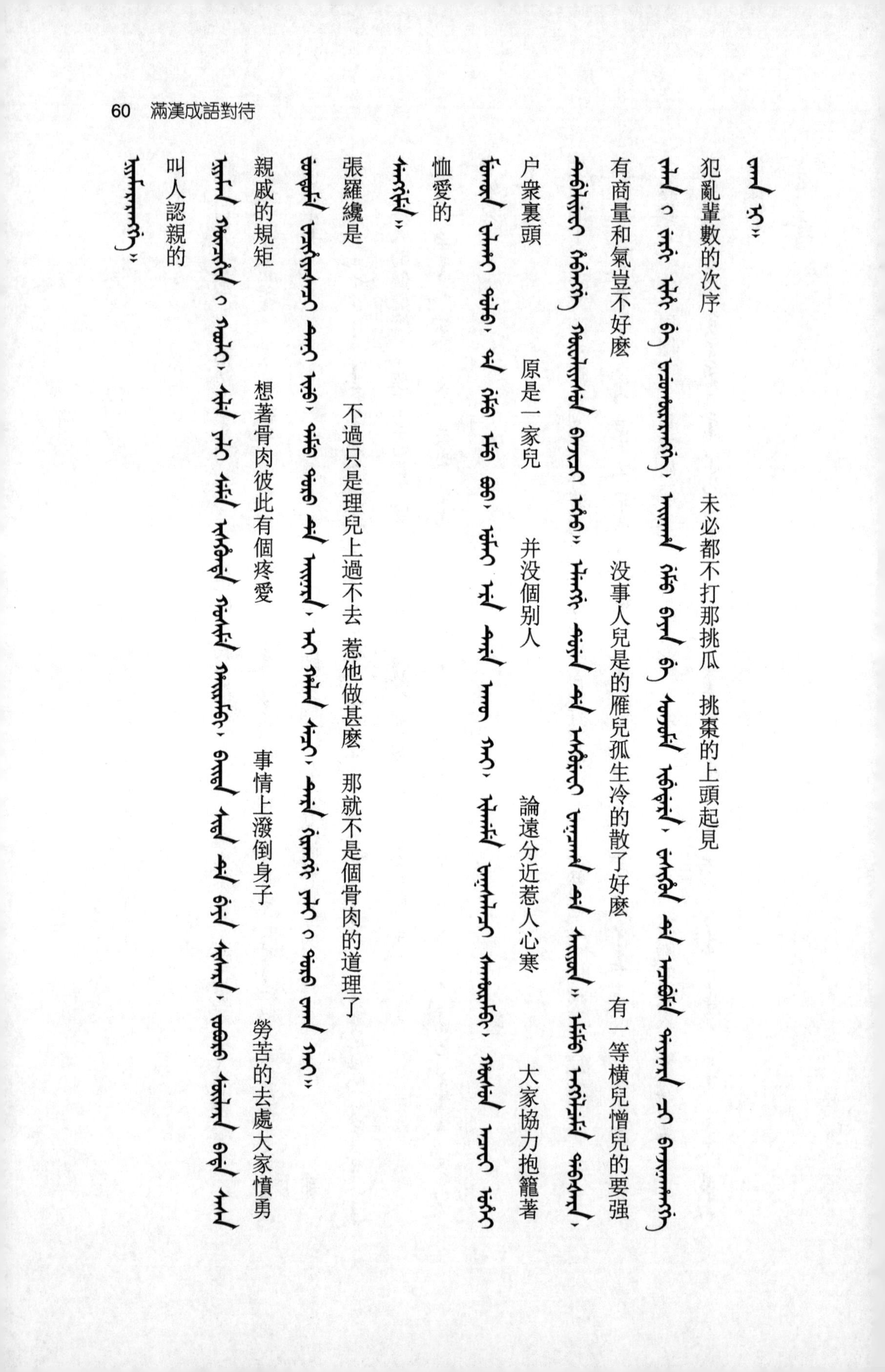

犯亂輩數的次序　未必都不打那挑瓜　挑棗的上頭起見

有商量和氣豈不好麼　没事人兒是的雁兒孤生冷的散了好麼　有一等横兒憎兒的要强

户衆裹頭　原是一家兒　并没個别人　論遠分近惹人心寒　大家協力抱籠著

恤愛的

張羅纔是　不過只是理兒上過不去　惹他做甚麼　那就不是個骨肉的道理了

親戚的規矩　想著骨肉彼此有個疼愛　事情上潑倒身子　勞苦的去處大家憤勇

叫人認親的

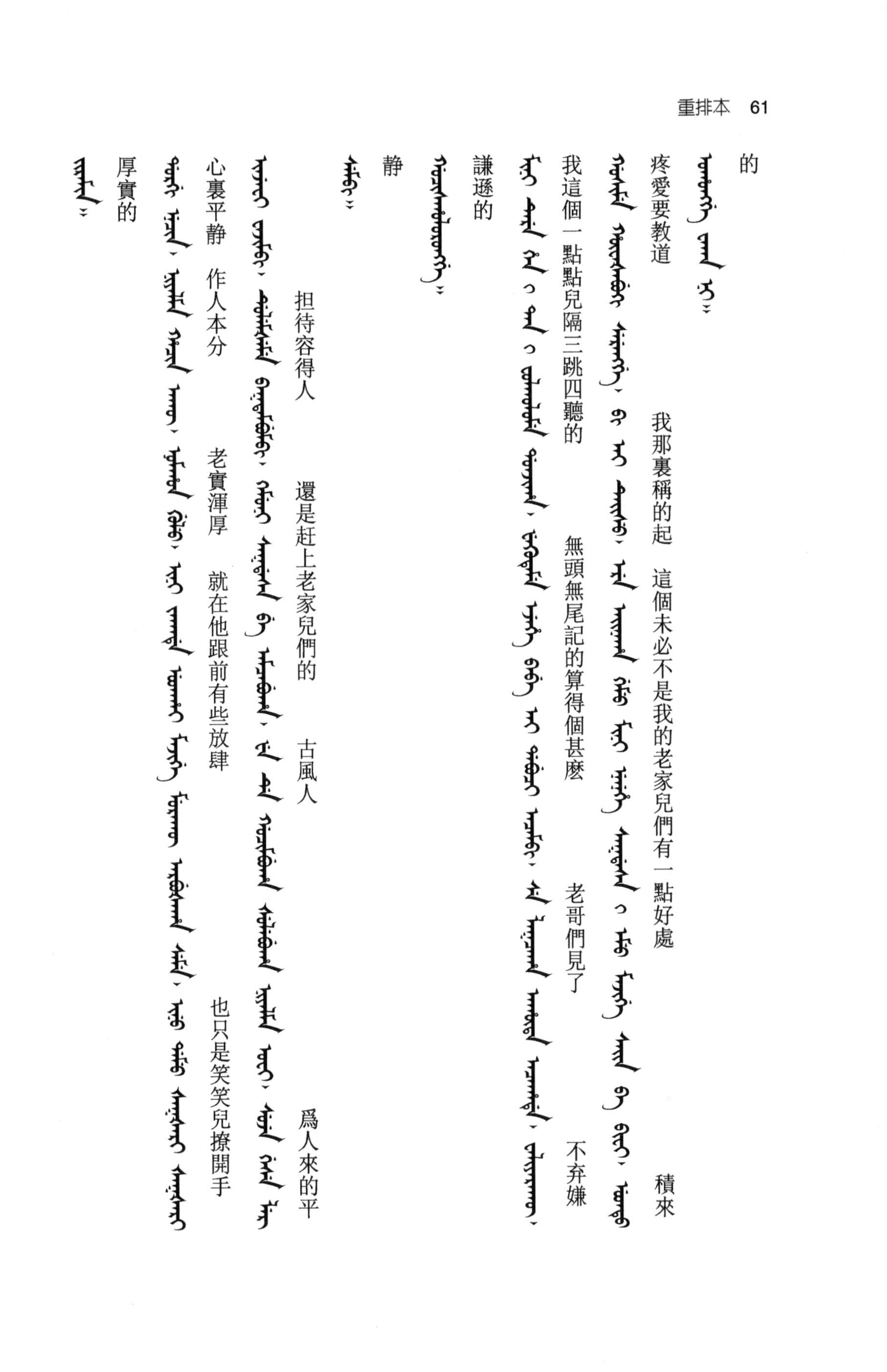

的

疼愛要教道 我那裏稱的起 這個未必不是我的老家兒們有一點好處 積來

我這個一點點兒隔三跳四聽的 無頭無尾記的算得個甚麽 老哥們見了 不弃嫌

謙遜的

静

担待容得人 還是赶上老家兒們的 古風人 爲人來的平

心裏平静 作人本分 老實渾厚 就在他跟前有些放肆 也只是笑笑兒擦開手

厚實的

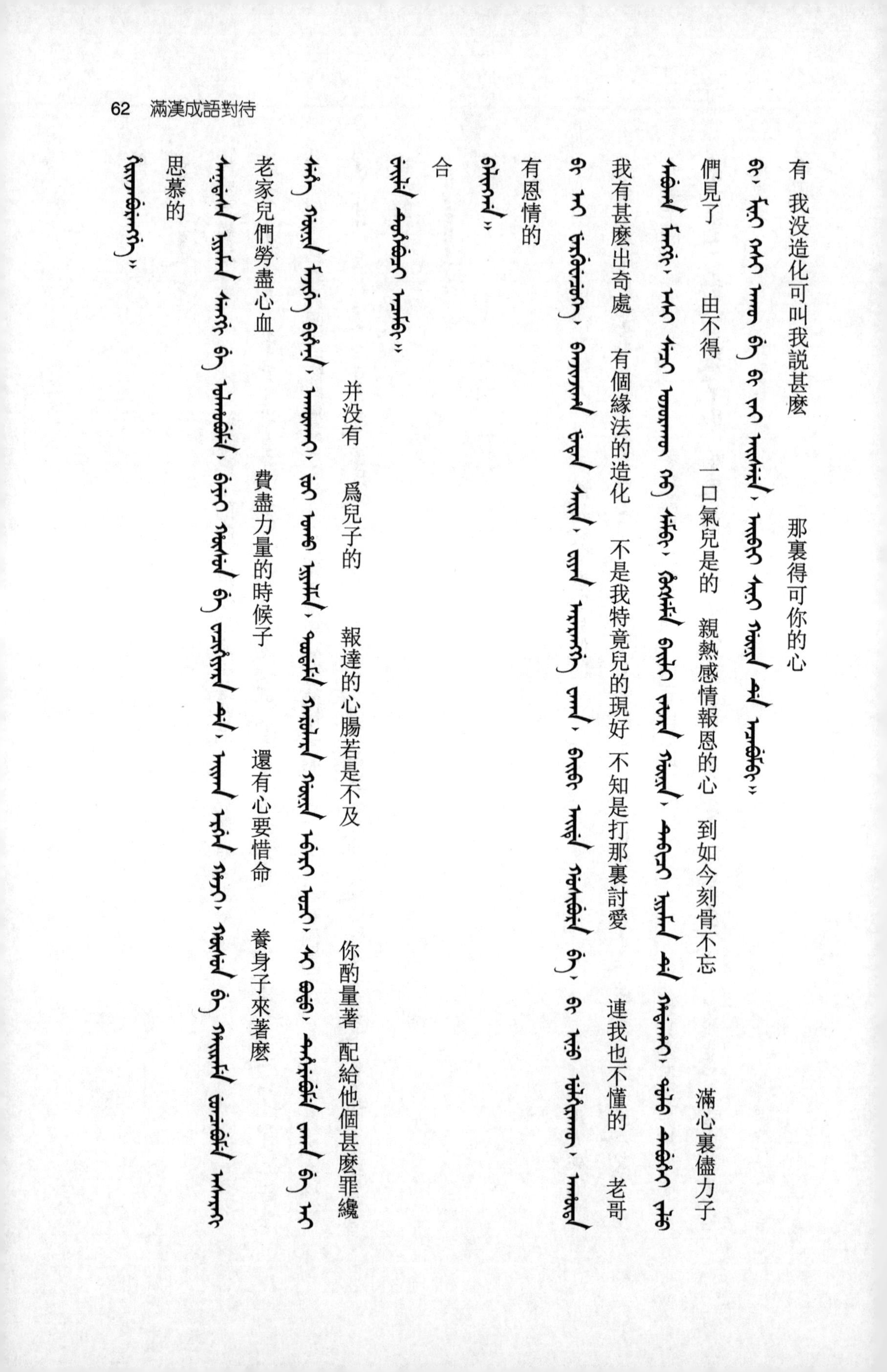

有　我没造化可叫我說甚麼　那裏得可你的心

們見了　由不得　一口氣兒是的　親熱感情報恩的心　到如今刻骨不忘　滿心裏儘力子

我有甚麼出奇處　有個緣法的造化　不是我特竟兒的現好　不知是打那裏討愛　連我也不懂的　老哥

有恩情的

合

并没有　爲兒子的　報達的心腸若是不及　你酌量著　配給他個甚麼罪纔

老家兒們勞盡心血　費盡力量的時候子　還有心要惜命　養身子來著麼

思慕的

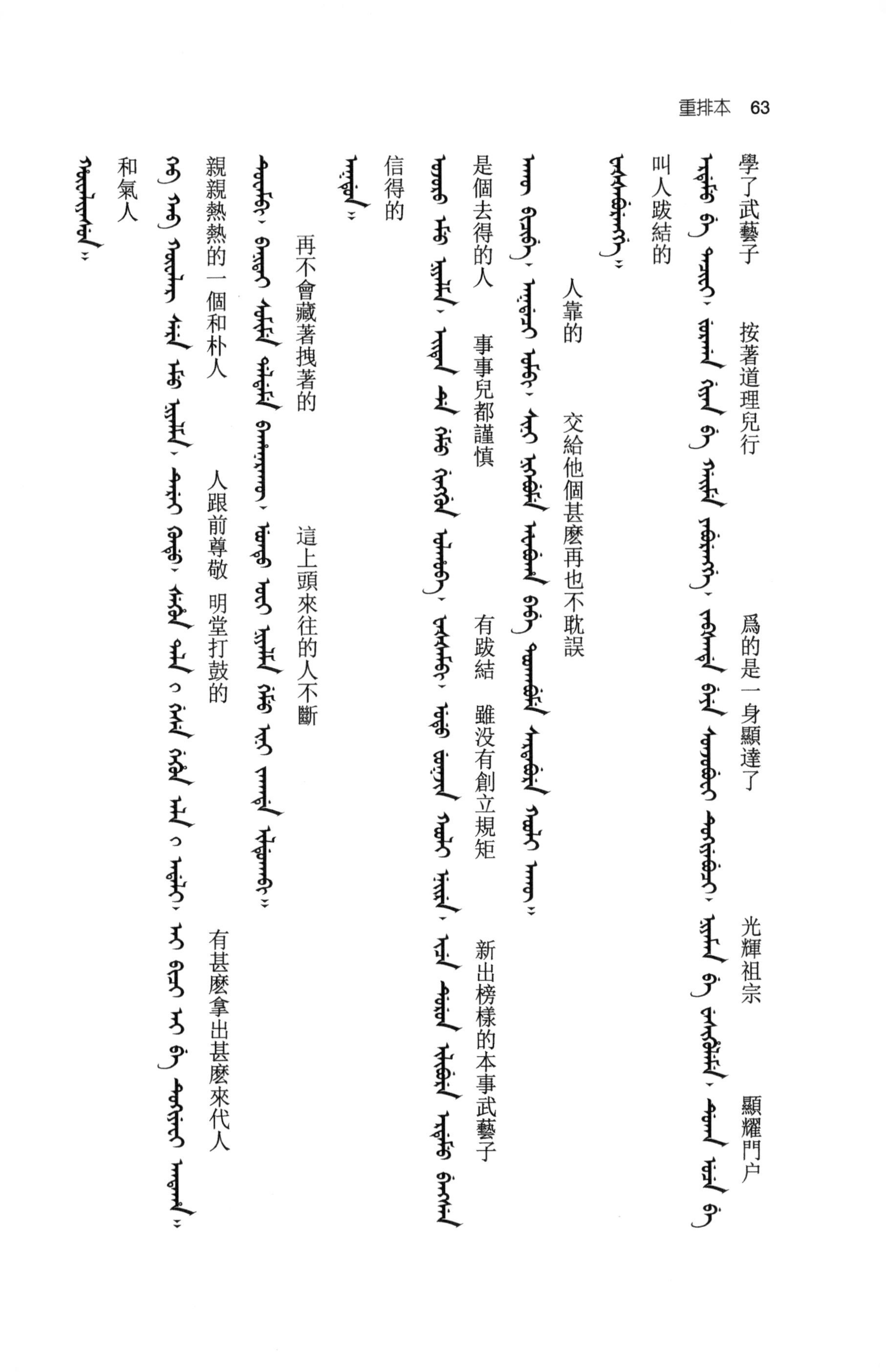

學了武藝子　按著道理兒行　爲的是一身顯達了　光輝祖宗　顯耀門户

叫人跋結的

人靠的　交給他個甚麽再也不耽誤

是個去得的人　事事兒都謹慎　有跋結　雖没有創立規矩　新出榜樣的本事武藝子

信得的

再不會藏著拽著的　這上頭來往的人不斷

親親熱熱的一個和朴人　人跟前尊敬　明堂打鼓的　有甚麽拿出甚麽來代人

和氣人

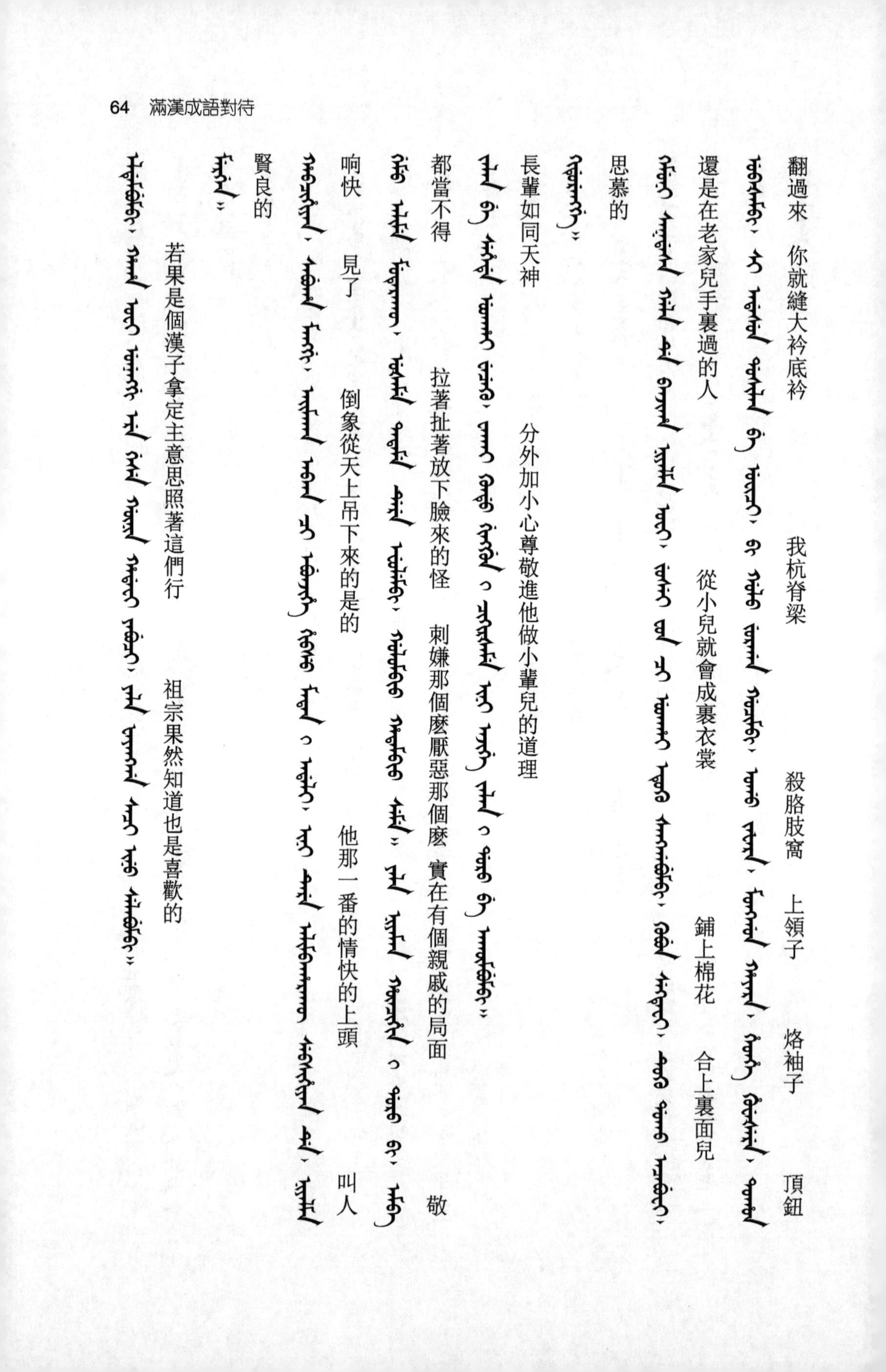

翻過來 你就縫大衿底衿 我杭脊梁 殺胳肢窩 上領子 烙袖子 頂鈕

還是在老家兒手裏過的人 從小兒就會成裏衣裳 鋪上棉花 合上裏面兒

思慕的

長輩如同天神 分外加小心尊敬進他做小輩兒的道理

都當不得 拉著扯著放下臉來的怪 刺嫌那個麼厭惡那個麼 實在有個親戚的局面 敬

響快 見了 倒象從天上吊下來的是的 他那一番的情快的上頭 叫人

賢良的

若果是個漢子拿定主意思照著這們行 祖宗果然知道也是喜歡的

誰見了 由不得洗心感激

贊著嘆著叫人努力 誇著獎著縱人朝前 有恩惠 帶來的仁慈 憑你是

大器皿 有度量 博古通今 他手裏甚麼樣的人没出條 改過的也狠多

有福氣的

年小的裏頭不出他 你看著 過來過去必出人一頭 可以給人作的樣子

成人的人 心裏亮 聰明來的敏 有度服又搭著記得多 有品行 狠顧臉

好的

子的活計 不靠我們 還是老娘勞心費力的

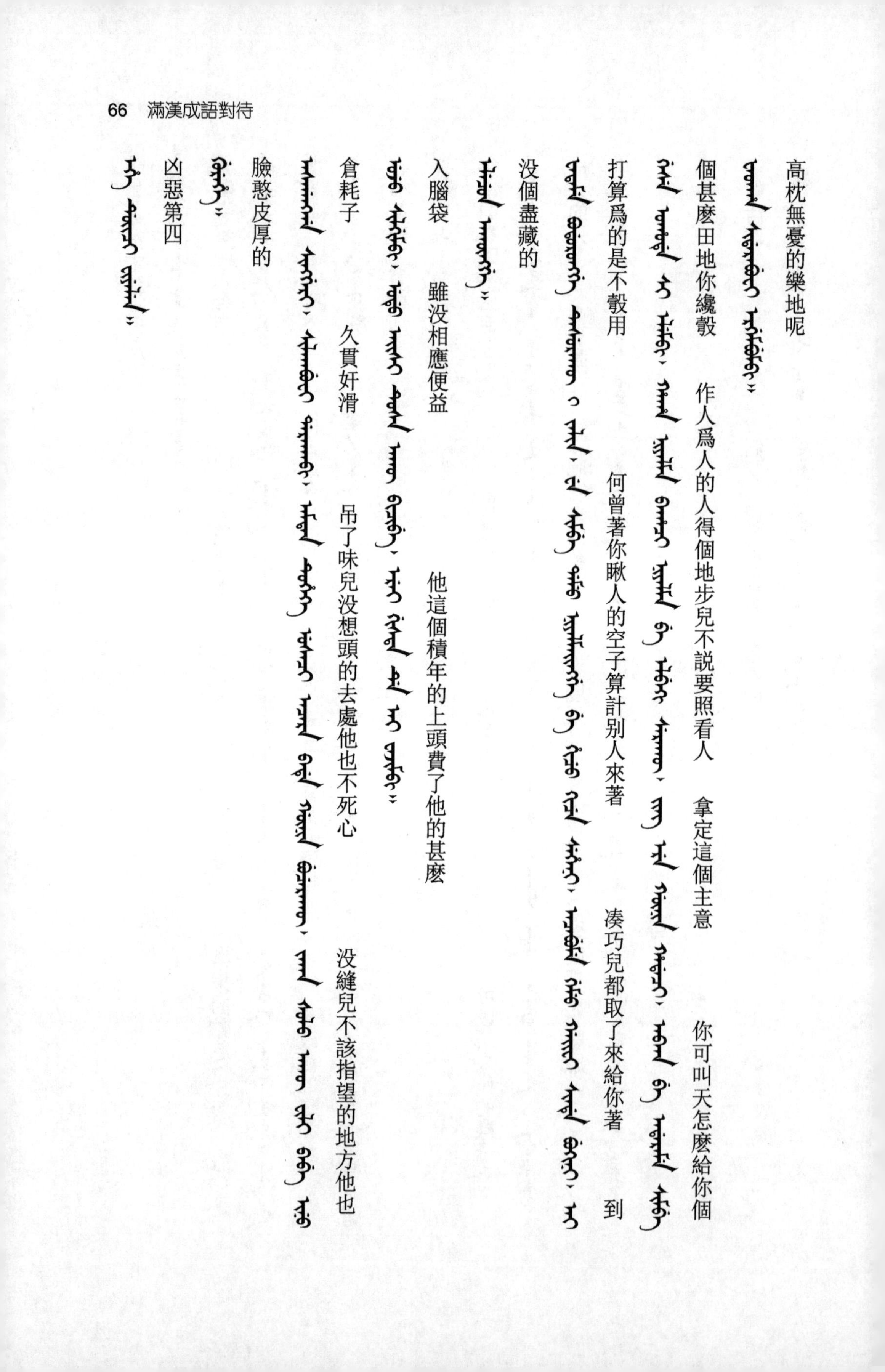

高枕無憂的樂地呢

個甚麼田地你纔彀　作人爲人的人得個地步兒不說要照看人　拿定這個主意　你可叫天怎麽給你個

打算爲的是不彀用　何曾著你瞅人的空子算計別人來著　湊巧兒都取了來給你著　到

没個盡藏的

入腦袋　雖没相應便益　他這個積年的上頭費了他的甚麼

倉耗子　久貫奸滑　吊了味兒没想頭的去處他也不死心　没縫兒不該指望的地方他也

臉憨皮厚的

凶惡第四

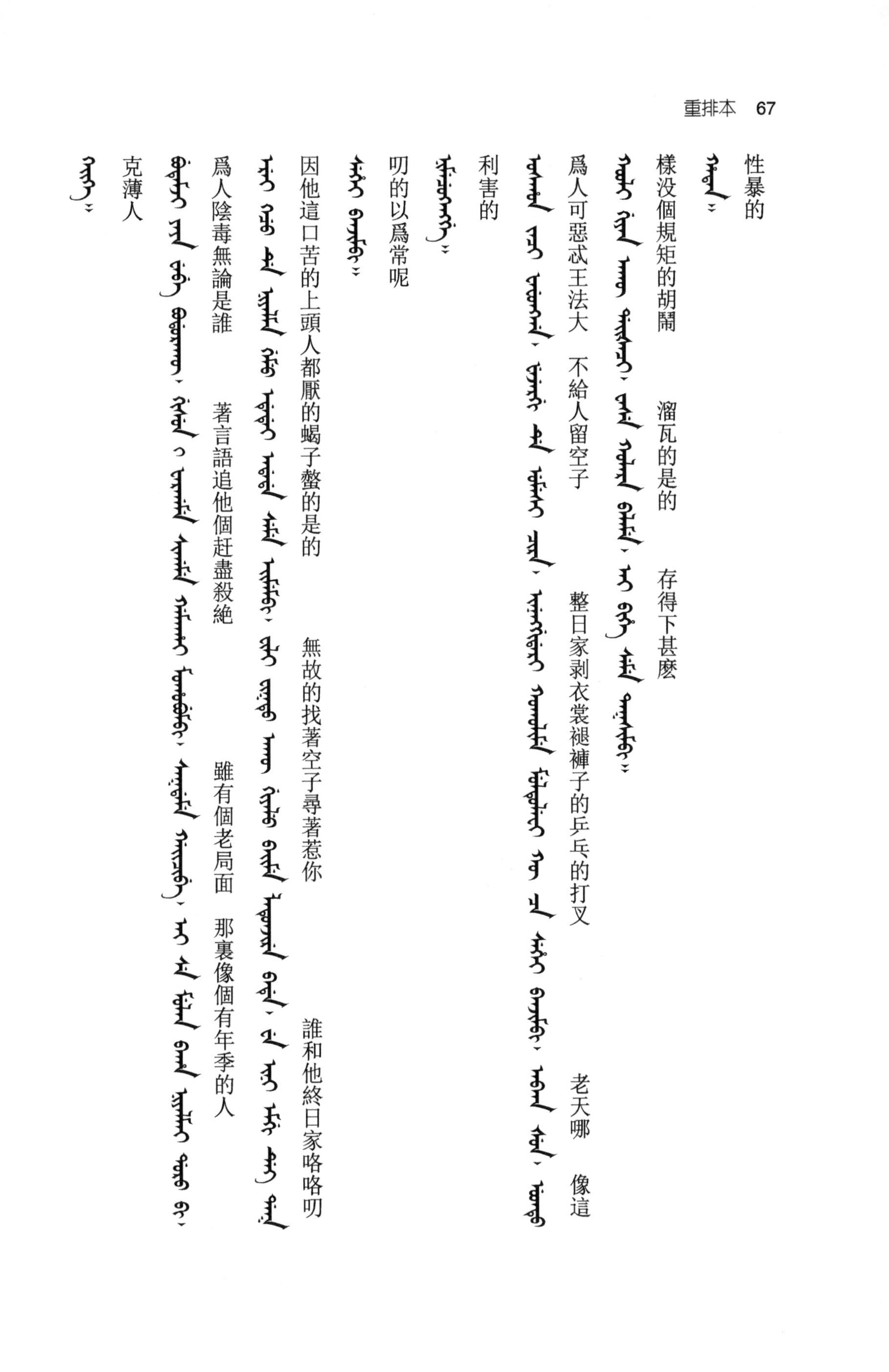

性暴的

樣沒個規矩的胡鬧　溜瓦的是的　存得下甚麼

爲人可惡忒王法大　不給人留空子　整日家剥衣裳裩褲子的乒乒的打叉　老天哪　像這

利害的

叨的以爲常呢

因他這口苦的上頭人都厭的蝎子螫的是的　無故的找著空子尋著惹你　誰和他終日家咯咯叨

爲人陰毒無論是誰　著言語追他個赶盡殺絶　雖有個老局面　那裏像個有年季的人

克薄人

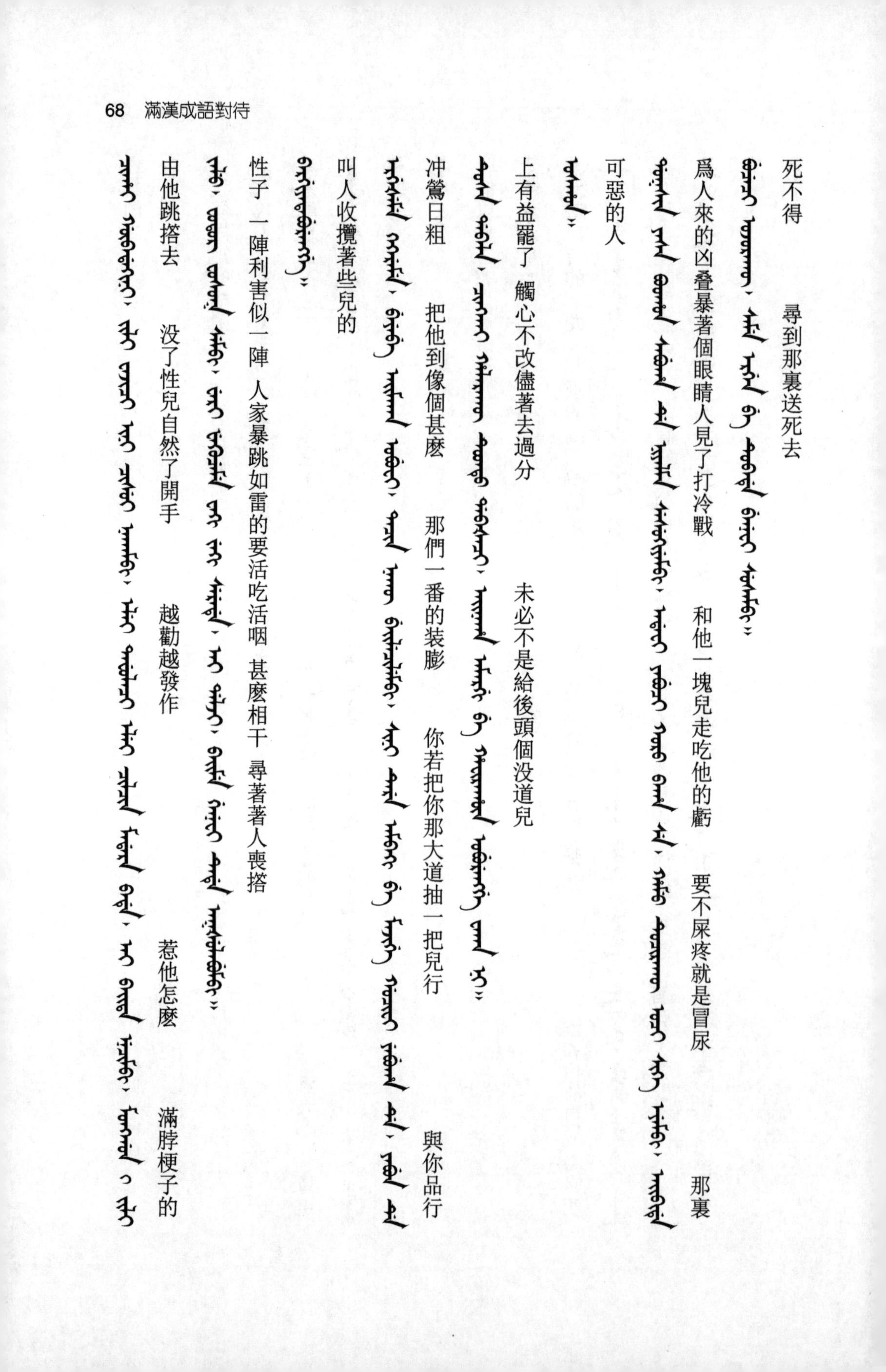

死不得　尋到那裏送死去

爲人來的凶疊暴著個眼睛人見了打冷戰　和他一塊兒走吃他的虧　要不屎疼就是冒尿　那裏

可惡的人

上有益罷了　觸心不改儘著去過分　未必不是給後頭個沒道兒

冲鶩日粗　把他到像個甚麼　那們一番的裝膨　你若把你那大道抽一把兒行　與你品行

叫人收攬著些兒的

性子一陣利害似一陣　人家暴跳如雷的要活吃活咽　甚麼相干　尋著著人喪搭

由他跳搭去　沒了性兒自然了開手　越勸越發作　惹他怎麼　滿脖梗子的

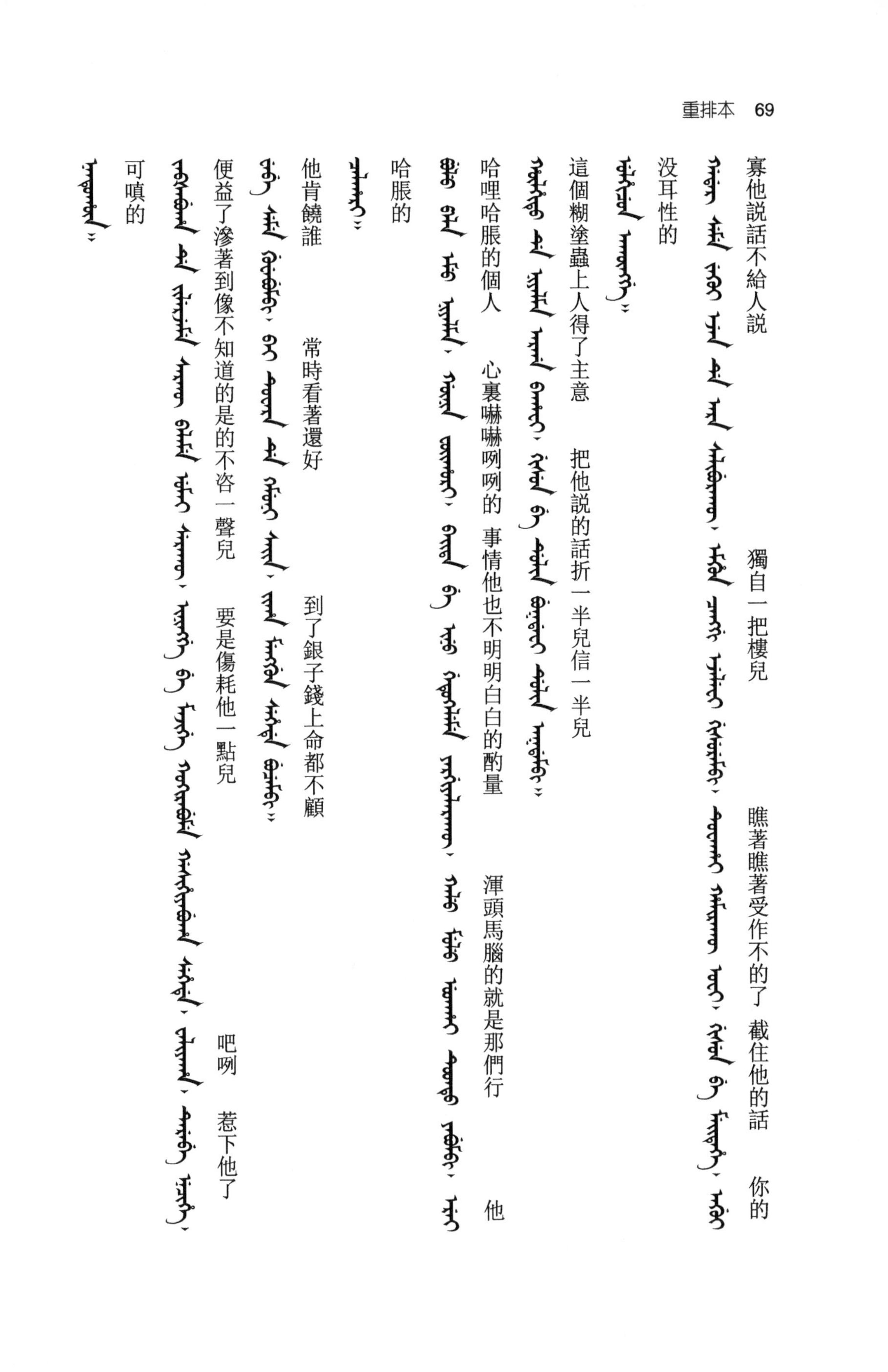

寡他說話不給人說 獨自一把樓兒 瞧著瞧著受作不的了 截住他的話 你的

沒耳性的

這個糊塗蟲上人得了主意 把他說的話折一半兒信一半兒

哈哩哈脹的個人 心裏嚇嚇咧咧的 事情他也不明明白白的酌量 渾頭馬腦的就是那們行 他

哈脹的

他肯饒誰 常時看著還好 到了銀子錢上命都不顧

便益了滲著到像不知道的是的不咨一聲兒 要是傷耗他一點兒 吧咧 惹下他了

可嗔的

說是一塊兒過的　想著對的著的好朋友瞧他去呢　怪事　合他還求甚麼去的是的　有一搭兒沒一搭兒著頭不叫人可惱的

你去的熱心腸　涼水澆的是的　弄的冷冰冰的　還有個甚麼心腸和他敘寒溫

他呢那裏有　會一會兒進他家去呢　且別說沒一盆火兒的光景　鴉雀不動的鼻子口兒氣也沒有　把改變了的

了　打這上頭說我給了他個雷頭風　儘著咕咕嚷嚷的抱怨我

話說彀了　剩下的臟角兒　也叫我們張張口兒　從來了你的話沒個斷頭兒　人常說　不可自滿

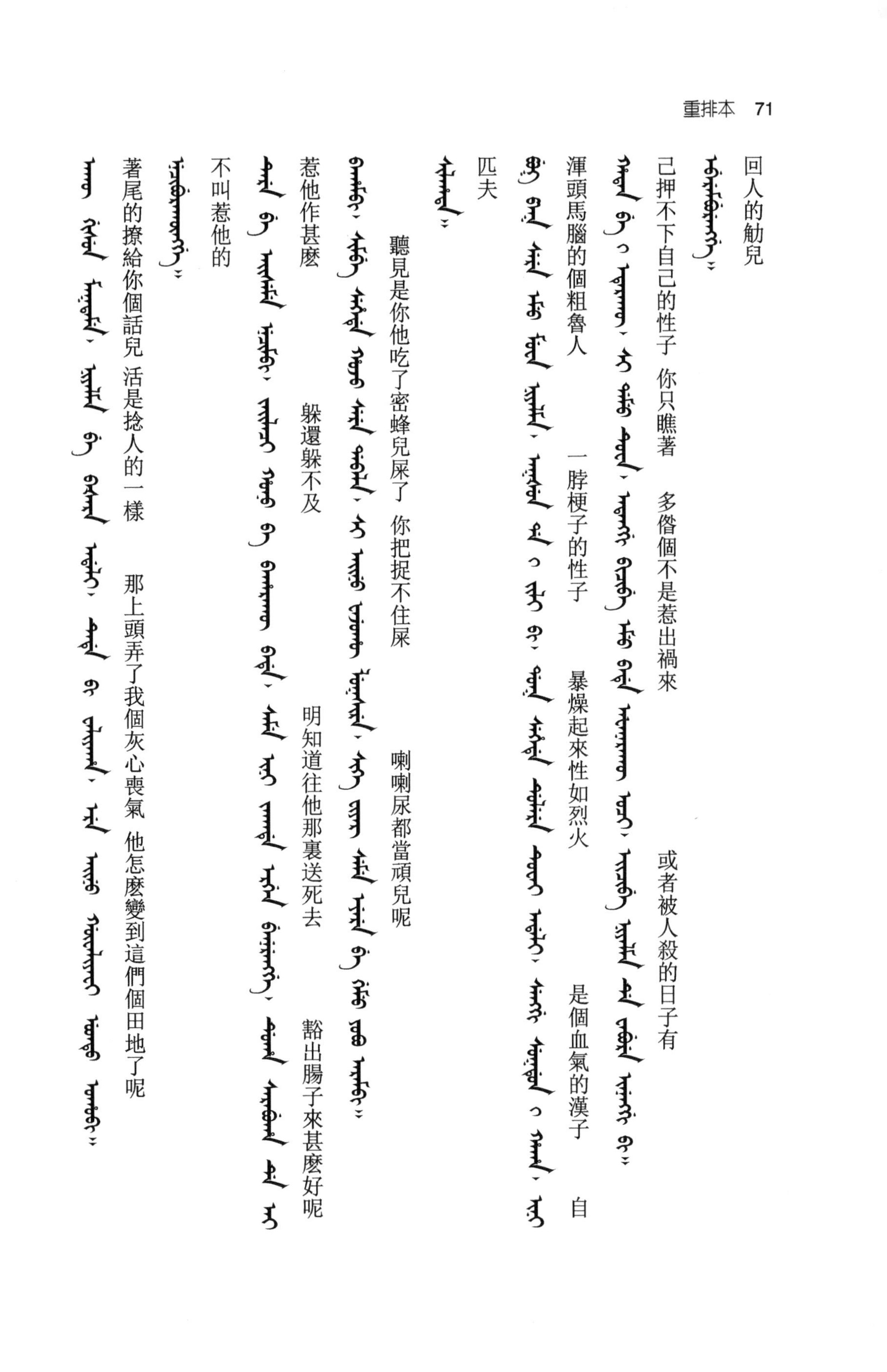

回人的觔兒

己押不下自己的性子 你只瞧著 多偺個不是惹出禍來 或者被人殺的日子有

渾頭馬腦的個粗魯人 一脖梗子的性子 暴燥起來性如烈火 是個血氣的漢子 自

匹夫

聽見是你他吃了密蜂兒屎了 你把捉不住屎 喇喇尿都當頑兒呢

惹他作甚麼 躲還躲不及 明知道往他那裏送死去 豁出腸子來甚麼好呢

不叫惹他的

著尾的撩給你個話兒 活是搶人的一樣 那上頭弄了我個灰心喪氣 他怎麼變到這們個田地了呢

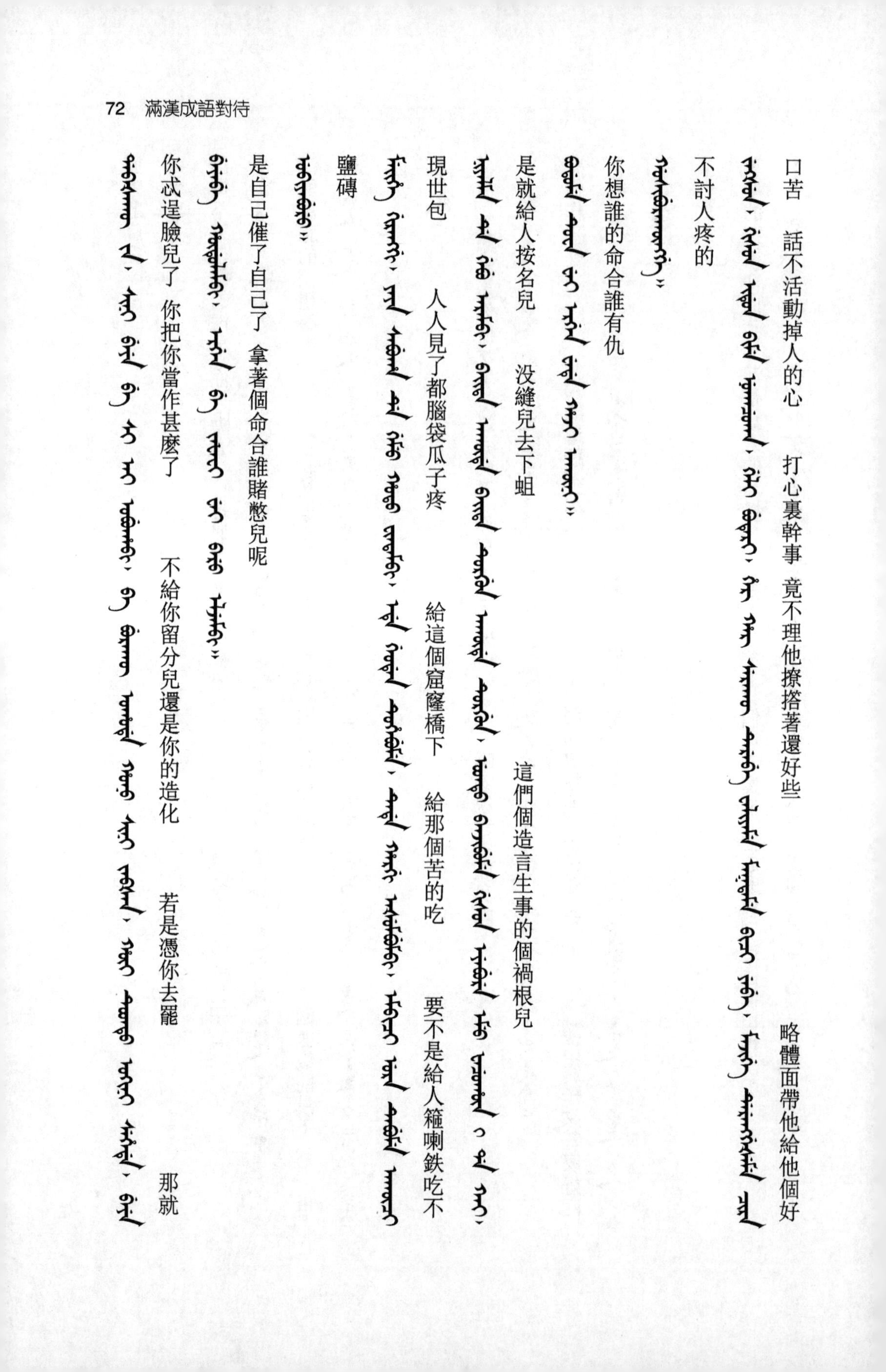

口苦　話不活動掉人的心　打心裏幹事　竟不理他撩搭著還好些　略體面帶他給他個好

不討人疼的

你想誰的命合誰有仇

是就給人按名兒　没縫兒去下蛆　這們個造言生事的個禍根兒

現世包　人人見了都腦袋瓜子疼　給這個窟窿橋下　給那個苦的吃　要不是給人箍喇鉄吃不

鹽磚

是自己催了自己了　拿著個命合誰賭憋兒呢

你忒逞臉兒了　你把你當作甚麼了　不給你留分兒還是你的造化　若是憑你去罷　那就

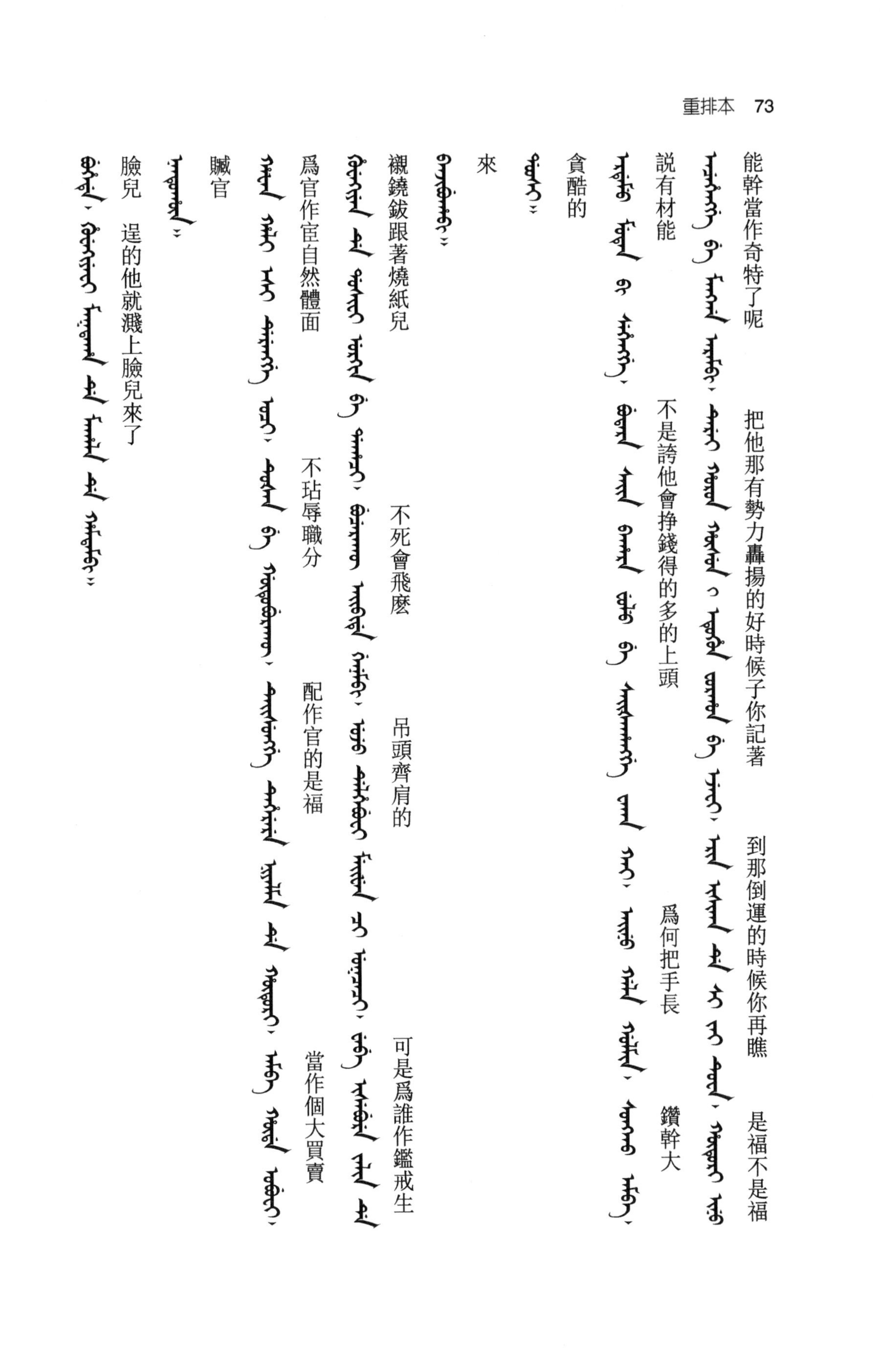

能幹當作奇特了呢　把他那有勢力轟揚的好時候子你記著　到那倒運的時候你再瞧　是福不是福

說有材能　不是誇他會掙錢得的多的上頭　爲何把手長　鑽幹大

貪酷的

來

襯鐃鈸跟著燒紙兒　不死會飛麼　吊頭齊肩的　可是爲誰作鑑戒生

爲官作宦自然體面　不玷辱職分　配作官的是福　當作個大買賣

贓官

臉兒　逞的他就濺上臉兒來了

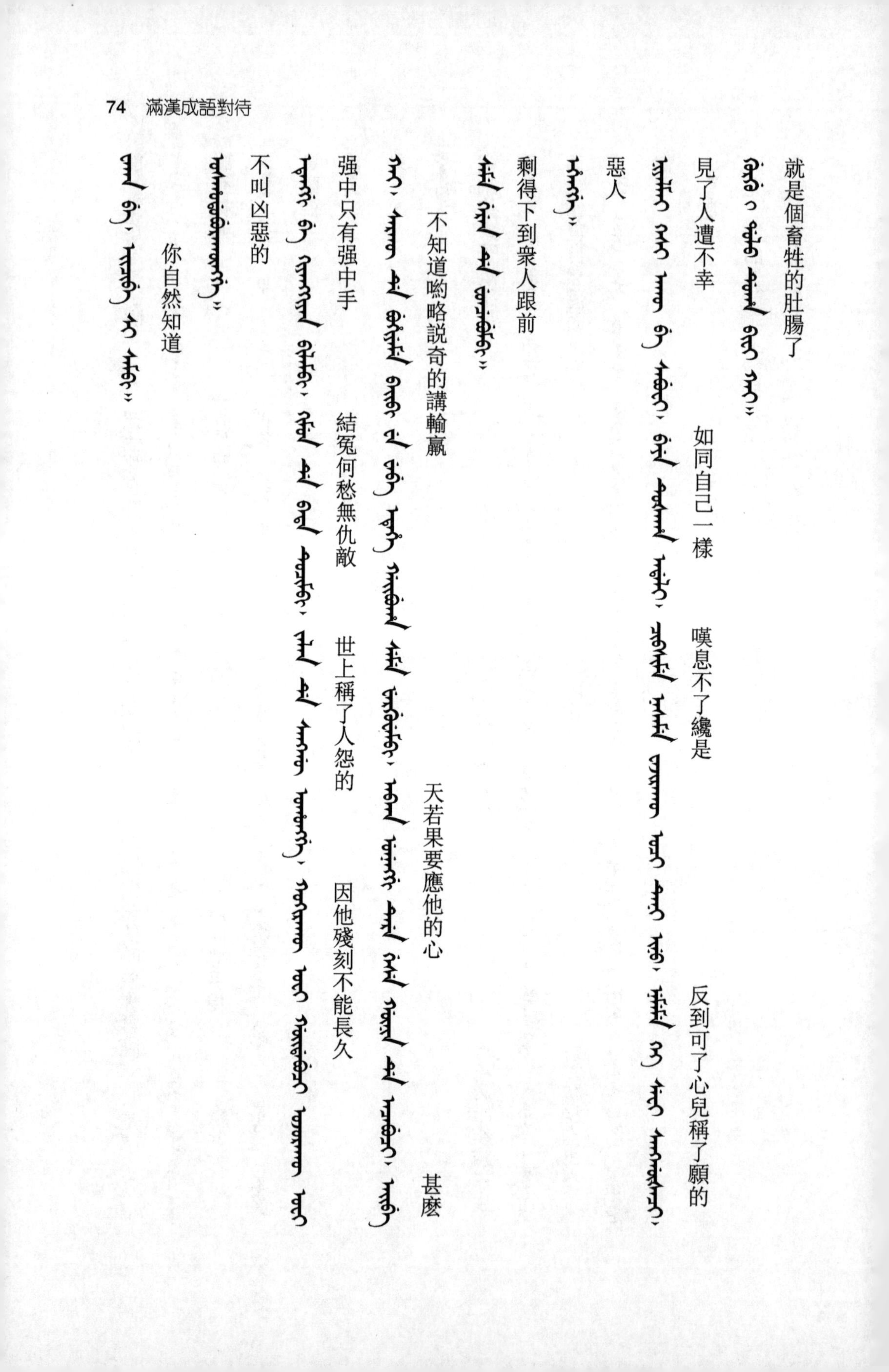

就是個畜牲的肚腸了

見了人遭不幸　如同自己一樣　嘆息不了纔是　反到可了心兒稱了願的

惡人

剩得下到衆人跟前

不知道喲略說奇的講輸贏　天若果要應他的心　甚麼

强中只有强中手　結冤何愁無仇敵　世上稱了人怨的　因他殘刻不能長久

不叫凶惡的

你自然知道

驕傲的

復地罷

甚麼是孩子　是個冤家對頭　只求斷了這口氣閉了眼　無了知憑他番天

抖抖搜搜的抽觔八怪　跳跳攛攛的活是個猴兒　不離左右還好些　離了俺的眼睛活托兒是個禍害精

歹孩子

那裏有個底心給你　離開他的是　誰不撇的遠遠的躲著

別信他　坑你呢　入到你個没爺娘的地方　你纔打石叫天呢　平白的還要胳肢個人兒

叫人閃開的

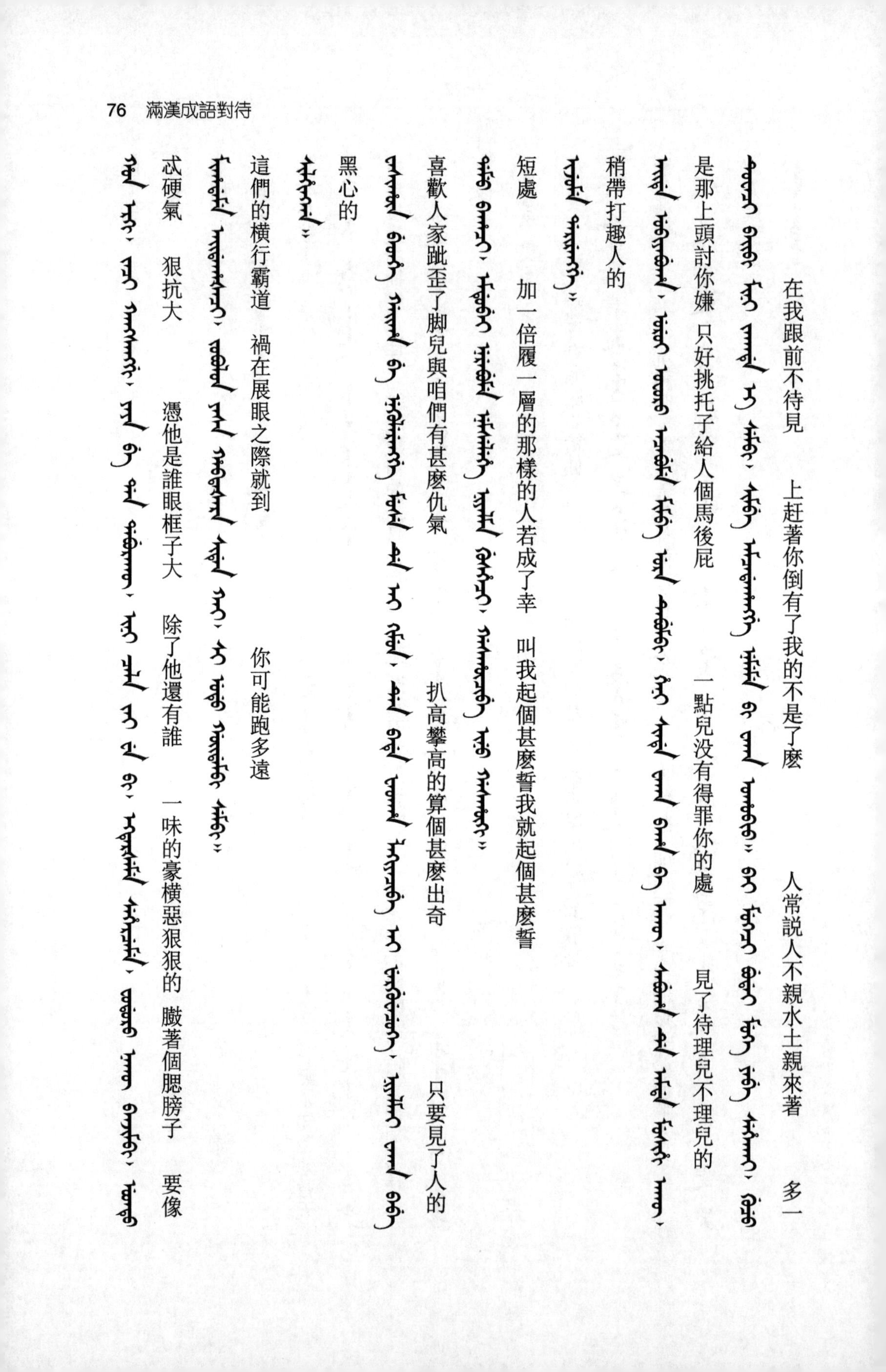

在我跟前不待見　上赶著你倒有了我的不是了麼　人常說人不親水土親來著　多一

是那上頭討你嫌　只好挑托子給人個馬後屁　一點兒没有得罪你的處　見了待理兒不理兒的

稍帶打趣人的

短處　加一倍履一層的那樣的人若成了幸　叫我起個甚麼誓我就起個甚麼誓

喜歡人家跐歪了脚兒與咱們有甚麼仇氣　扒高攀高的算個甚麼出奇　只要見了人的

黑心的

這們的橫行霸道　禍在展眼之際就到　你可能跑多遠

忒硬氣　狠抗大　憑他是誰眼框子大　除了他還有誰　一味的豪橫惡狠狠的　臓著個腮膀子　要像

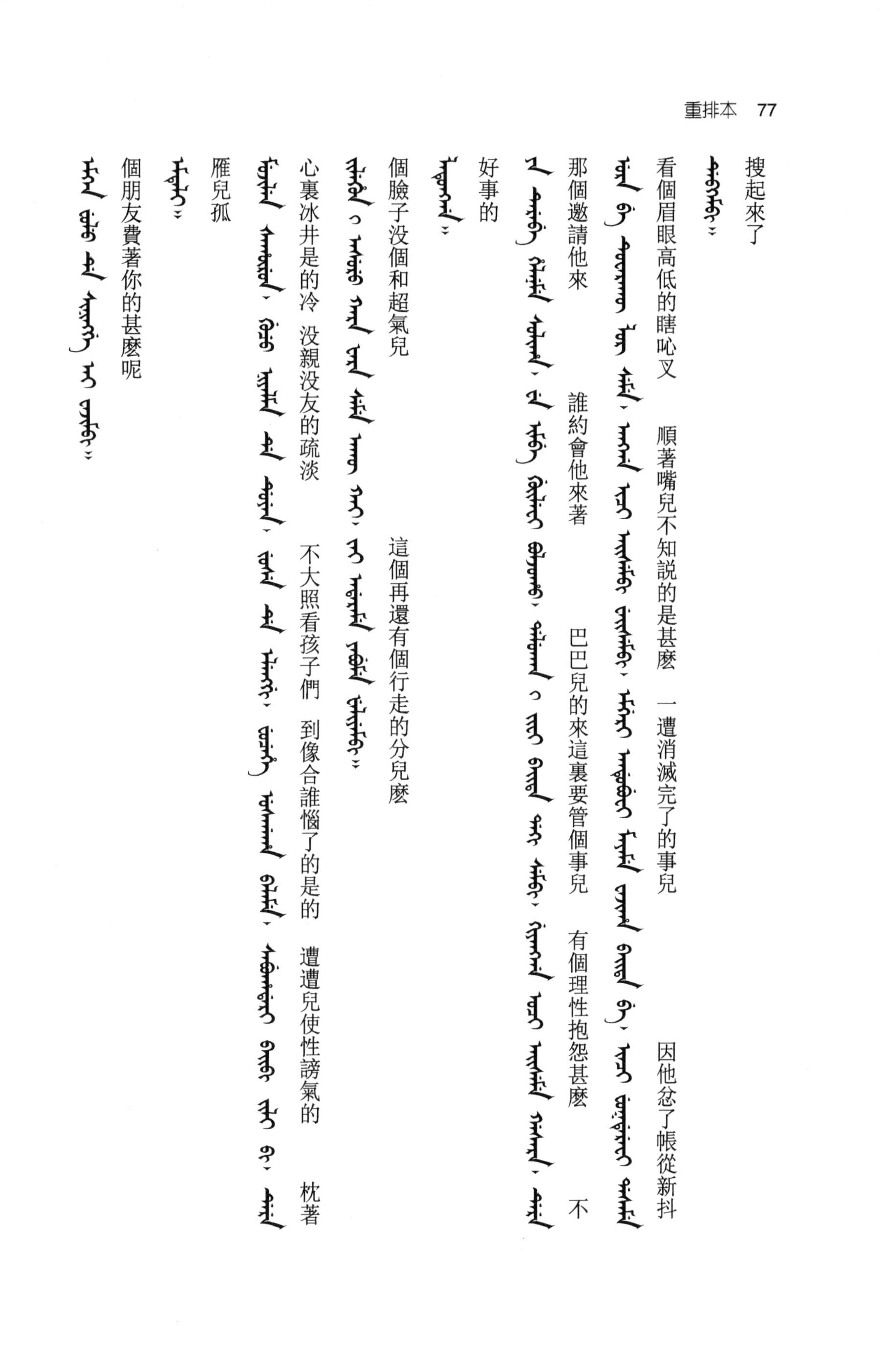

搜起來了

看個眉眼高低的瞎吣叉　順著嘴兒不知說的是甚麼　一遭消滅完了的事兒　因他岔了帳從新抖

那個邀請他來　誰約會他來著　巴巴兒的來這裏要管個事兒　有個理性抱怨甚麼　不

好事的

個臉子没個和超氣兒　這個再還有個行走的分兒麼

心裏冰井是的冷　没親没友的疏淡　不大照看孩子們　到像合誰惱了的是的　遭遭兒使性謗氣的　枕著

雁兒孤

個朋友費著你的甚麼呢

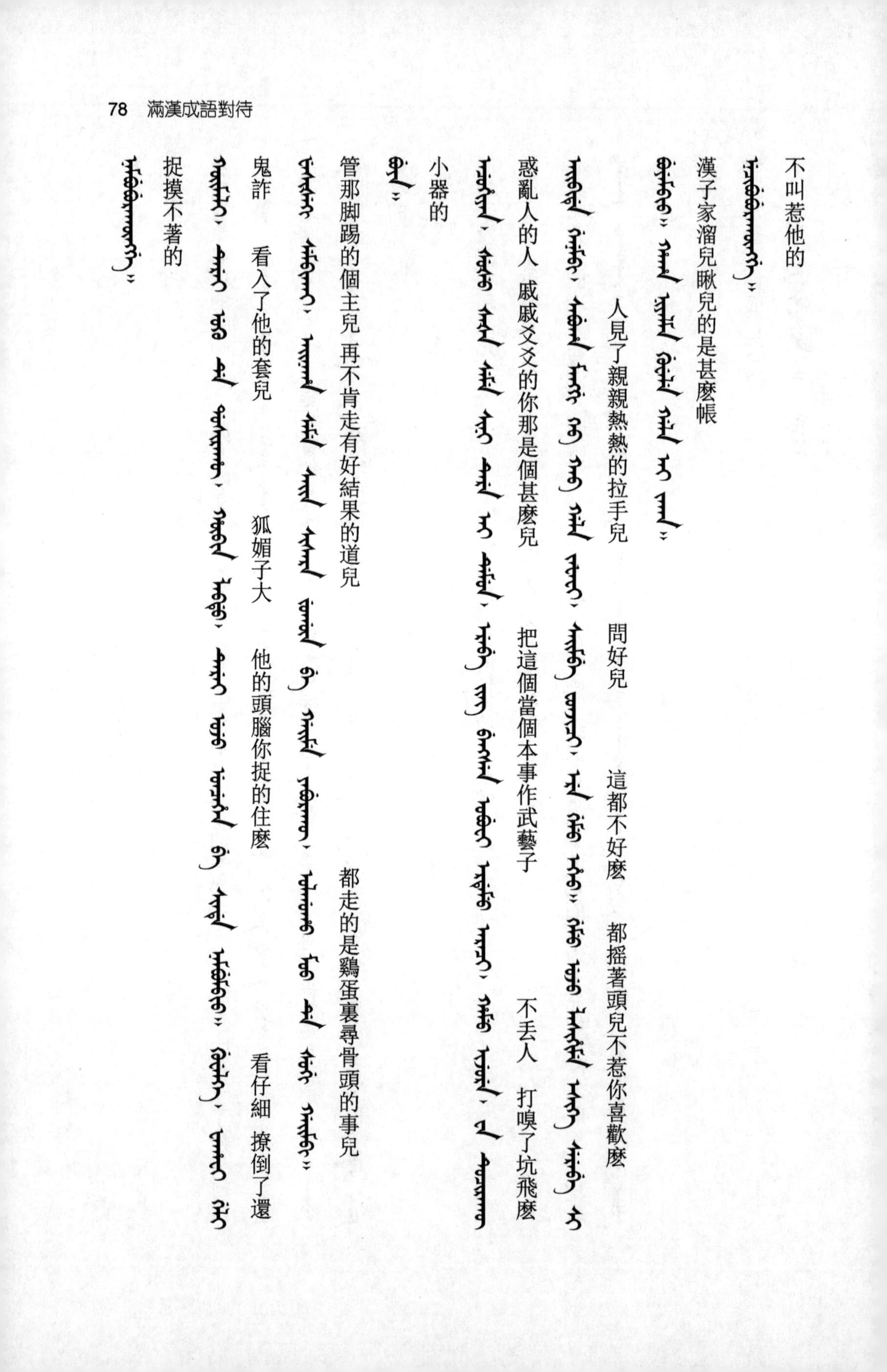

不叫惹他的

漢子家溜兒瞅兒的是甚麼帳

人見了親親熱熱的拉手兒　問好兒　這都不好麼　都搖著頭兒不惹你喜歡麼

惑亂人的人　戚戚爻爻的你那是個甚麼兒　把這個當個本事作武藝子　不丟人　打嗅了坑飛麼

小器的

管那脚蹋的個主兒　再不肯走有好結果的道兒　都走的是鷄蛋裏尋骨頭的事兒

鬼詐　看入了他的套兒　狐媚子大　他的頭腦你捉的住麼　看仔細　撩倒了還

捉摸不著的

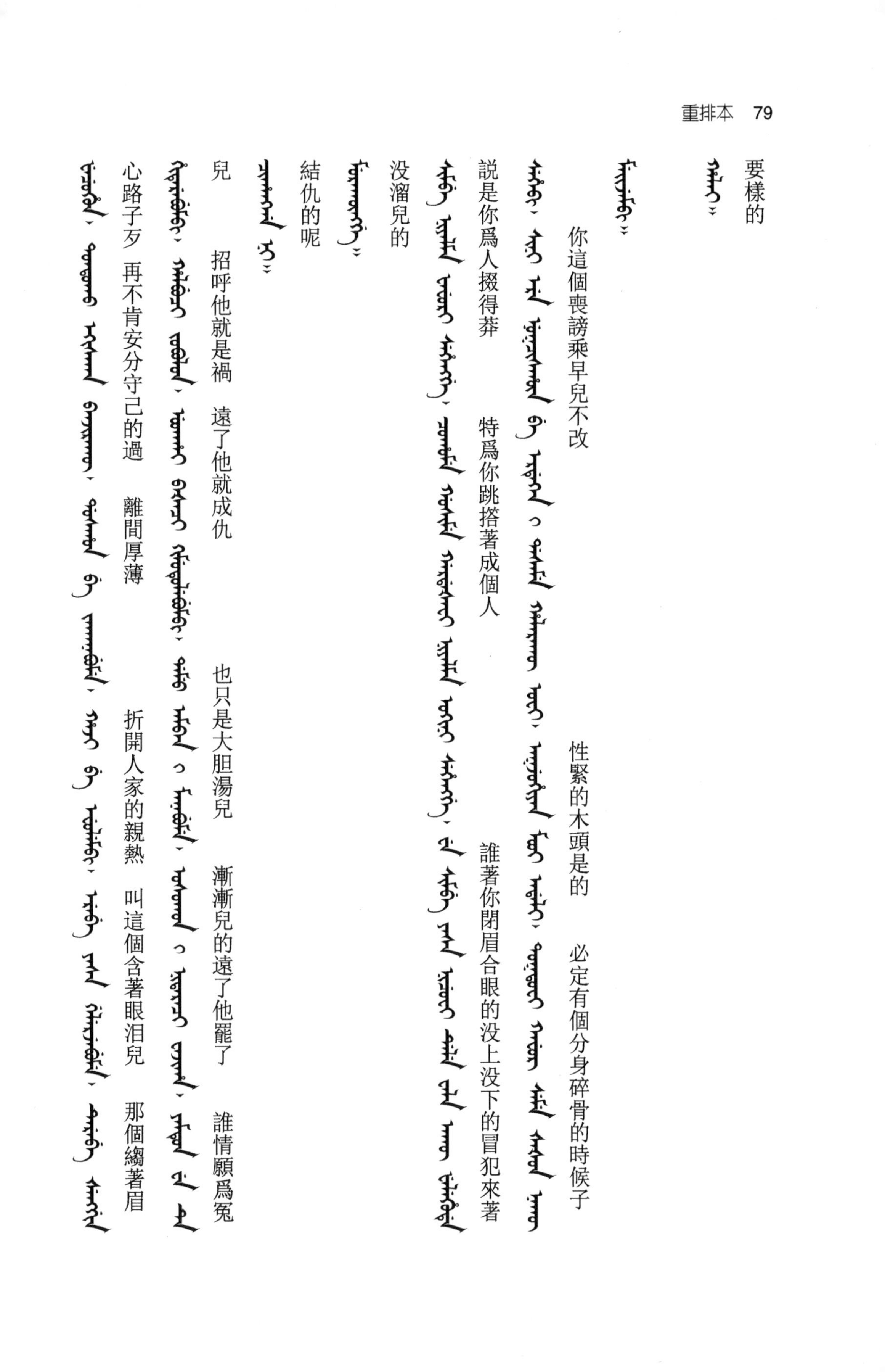

要樣的

你這個喪謗乘早兒不改 性緊的木頭是的 必定有個分身碎骨的時候子

說是你爲人掇得莽 特爲你跳搭著成個人 誰著你閉眉合眼的没上没下的冒犯來著

没溜兒的

結仇的呢

兒 招呼他就是禍 遠了他就成仇 也只是大胆湯兒 漸漸兒的遠了他罷了 誰情願爲寃

心路子歹 再不肯安分守己的過 離間厚薄 折開人家的親熱 叫這個含著眼泪兒 那個縐著眉

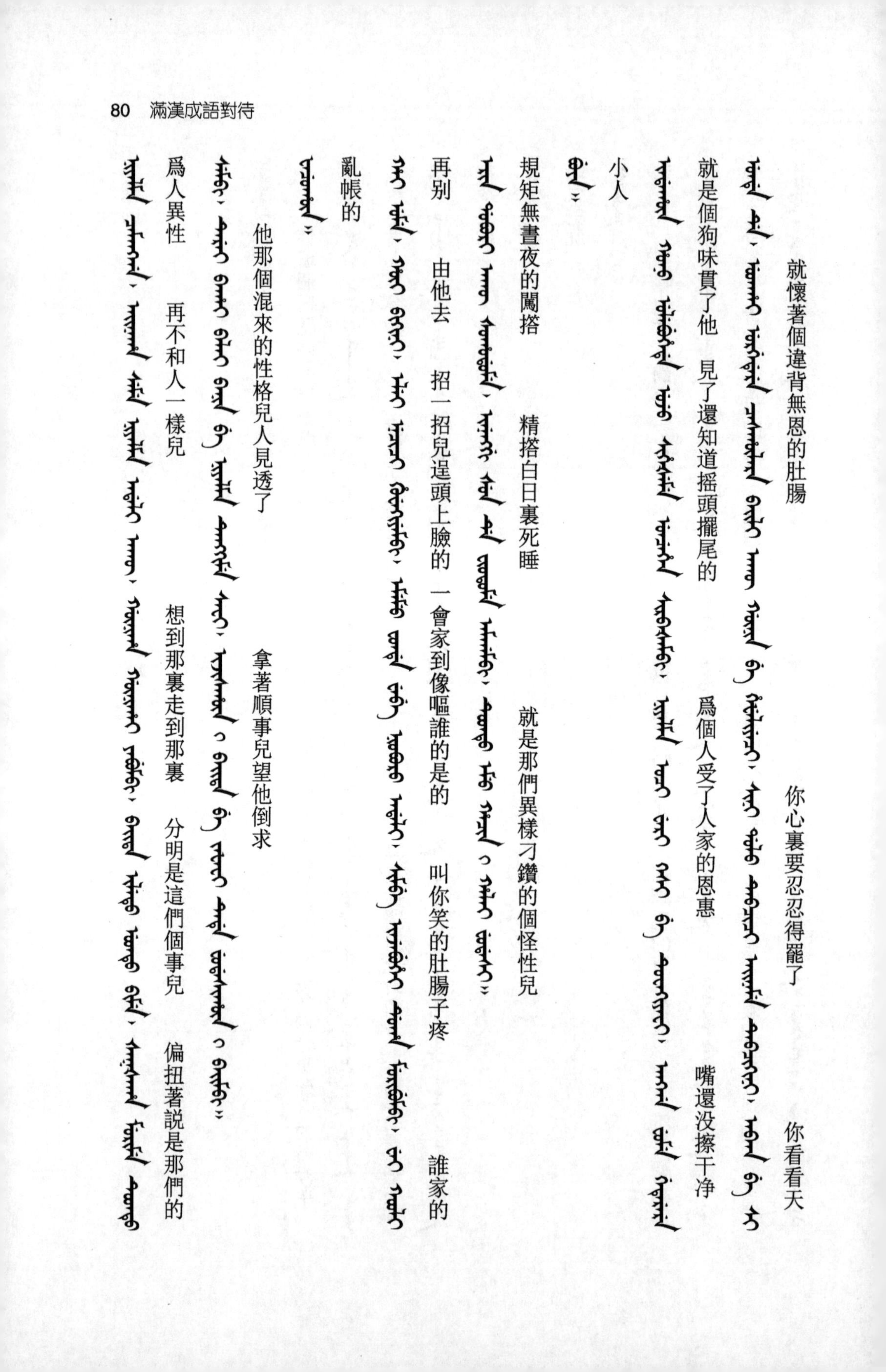

就懷著個違背無恩的肚腸　你心裏要忍忍得罷了　你看看天

就是個狗味貫了他　見了還知道搖頭擺尾的　爲個人受了人家的恩惠　嘴還没擦干净

小人

規矩無晝夜的闖搭　精搭白日裏死睡　就是那們異様刁鑽的個怪性兒

再别　由他去　招一招兒逞頭上臉的　一會家到像嘔誰的是的　叫你笑的肚腸子疼　誰家的

亂帳的

他那個混來的性格兒人見透了　拿著順事兒望他倒求

爲人異性　再不和人一樣兒　想到那裏走到那裏　分明是這們個事兒　偏扭著説是那們的

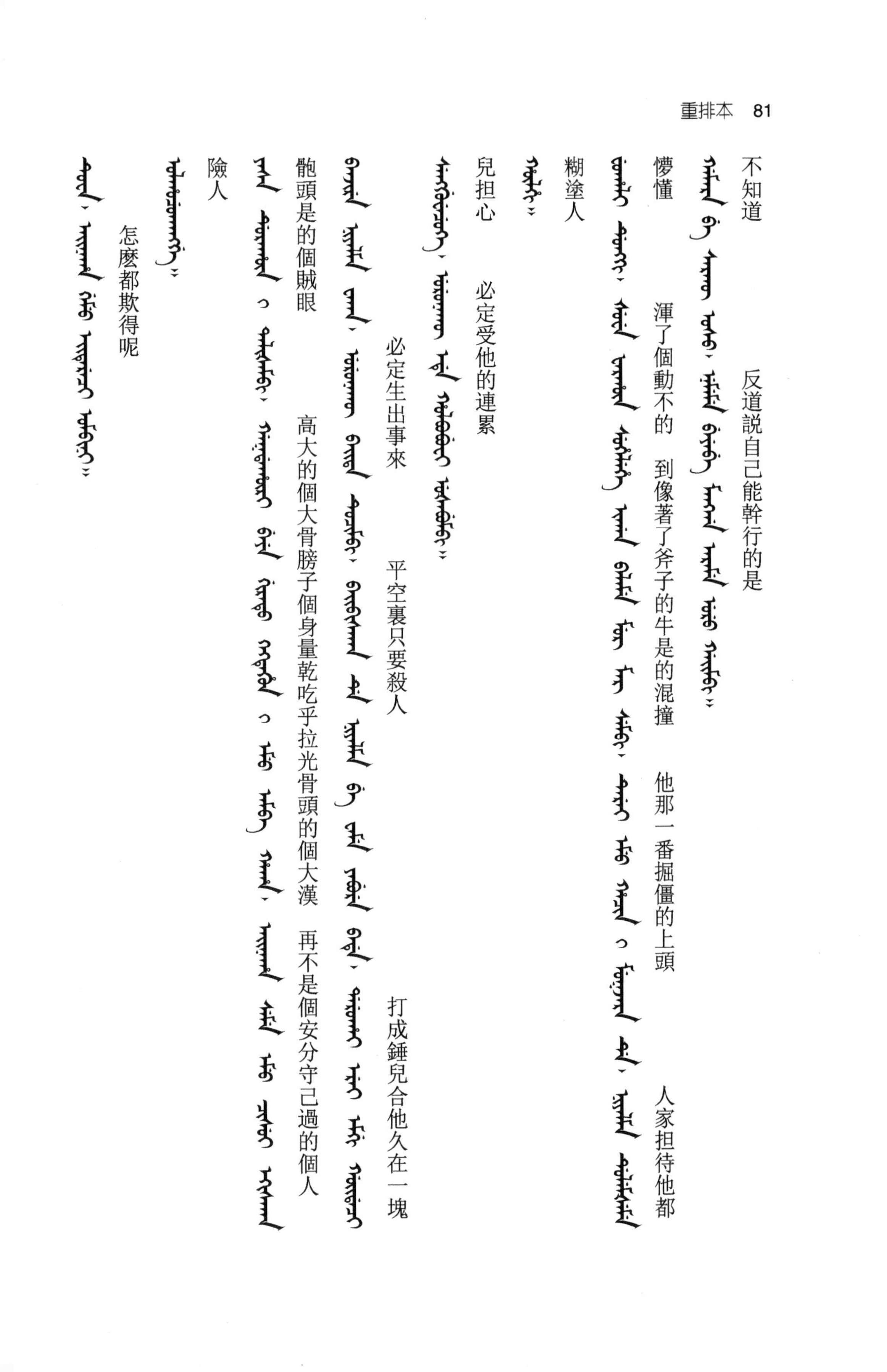

不知道　反道說自己能幹行的是

懵懂　渾了個動不的　到像著了斧子的牛是的混撞　他那一番掘僵的上頭　人家担待他都

糊塗人

兒担心　必定受他的連累

必定生出事來　平空裏只要殺人　打成鍾兒合他久在一塊

骯頭是的個賊眼　高大的個大骨膀子個身量乾吃乎拉光骨頭的個大漢　再不是個安分守己過的個人

險人

怎麽都欺得呢

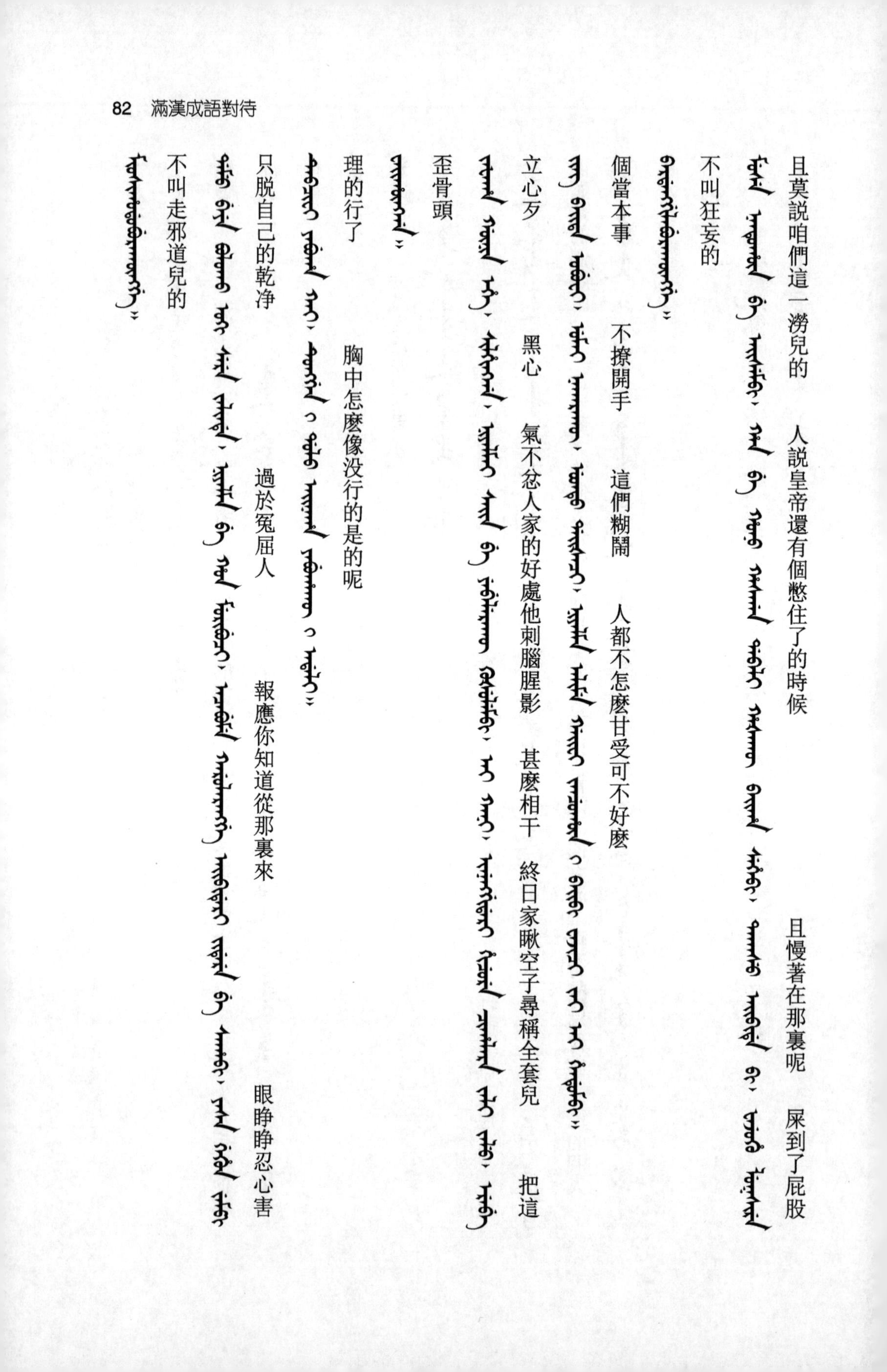

且莫説咱們這一湧兒的　人説皇帝還有個憋住了的時候　且慢著在那裏呢　屎到了屁股

不叫狂妄的

個當本事　不撩開手　這們糊鬧　人都不怎麼甘受可不好麼

立心歹　黑心　氣不忿人家的好處他刺腦腥影　甚麼相干　終日家瞅空子尋稱全套兒　把這

歪骨頭

理的行了　胸中怎麼像没行的是的呢

只脱自己的乾净　過於冤屈人　報應你知道從那裏來　眼睁睁忍心害

不叫走邪道兒的

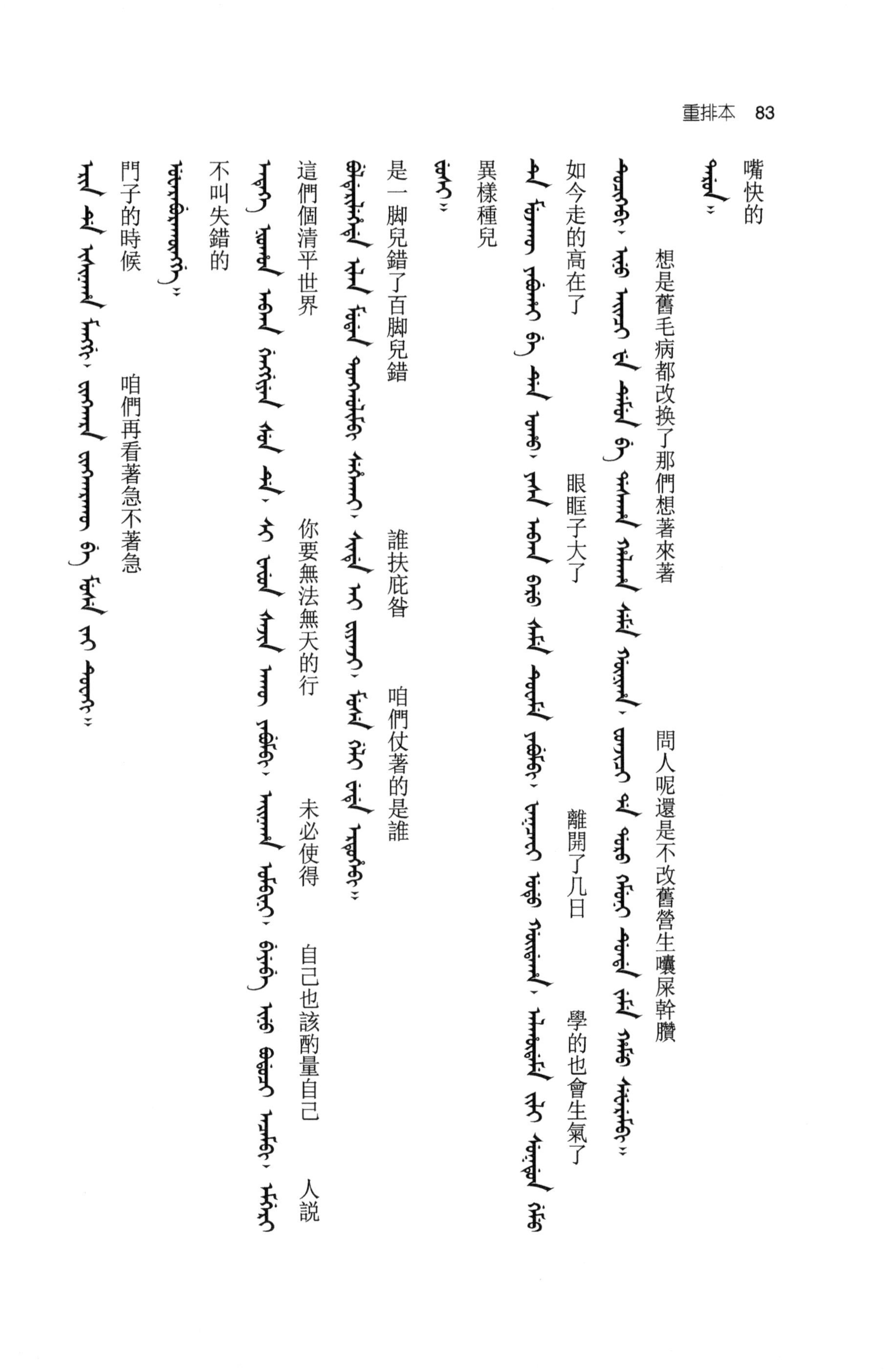

嘴快的

想是舊毛病都改換了那們想著來著 問人呢還是不改舊營生嚷屎幹臢

如今走的高在了 眼眶子大了 離開了几日 學的也會生氣了

異樣種兒

是一脚兒錯了百脚兒錯 誰扶庇咎 咱們仗著的是誰

這們個清平世界 你要無法無天的行 未必使得 自己也該酌量自己 人説

不叫失錯的

門子的時候 咱們再看著急不著急

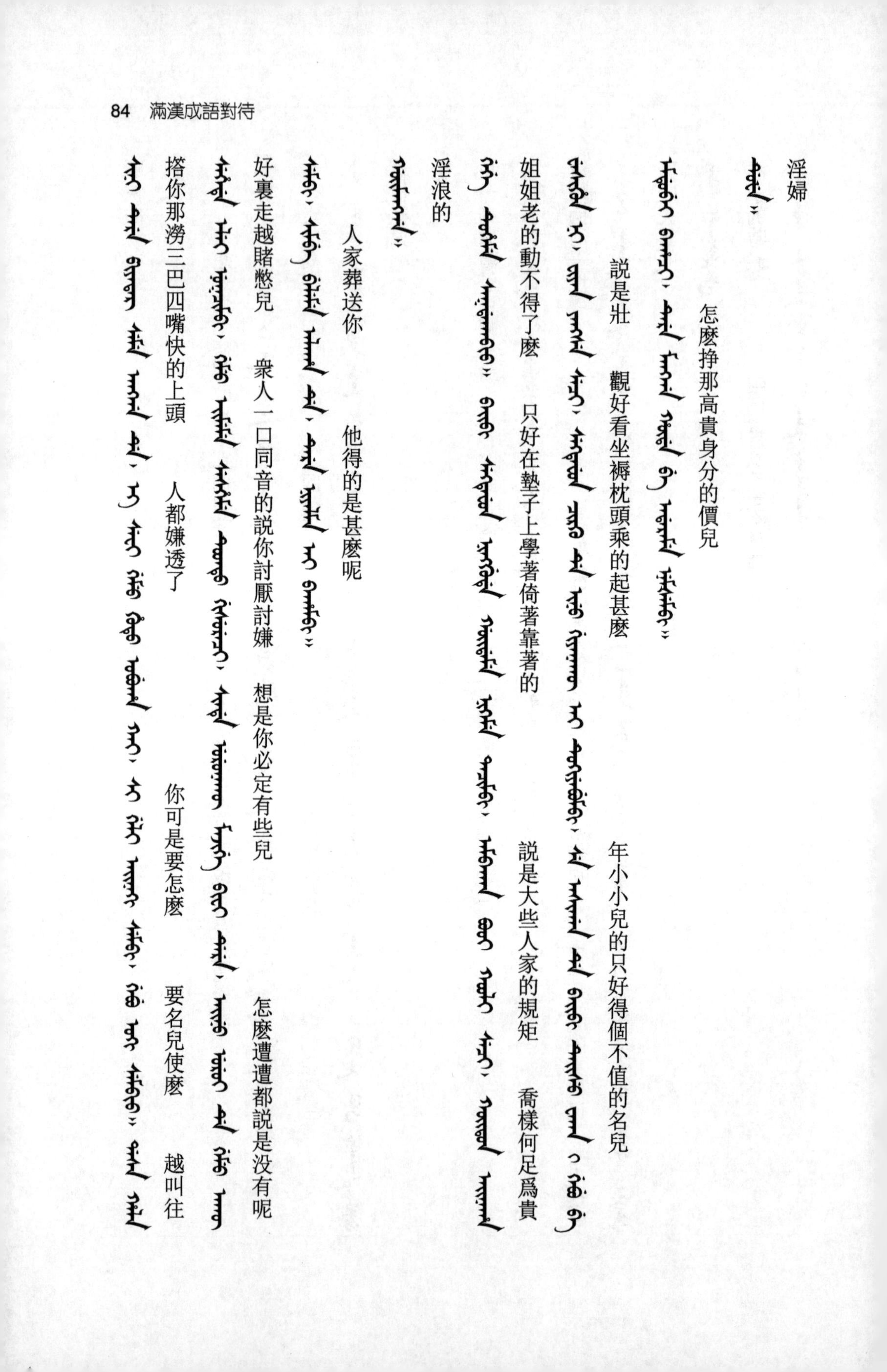

淫婦

怎麽掙那高貴身分的價兒

說是壯 覿好看坐褥枕頭乘的起甚麽 年小小兒的只好得個不值的名兒

姐姐老的動不得了麽 只好在墊子上學著倚著靠著的 說是大些人家的規矩 喬樣何足爲貴

淫浪的

人家葬送你 他得的是甚麽呢

好裏走越賭憋兒 衆人一口同音的說你討厭討嫌 想是你必定有些兒 怎麽遭遭都說是没有呢

搭你那澇三巴四嘴快的上頭 人都嫌透了 你可是要怎麽 要名兒使麽 越叫往

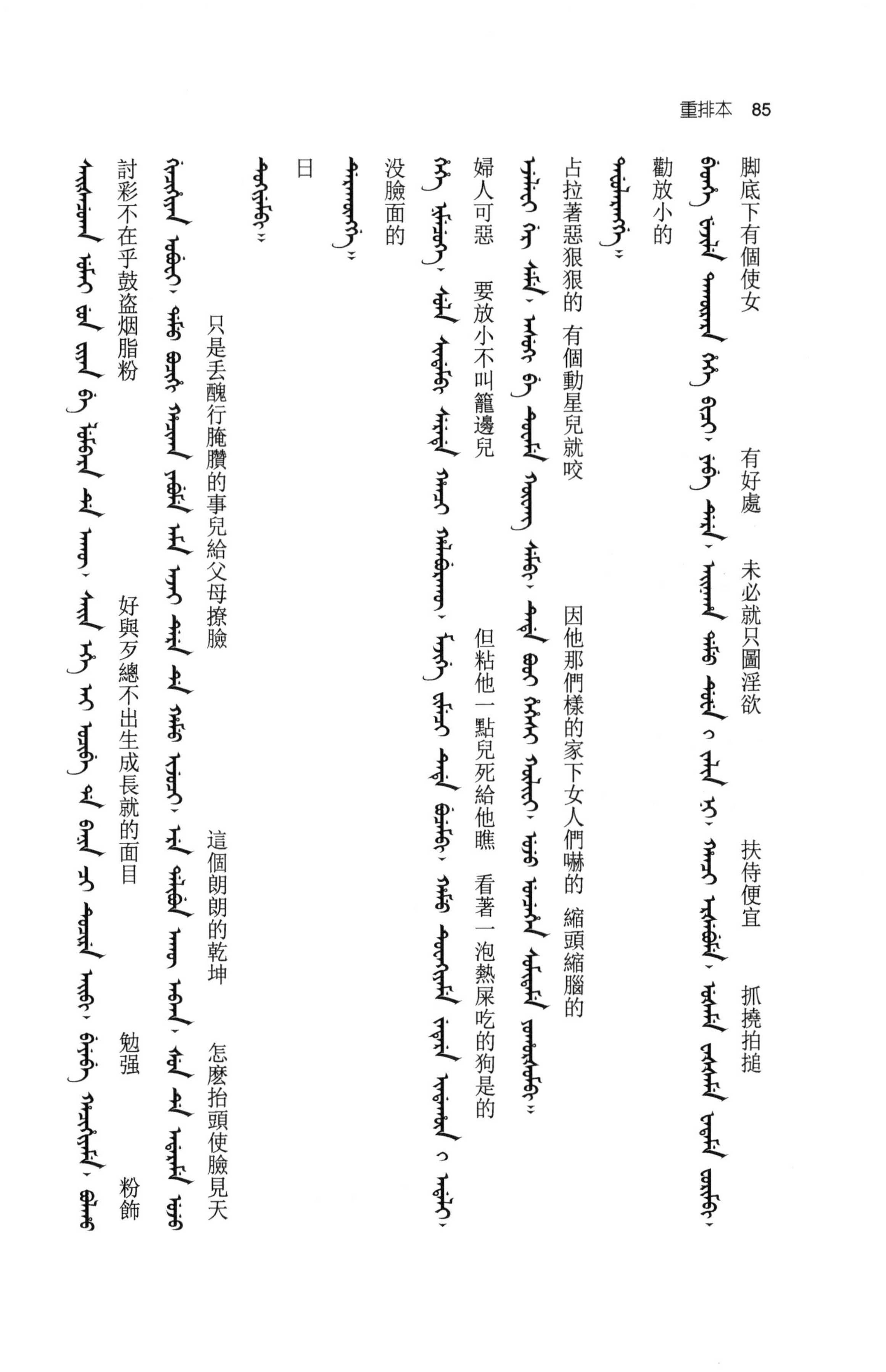

脚底下有個使女　有好處　未必就只圖淫欲　扶侍便宜　抓撓拍搥

勸放小的

占拉著惡狠狠的　有個動星兒就咬　因他那們樣的家下女人們唬的　縮頭縮腦的

婦人可惡　要放小不叫籠邊兒　但粘他一點兒死給他瞧　看著一泡熱屎吃的狗是的

沒臉面的

日

只是丢醜行腌臢的事兒給父母撩臉　這個朗朗的乾坤　怎麼抬頭使臉見天

討彩不在乎鼓盜烟脂粉　好與歹總不出生成長就的面目　勉强　粉飾

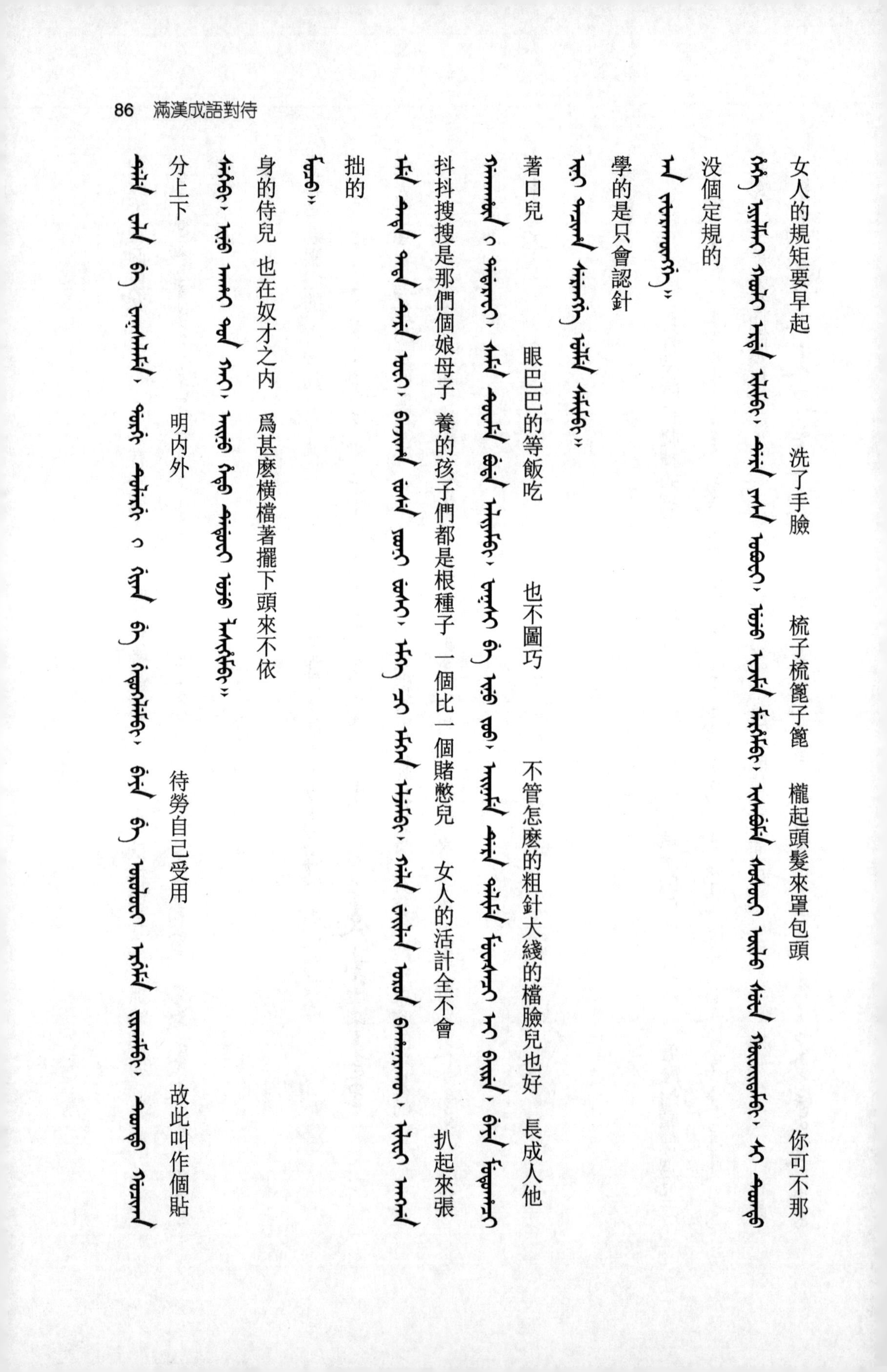

女人的規矩要早起　洗了手臉　梳子梳篦子篦　攏起頭髮來罩包頭　你可不那

没個定規的

學的是只會認針

著口兒　眼巴巴的等飯吃　也不圖巧　不管怎麼的粗針大綫的檔臉兒也好　長成人他

抖抖搜搜是那們個娘母子　養的孩子們都是根種子　一個比一個賭憋兒　女人的活計全不會　扒起來張

拙的

身的侍兒　也在奴才之內　爲甚麼橫檔著擺下頭來不依

分上下　明內外　待勞自己受用　故此叫作個貼

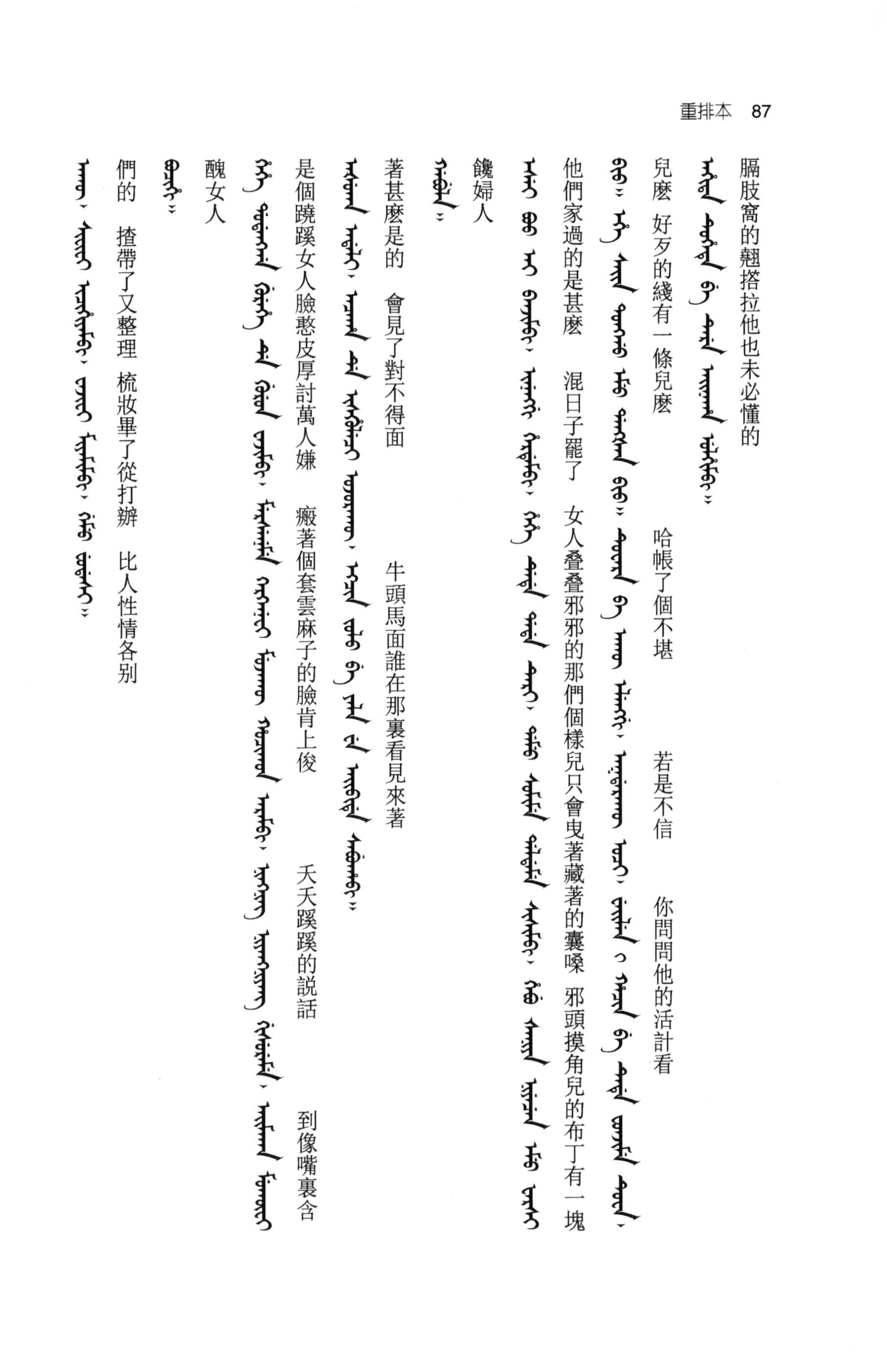

膈肢窩的翹搭拉他也未必懂的

兒麽　好歹的綫有一條兒麽　　哈帳了個不堪　　若是不信　　你問問他的活計看

他們家過的是甚麽　混日子罷了　女人叠叠邪邪的那們個樣兒只會曳著藏著的囊嗓　邪頭摸角兒的布丁有一塊

饞婦人

著甚麽是的　會見了對不得面　　牛頭馬面誰在那裏看見來著

是個蹺蹊女人臉憨皮厚討萬人嫌　瘢著個套雲麻子的臉肯上俊　夭夭蹊蹊的説話　到像嘴裏含

醜女人

們的　揸帶了又整理　梳妝畢了從打辦　比人性情各別

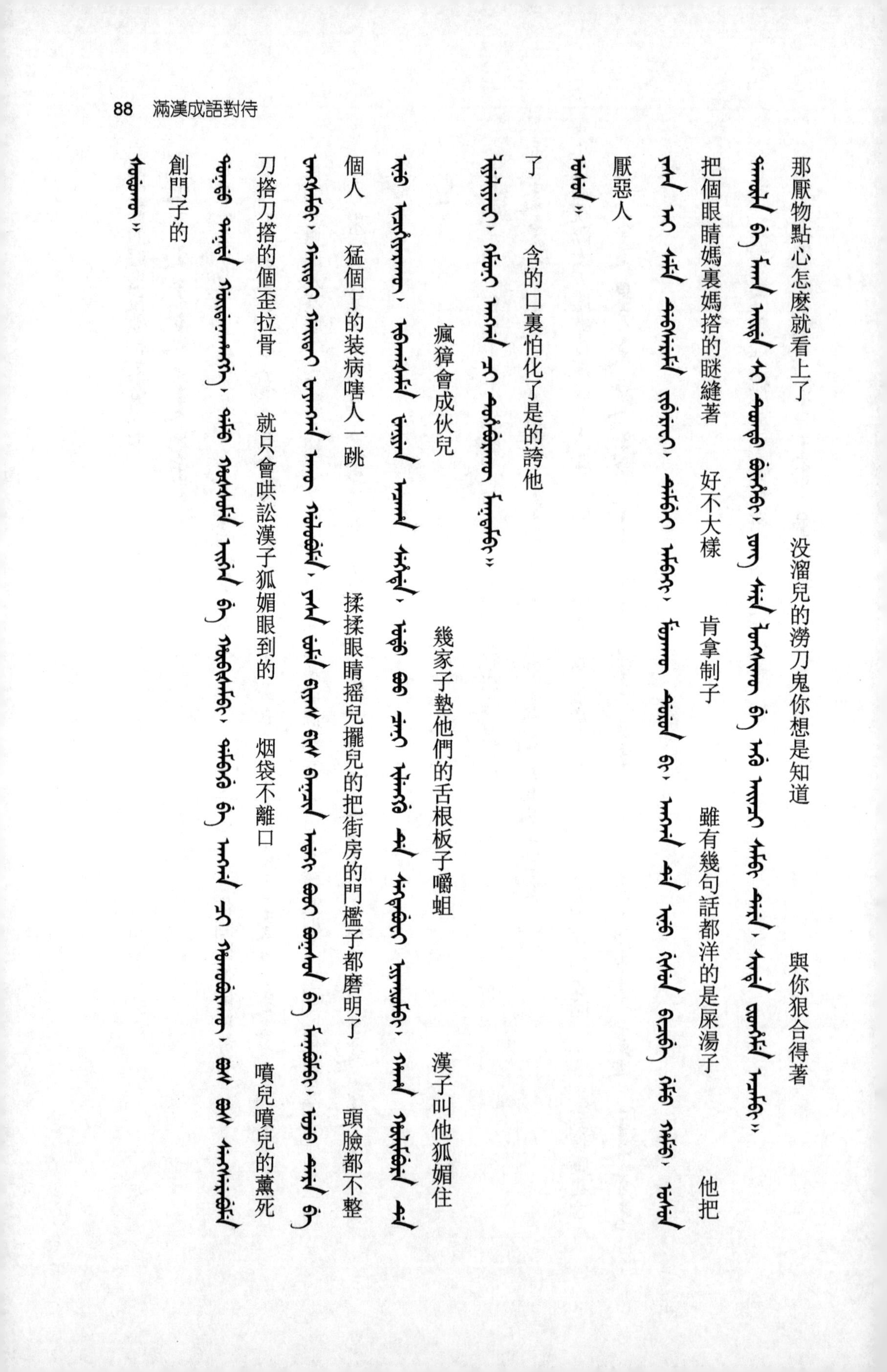

那厭物點心怎麼就看上了　没溜兒的澇刀鬼你想是知道　與你狠合得著

把個眼睛媽裏媽搭的瞇縫著　好不大樣　肯拿制子　雖有幾句話都洋的是屎湯子　他把

厭惡人

了　含的口裏怕化了是的誇他

瘋獐會成伙兒　幾家子墊他們的舌根板子嚼蛆　漢子叫他狐媚住

個人　猛個丁的裝病唬人一跳　揉揉眼睛搖兒擺兒的把街房的門檻子都磨明了　頭臉都不整

刀搭刀搭的個歪拉骨　就只會哄詥漢子狐媚眼到的　烟袋不離口　噴兒噴兒的薰死

創門子的

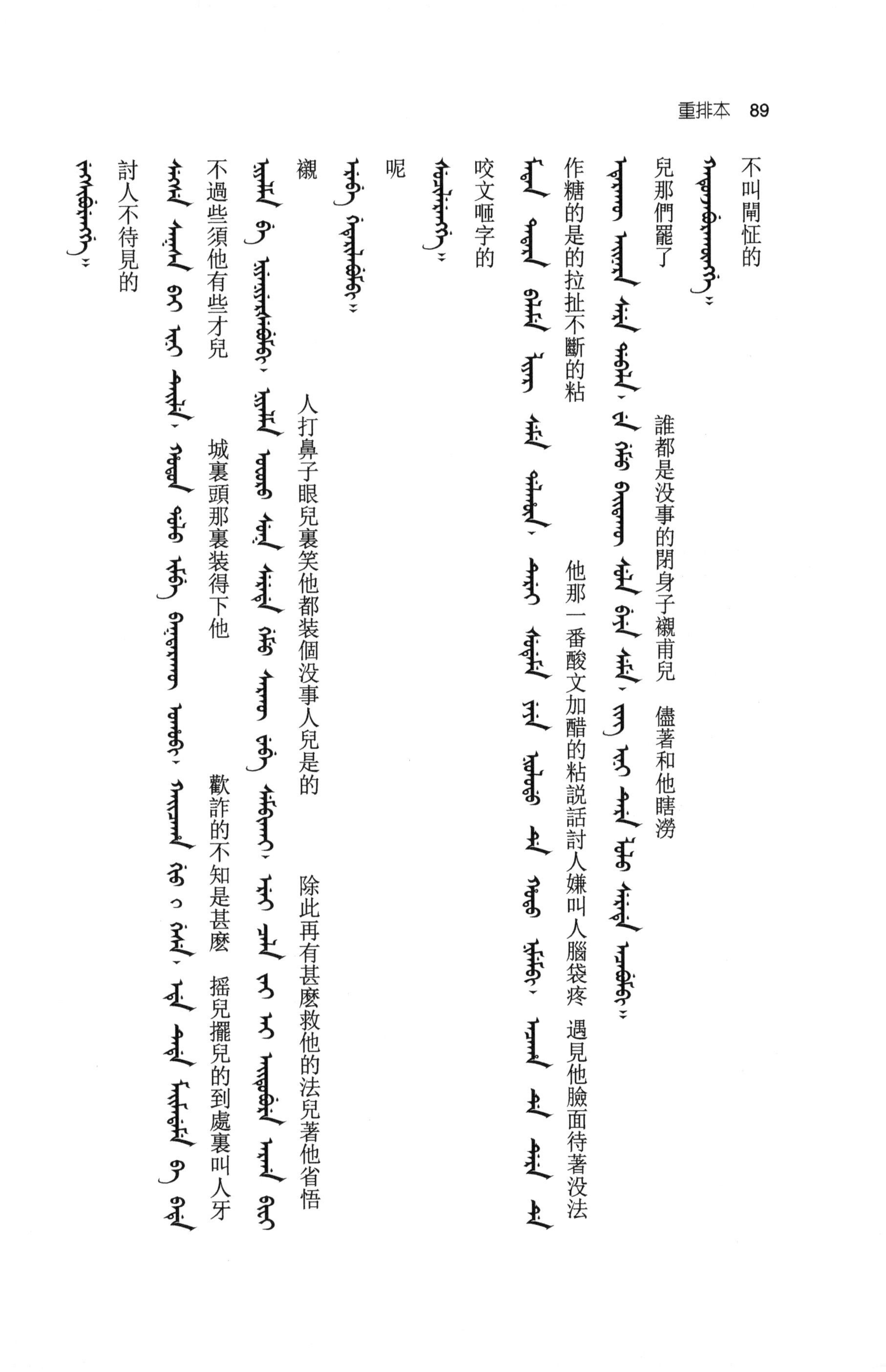

不叫閙怔的

兒那們罷了　誰都是没事的閑身子襯甫兒　儘著和他瞎滂

作糖的是的拉扯不斷的粘　他那一番酸文加醋的粘説話討人嫌叫人腦袋疼　遇見他臉面待著没法

咬文咂字的

呢

襯　人打鼻子眼兒裏笑他都裝個没事人兒是的　除此再有甚麽救他的法兒著他省悟

不過些須他有些才兒　城裏頭那裏裝得下他　歡詐的不知是甚麽　搖兒擺兒的到處裏叫人牙

討人不待見的

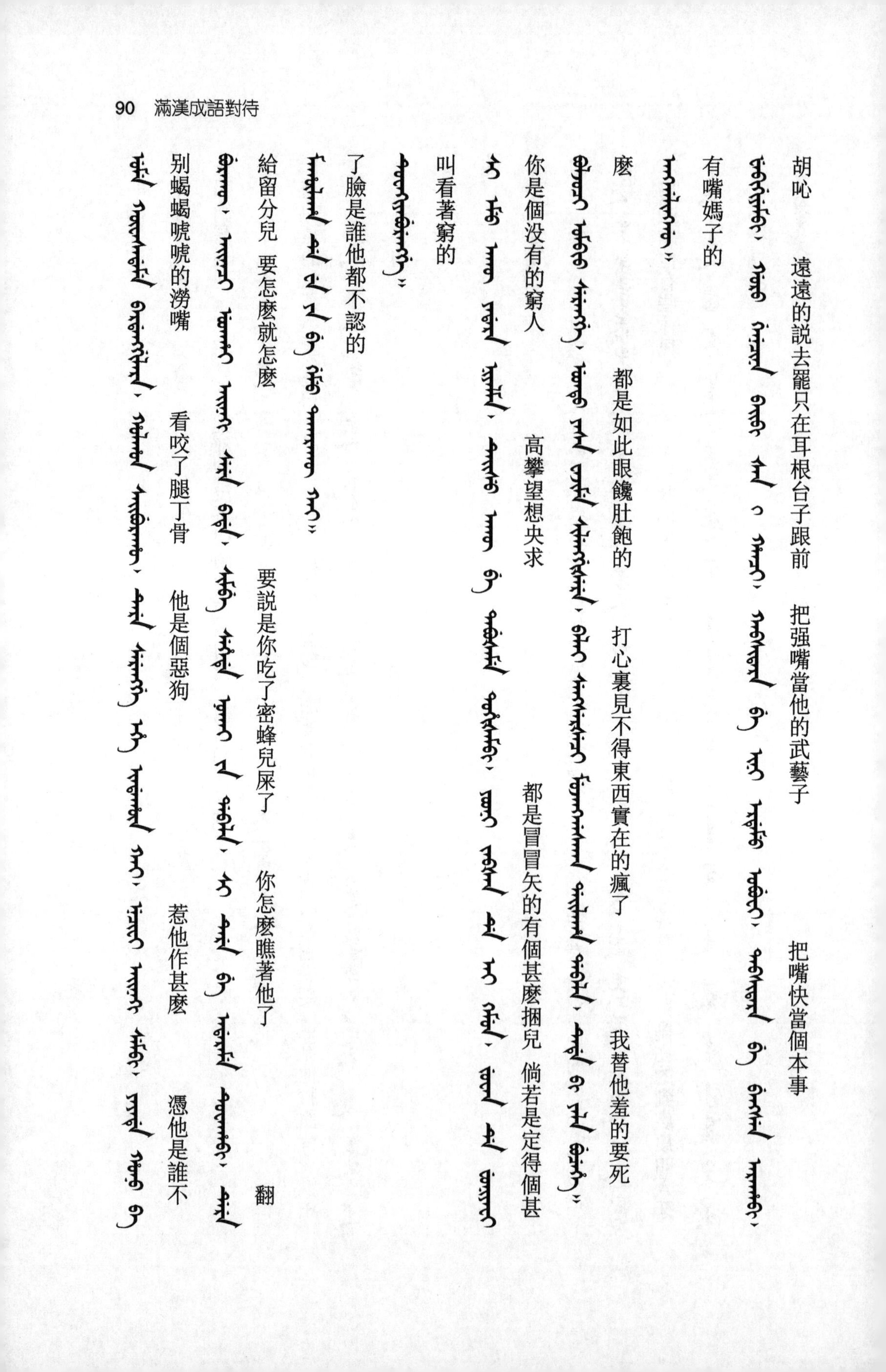

胡吣　遠遠的説去罷只在耳根台子跟前　把强嘴當他的武藝子　把嘴快當個本事

有嘴媽子的

麽　都是如此眼饞肚飽的　打心裏見不得東西實在的瘋了　我替他羞的要死

你是個没有的窮人　高攀望想央求　都是冒冒矢的有個甚麽捆兒　倘若是定得個甚

叫看著窮的

了臉是誰他都不認的

給留分兒　要怎麽就怎麽　要説是你吃了密蜂兒屎了　你怎麽瞧著他了　翻

別蝎蝎唬唬的滂嘴　看咬了腿丁骨　他是個惡狗　惹他作甚麽　憑他是誰不

善會截人心的人　爲人聰明　一會兒家猜人的心一猜一個著　儘著便益你老天未必肯

奸詭的

一把　他就會作起怪來賙言大話　你們都練了群兒惹我來罷　那們的胡説

一半兒數嘮　一面兒教道　那樣揉挫著　不叫他得主意纔使得　撩給他個臉兒放鬆

再不是個交心的個人　要和他天常地久的　只得另立一個主意　再不給他留分兒

没個定見的

他没經著利害呢　早哩　放著他在那裏哩呢　自然有個翻白眼的時候　你急他怎麼

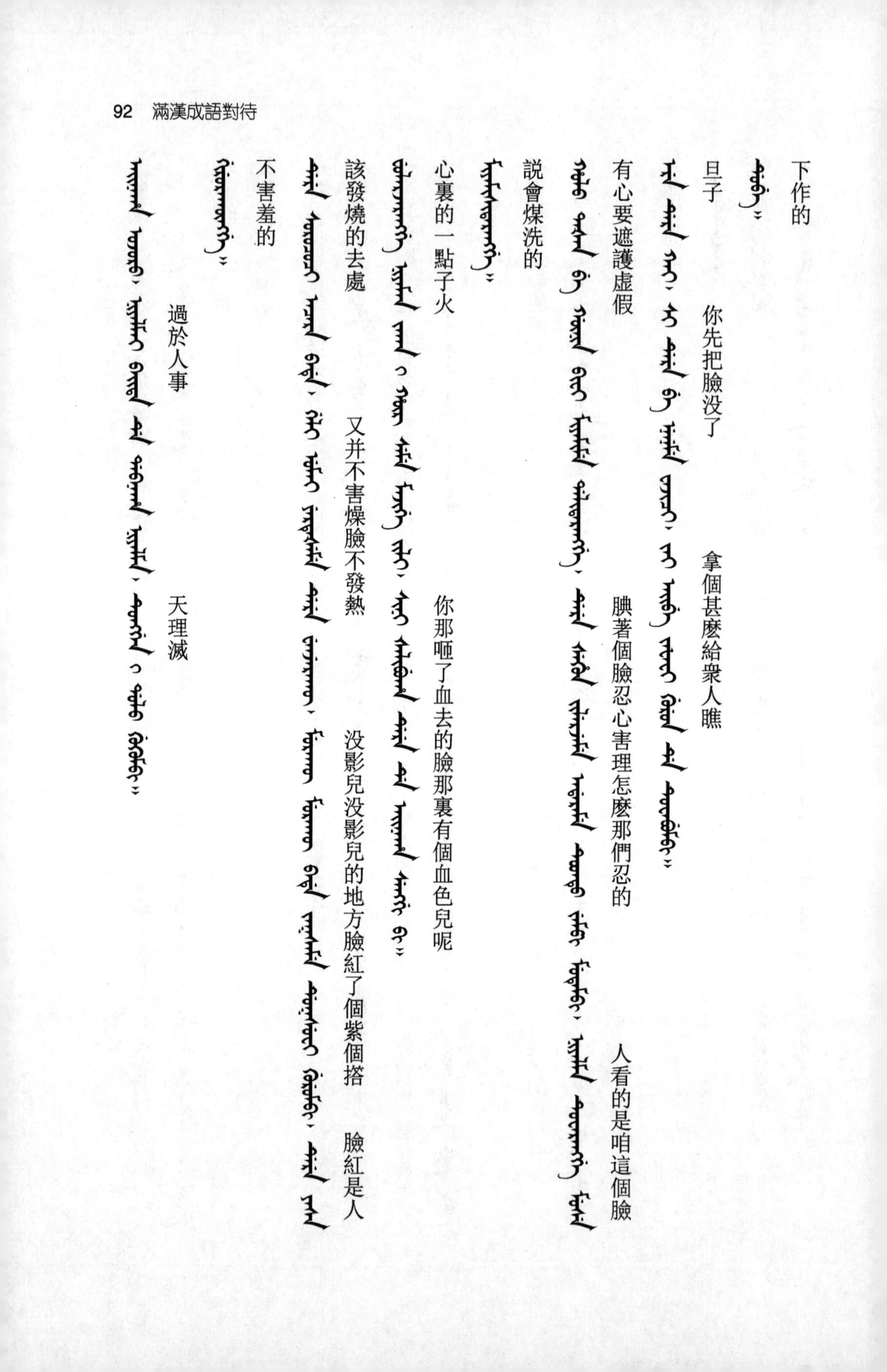

下作的

旦子

你先把臉沒了 拿個甚麼給衆人瞧

有心要遮護虛假

腆著個臉忍心害理怎麼那們忍的 人看的是咱這個臉

說會煤洗的

心裏的一點子火

你那啞了血去的臉那裏有個血色兒呢

該發燒的去處

又并不害燥臉不發熱 沒影兒沒影兒的地方臉紅了個紫個搭 臉紅是人

不害羞的

過於人事 天理滅

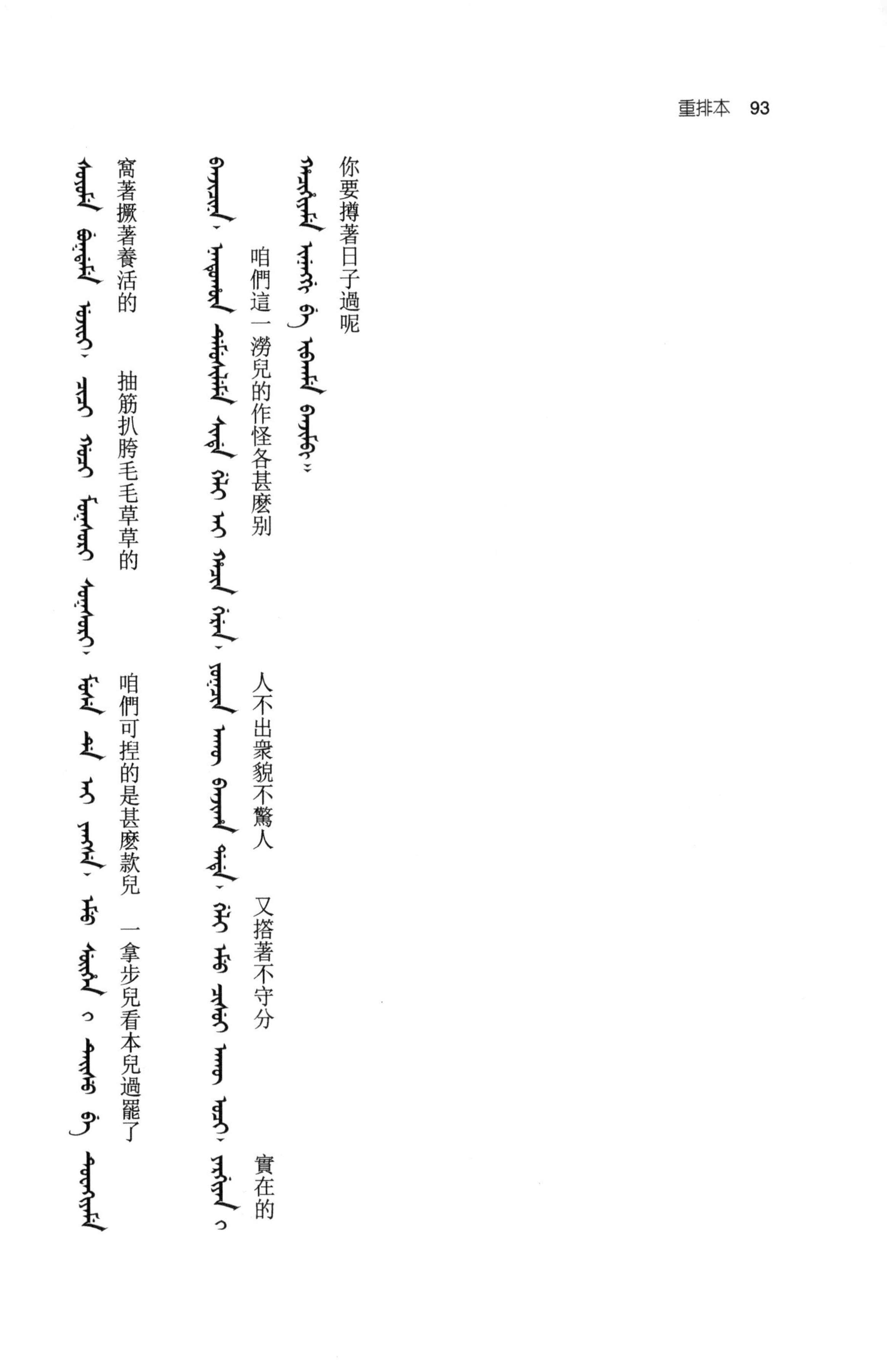

窩著撅著養活的 抽筋扒胯毛毛草草的 咱們可揑的是甚麼款兒 一拿步兒看本兒過罷了

咱們這一澇兒的作怪各甚麼別 人不出衆貌不驚人 又搭著不守分 實在的

你要撙著日子過呢

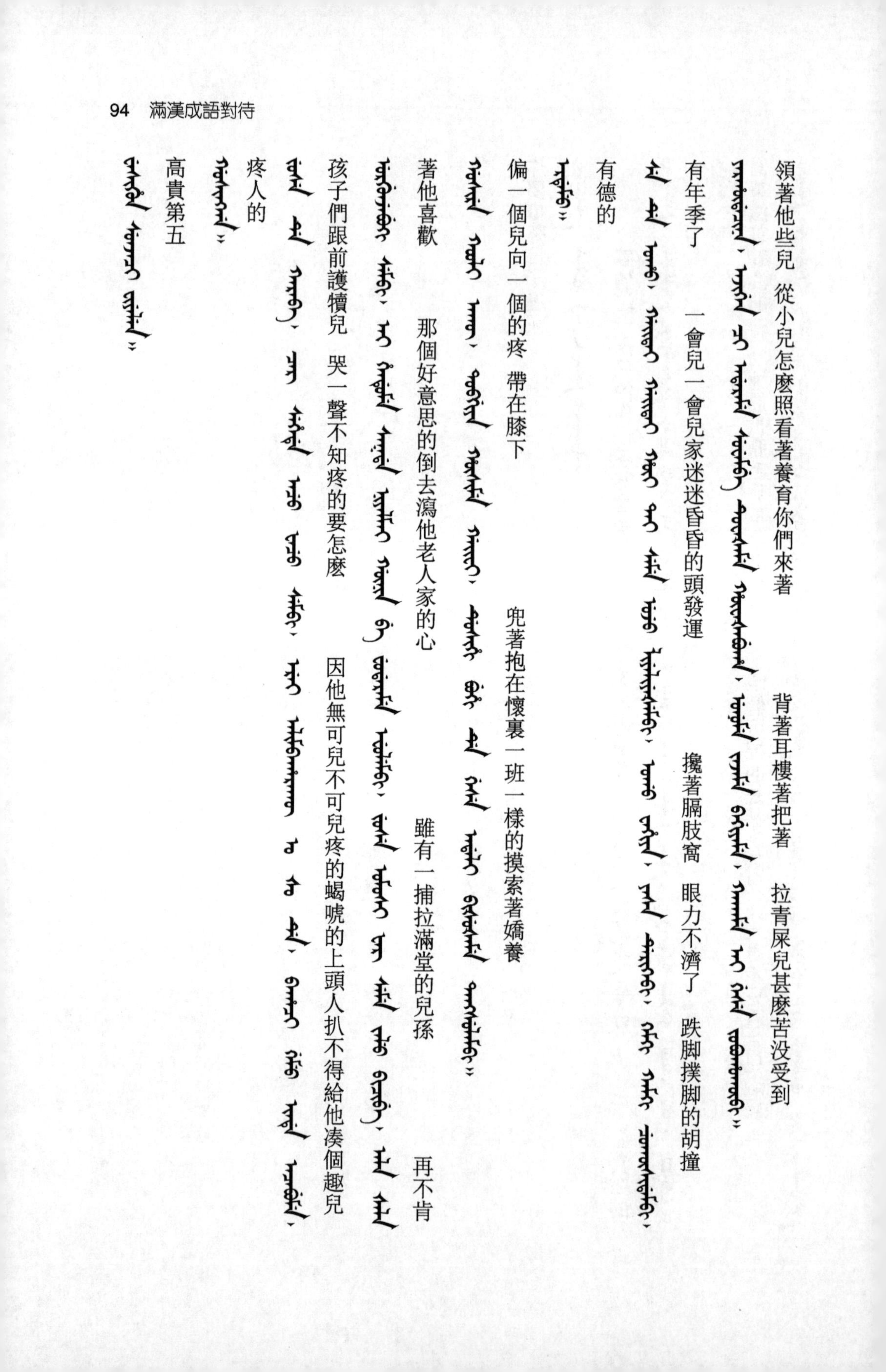

領著他些兒 從小兒怎麼照看著養育你們來著 背著耳樓著把著 拉青屎兒甚麼苦没受到

有年季了 一會兒一會兒家迷迷昏昏的頭發運 攙著膈肢窩 眼力不濟了 跌脚撲脚的胡撞

有德的

偏一個兒向一個的疼 帶在膝下 兜著抱在懷裏一班一樣的摸索著嬌養

著他喜歡 那個好意思的倒去瀉他老人家的心 雖有一捕拉滿堂的兒孫 再不肯

孩子們跟前護犢兒 哭一聲不知疼的要怎麼 因他無可兒不可兒疼的蝎虎的上頭人扒不得給他湊個趣兒

疼人的

高貴第五

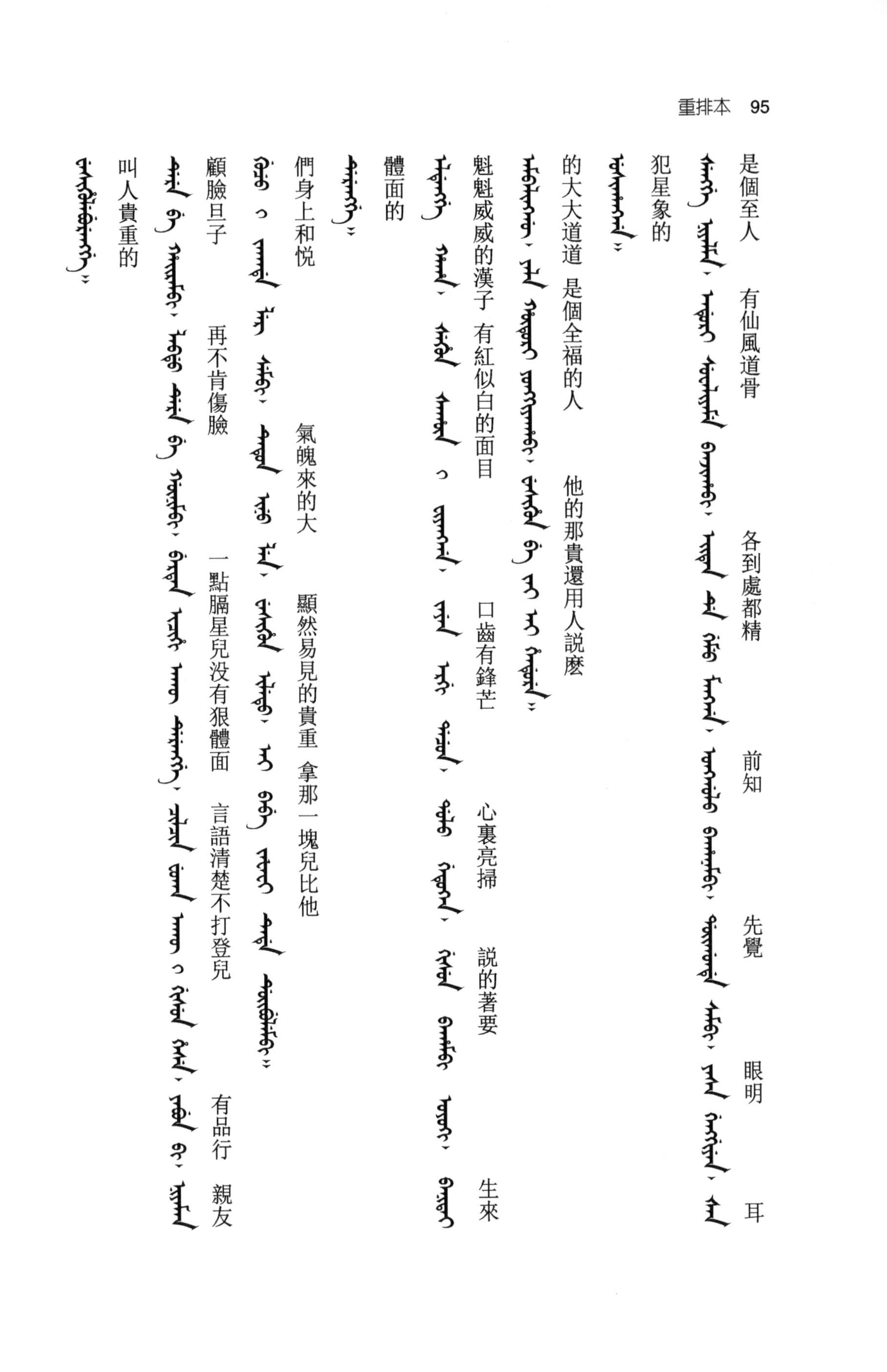

是個至人 有仙風道骨 各到處都精 前知 先覺 眼明 耳

犯星象的

的大大道道 是個全福的人 他的那貴還用人說麼

魁魁威威的漢子 有紅似白的面目 口齒有鋒芒 心裏亮掃 說的著要 生來

體面的

們身上和悅 氣魄來的大 顯然易見的貴重 拿那一塊兒比他

顧臉旦子 再不肯傷臉 一點膈星兒沒有狠體面 言語清楚不打登兒 有品行 親友

叫人貴重的

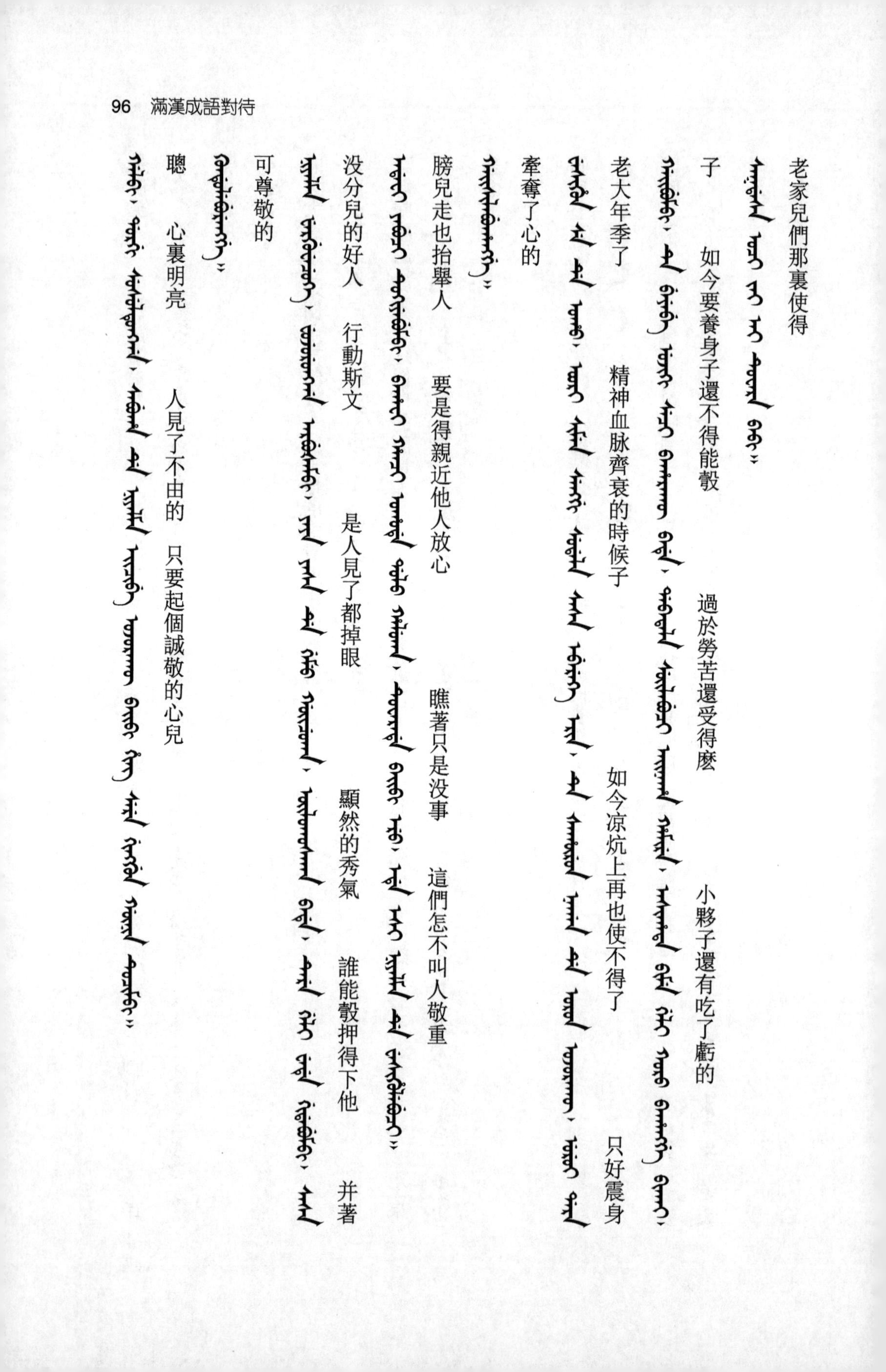

老家兒們那裏使得

子　如今要養身子還不得能彀　過於勞苦還受得麼　小夥子還有吃了虧的

老大年季了　精神血脉齊衰的時候子　如今凉炕上再也使不得了　只好震身

牽奪了心的

膀兒走也抬舉人　要是得親近他人放心　瞧著只是没事　這們怎不叫人敬重

没分兒的好人　行動斯文　是人見了都掉眼　顯然的秀氣　誰能彀押得下他　并著

可尊敬的

聽　心裏明亮　人見了不由的　只要起個誠敬的心兒

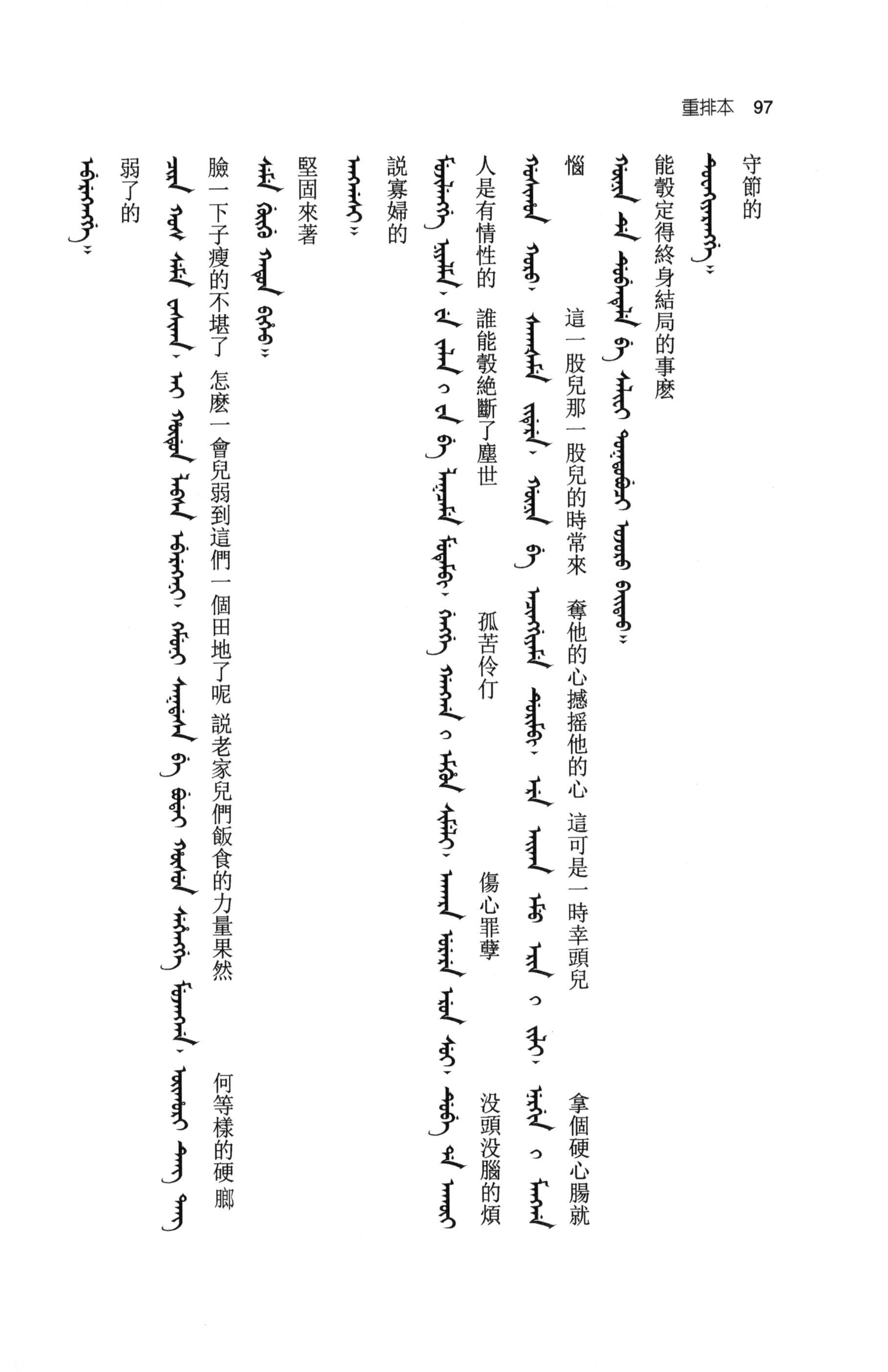

弱了的

臉一下子瘦的不堪了 怎麽一會兒弱到這們一個田地了呢 說老家兒們飯食的力量果然 何等樣的硬瘸

堅固來著

說寡婦的

人是有情性的 誰能彀絕斷了塵世 孤苦伶仃 傷心罪孽 沒頭沒腦的煩

惱 這一股兒那一股兒的時常來 奪他的心撼摇他的心 這可是一時幸頭兒 拿個硬心腸就

能彀定得終身結局的事麽

守節的

孝順孩子們　體貼父母未有心已前盡心　見了心纔報達

說孝順的

文了

頭髮白的都黃了　吃東西咕噥　說話嘴裏兀噥　他的兒孫們老的蒼白的蒼白　縐文的縐

眼渾的抽抽小了　剩下牙床子牙齒都落盡了　老的動不的抽抽了　腰箍魯的一堆兒　搖頭愰腦的　頭發顫

有壽的

若不是寄生於世的　這個怎麼得能彀

有操持所以做坟山的伴兒　有節操所以不肯改親命　有仁慈所以不肯弃了孤獨

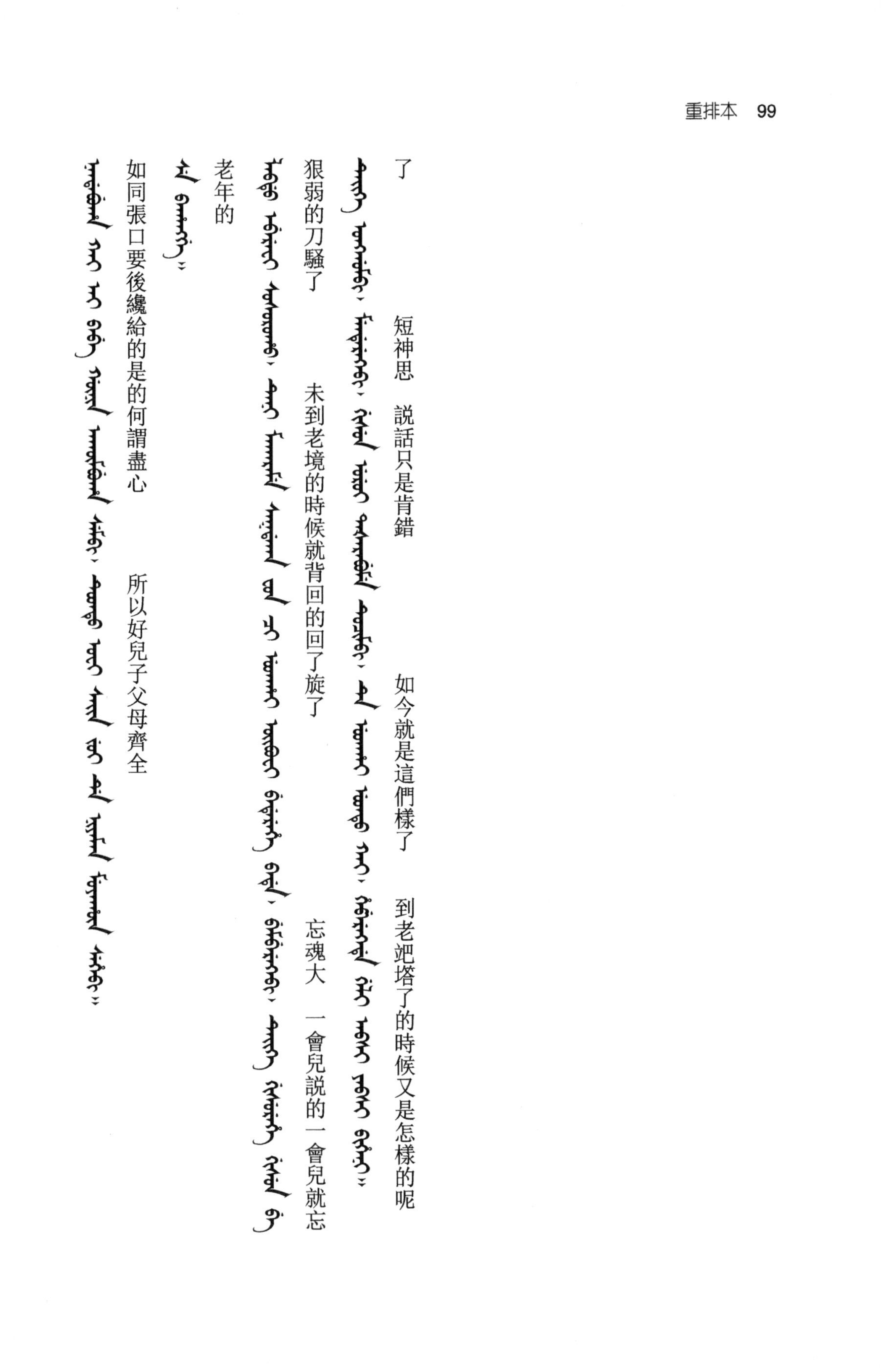

了　短神思　說話只是肯錯　如今就是這們樣了　到老粑塔了的時候又是怎樣的呢

狠弱的刀騷了　未到老境的時候就背回的回了旋了　忘魂大　一會兒說的一會兒就忘

老年的

如同張口要後纔給的是的何謂盡心　所以好兒子父母齊全

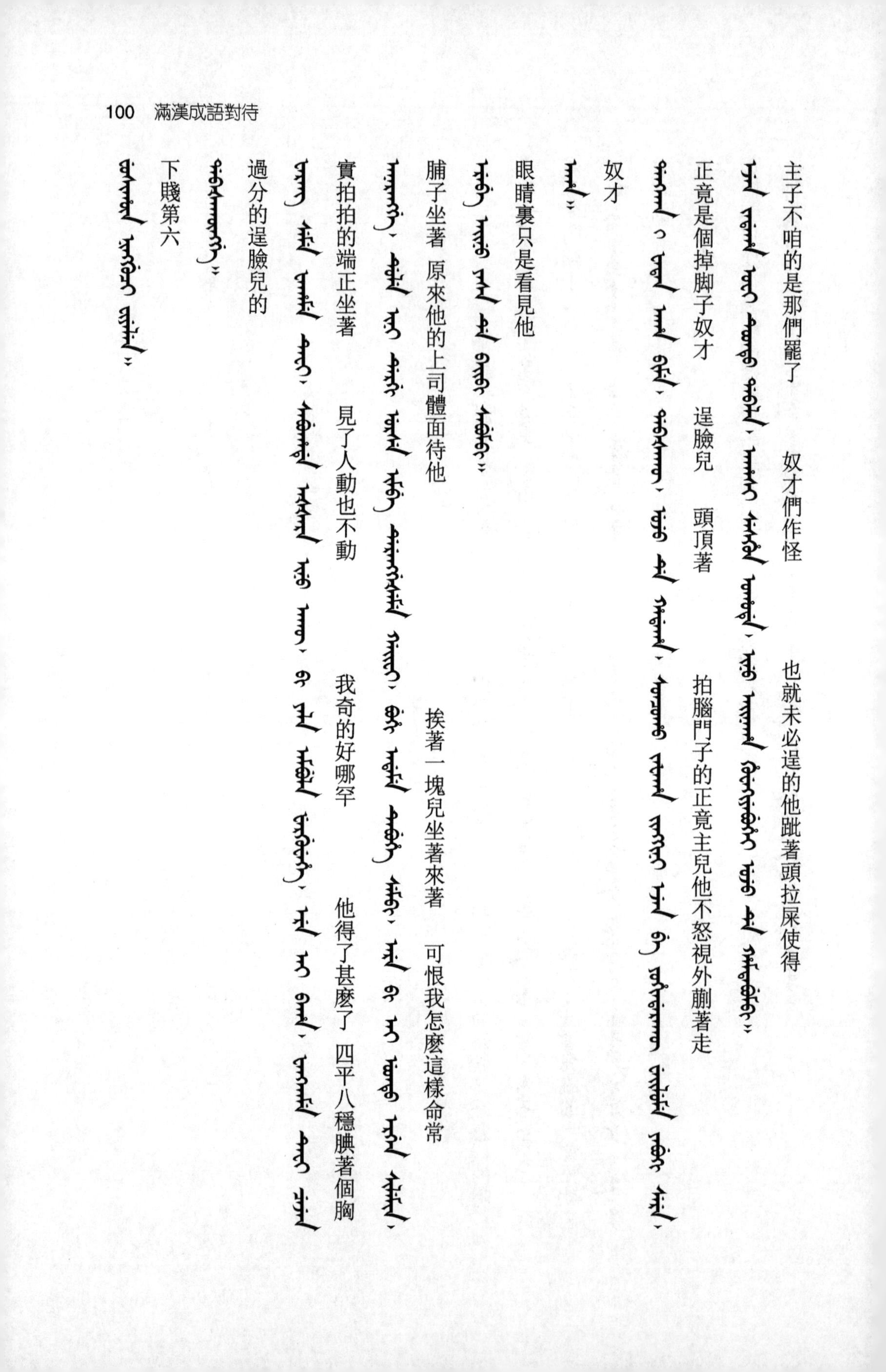

主子不咱的是那們罷了　奴才們作怪　也就未必逞的他跐著頭拉屎使得

正竟是個掉腳子奴才　逞臉兒　頭頂著　拍腦門子的正竟主兒他不怒視外蒯著走

奴才

眼睛裏只是看見他

脯子坐著　原來他的上司體面待他　挨著一塊兒坐著來著　可恨我怎麼這樣命常

實拍拍的端正坐著　見了人動也不動　我奇的好哪罕　他得了甚麼了　四平八穩腆著個胸

過分的逞臉兒的

下賤第六

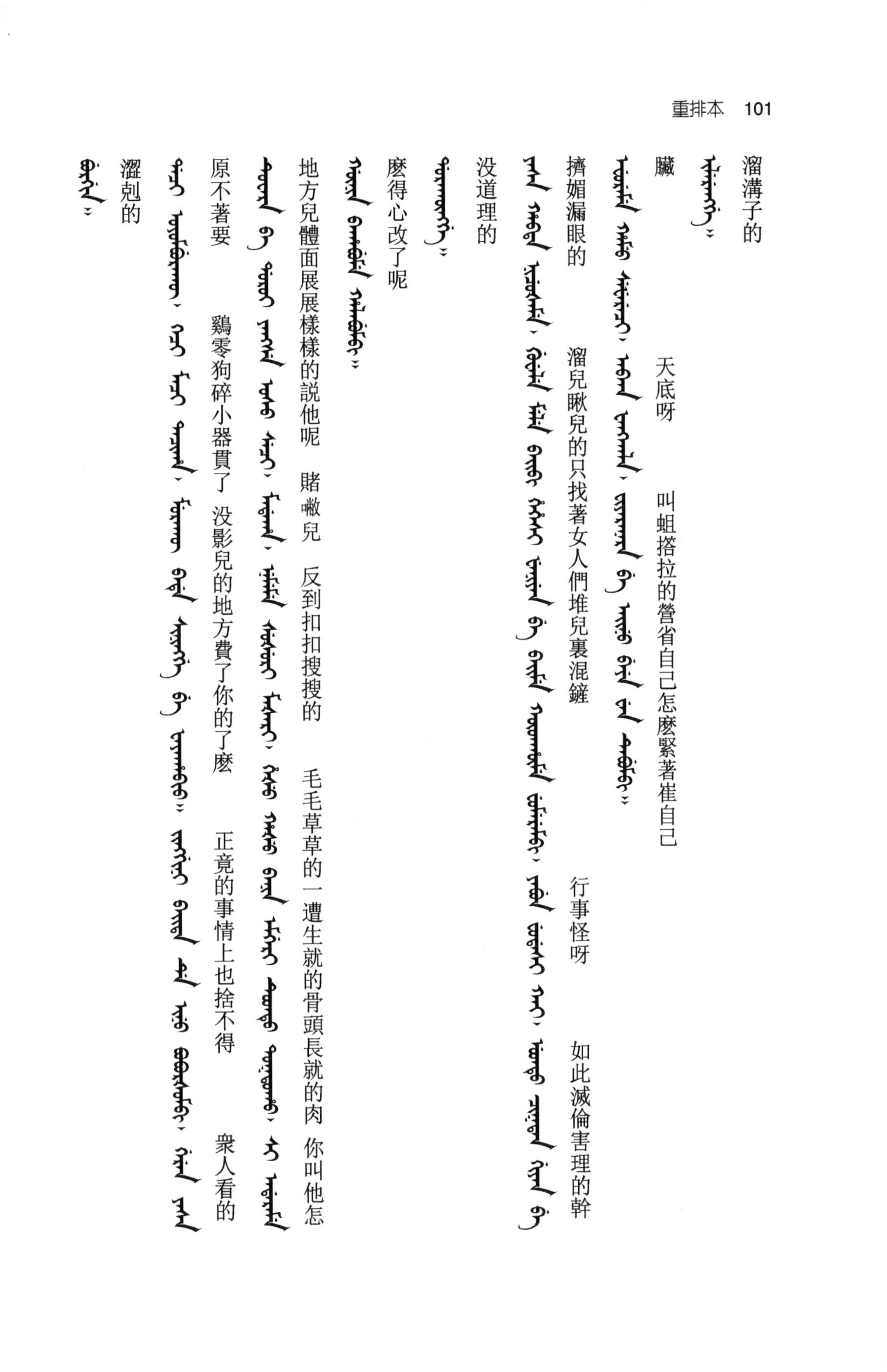

溜溝子的

臟　天底呀　叫蛆搭拉的營省自己怎麽緊著崔自己

擠媚漏眼的　溜兒瞅兒的只找著女人們堆兒裏混鏟　行事怪呀　如此滅倫害理的幹

没道理的

麽得心改了呢

地方兒體面展展樣樣的説他呢　賭嗽兒　反到扣扣搜搜的　毛毛草草的一遭生就的骨頭長就的肉　你叫他怎

原不著要　鷄零狗碎小器貫了　没影兒的地方費了你的了麽　正竟的事情上也捨不得　衆人看的

澀剋的

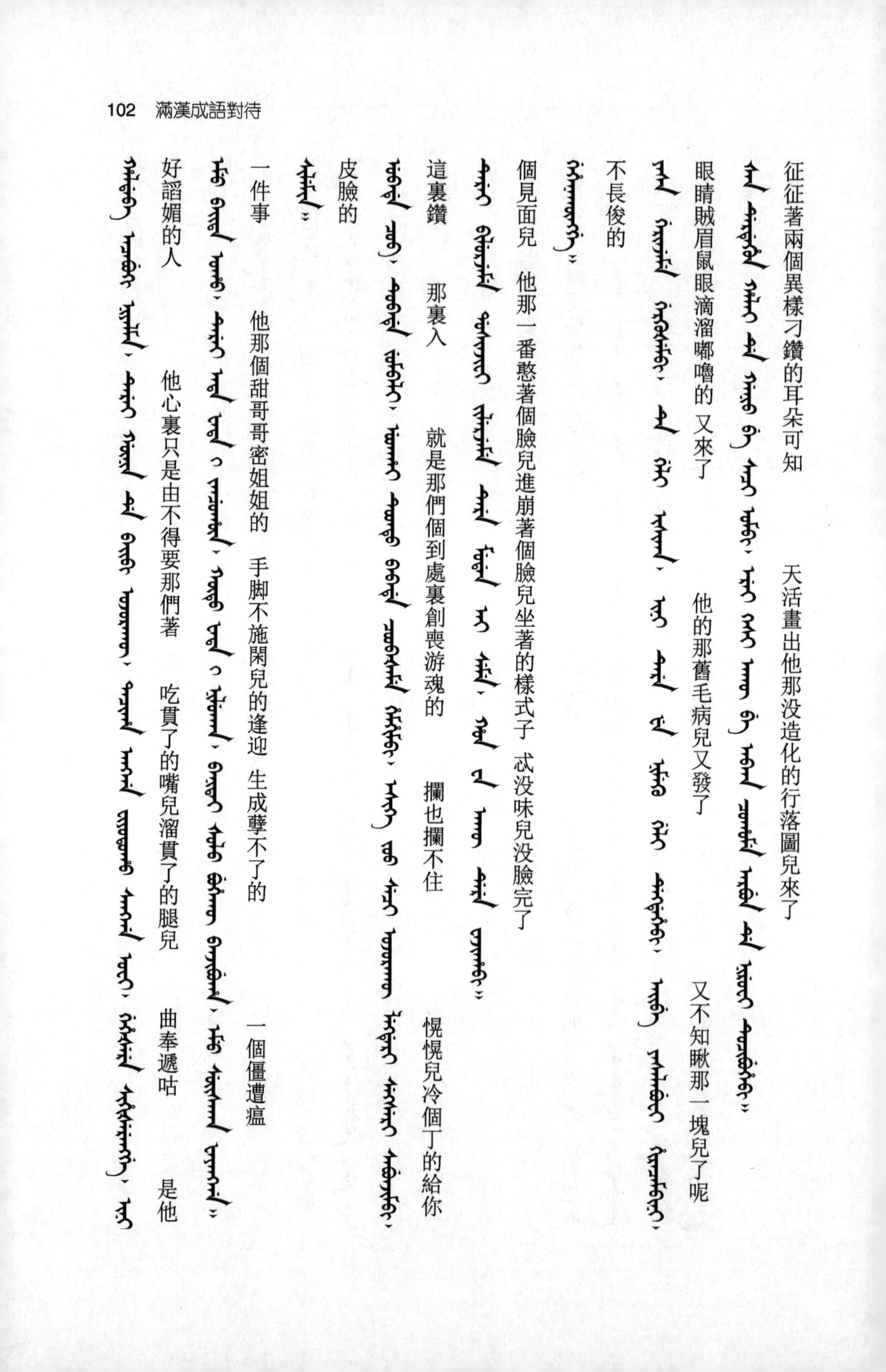

征征著兩個異樣刁鑽的耳朵可知　天活畫出他那没造化的行落圖兒來了

[illegible]

眼睛賊眉鼠眼滴溜嘟嚕的　又來了　他的那舊毛病兒又發了　又不知瞅那一塊兒了呢

[illegible]

不長俊的

[illegible]

個見面兒　他那一番憨著個臉兒進崩著個臉兒坐著的樣式子　忒没味兒没臉完了

[illegible]

這裏鑽　那裏入　就是那們個到處裏創喪游魂的　攔也攔不住　恍恍兒冷個丁的給你

[illegible]

皮臉的

[illegible]

一件事　他那個甜哥哥密姐姐的　手脚不施閑兒的逢迎　生成孽不了的　一個僵遭瘟

[illegible]

好諂媚的人　他心裏只是由不得要那們著　吃貫了的嘴兒溜貫了的腿兒　曲奉遞咕　是他

[illegible]

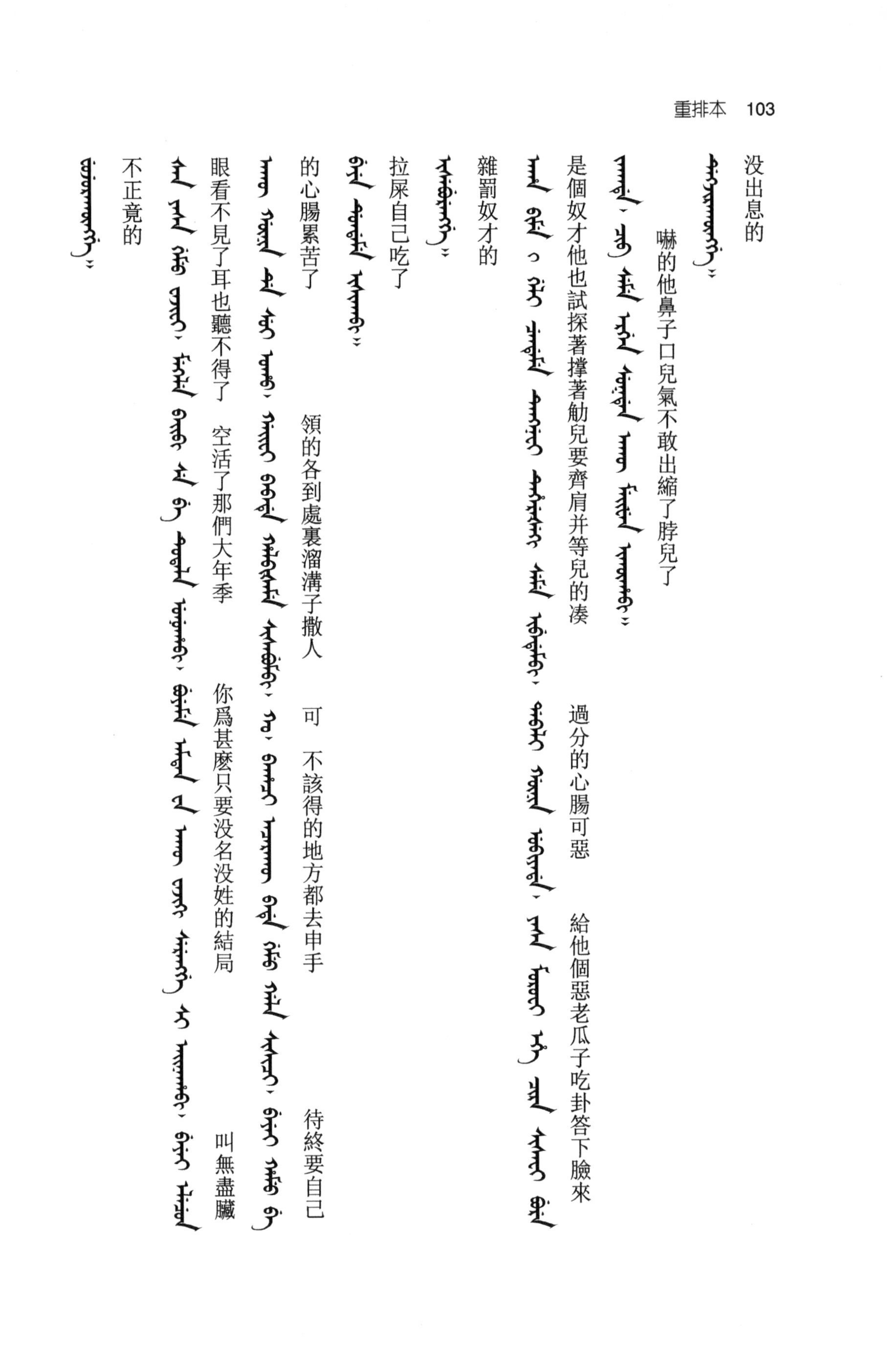

没出息的

嚇的他鼻子口兒氣不敢出縮了脖兒了

是個奴才他也試探著撐著觔兒要齊肩并等兒的湊　過分的心腸可惡　給他個惡老瓜子吃卦答下臉來

雜罰奴才的

拉屎自己吃了

的心腸累苦了　領的各到處裏溜溝子撒人　可　不該得的地方都去申手　待終要自己

眼看不見了耳也聽不得了　空活了那們大年季　你爲甚麽只要没名没姓的結局　叫無盡臟

不正竟的

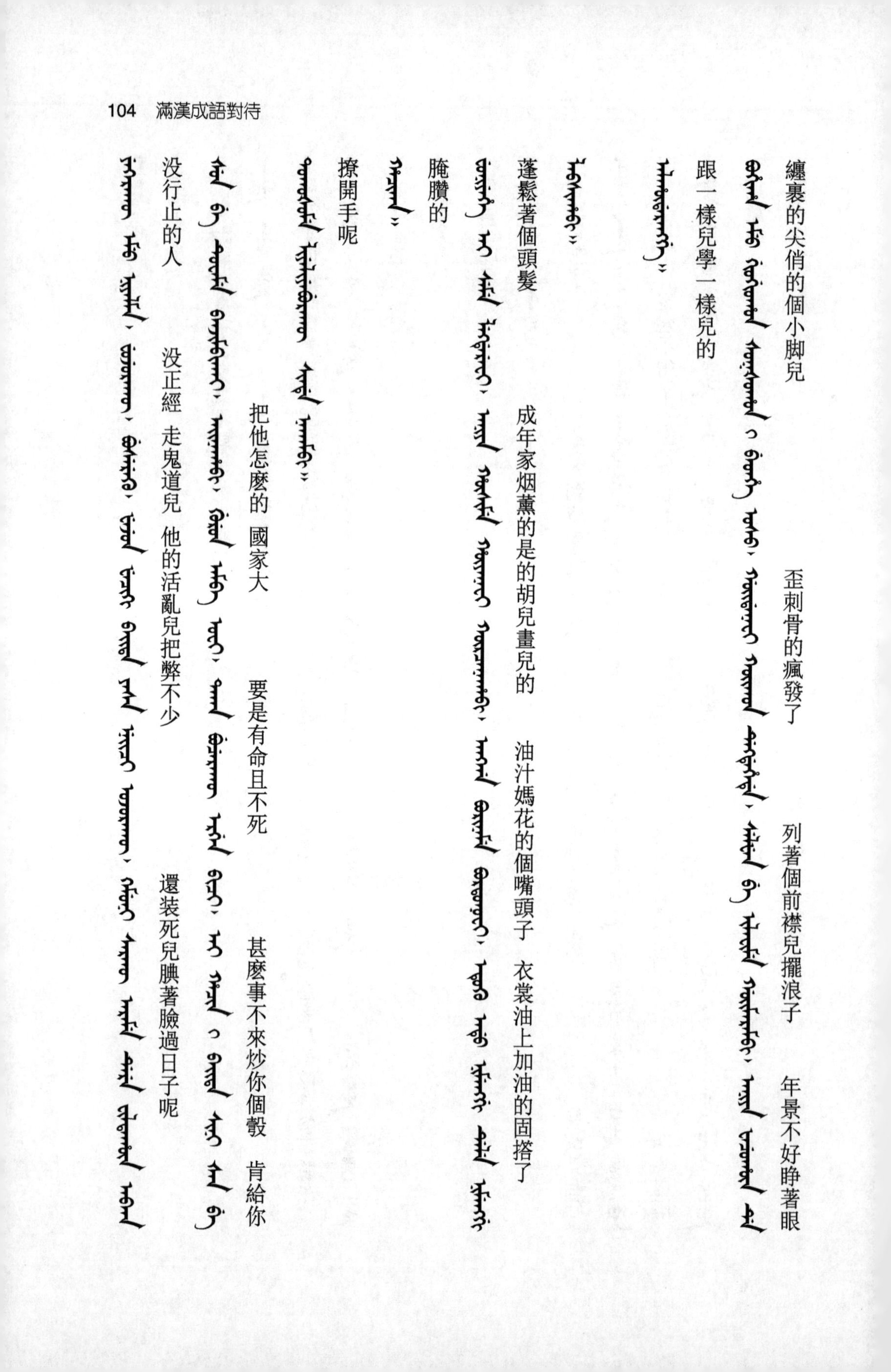

纏裹的尖俏的個小脚兒　歪剌骨的瘋發了　列著個前襟兒擺浪子　年景不好睜著眼

跟一樣兒學一樣兒的

蓬鬆著個頭髮　成年家烟薰的是的胡兒畫兒的　油汁媽花的個嘴頭子　衣裳油上加油的固搭了

腌臢的

撩開手呢

把他怎麽的　國家大　要是有命且不死　甚麽事不來炒你個㲄　肯給你

没行止的人　没正經　走鬼道兒　他的活亂兒把弊不少　還装死兒腆著臉過日子呢

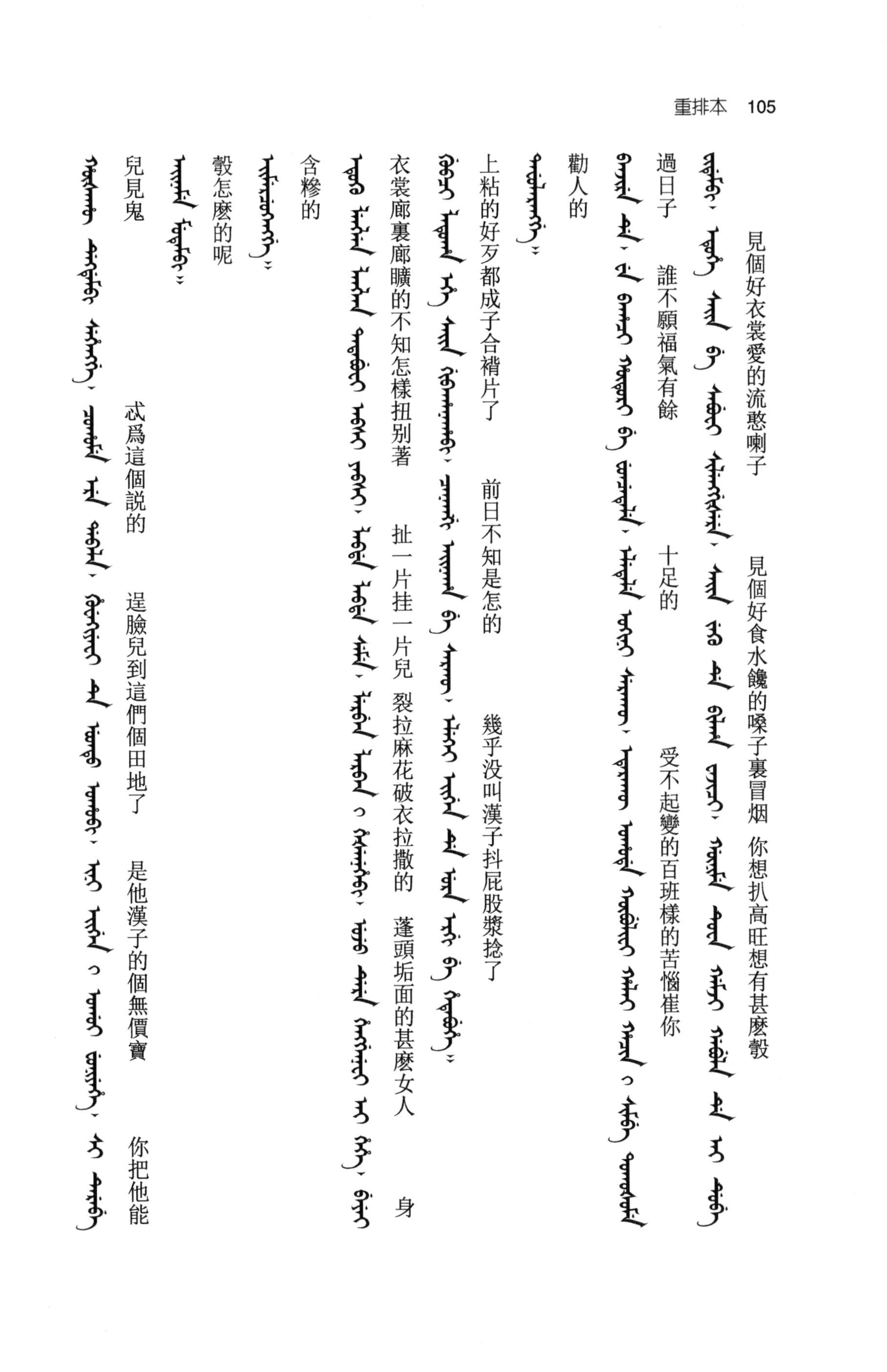

見個好衣裳愛的流憨喇子　見個好食水饞的嗓子裏冒烟　你想扒高旺想有甚麽彀

過日子　誰不願福氣有餘　十足的　受不起變的百班樣的苦惱催你

勸人的

上粘的好歹都成子合褙片了　前日不知是怎的　幾乎没叫漢子抖屁股漿捻了

衣裳廊裏廊曠的不知怎樣扭別著　扯一片挂一片兒　裂拉麻花破衣拉撒的　蓬頭垢面的甚麽女人　身

含糁的

彀怎麽的呢

兒見鬼　忒爲這個説的　逞臉兒到這們個田地了　是他漢子的個無價寶　你把他能

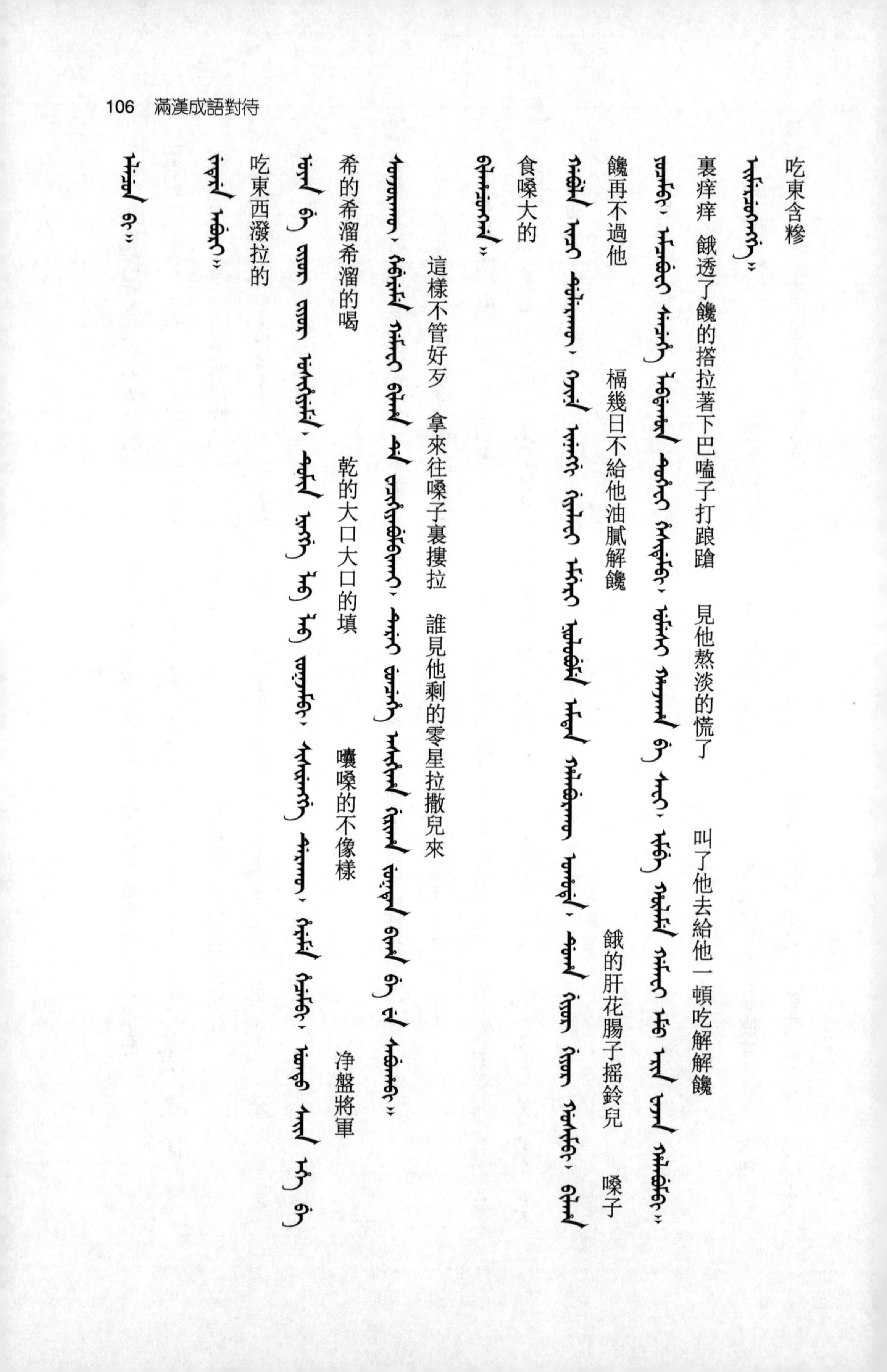

吃東含糝

裏痒痒　餓透了饞的搭拉著下巴嗑子打跟蹌　見他熬淡的慌了　叫了他去給他一頓吃解解饞

饞再不過他　槅幾日不給他油膩解饞　餓的肝花腸子摇鈴兒　嗓子

食嗓大的

這樣不管好歹　拿來往嗓子裏摟拉　誰見他剩的零星拉撒兒來

希的希溜希溜的喝　乾的大口大口的填　囔嗓的不像樣　净盤將軍

吃東西潑拉的

死個搭的要强倒像拿住額兒了　不容倒脚的覺察

ᠪᡠᠴᡝᡨᡝᡳ ᡨᡠᡨᠠᡵᠠ ᡤᡝᠩᡤᡳᠶᡝᠨ ᡨᡠᠸᠠᠮᡝ᠈ ᠰᠣᠯᡳᠮᡝ ᠪᠠᡥᠠᠪᡠᡵᡝ ᡤᡝᠮᡠ ᠪᡠᡵᡝᡴᡠ᠉

主得男人的女人也有　主得女人的男人也有　看境兒　咱們的人老大的懼內

ᡝᡳᡤᡝᠨ ᠪᡝ ᡤᡳᡩᠠᡵᠠ ᡥᡝᡥᡝ ᡳᠨᡠ ᠪᡳ᠈ ᠰᠠᡵᡤᠠᠨ ᠪᡝ ᡤᡳᡩᠠᡵᠠ ᡥᠠᡥᠠ ᡳᠨᡠ ᠪᡳ᠈ ᡨᡠᠸᠠᠴᡳ ᠮᡠᠰᡝᡳ ᠨᡳᠶᠠᠯᠮᠠ ᠠᠮᠪᡠᠯᠠ ᡥᡝᡥᡝ ᡩᡝ ᡤᡝᠯᡝᠮᠪᡳ᠈

讓些兒的

ᠠᠨᠠᠪᡠᠮᠪᡳ᠉

要把肚子膨膨的撐個彀　遭遭兒看他　一定到待終洋出來打飽嗝兒的田地　要撩開手纔撩開手

ᡥᡝᡶᡝᠯᡳ ᠪᡝ ᡴᡝᠩᡤᡝᠯᠵᡝᡨᡝᠯᡝ᠈ ᡝᠯᡝᠪᡠᡵᡝᡴᡡ᠈ ᠮᡠᡩᠠᠨ ᡩᠠᡴᡳᠮᠪᡳ᠈ ᠠᠨᡳ ᡤᡳᠶᠠᠨᡨᡝᠯᡝ ᡳᠴᡳᡥᡳᠶᠠᠮᡝ ᡨᡝᡳ ᠨᡳᠩᡤᡠᡵᡝ ᠨᡳᡴᡝᠮᡝ᠉

嚷嗓的含糁　不管好歹　抵著個腦袋大口的胡輪半片的嗝　分明饞勞了　只

ᡤᡳᠶᠠᠩᠰᡳᡵᡝ ᡥᠠᡵᡤᠠᠰᡳ᠈ ᠰᠠᡳᠨ ᡝᡥᡝ ᠪᡝ ᠪᡳᠰᡳᡵᡝᡴᡡ᠈ ᡠᠵᡠ ᡳ ᠮᡝᠩᡤᡝ ᠪᡝ ᡨᠠᡴᡡᡵᠠᠮᡝ᠈ ᡳᠯᡝᡥᡝ ᡥᠠᠴᡳᠨ ᡩᡝ ᡩᡝᠯᡳᠰᠠᠮᡝ ᠪᡝ ᠴᡳᡵᡤᡝ᠈ ᡳᠰᡳᡥᠠ

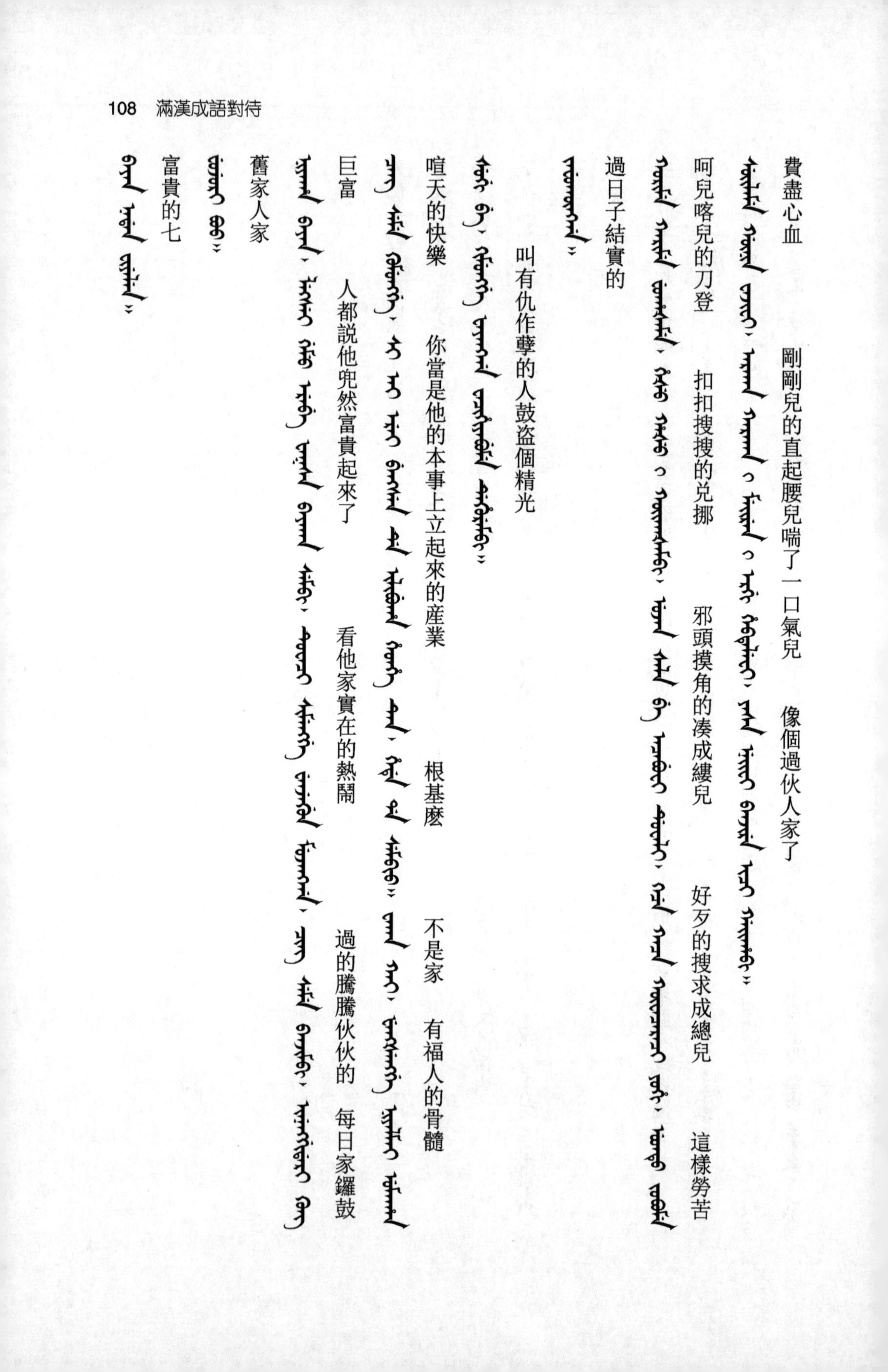

費盡心血　剛剛兒的直起腰兒喘了一口氣兒　像個過伙人家了

呵兒喀兒的刀登　扣扣搜搜的兇挪　邪頭摸角的湊成縷兒　好歹的搜求成總兒　這樣勞苦

過日子結實的

叫有仇作孽的人鼓盗個精光

喧天的快樂　你當是他的本事上立起來的產業　根基麼　不是家　有福人的骨髓

巨富　人都說他兜然富貴起來了　看他家實在的熱鬧　過的騰騰伙伙的　每日家鑼鼓

舊家人家

富貴的七

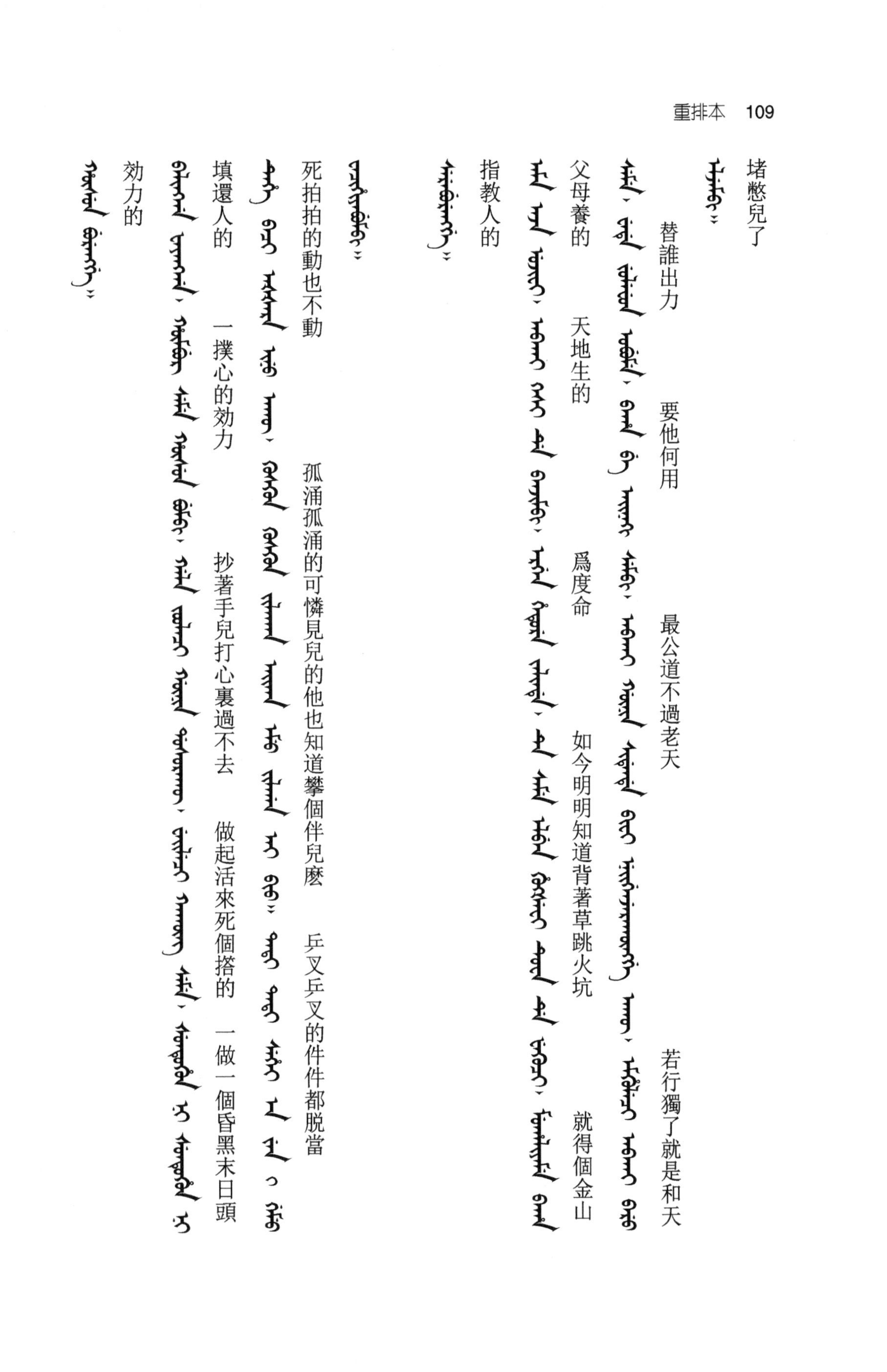

堵憋兒了

替誰出力　要他何用　最公道不過老天　若行獨了就是和天

父母養的　天地生的　爲度命　如今明明知道背著草跳火坑　就得個金山

指教人的

死拍拍的動也不動　孤涌孤涌的可憐見兒的他也知道攀個伴兒麽　乒叉乒叉的件件都脱當

填還人的　一撲心的効力　抄著手兒打心裏過不去　做起活來死個搭的　一做一個昏黑末日頭

効力的

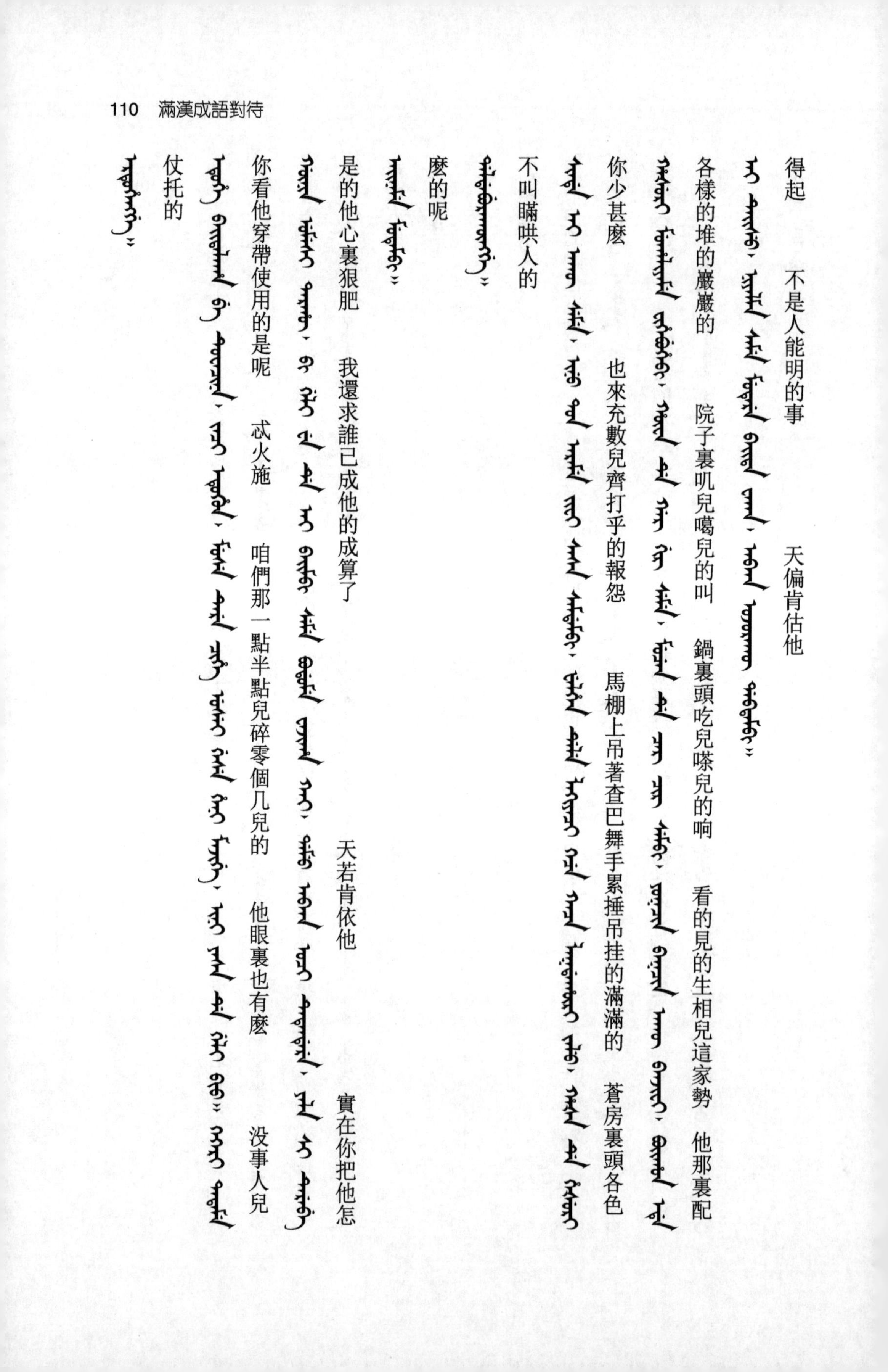

得起　不是人能明的事　天偏肯估他

各樣的堆的巖巖的　院子裏叽兒噶兒的叫　鍋裏頭吃兒嗏兒的响　看的見的生相兒這家勢　他那裏配

你少甚麼　也來充數兒齊打乎的報怨　馬棚上吊著查巴舞手累捶吊挂的滿滿的　蒼房裏頭各色

不叫瞞哄人的

麼的呢

是的他心裏狠肥　我還求誰已成他的成算了　天若肯依他　實在你把他怎

你看他穿帶使用的是呢　忒火施　咱們那一點半點兒碎零個几兒的　他眼裏也有麼　没事人兒

仗托的

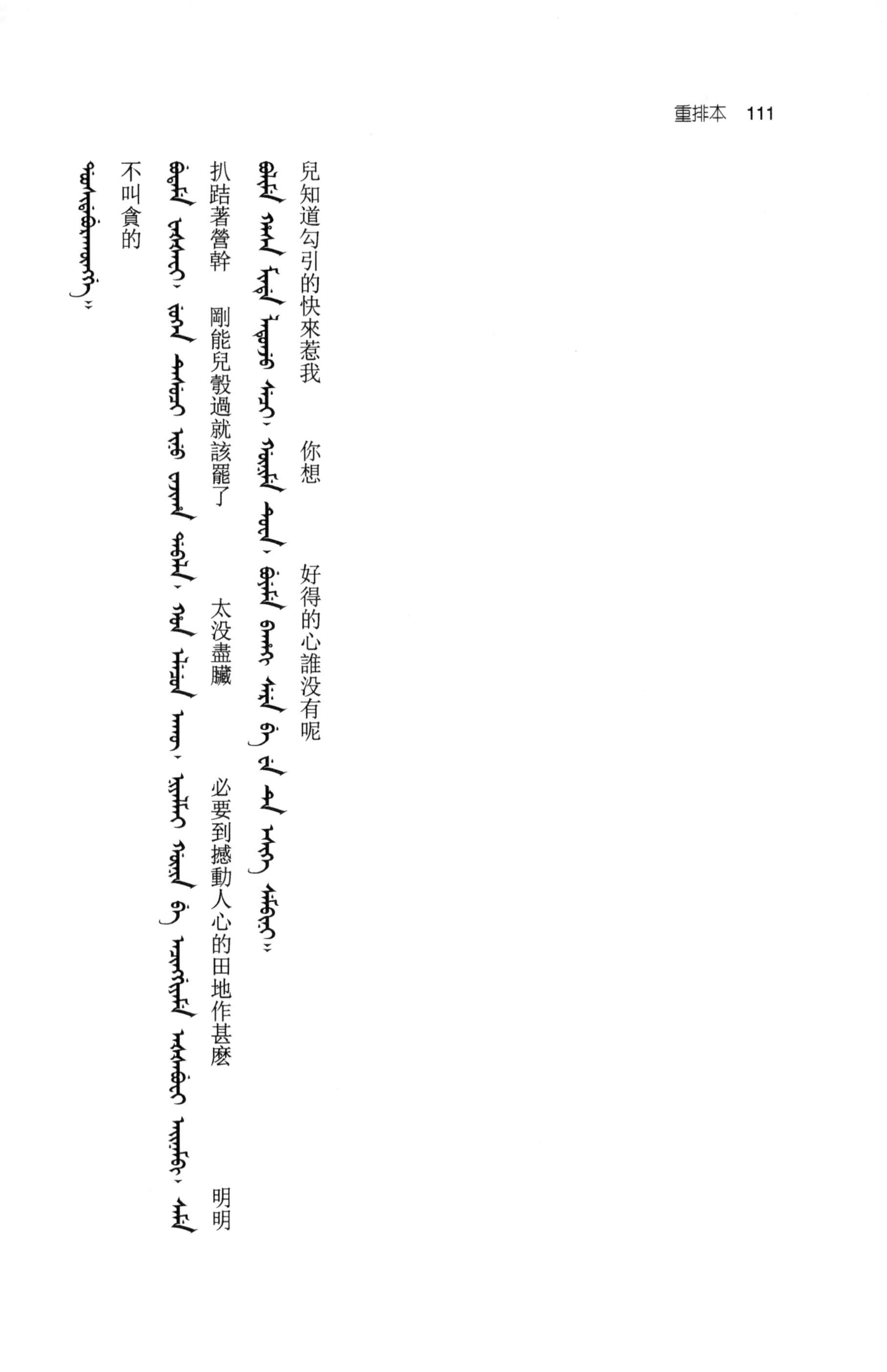

兒知道勾引的快來惹我 你想 好得的心誰沒有呢

扒跕著營幹 剛能兒彀過就該罷了 太沒盡臟 必要到撼動人心的田地作甚麼 明明

不叫貪的

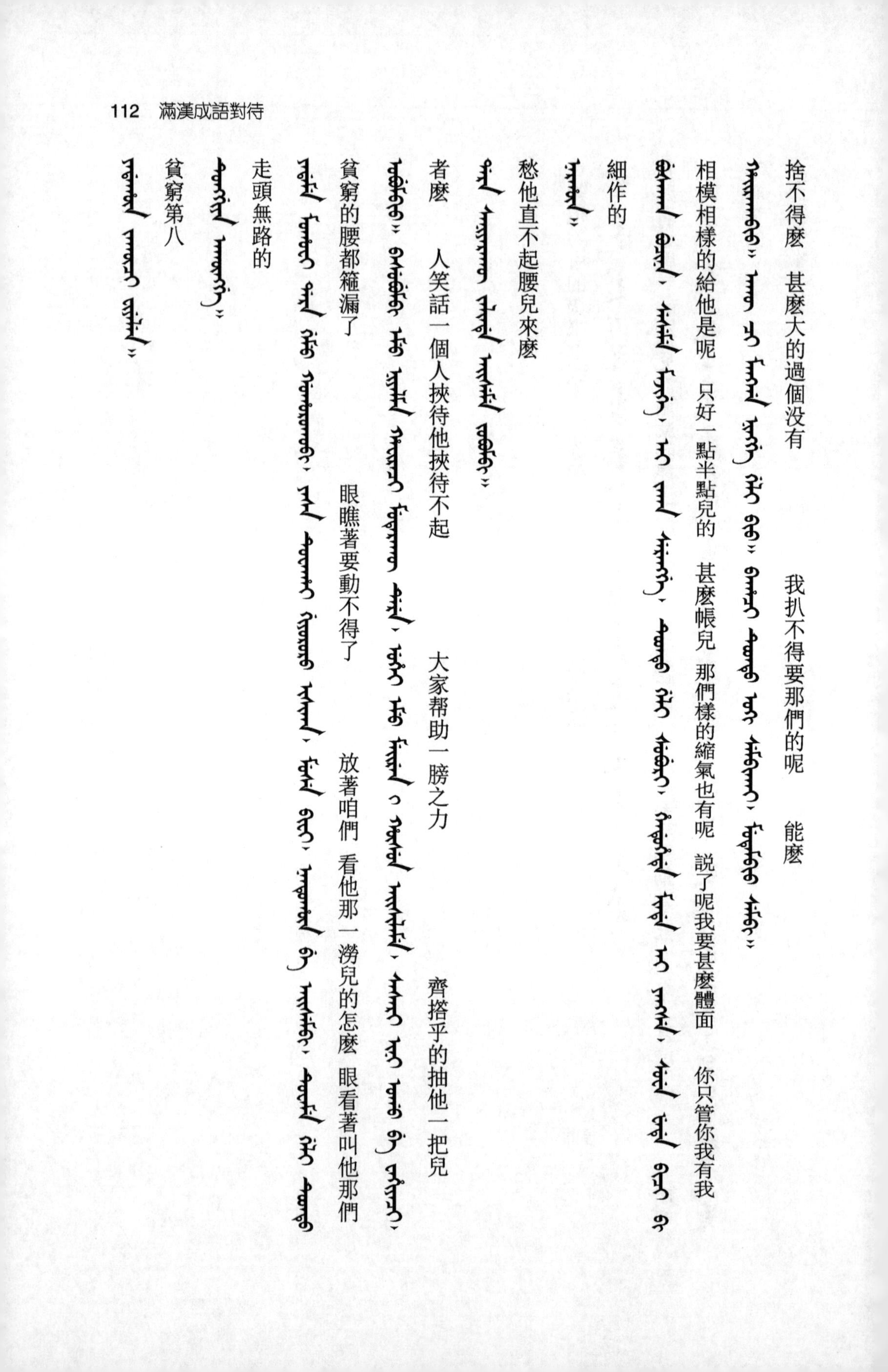

捨不得麼　甚麼大的過個沒有　　我扒不得要那們的呢　能麼

相模相樣的給他是呢　只好一點半點兒的　甚麼帳兒　那們樣的縮氣也有呢　說了呢我要甚麼體面　你只管你我有我

細作的

愁他直不起腰兒來麼

者麼　人笑話一個人挾待他挾待不起　大家帮助一膀之力　齊搭乎的抽他一把兒

貧窮的腰都箍漏了　眼瞧著要動不得了　放著咱們　看他那一滂兒的怎麼　眼看著叫他那們

走頭無路的

貧窮第八

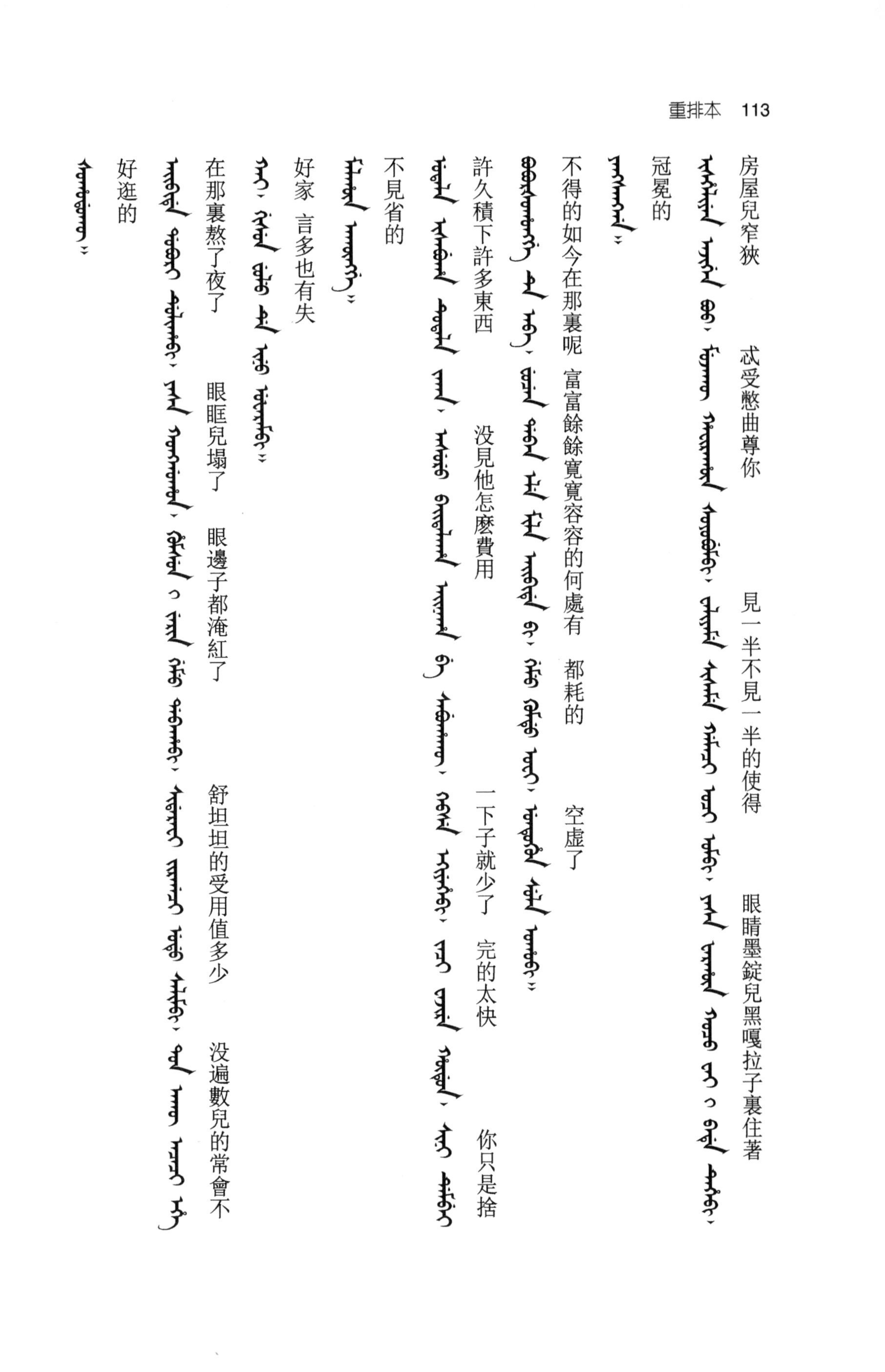

房屋兒窄狹　忒受憋曲尊你　見一半不見一半的使得　眼睛墨錠兒黑嘎拉子裏住著

冠冕的

不得的如今在那裏呢　富富餘餘寬寬容容的何處有　都耗的　空虛了

許久積下許多東西　没見他怎麽費用　一下子就少了　完的太快　你只是捨

不見省的

好家　言多也有失

在那裏熬了夜了　眼眶兒塌了　眼邊子都淹紅了　舒坦坦的受用值多少　没遍數兒的常會不

好逛的

窮力　極欲的心　那就是不祥　跑多遠　崔著叫你赶上纔撩開手

叫人守分的

體面中甚麼用　人家望死裏不肯推出來了　賴著他使得麼　看了個便兒撩下出來了

有呢還求些兒　可以有轉煩的去處　也替我尋尋　叫我的話逼的反到勸你　白丟

推脫的

那有個親戚來往　幸喜光降來了不住下給個村頭兒　還有甚麼體面抬頭施臉的見人

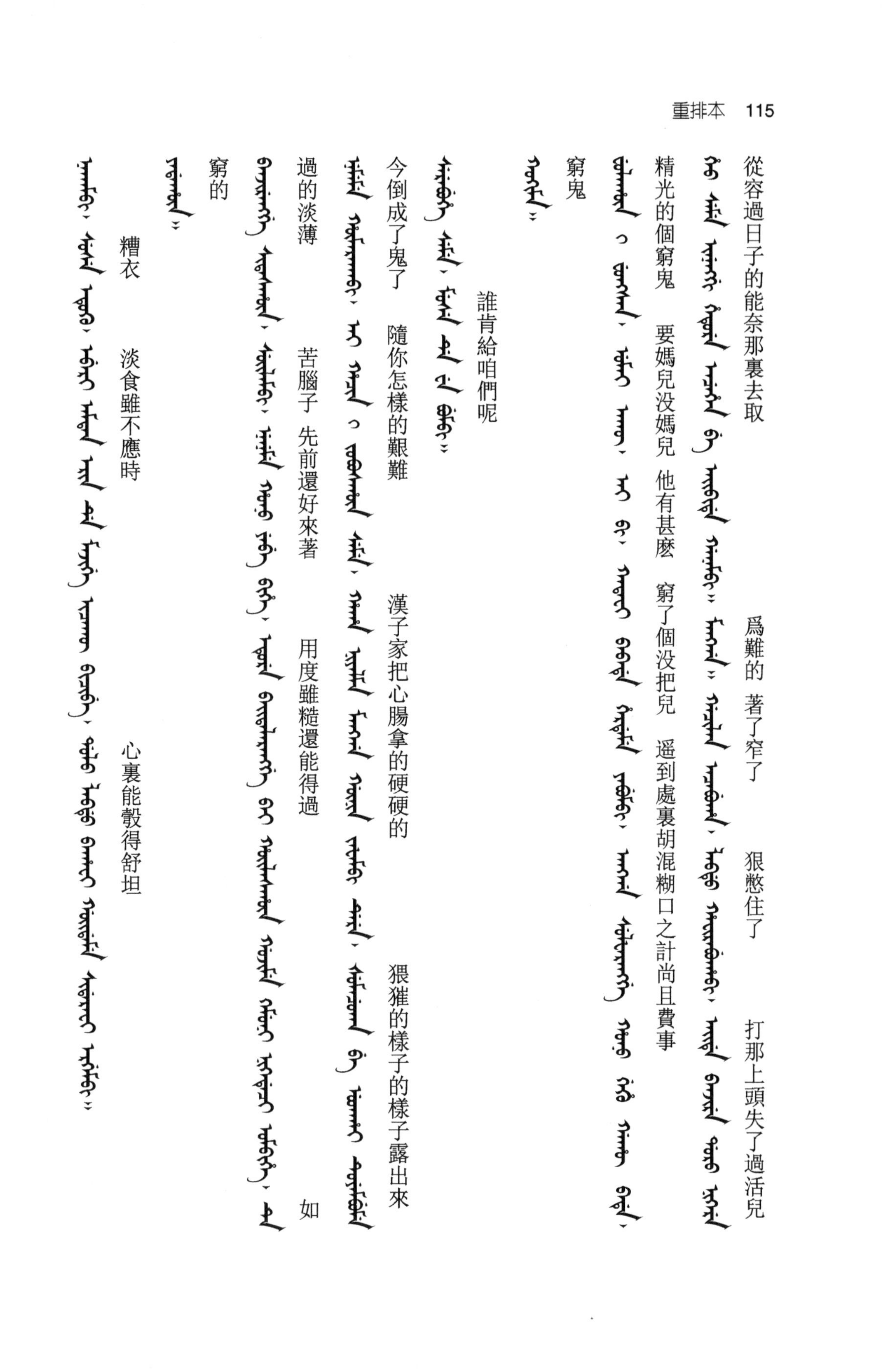

從容過日子的能奈那裏去取 爲難的 著了窄了 狠憋住了 打那上頭失了過活兒

精光的個窮鬼 要媽兒没媽兒 他有甚麼 窮了個没把兒 遥到處裏胡混糊口之計尚且費事

窮鬼

誰肯給咱們呢

今倒成了鬼了 隨你怎樣的艱難 漢子家把心腸拿的硬硬的 猥獕的樣子的樣子露出來

過的淡薄 苦惱子 先前還好來著 用度雖糙還能得過 如

窮的

糟衣 淡食雖不應時 心裏能彀得舒坦

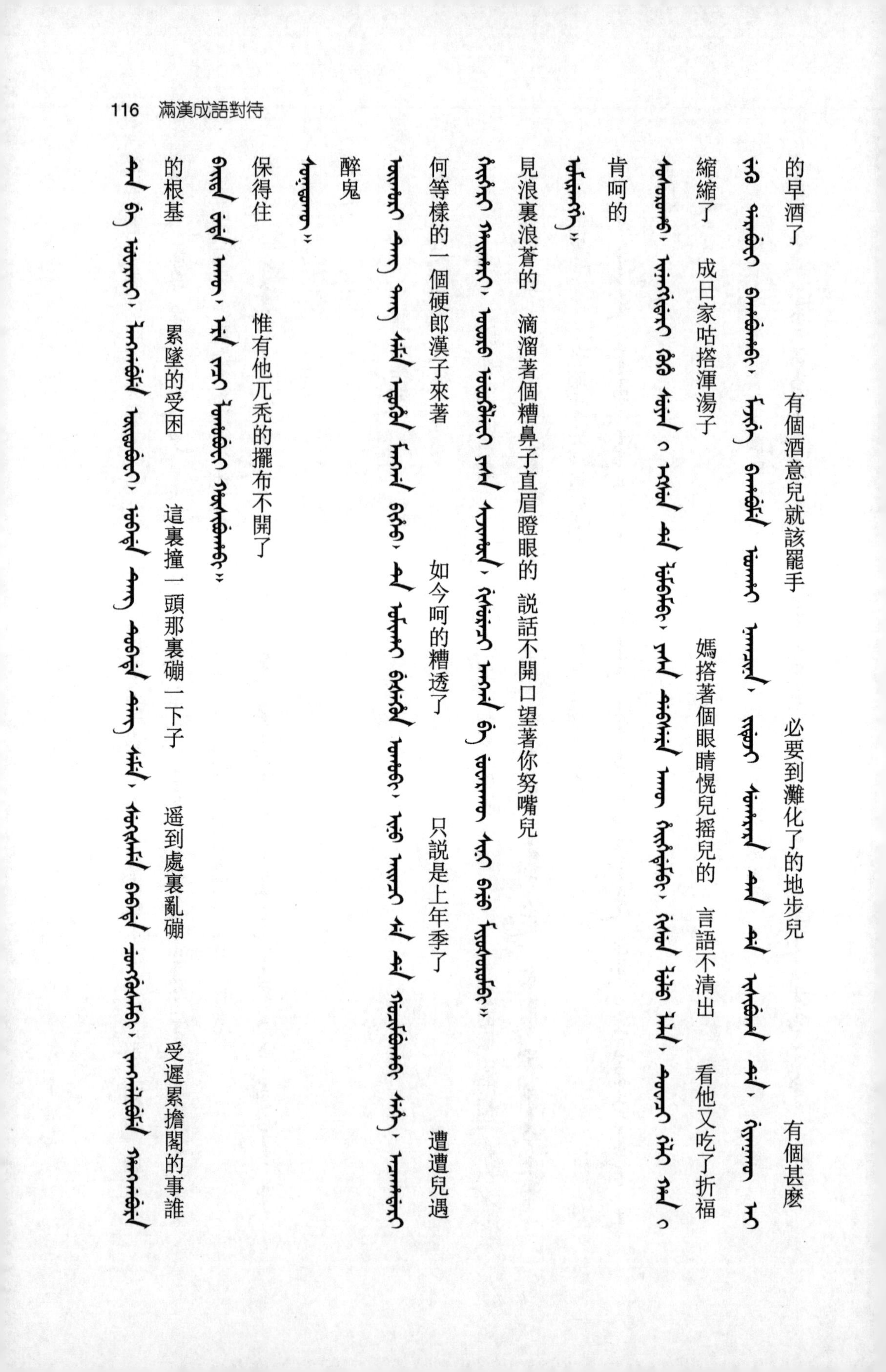

的早酒了　有個酒意兒就該罷手　必要到灘化了的地步兒　有個甚麼

縮縮了　成日家咕搭渾湯子　媽搭著個眼睛愰兒搖兒的　言語不清出　看他又吃了折福

肯呵的

見浪裏浪蒼的　滴溜著個糟鼻子直眉瞪眼的　說話不開口望著你努嘴兒

何等樣的一個硬郎漢子來著　如今呵的糟透了　只說是上年季了　遭遭兒遇

醉鬼

保得住　惟有他兀禿的擺布不開了

的根基　累墜的受困　這裏撞一頭那裏磞一下子　遙到處裏亂磞　受遲累擔閣的事誰

樂處

ᠰᡝᠪᠵᡝᠨ ᠪᠠ [illegible]᠉

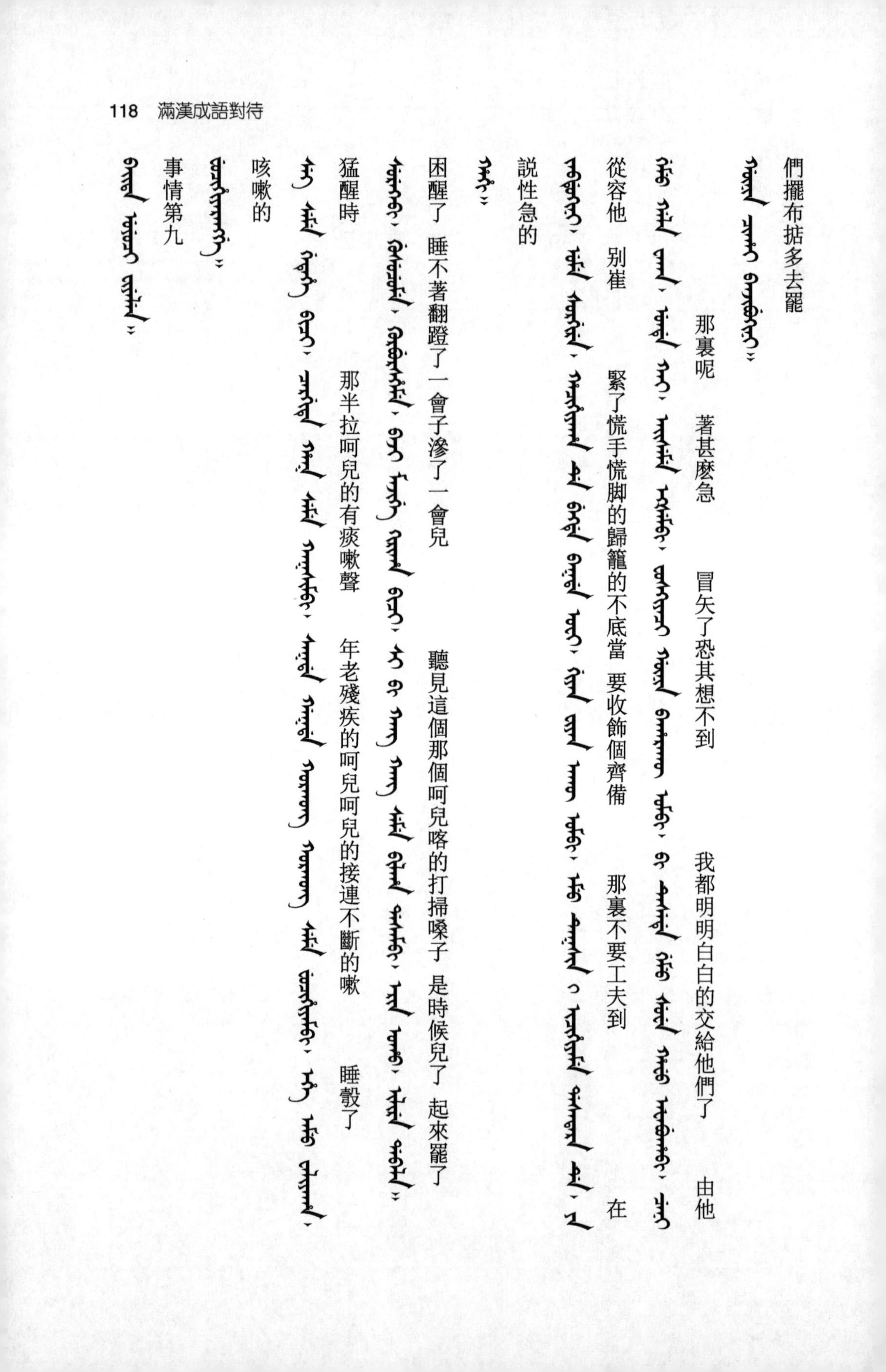

們擺布掂多去罷

那裏呢　著甚麼急　冒失了恐其想不到　我都明明白白的交給他們了　由他

從容他　別催　緊了慌手慌脚的歸籠的不底當　要收飾個齊備　那裏不要工夫到　在

説性急的

困醒了　睡不著翻蹬了一會子滲了一會兒　聽見這個那個呵兒喀的打掃嗓子　是時候兒了　起來罷了

猛醒時　那半拉呵兒的有痰嗽聲　年老殘疾的呵兒呵兒的接連不斷的嗽　睡彀了

咳嗽的

事情第九

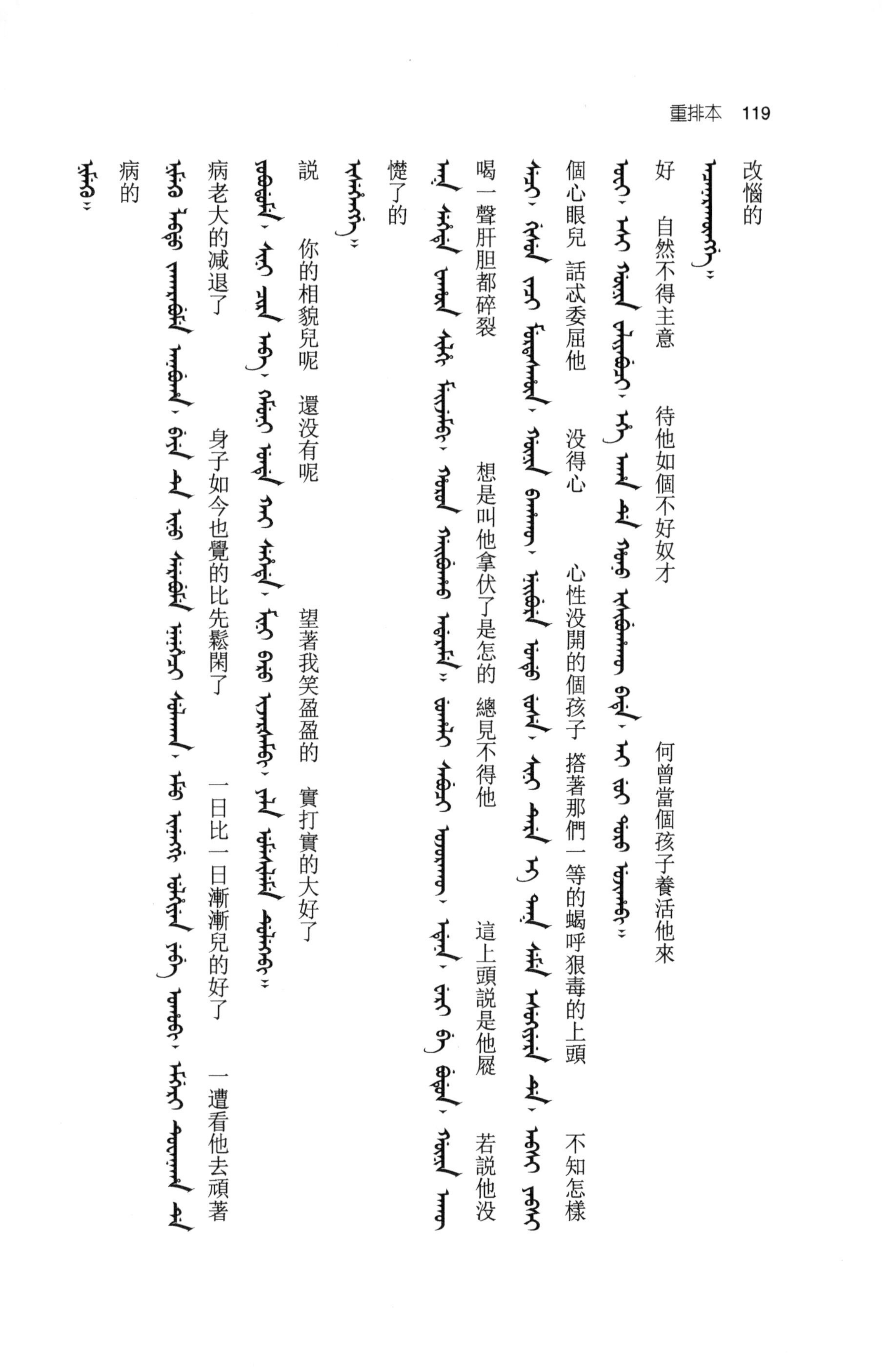

改惱的

好　自然不得主意　待他如個不好奴才　何曾當個孩子養活他來

個心眼兒　話忒委屈他　没得心　心性没開的個孩子　搭著那們一等的蝎呼狠毒的上頭　不知怎樣

喝一聲肝胆都碎裂　想是叫他拿伏了是怎的　總見不得他　這上頭説是他屣　若説他没

憷了的

説　你的相貌兒呢　還没有呢　望著我笑盈盈的　實打實的大好了

病老大的減退了　身子如今也覺的比先鬆閑了　一日比一日漸漸兒的好了　一遭看他去頑著

病的

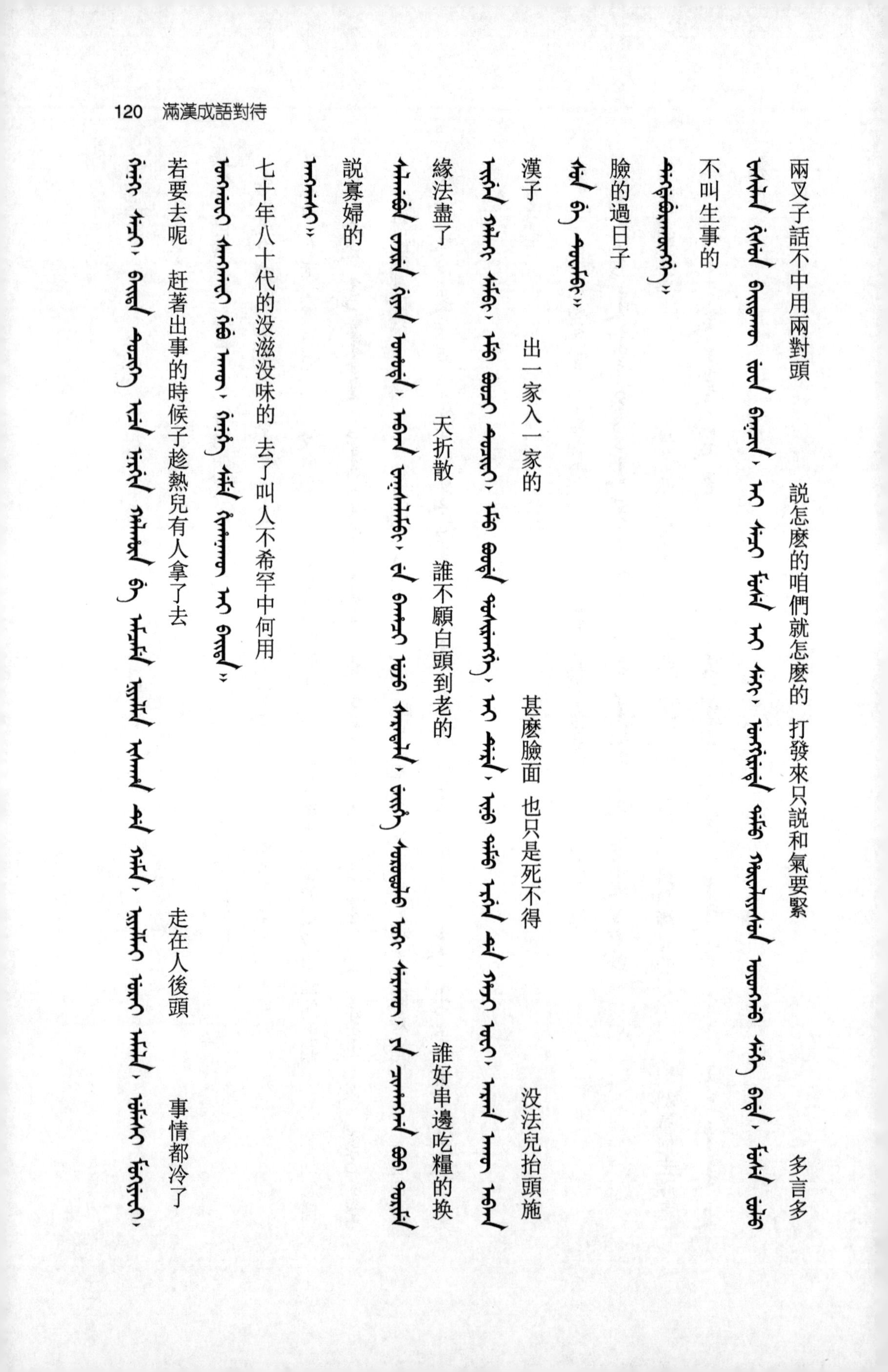

兩叉子話不中用兩對頭　說怎麼的咱們就怎麼的　打發來只說和氣要緊　多言多

不叫生事的

臉的過日子

漢子　出一家入一家的　甚麼臉面　也只是死不得　没法兒抬頭施

緣法盡了　天折散　誰不願白頭到老的　誰好串邊吃糧的換

說寡婦的

七十年八十代的没滋没味的　去了叫人不希罕中何用

若要去呢　赶著出事的時候子趁熱兒有人拿了去　走在人後頭　事情都冷了

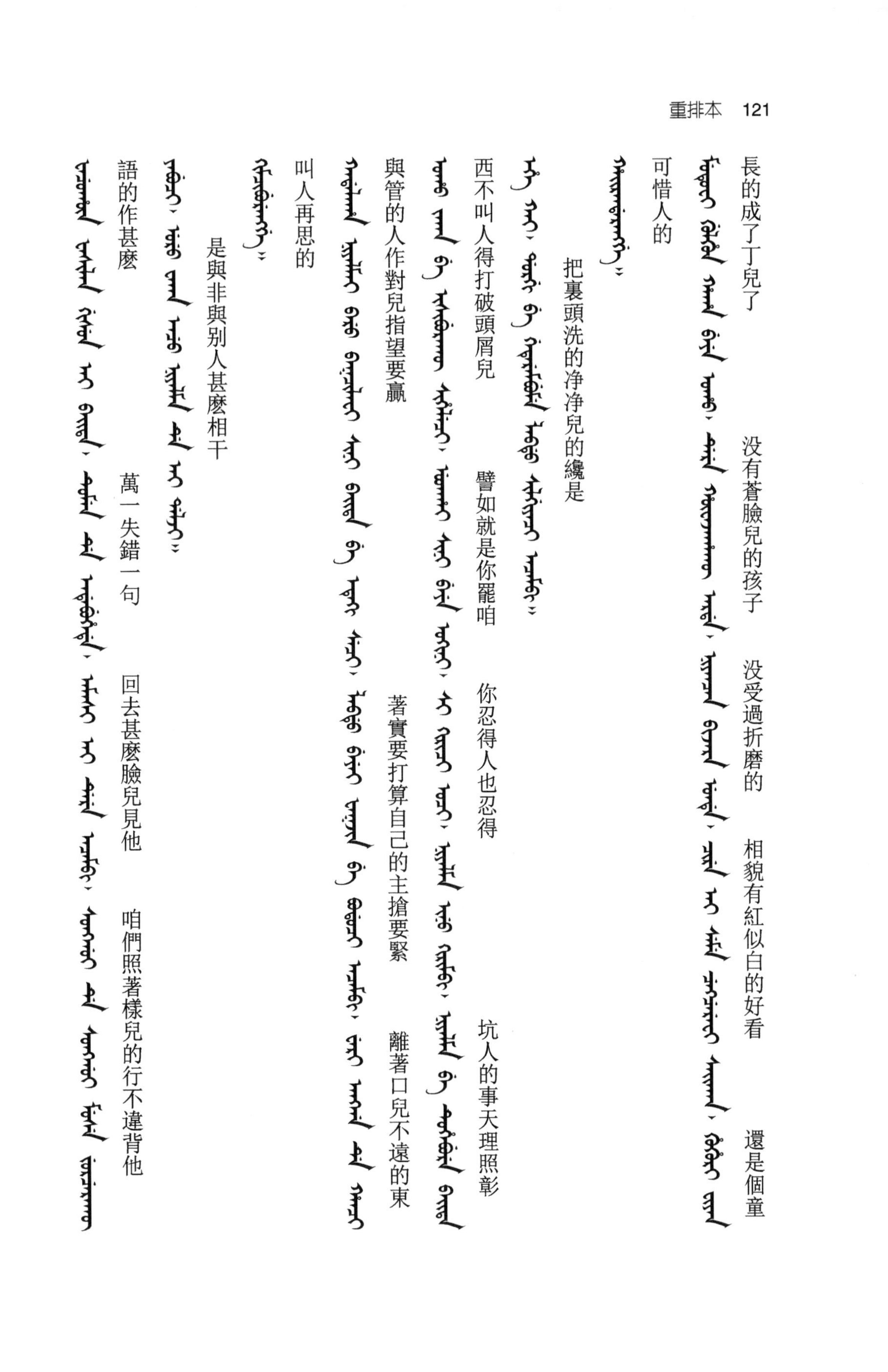

長的成了丁兒了　没有蒼臉兒的孩子　没受過折磨的　相貌有紅似白的好看　還是個童

可惜人的

把裏頭洗的净净兒的纔是

西不叫人得打破頭屑兒　譬如就是你罷咱　你忍得人也忍得　坑人的事天理照彰

與管的人作對兒指望要贏　著實要打算自己的主搶要緊　離著口兒不遠的東

叫人再思的

是與非與別人甚麼相干

語的作甚麼　萬一失錯一句　回去甚麼臉兒見他　咱們照著樣兒的行不違背他

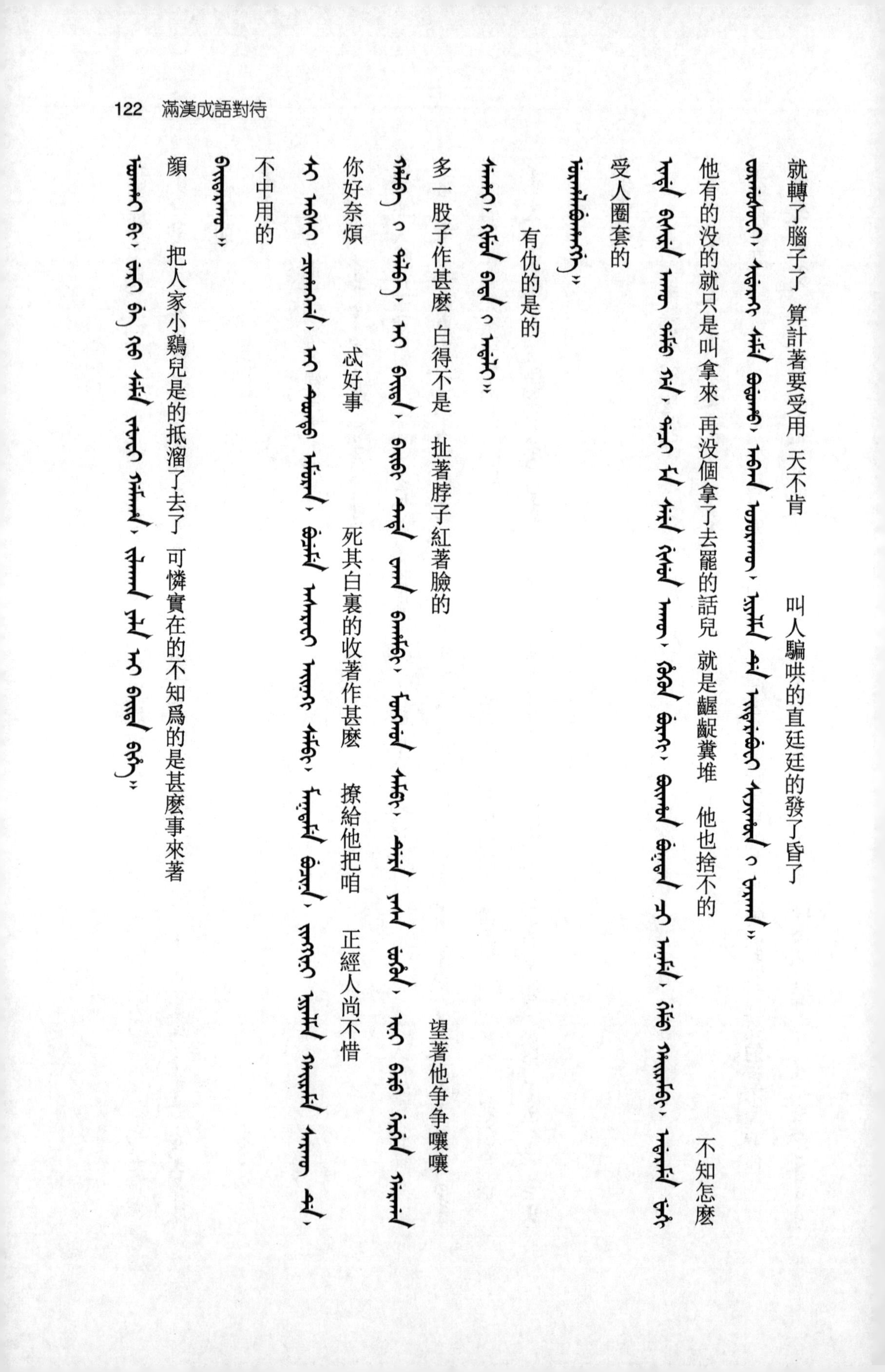

就轉了腦子了 算計著要受用 天不肯 叫人騙哄的直廷廷的發了昏了

他有的没的就只是叫拿來 再没個拿了去罷的話兒 就是齷齪糞堆 他也捨不的 不知怎麽

受人圈套的

有仇的是的

多一股子作甚麼 白得不是 扯著脖子紅著臉的 望著他争争嚷嚷

你好奈煩 忒好事 死其白裏的收著作甚麼 擦給他把咱 正經人尚不惜

不中用的

顔 把人家小鷄兒是的抵溜了去了 可憐實在的不知爲的是甚麼事來著

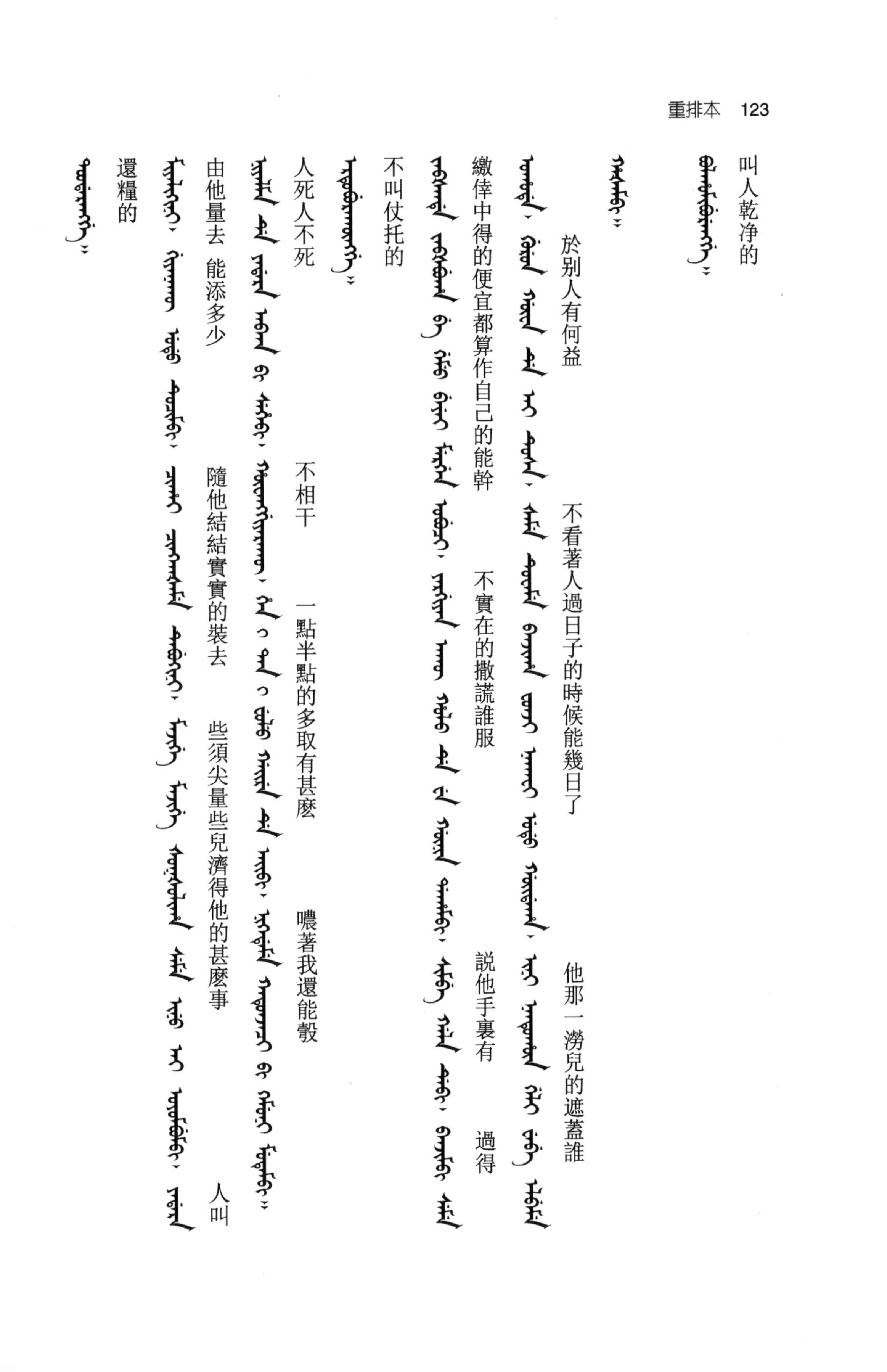

叫人乾净的

於別人有何益 不看著人過日子的時候能幾日了 他那一滂兒的遮蓋誰

繳倖中得的便宜都算作自己的能幹 不實在的撒謊誰服 說他手裏有 過得

不叫仗托的

人死人不死 不相干 一點半點的多取有甚麽 噥著我還能彀

由他量去 能添多少 隨他結結實實的裝去 些須尖量些兒濟得他的甚麽事 人叫

還糧的

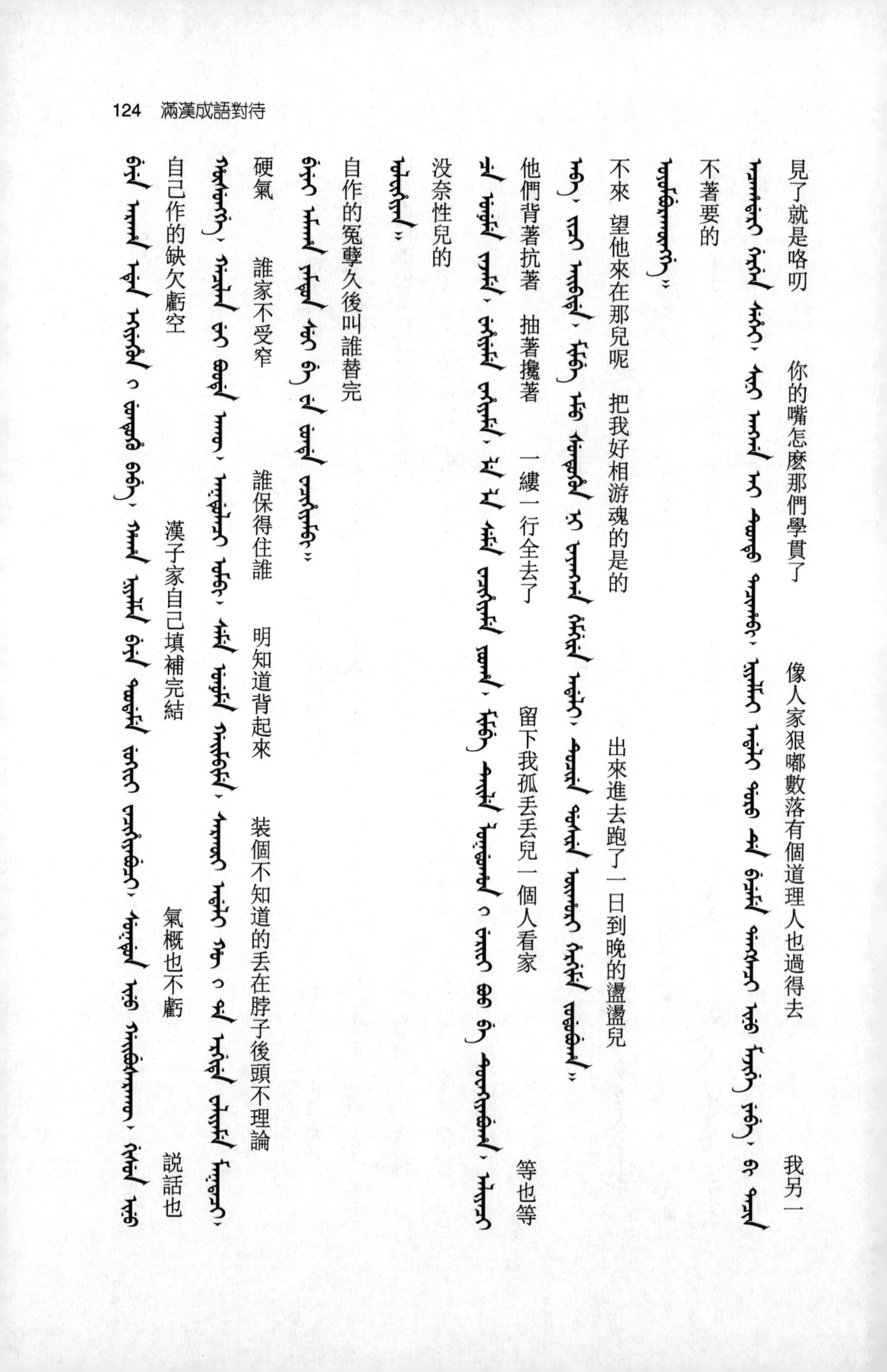

見了就是咯叨　你的嘴怎麼那們學貫了　像人家狠嘟數落有個道理人也過得去　我另一不著要的

不來　望他來在那兒呢　把我好相游魂的是的　出來進去跑了一日到晚的盪盪兒

他們背著抗著　抽著攙著　一縷一行全去了　留下我孤丟丟兒一個人看家　等也等没奈性兒的

自作的冤孽久後叫誰替完

硬氣　誰家不受窄　誰保得住誰　明知道背起來　裝個不知道的丟在脖子後頭不理論

自己作的缺欠虧空　漢子家自己填補完結　氣概也不虧　說話也

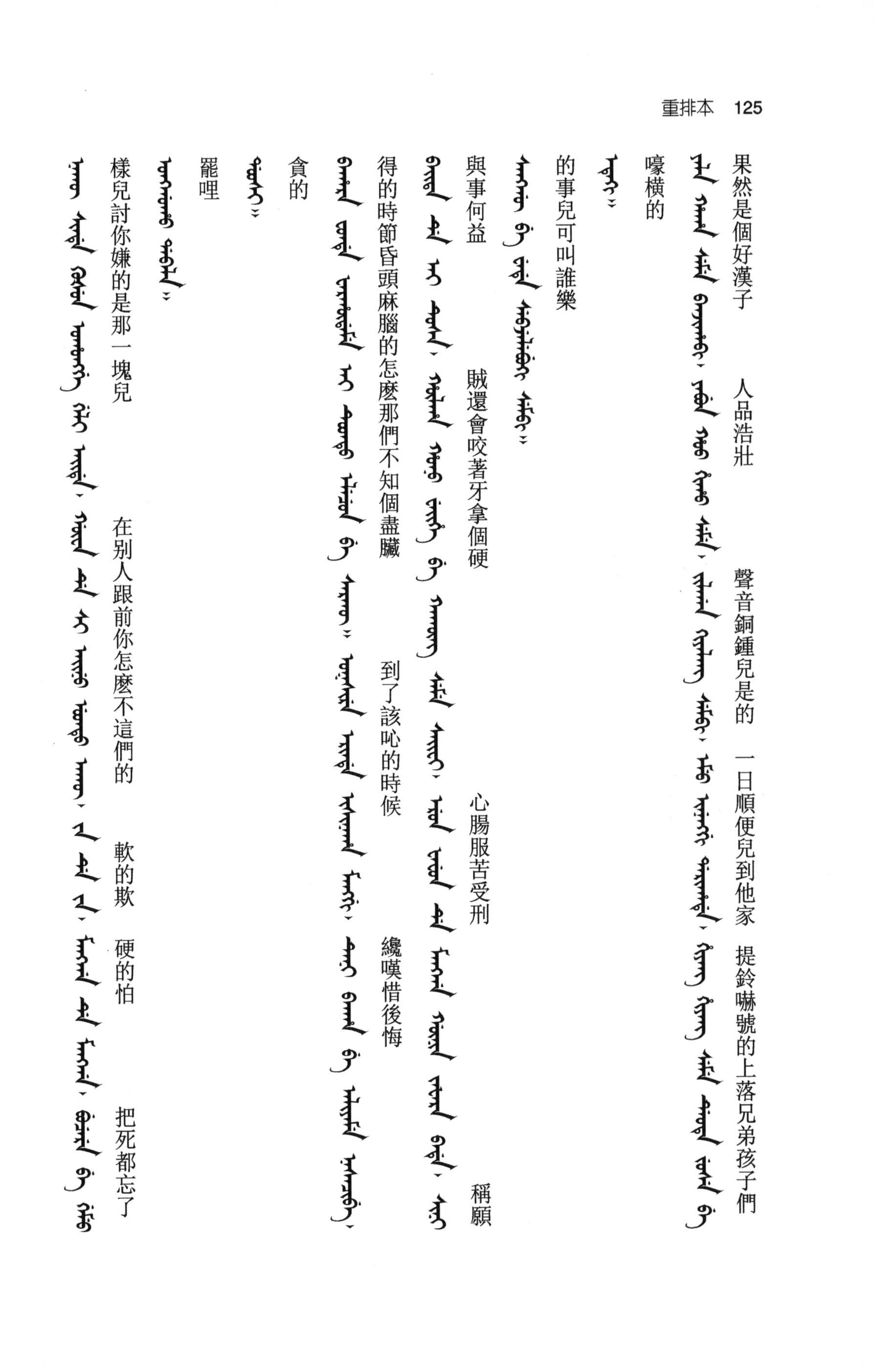

果然是個好漢子　人品浩壯　聲音銅鍾兒是的　一日順便兒到他家　提鈴嚇號的上落兄弟孩子們

嚎橫的

的事兒可叫誰樂

與事何益　賊還會咬著牙拿個硬　心腸服苦受刑　稱願

得的時節昏頭麻腦的怎麼那們不知個盡臟　到了該吣的時候　纔嘆惜後悔

貪的

罷哩

樣兒討你嫌的是那一塊兒　在別人跟前你怎麼不這們的　軟的欺　硬的怕　把死都忘了

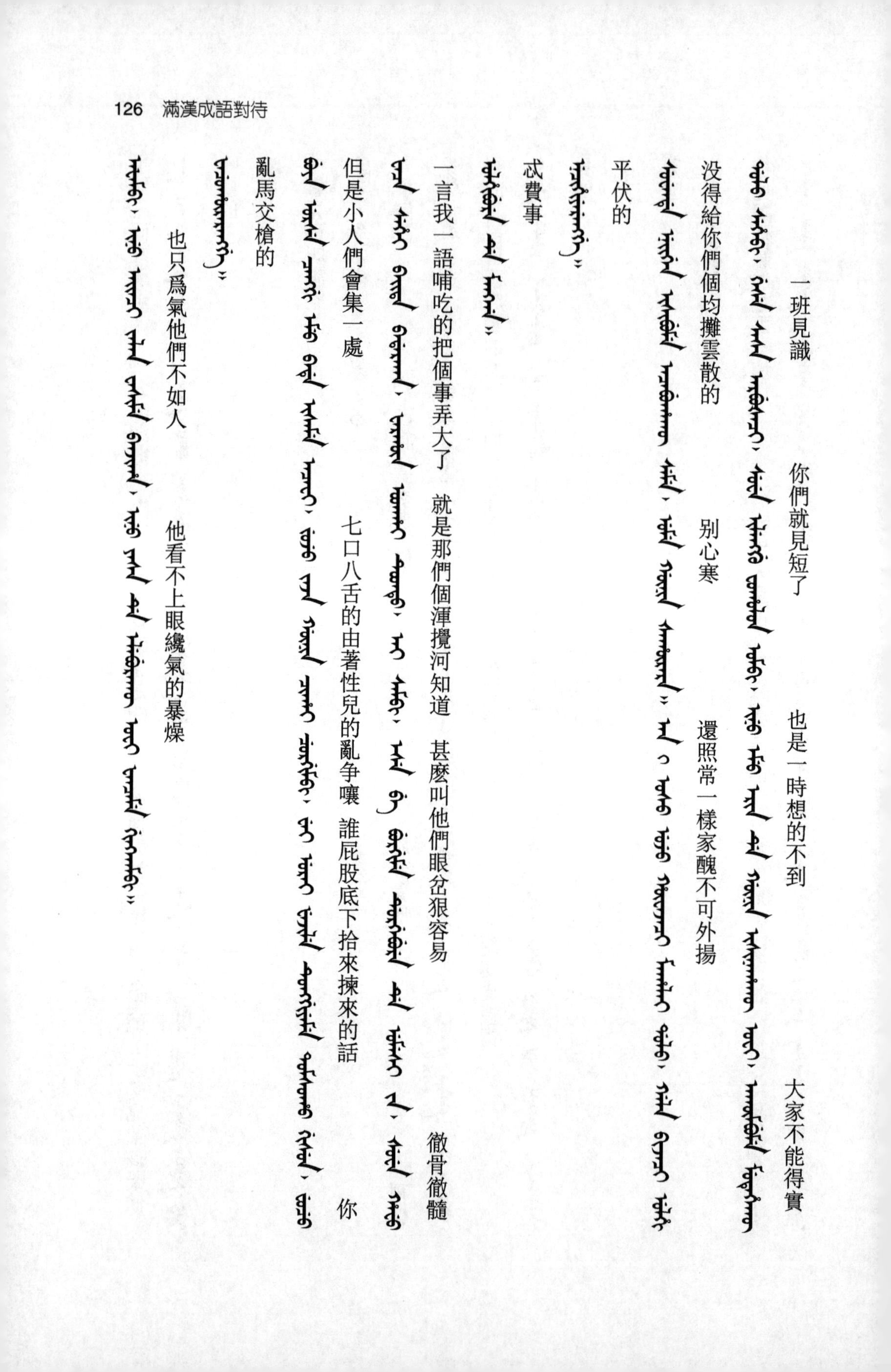

一班見識　你們就見短了　也是一時想的不到　大家不能得實

没得給你們個均攤雲散的　別心寒　還照常一樣家醜不可外揚

平伏的

忒費事

一言我一語哺吃的把個事弄大了　就是那們個渾攪河知道　甚麼叫他們眼岔狠容易　徹骨徹髓

但是小人們會集一處　七口八舌的由著性兒的亂爭嚷　誰屁股底下拾來揀來的話　你

亂馬交槍的

也只爲氣他們不如人　他看不上眼纔氣的暴燥

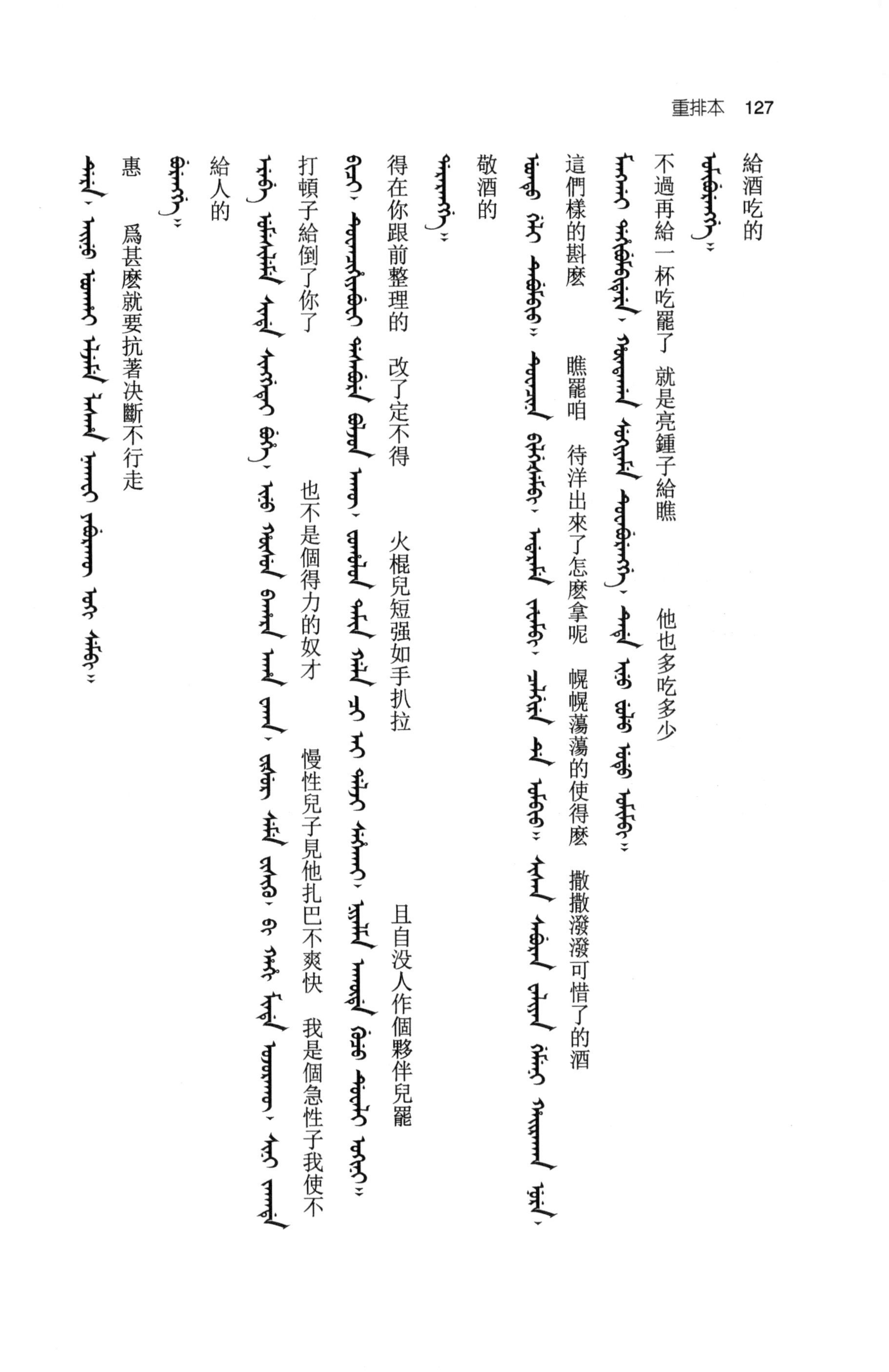

給酒吃的

不過再給一杯吃罷了 就是亮鍾子給瞧 他也多吃多少

這們樣的斟麽 瞧罷咱 待洋出來了怎麽拿呢 幌幌蕩蕩的使得麽 撒撒潑潑可惜了的酒

敬酒的

得在你跟前整理的 改了定不得 火棍兒短强如手扒拉 且自没人作個夥伴兒罷

打頓子給倒了你了 也不是個得力的奴才 慢性兒子見他扎巴不爽快 我是個急性子我使不

給人的

惠 爲甚麽就要抗著决斷不行走

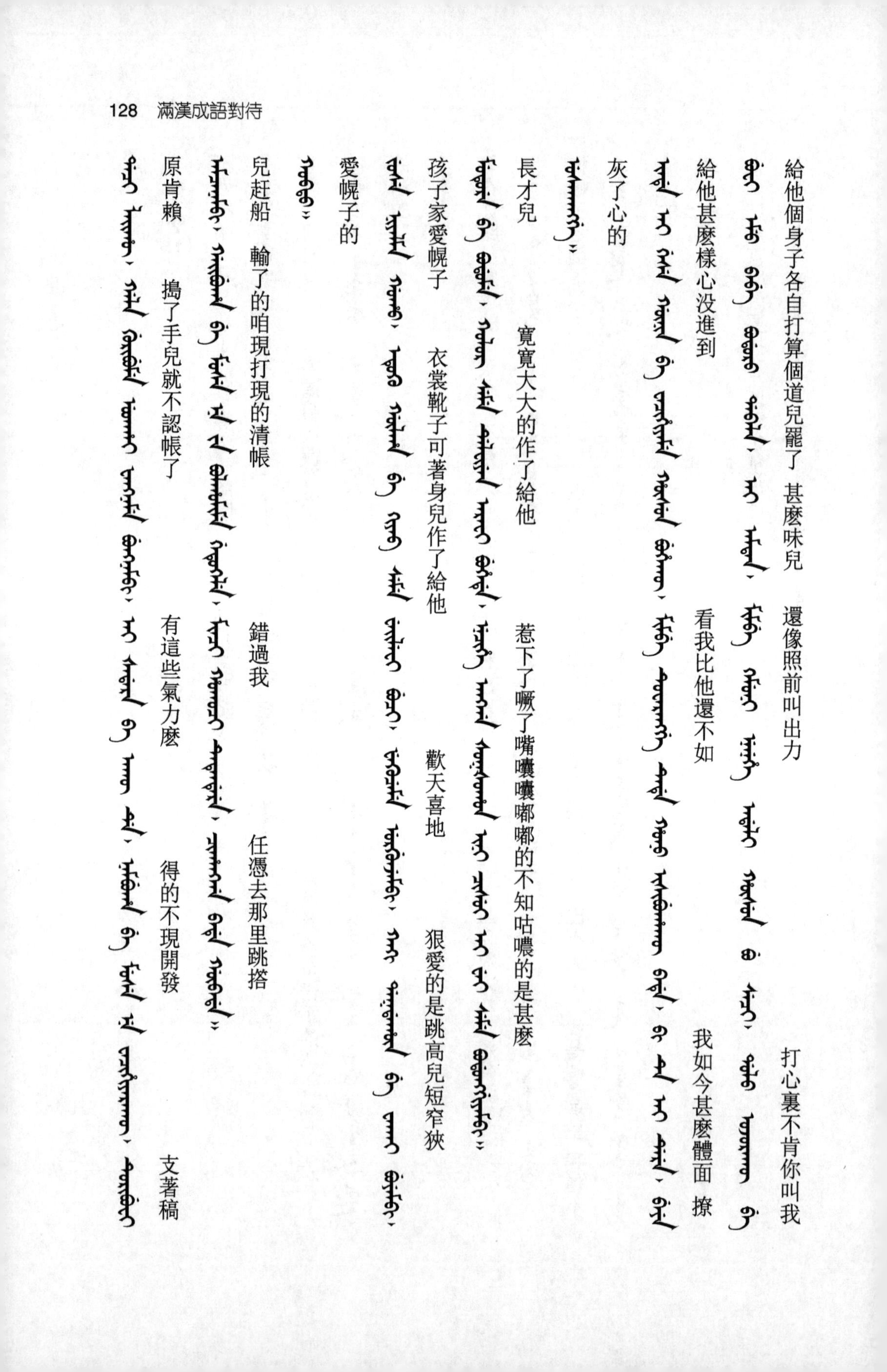

給他個身子各自打算個道兒罷了 甚麼味兒 還像照前叫出力 打心裏不肯你叫我

給他甚麼樣心没進到 看我比他還不如 我如今甚麼體面 撩

灰了心的

長才兒 寬寬大大的作了給他 惹下了噘了嘴囔囔嘟嘟的不知咕噥的是甚麼

孩子家愛幌子 衣裳靴子可著身兒作了給他 歡天喜地 狠愛的是跳高兒短窄狹

愛幌子的

兒赶船 輸了的咱現打現的清帳 錯過我 任憑去那里跳搭

原肯賴 搗了手兒就不認帳了 有這些氣力麼 得的不現開發 支著稿

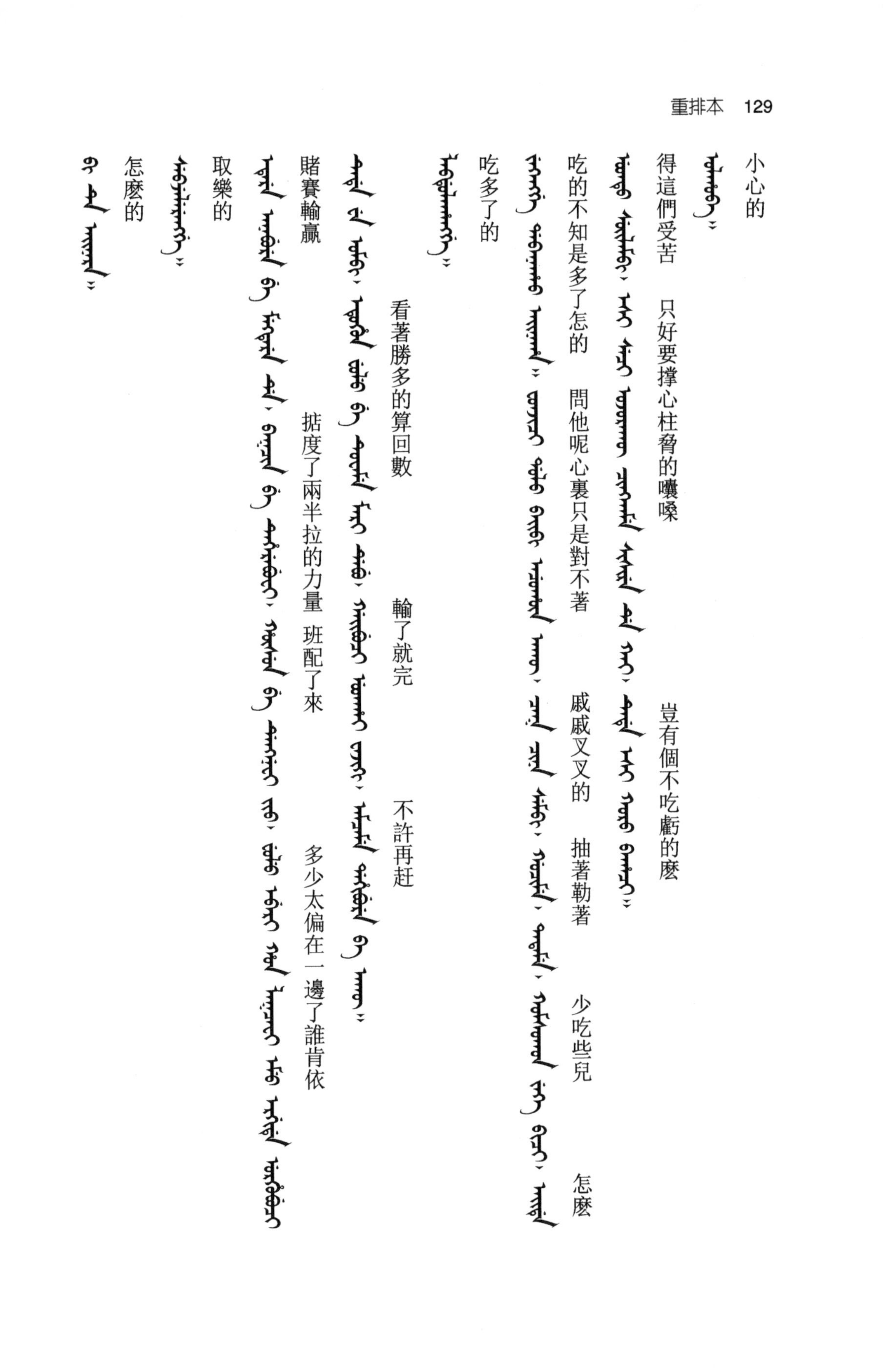

小心的

得這們受苦　只好要撐心柱脅的嚷嗓　豈有個不吃虧的麼

吃的不知是多了怎的　問他呢心裏只是對不著　戚戚叉叉的　抽著勒著　少吃些兒　怎麼

吃多了的

看著勝多的算回數　輸了就完　不許再赶

賭賽輸贏　掂度了兩半拉的力量　班配了來　多少太偏在一邊了誰肯依

取樂的

怎麼的

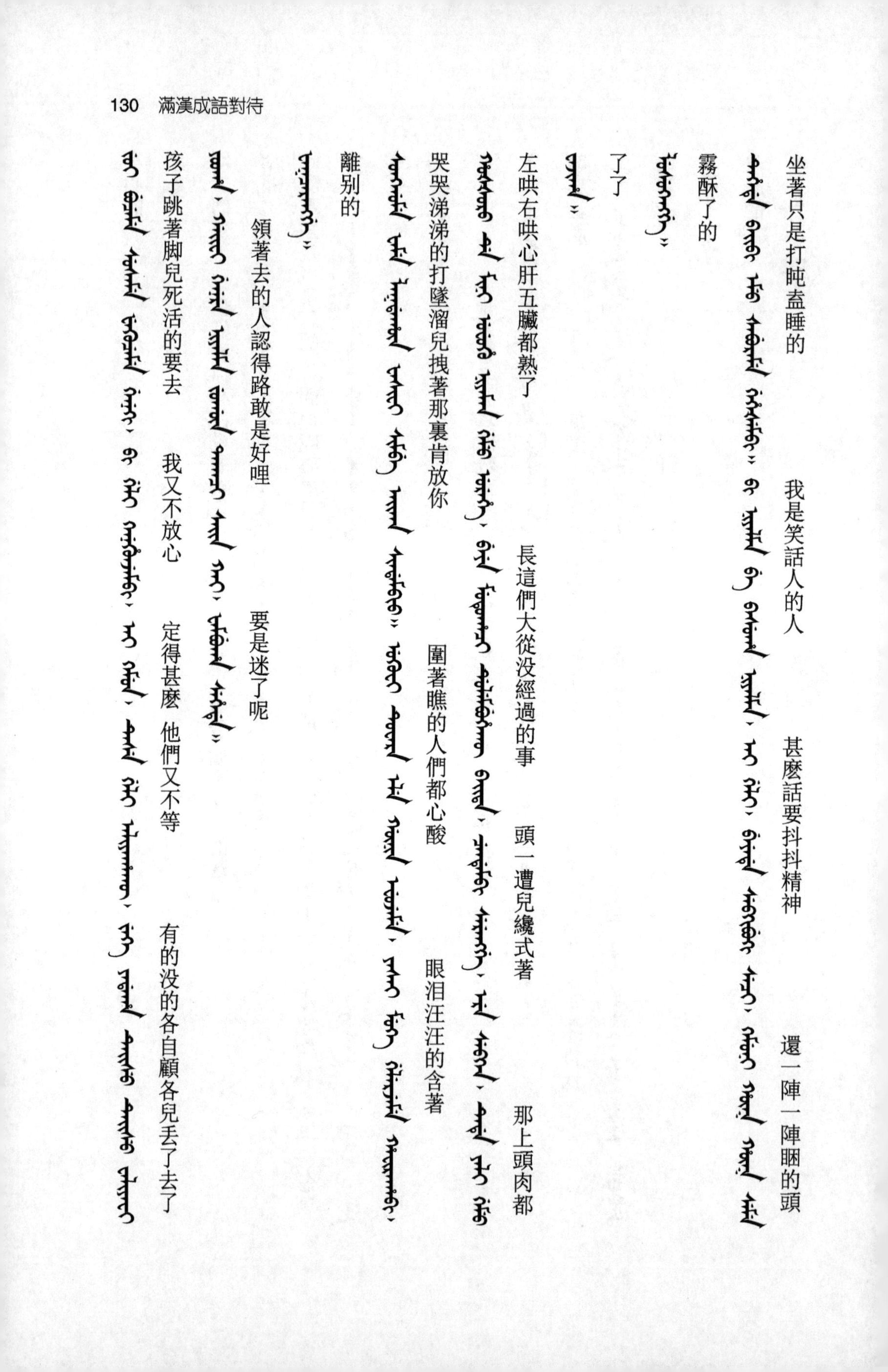

坐著只是打盹盍睡的　我是笑話人的人　甚麼話要抖抖精神　還一陣一陣睏的頭

霧酥了的

了了

左哄右哄心肝五臟都熟了　長這們大從没經過的事　頭一遭兒纔式著　那上頭肉都

哭哭涕涕的打墜溜兒拽著那裏肯放你　圍著瞧的人們都心酸　眼泪汪汪的含著

離別的

領著去的人認得路敢是好哩　要是迷了呢

孩子跳著脚兒死活的要去　我又不放心　定得甚麼　他們又不等　有的没的各自顧各兒丟了去了

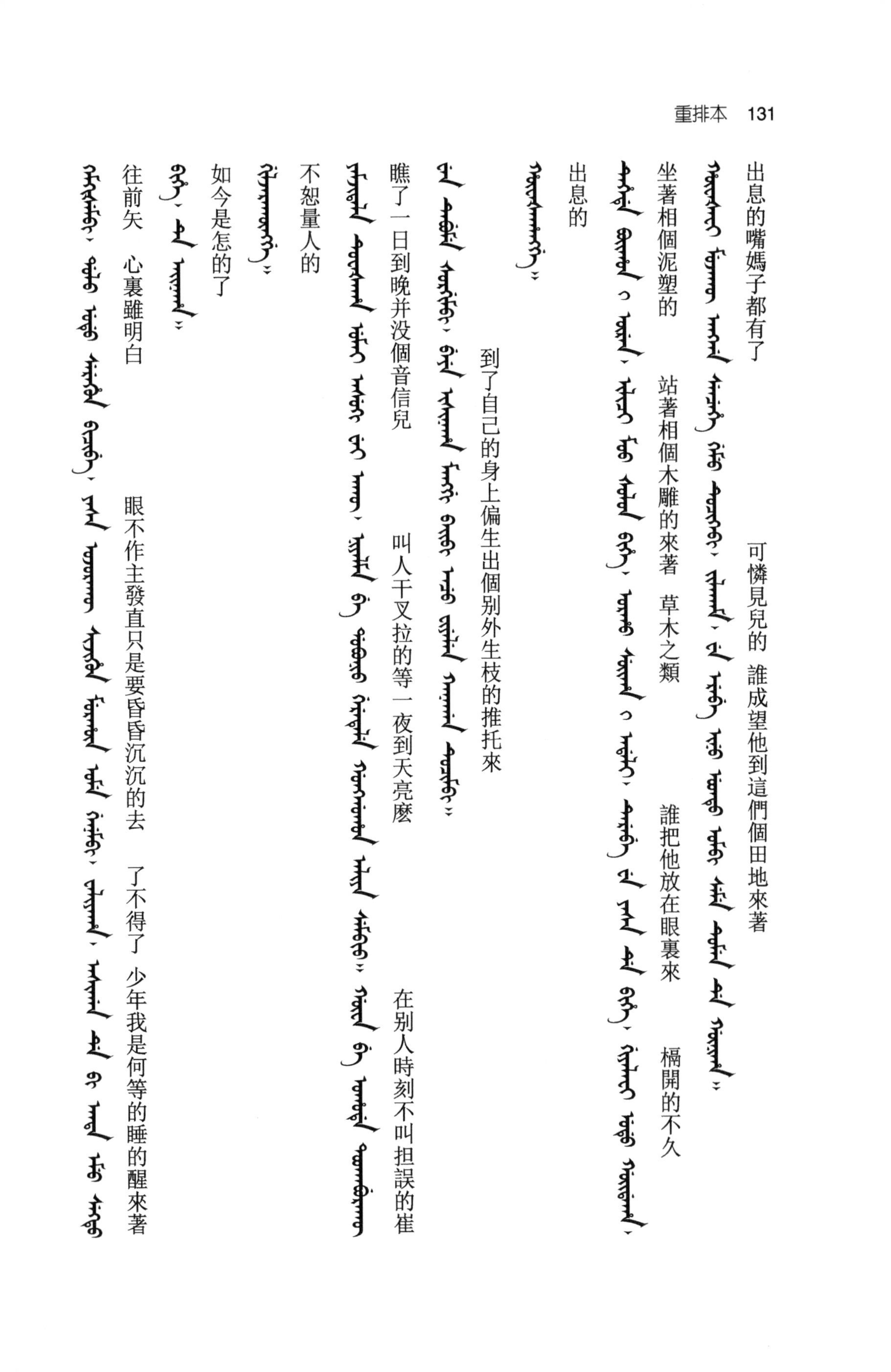

出息的嘴媽子都有了　可憐見兒的　誰成望他到這們個田地來著

坐著相個泥塑的　站著相個木雕的來著　草木之類　誰把他放在眼裏來　槅開的不久

出息的

到了自己的身上偏生出個别外生枝的推托來

瞧了一日到晚并没個音信兒　叫人干叉拉的等一夜到天亮麽　在别人時刻不叫担誤的崔

不恕量人的

如今是怎的了

往前矢　心裏雖明白　眼不作主發直只是要昏昏沉沉的去　了不得了　少年我是何等的睡的醒來著

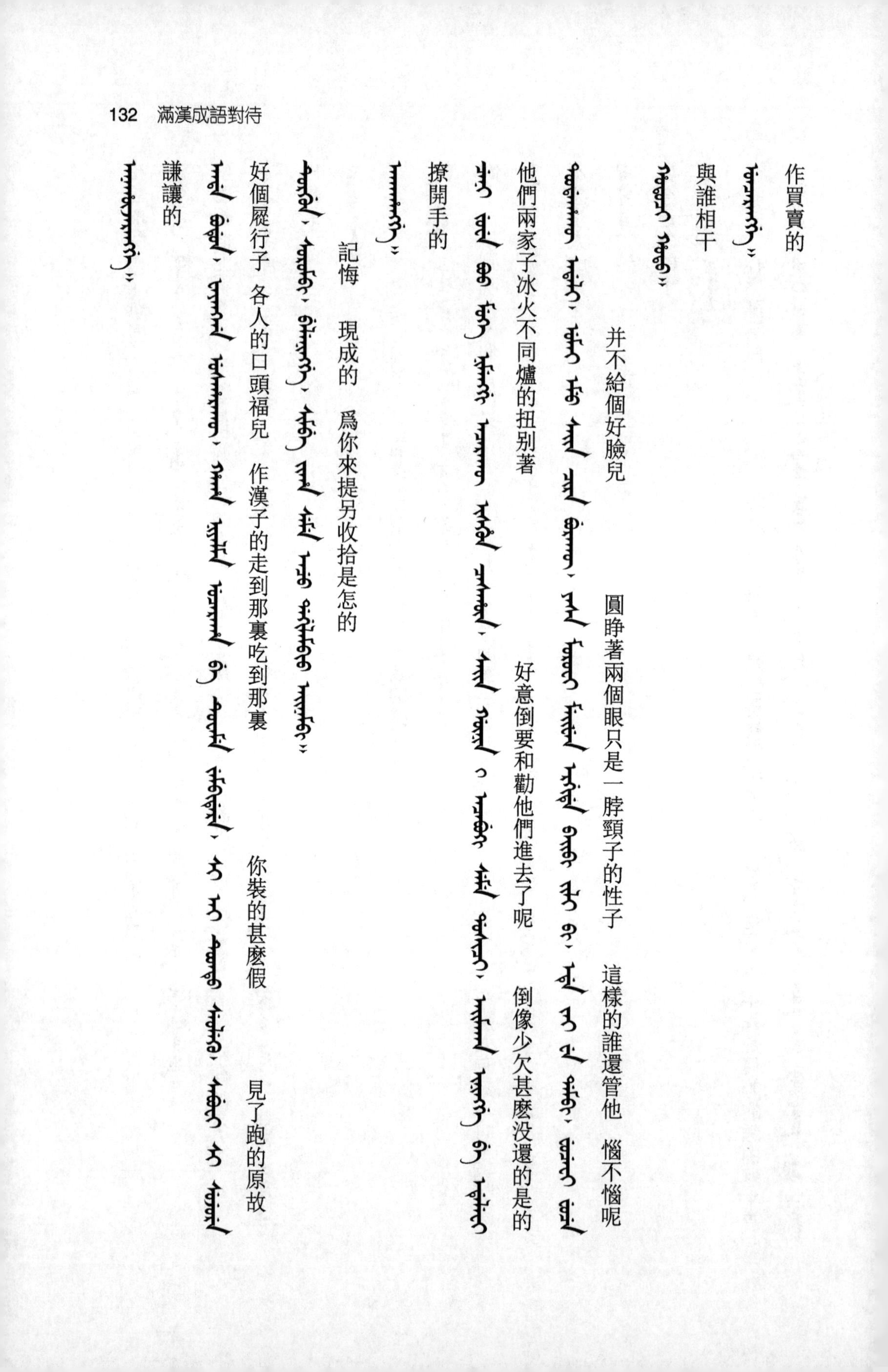

作買賣的

與誰相干

并不給個好臉兒　圓睜著兩個眼只是一脖頸子的性子　這樣的誰還管他　惱不惱呢

他們兩家子冰火不同爐的扭別著　好意倒要和勸他們進去了呢　倒像少欠甚麼没還的是的

撩開手的

記悔　現成的　爲你來提另收拾是怎的

好個屣行子　各人的口頭福兒　作漢子的走到那裏吃到那裏　你裝的甚麼假　見了跑的原故

謙讓的

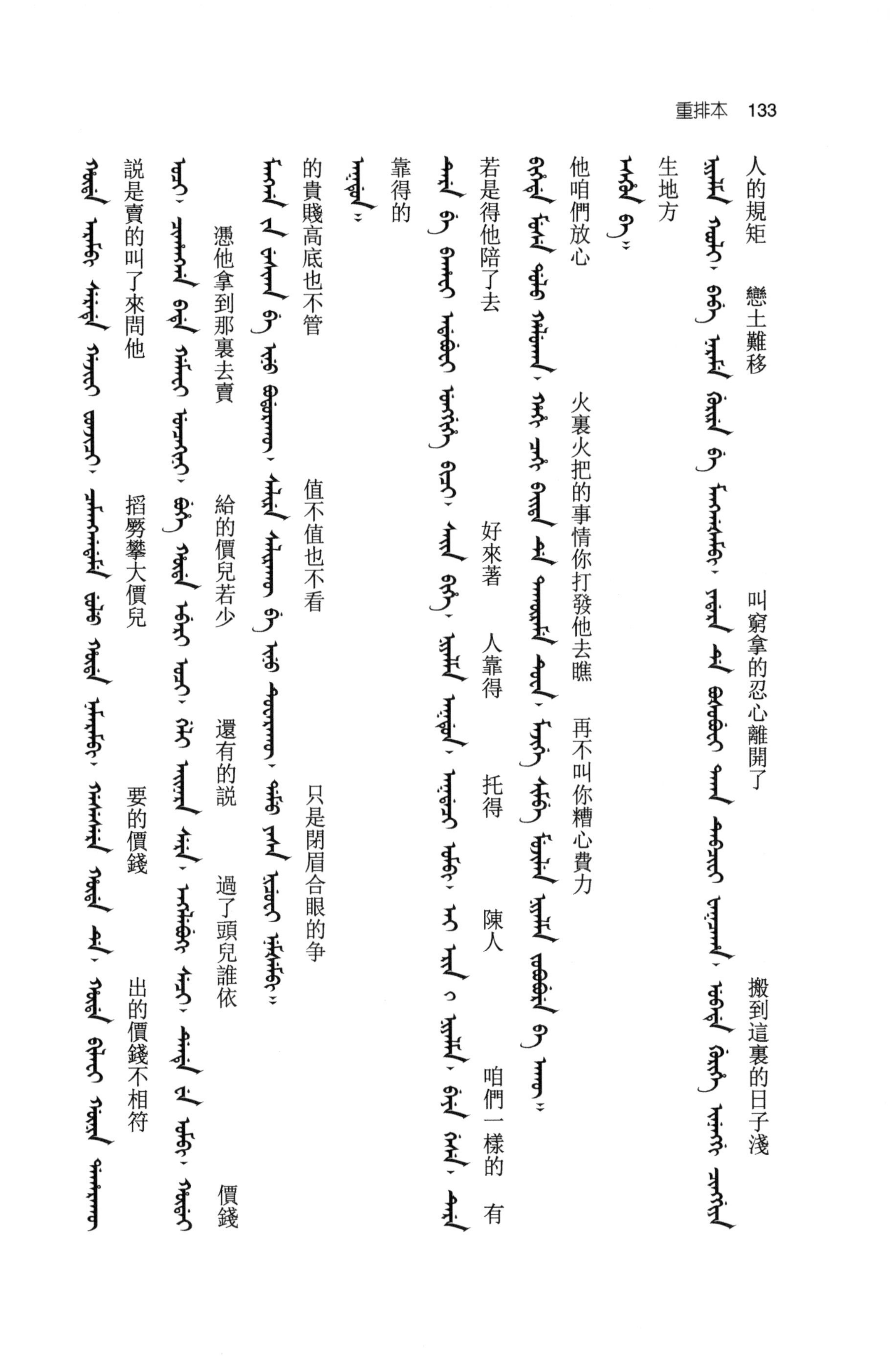

人的規矩　戀土難移　叫窮拿的忍心離開了　搬到這裏的日子淺

生地方

他咱們放心　火裏火把的事情你打發他去瞧　再不叫你糟心費力

若是得他陪了去　好來著　人靠得　托得　陳人　咱們一樣的　有

靠得的

的貴賤高底也不管　值不值也不看　只是閉眉合眼的争

憑他拿到那裏去賣　給的價兒若少　還有的說　過了頭兒誰依　價錢

說是賣的叫了來問他　招夥攀大價兒　要的價錢　出的價錢不相符

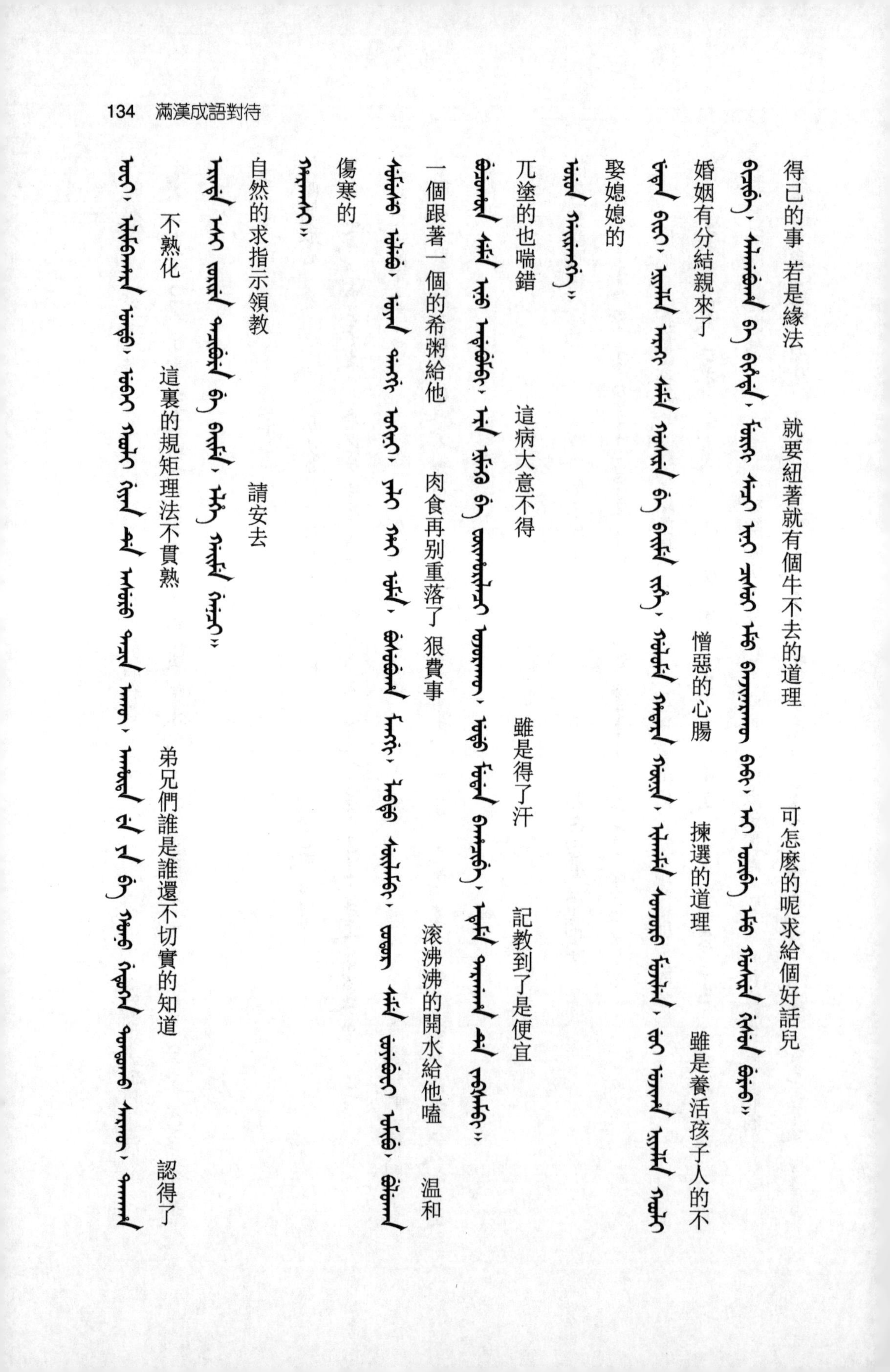

得已的事 若是緣法 就要紐著就有個牛不去的道理 可怎麼的呢求給個好話兒

婚姻有分結親來了 憎惡的心腸 揀選的道理 雖是養活孩子人的不

娶媳媳的

兀塗的也喘錯 這病大意不得 雖是得了汗 記教到了是便宜

一個跟著一個的希粥給他 肉食再別重落了 狠費事 滾沸沸的開水給他嗑 溫和

傷寒的

自然的求指示領教 請安去

不熟化 這裏的規矩理法不貫熟 弟兄們誰是誰還不切實的知道 認得了

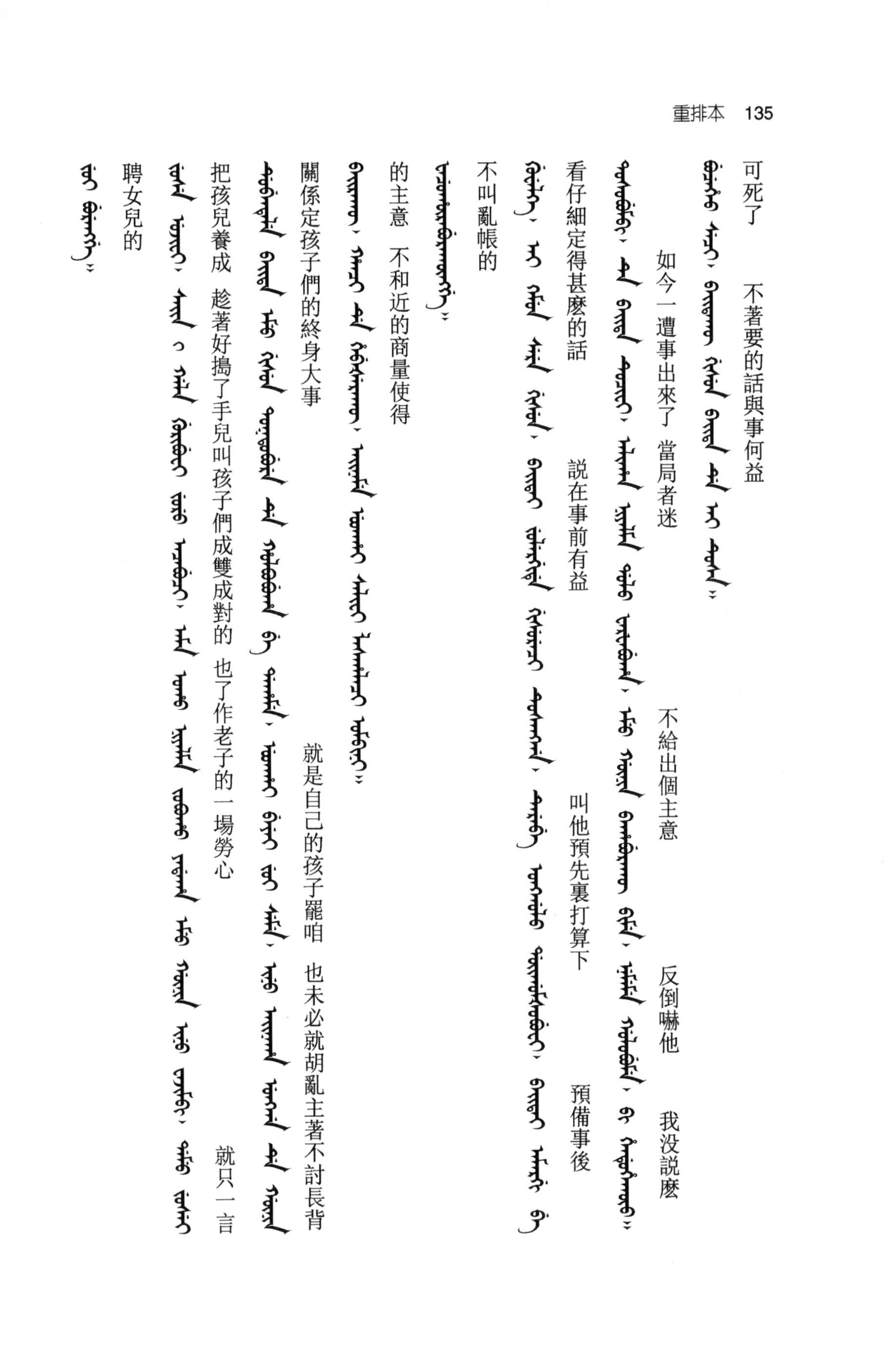

可死了　不著要的話與事何益

[illegible]

如今一遭事出來了　當局者迷　不給出個主意　反倒嚇他　我没説麼

[illegible]

看仔細定得甚麼的話　説在事前有益　叫他預先裏打算下　預備事後

[illegible]

不叫亂帳的

[illegible]

的主意　不和近的商量使得

[illegible]

關係定孩子們的終身大事　就是自己的孩子罷咱　也未必就胡亂主著不討長背

[illegible]

把孩兒養成　趁著好搗了手兒叫孩子們成雙成對的　也了作老子的一場勞心　就只一言

[illegible]

聘女兒的

[illegible]

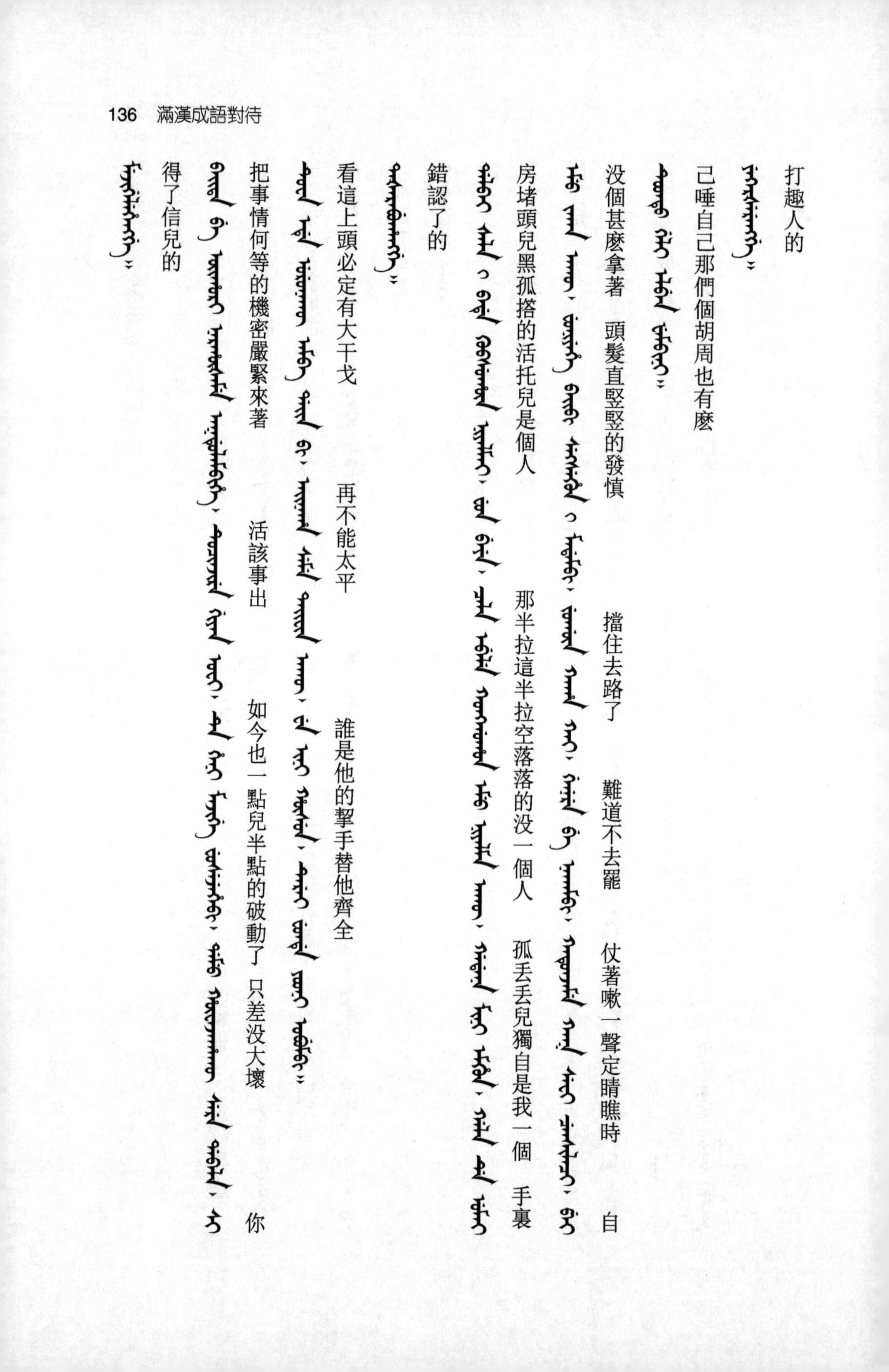

打趣人的

己唾自己那們個胡周也有麽

没個甚麽拿著　頭髮直竪竪的發慎　擋住去路了　難道不去罷　仗著嗽一聲定睛瞧時　自

房堵頭兒黑孤搭的活托兒是個人　那半拉這半拉空落落的没一個人　孤丢丢兒獨自是我一個　手裏

錯認了的

看這上頭必定有大干戈　再不能太平　誰是他的掔手替他齊全

把事情何等的機密嚴緊來著　活該事出　如今也一點兒半點的破動了　只差没大壞　你

得了信兒的

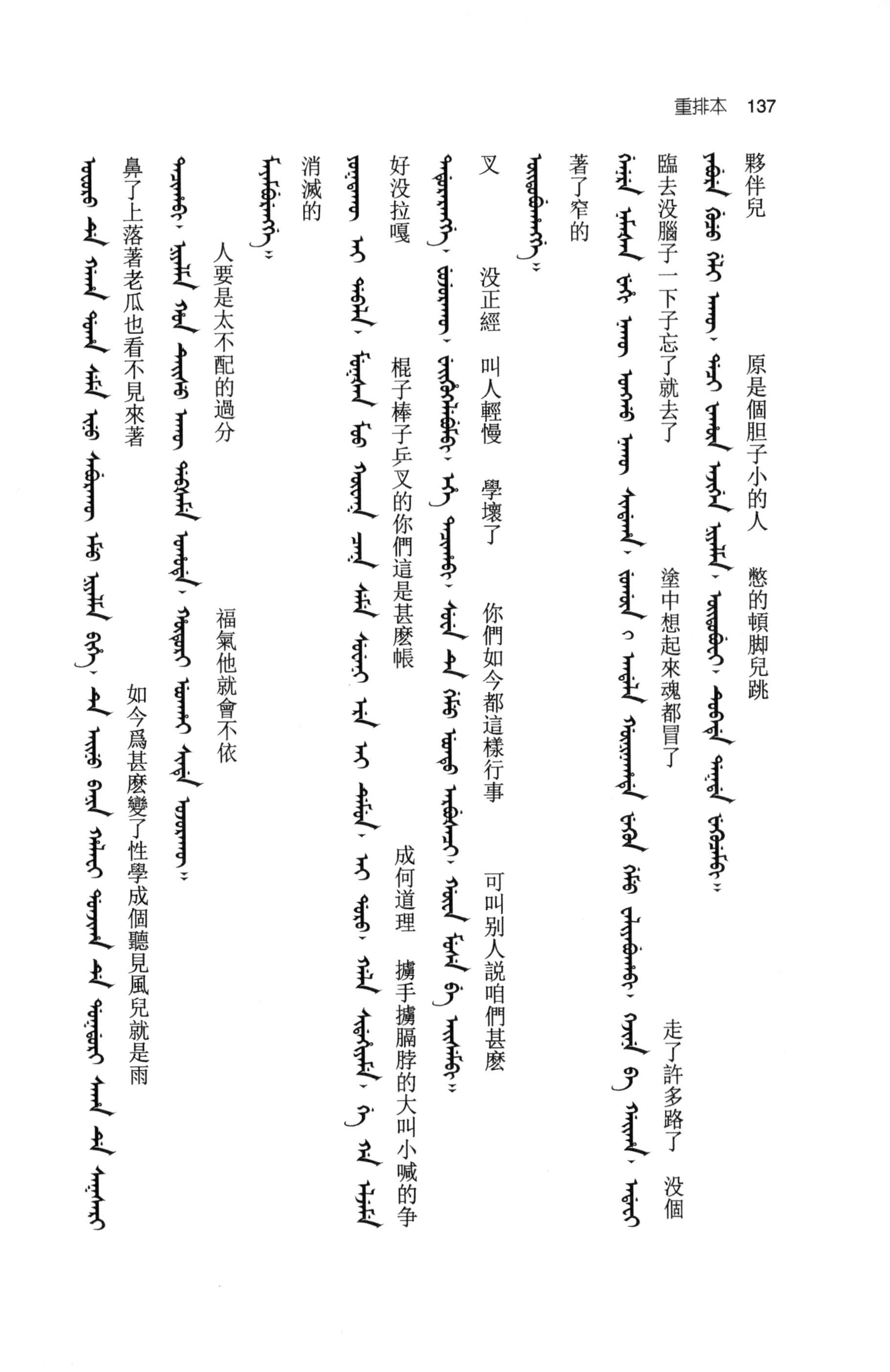

夥伴兒　原是個胆子小的人　憋的頓脚兒跳

臨去没腦子一下子忘了就去了　塗中想起來魂都冒了　走了許多路了　没個

著了窄的

叉　没正經　叫人輕慢　學壞了　你們如今都這樣行事　可叫別人說咱們甚麼

好没拉嘎　棍子棒子乒叉的你們這是甚麼帳　成何道理　擄手擄膈脖的大叫小喊的爭

消滅的

人要是太不配的過分　福氣他就會不依

鼻了上落著老瓜也看不見來著　如今爲甚麼變了性學成個聽見風兒就是雨

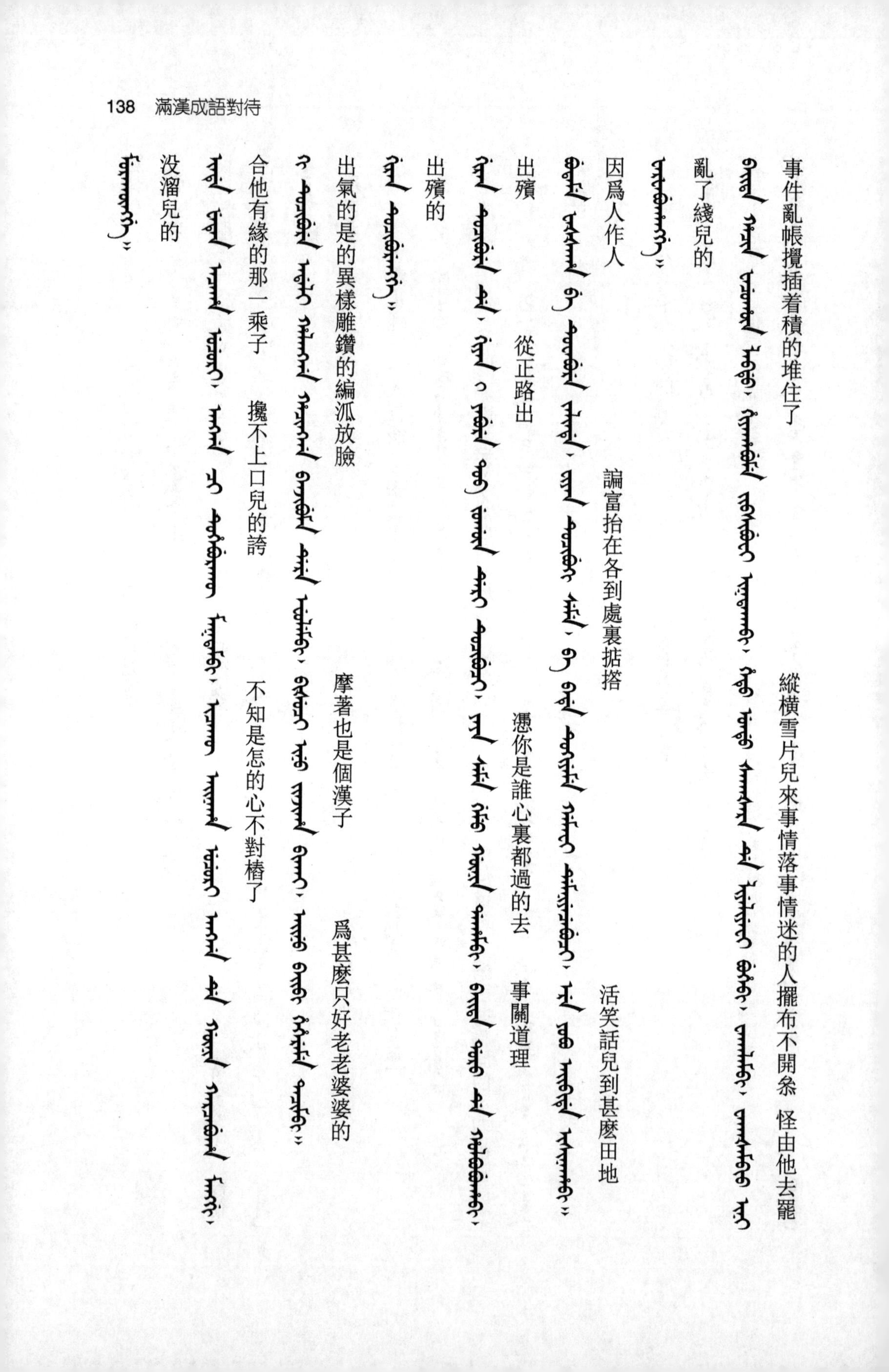

事件亂帳攪插着積的堆住了　縱橫雪片兒來事情落事情迷的人擺布不開叅　怪由他去罷

亂了綫兒的

因爲人作人　論富抬在各到處裏掂搭　活笑話兒到甚麼田地

出殯　從正路出　憑你是誰心裏都過的去　事關道理

出殯的

出氣的是的異樣雕鑽的編沠放臉　摩著也是個漢子　爲甚麼只好老老婆婆的

合他有緣的那一乘子　攙不上口兒的誇　不知是怎的心不對樁了

沒溜兒的

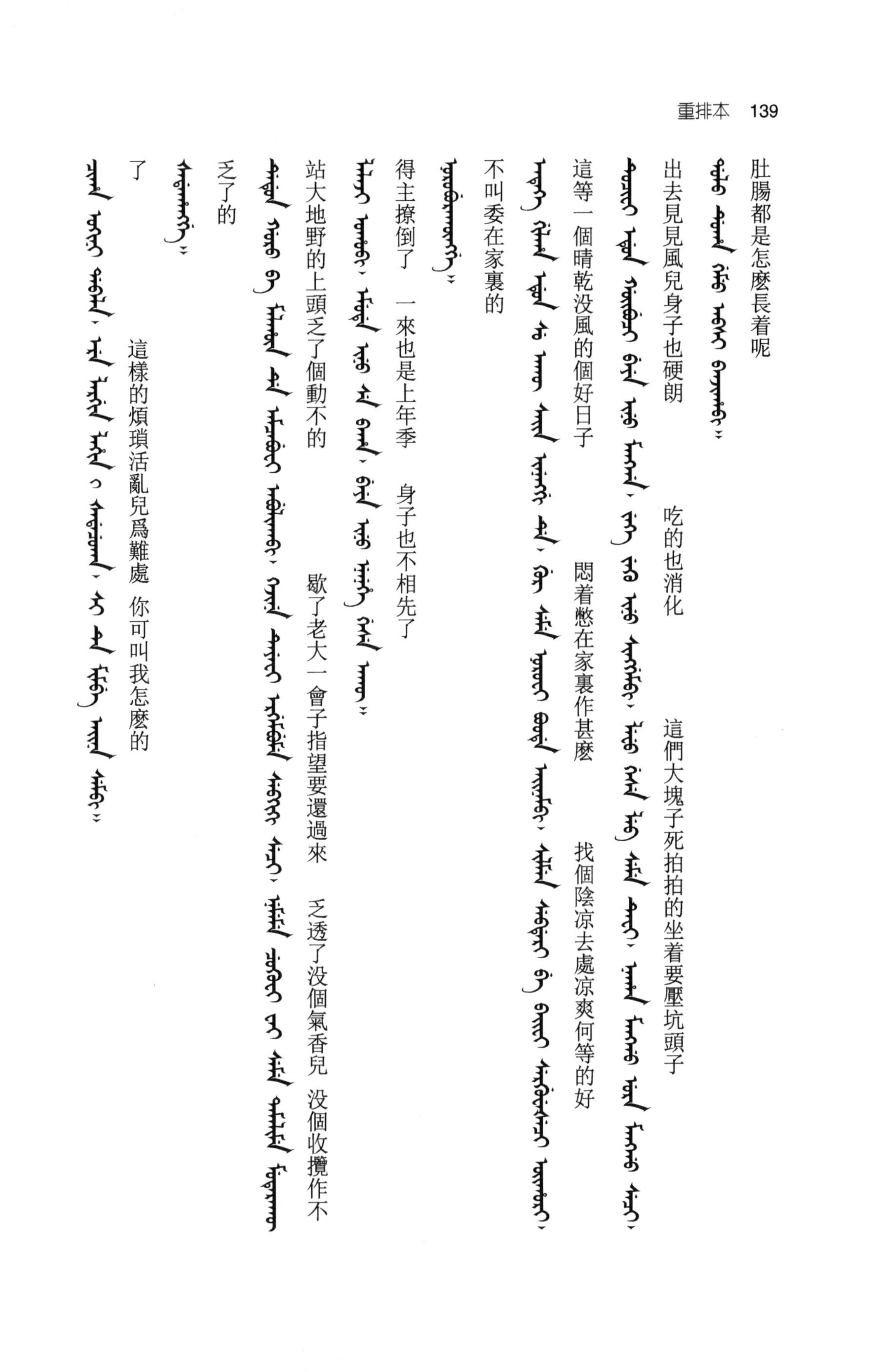

肚腸都是怎麼長着呢

出去見見風兒身子也硬朗　吃的也消化　這們大塊子死拍拍的坐着要壓坑頭子

這等一個晴乾没風的個好日子　悶着憋在家裏作甚麼　找個陰凉去處凉爽何等的好

不叫委在家裏的

得主撩倒了　一來也是上年季　身子也不相先了

站大地野的上頭乏了個動不的　歇了老大一會子指望要還過來　乏透了没個氣香兒　没個收攬作不

乏了的

了　這樣的煩瑣活亂兒爲難處　你可叫我怎麼的

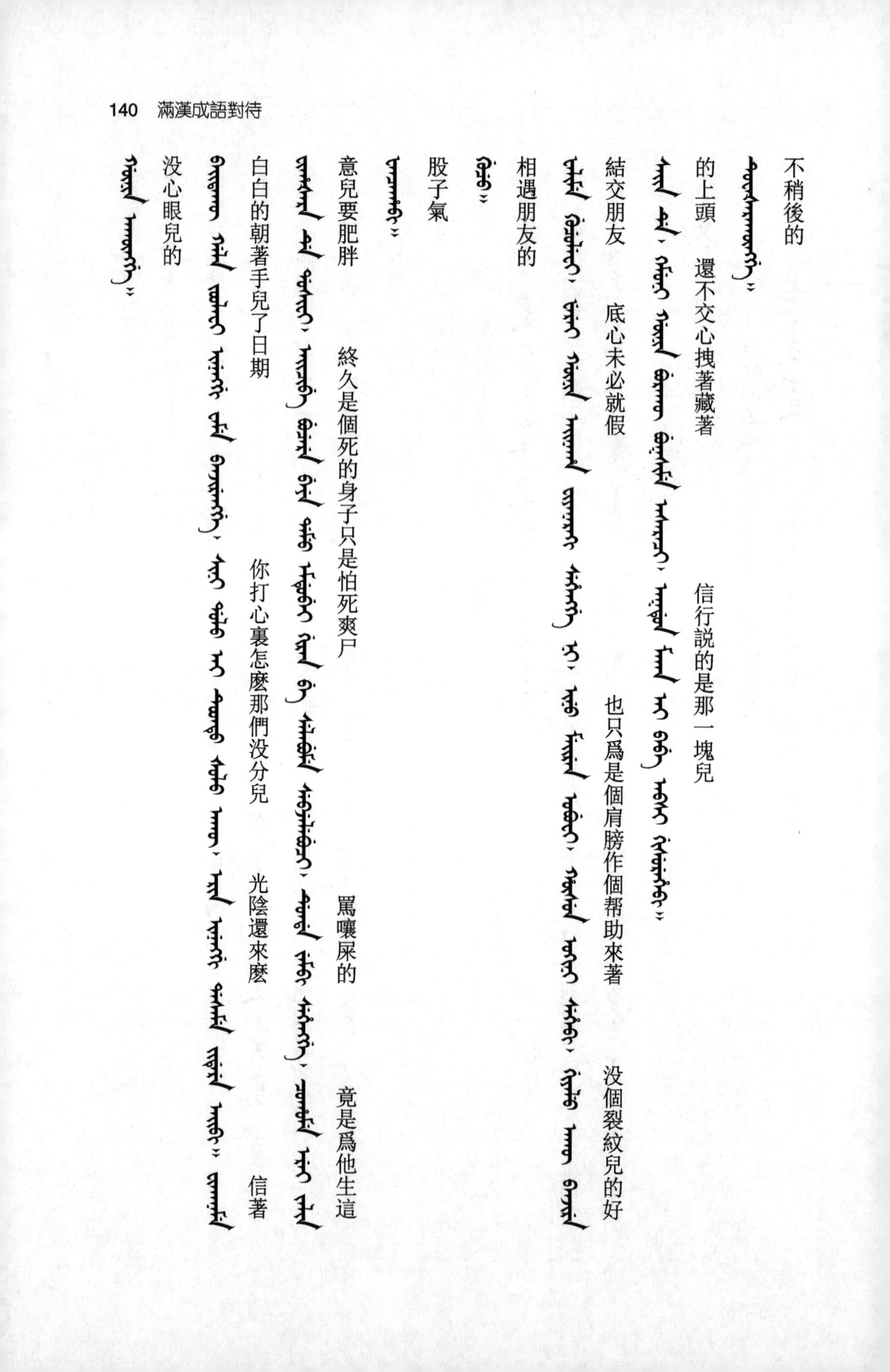

不稍後的

的上頭　還不交心拽著藏著　信行說的是那一塊兒

結交朋友　底心未必就假　也只爲是個肩膀作個帮助來著　没個裂紋兒的好

相遇朋友的

股子氣

意兒要肥胖　終久是個死的身子只是怕死爽尸　罵嚷屎的　竟是爲他生這

白白的朝著手兒了日期　你打心裏怎麼那們没分兒　光陰還來麼　信著

没心眼兒的

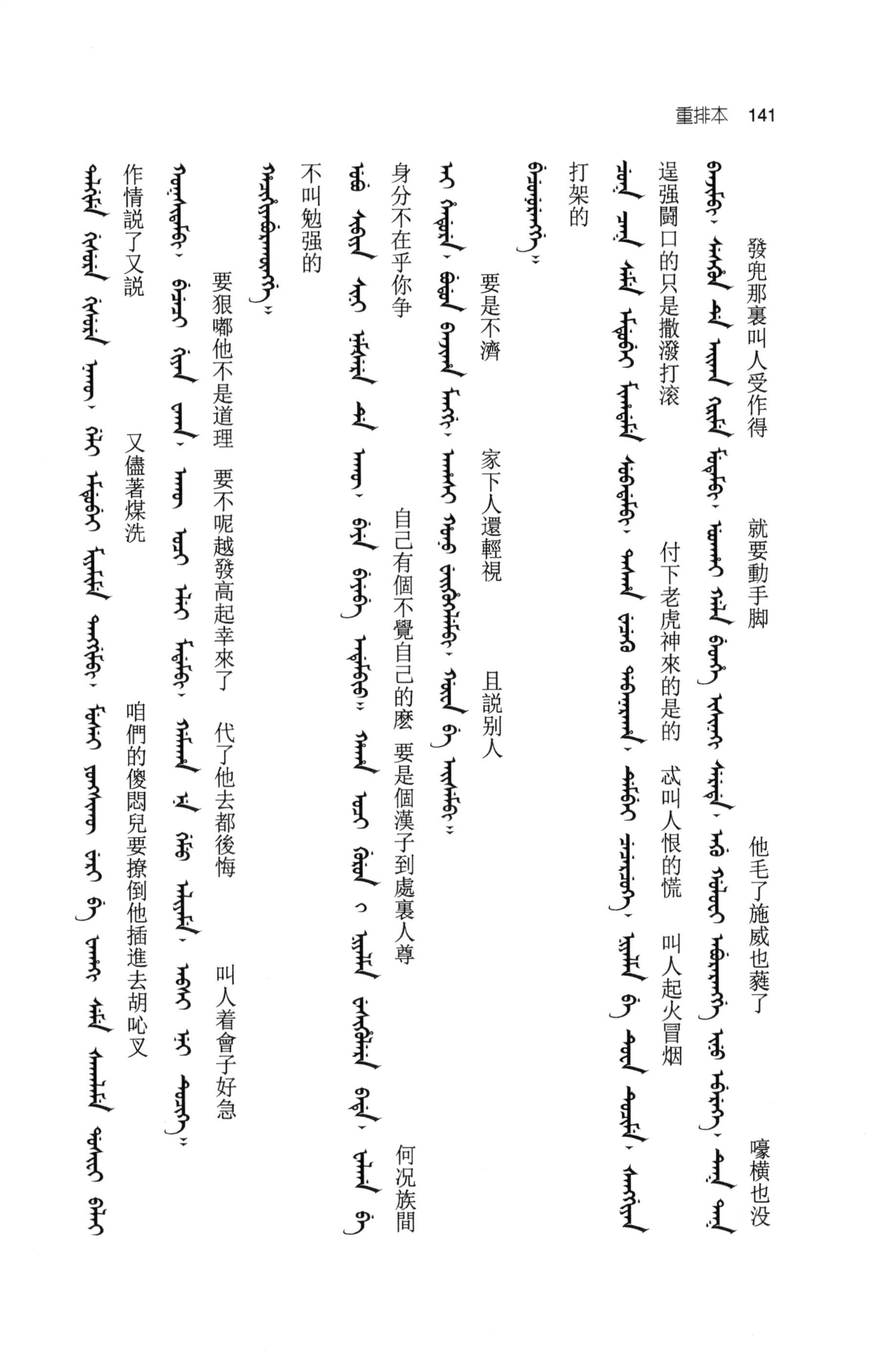

發兜那裏叫人受作得 就要動手脚 他毛了施威也蕤了 噲橫也没

逞强鬪口的只是撒潑打滚 付下老虎神來的是的 忒叫人恨的慌 叫人起火冒烟

打架的

要是不濟 家下人還輕視 且說別人

身分不在乎你争 自己有個不覺自己的麽 要是個漢子到處裏人尊 何況族間

不叫勉强的

要狠嘟他不是道理 要不呢越發高起幸來了 代了他去都後悔 叫人着會子好急

作情說了又說 又儘著煤洗 咱們的傻閚兒要撩倒他插進去胡吣叉

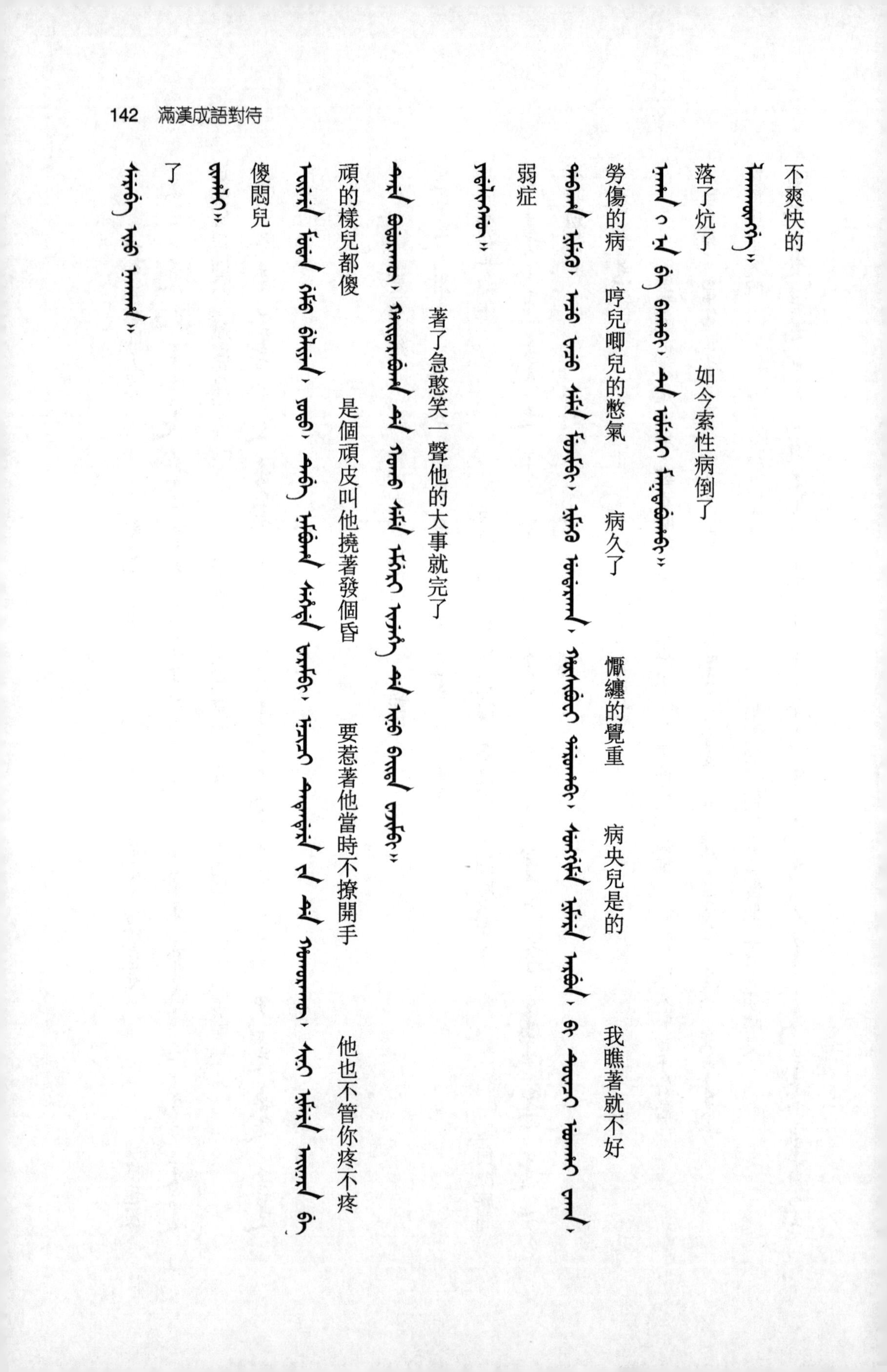

不爽快的

落了炕了　如今索性病倒了

癆傷的病　哼兒唧兒的憋氣　病久了　懨纏的覺重　病央兒是的　我瞧著就不好

弱症

著了急憨笑一聲他的大事就完了

頑的樣兒都傻　是個頑皮叫他撓著發個昏　要惹著他當時不撩開手　他也不管你疼不疼

傻悶兒

了

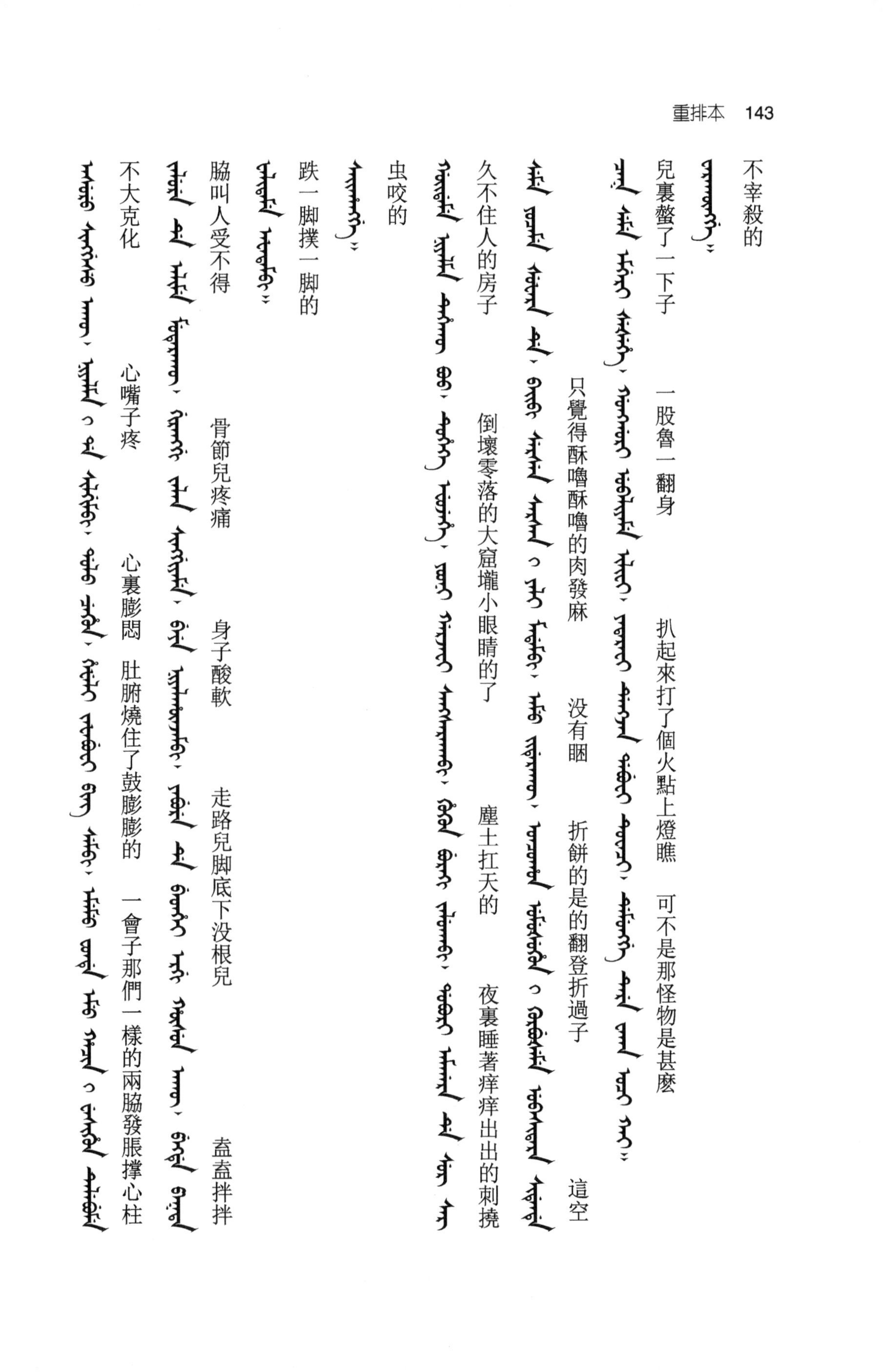

不宰殺的

兒裏盤了一下子　一股魯一翻身　扒起來打了個火點上燈瞧　可不是那怪物是甚麽

只覺得酥嚕酥嚕的肉發麻　没有睏　折餅的是的翻登折過子　這空

久不住人的房子　倒壞零落的大窟嚨小眼睛的了　塵土扛天的　夜裏睡著痒痒出出的刺撓

虫咬的

跌一脚撲一脚的

脇叫人受不得　骨節兒疼痛　身子酸軟　走路兒脚底下没根兒　耷耷拌拌

不大克化　心嘴子疼　心裏膨悶　肚腑燒住了鼓膨膨的　一會子那們一樣的兩脇發脹撑心柱

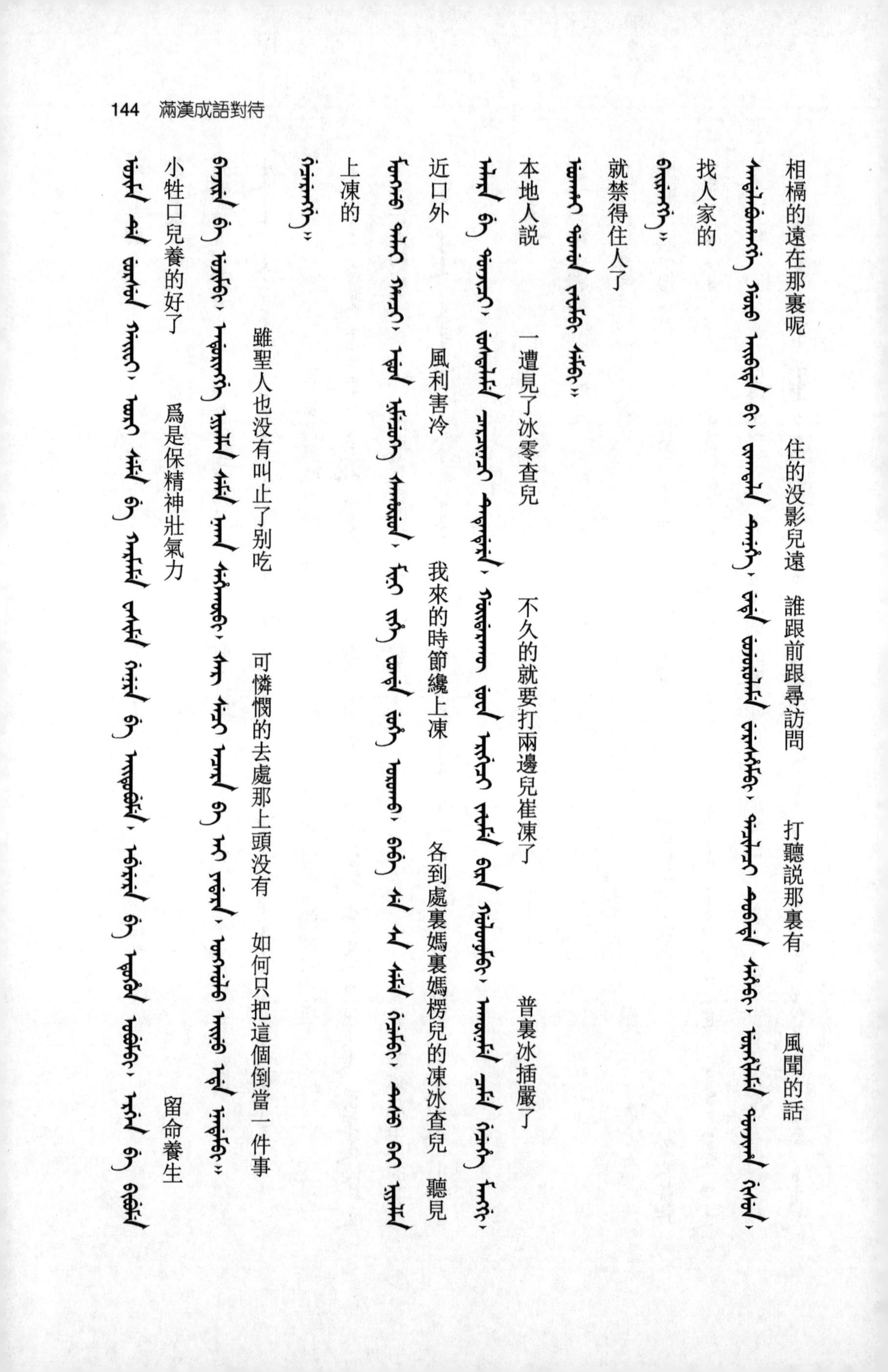

相槅的遠在那裏呢　住的没影兒遠　誰跟前跟尋訪問　打聽説那裏有　風聞的話

找人家的

就禁得住人了

本地人説　一遭見了冰零查兒　不久的就要打兩邊兒崔凍了　普裏冰插嚴了

近口外　風利害冷　我來的時節纔上凍　各到處裏媽裏媽楞兒的凍冰查兒　聽見

上凍的

雖聖人也没有叫止了別吃　可憐憫的去處那上頭没有　如何只把這個倒當一件事

小牲口兒養的好了　爲是保精神壯氣力　留命養生

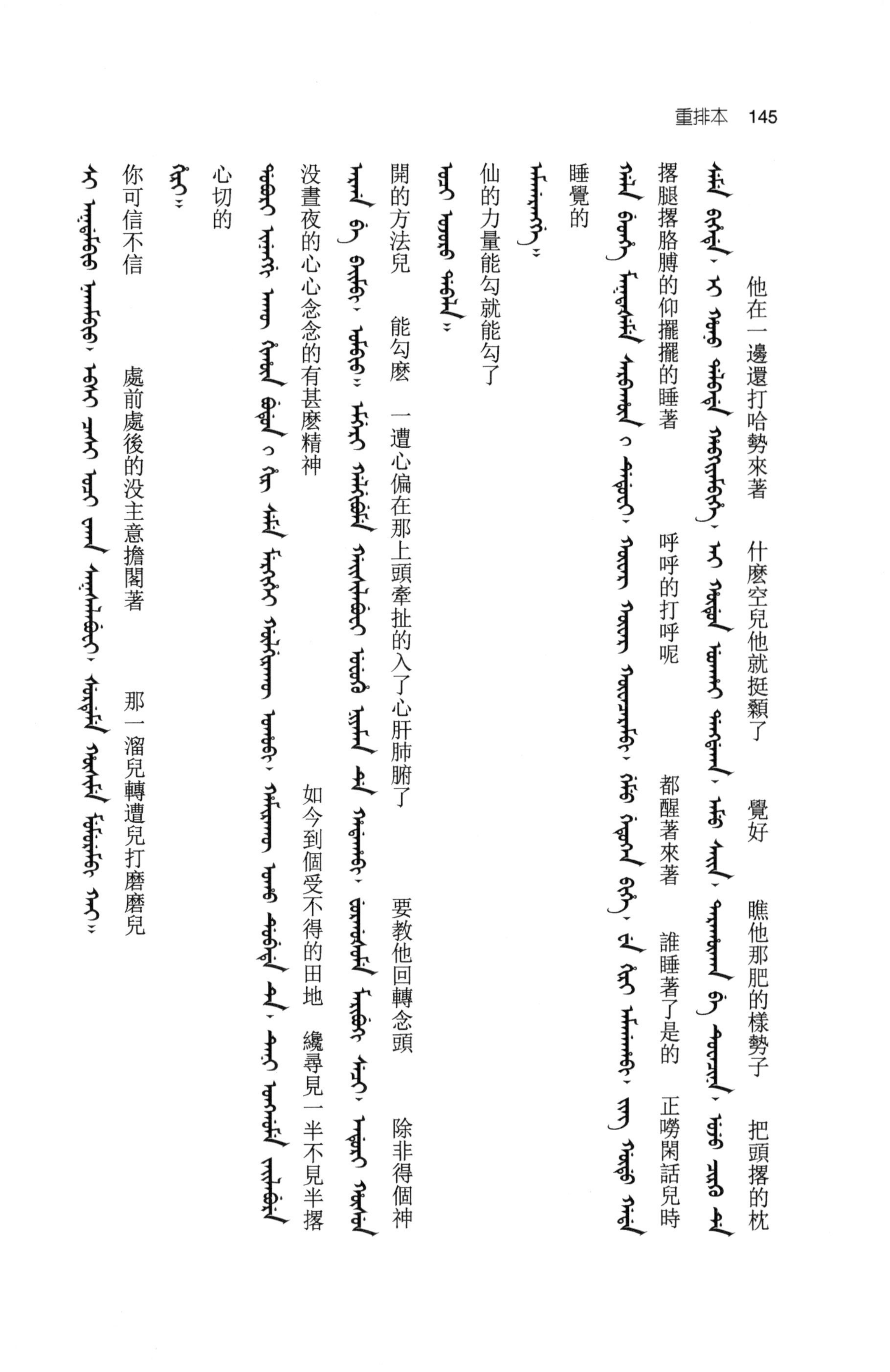

他在一邊還打哈勢來著　什麼空兒他就挺顙了　覺好　瞧他那肥的樣勢子　把頭搭的枕

搭腿搭胳膊的仰擺擺的睡著　呼呼的打呼呢　都醒著來著　誰睡著了是的　正嘮閑話兒時

睡覺的

仙的力量能勾就能勾了

開的方法兒　能勾麽　一遭心偏在那上頭牽扯的入了心肝肺腑了　要教他回轉念頭　除非得個神

没晝夜的心心念念的有甚麽精神　如今到個受不得的田地　纔尋見一半不見半搭

心切的

你可信不信　處前處後的没主意擔閣著　那一溜兒轉遭兒打磨磨兒

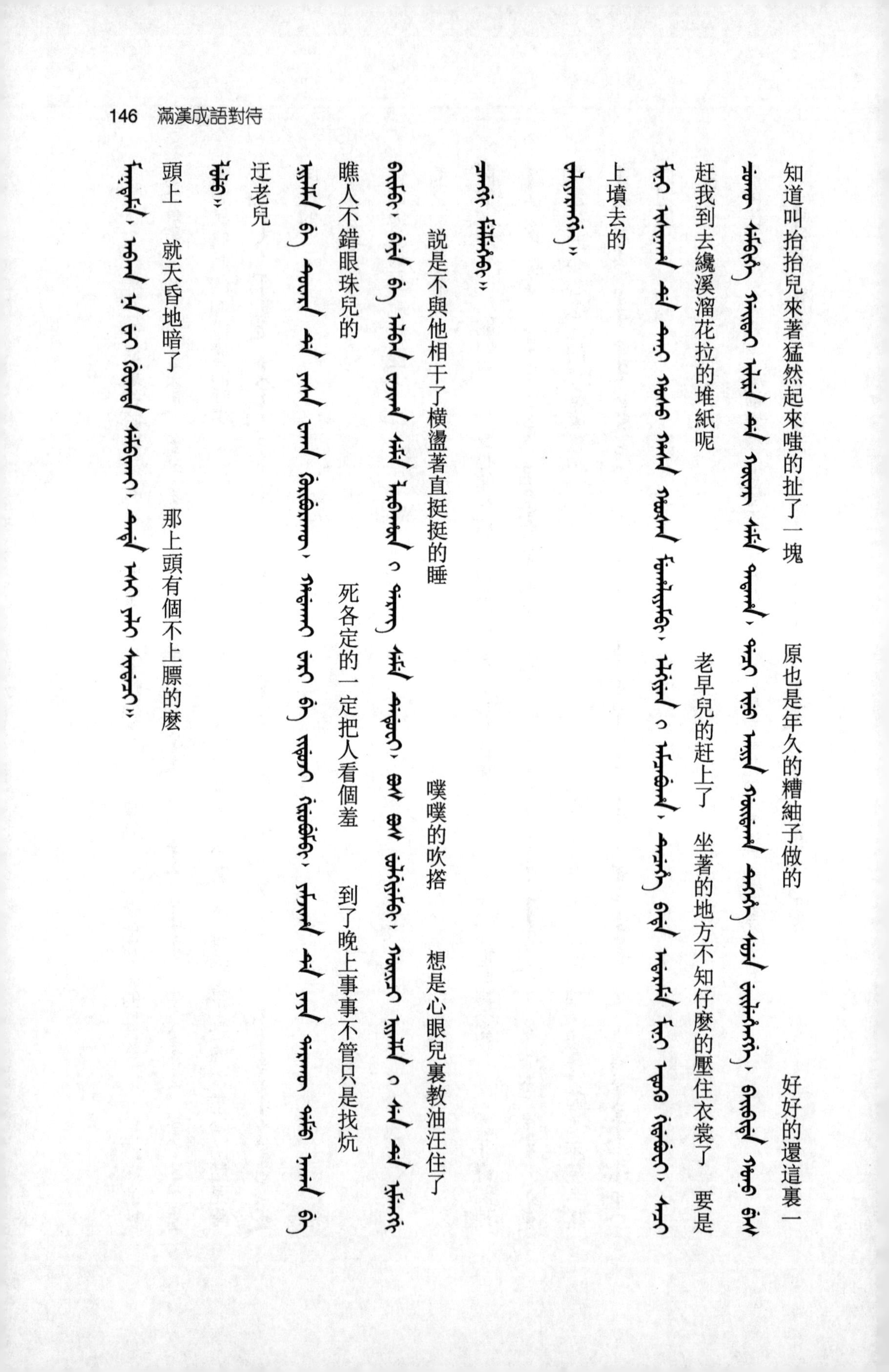

知道叫抬抬兒來著猛然起來嗤的扯了一塊　原也是年久的糟紬子做的　好好的還這裏一

趕我到去纔溪溜花拉的堆紙呢　老早兒的趕上了　坐著的地方不知仔麼的壓住衣裳了　要是

上墳去的

說是不與他相干了橫溘著直挺挺的睡　噗噗的吹搭　想是心眼兒裏教油汪住了

瞧人不錯眼珠兒的　死各定的一定把人看個羞　到了晚上事事不管只是找炕

迂老兒

頭上　就天昏地暗了　那上頭有個不上膘的麼

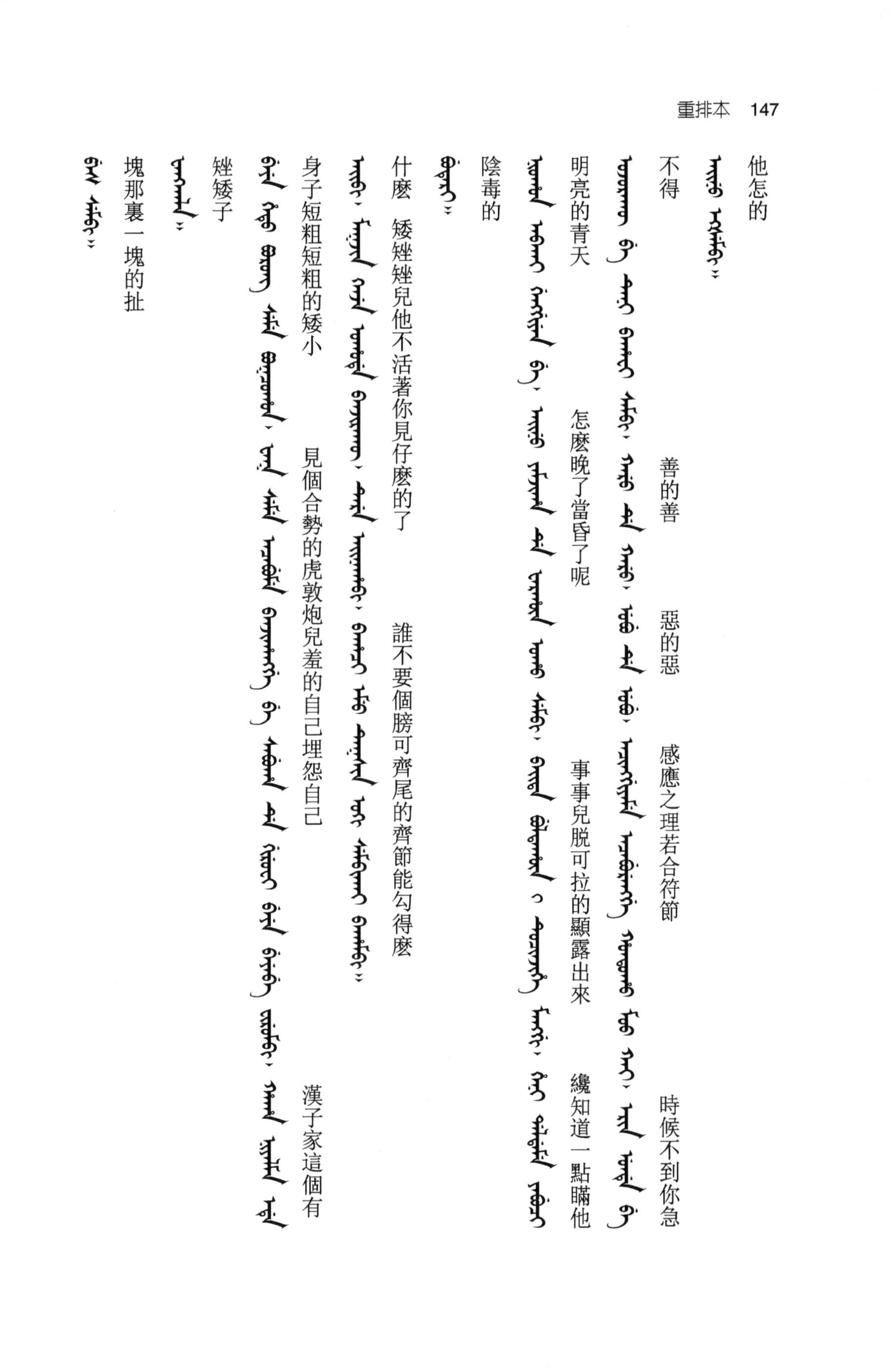

他怎的

不得 善的善 惡的惡 感應之理若合符節 時候不到你急

明亮的青天 怎麼晚了當昏了呢 事事兒脱可拉的顯露出來 纔知道一點瞞他

陰毒的

什麼 矮矬矬兒他不活著你見仔麼的了 誰不要個膀可齊尾的齊節能勾得麼

身子短粗短粗的矮小 見個合勢的虎敦炮兒羞的自己埋怨自己 漢子家這個有

矬矮子

塊那裏一塊的扯

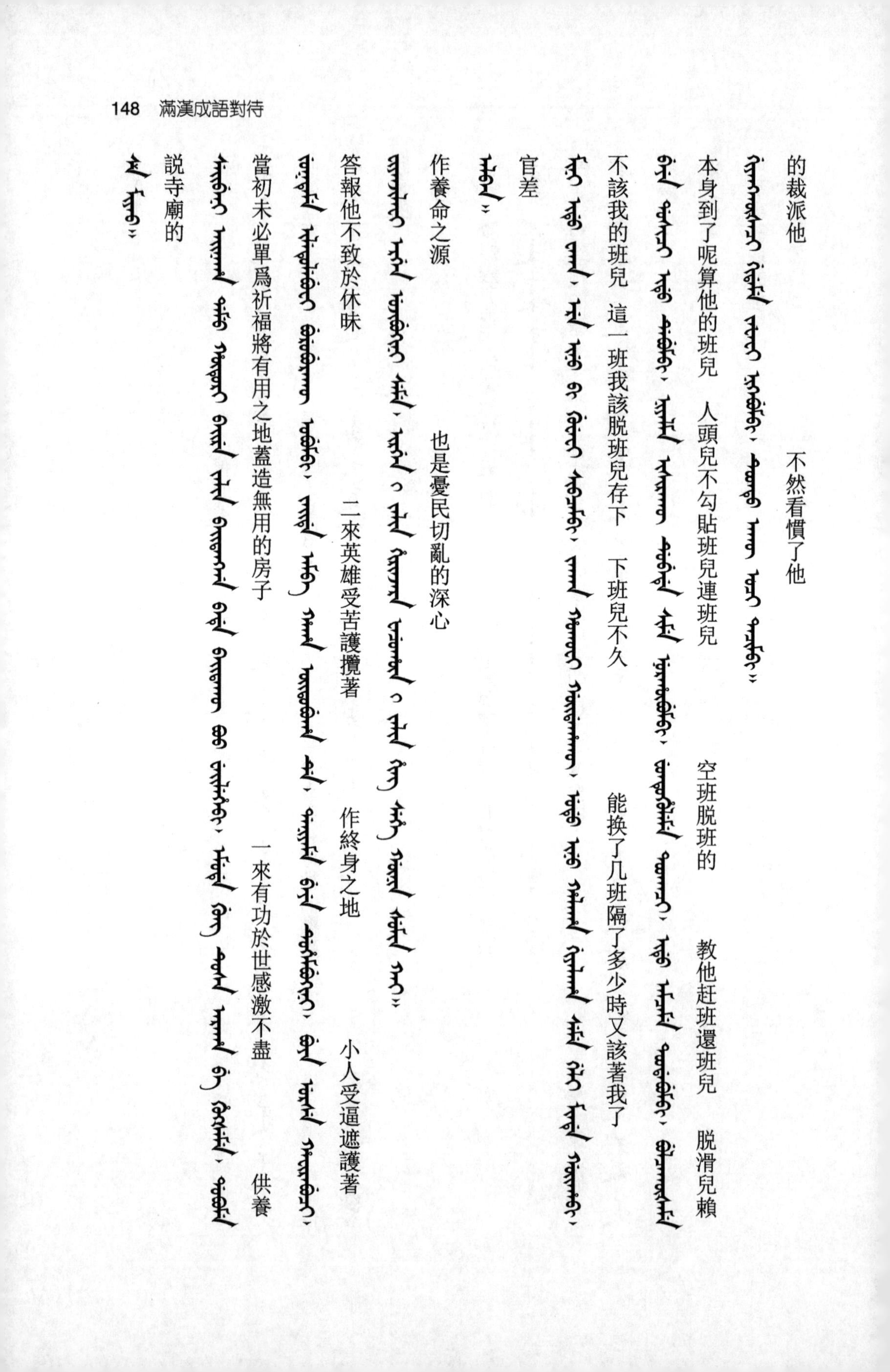

的裁派他　不然看慣了他

本身到了呢算他的班兒　人頭兒不勾貼班兒連班兒　空班脫班的　教他赶班還班兒　脫滑兒賴

不該我的班兒　這一班我該脫班兒存下　下班兒不久　能換了几班隔了多少時又該著我了

官差

作養命之源　也是憂民切亂的深心

答報他不致於休昧　二來英雄受苦護攬著　作終身之地　小人受逼遮護著

當初未必單爲祈福將有用之地蓋造無用的房子　一來有功於世感激不盡　供養

說寺廟的

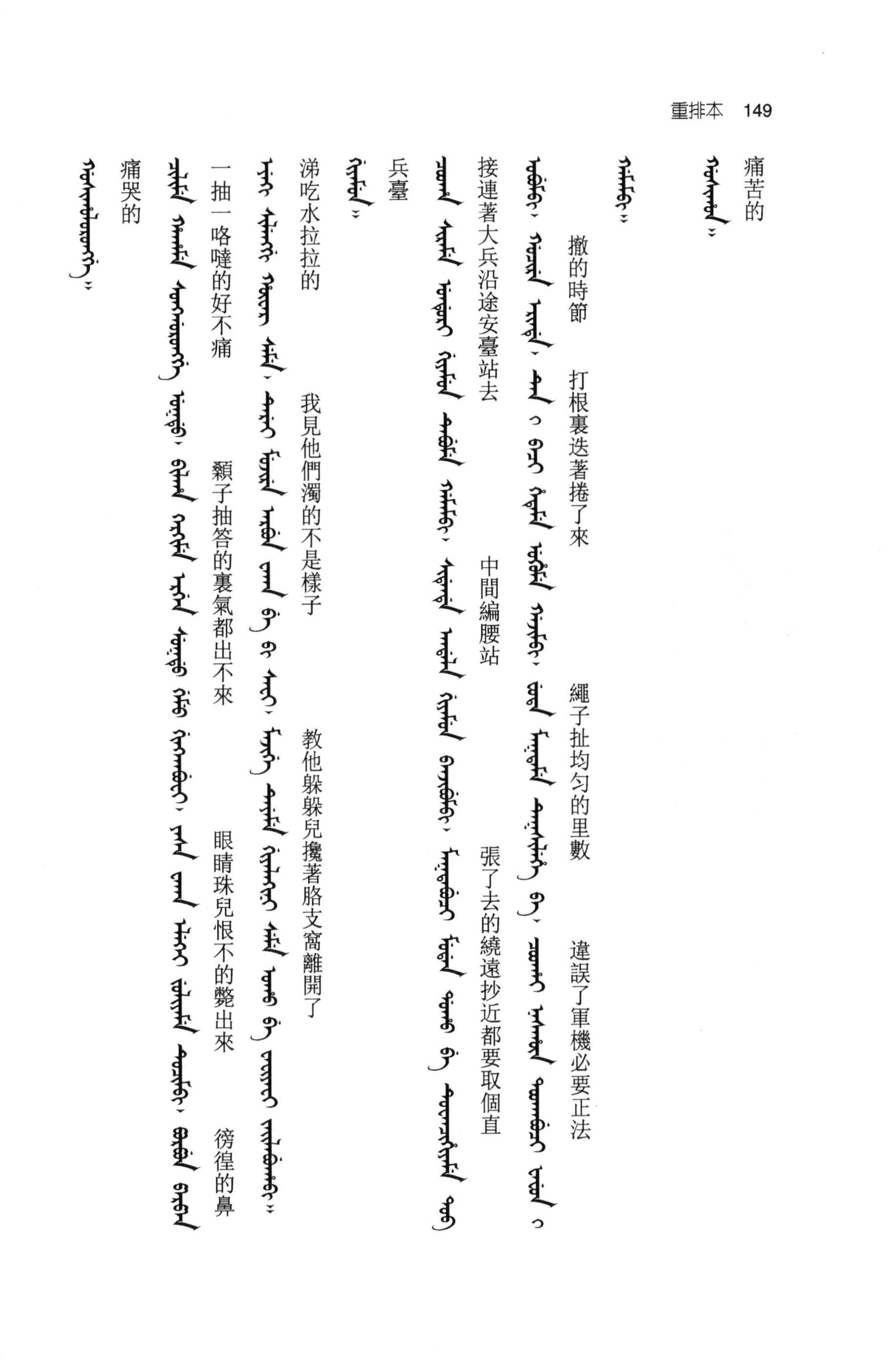

痛苦的

撤的時節　打根裏迭著捲了來　繩子扯均勻的里數　違誤了軍機必要正法

接連著大兵沿途安臺站去　中間編腰站　張了去的繞遠抄近都要取個直

兵臺

涕吃水拉拉的　我見他們濁的不是樣子　教他躲躲兒攙著胳支窩離開了

一抽一咯噔的好不痛　額子抽答的裏氣都出不來　眼睛珠兒恨不的甏出來　傍徨的鼻

痛哭的

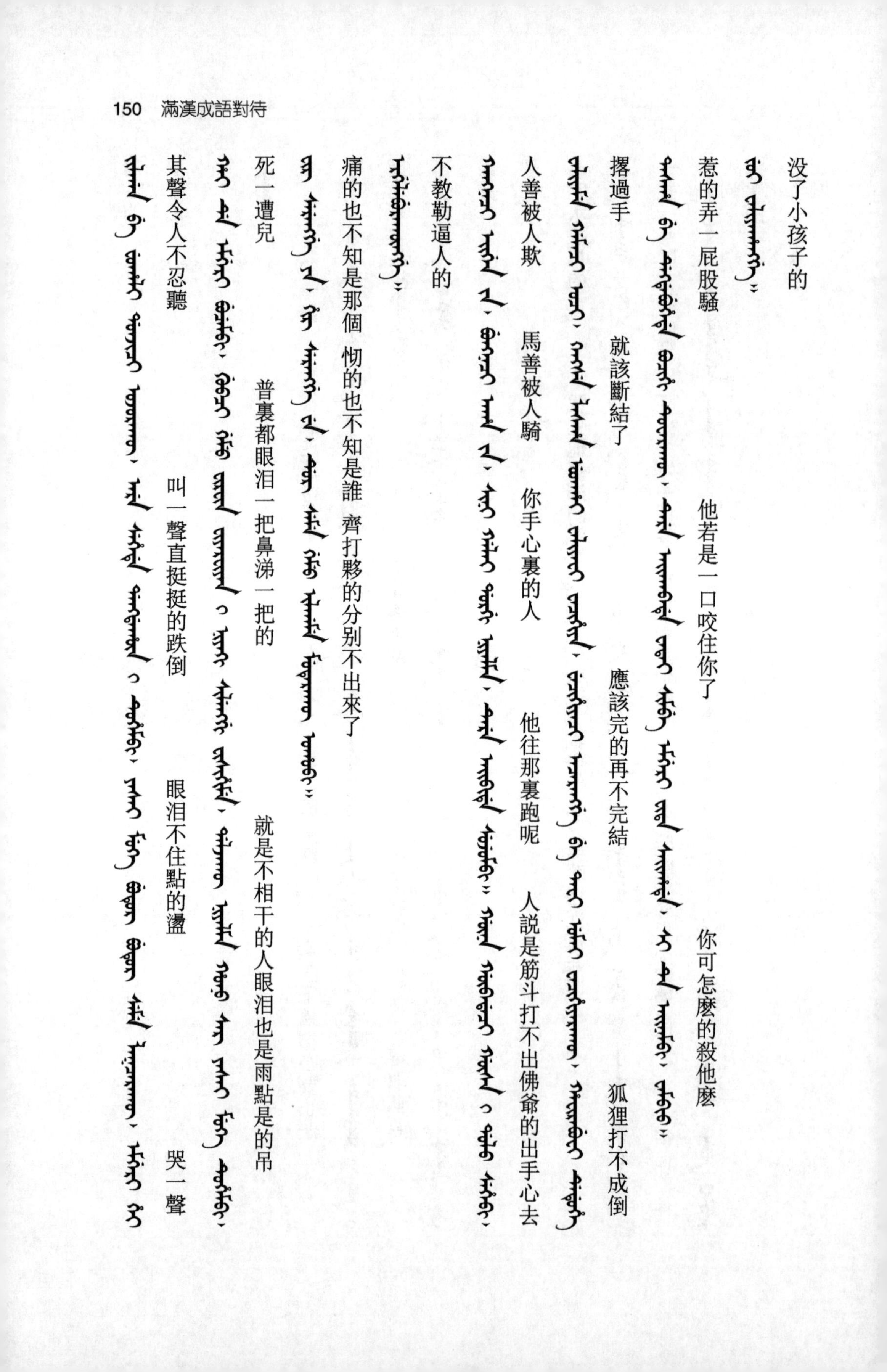

没了小孩子的

惹的弄一屁股騷　他若是一口咬住你了　你可怎麼的殺他麼

摞過手　就該斷結了　應該完的再不完結　狐狸打不成倒

人善被人欺　馬善被人騎　你手心裏的人　他往那裏跑呢　人說是筋斗打不出佛爺的出手心去

不教勒逼人的

痛的也不知是那個　[忄+切]的也不知是誰　齊打夥的分別不出來了

死一遭兒　普裏都眼泪一把鼻涕一把的　就是不相干的人眼泪也是雨點是的吊

其聲令人不忍聽　叫一聲直挺挺的跌倒　眼泪不住點的灑　哭一聲

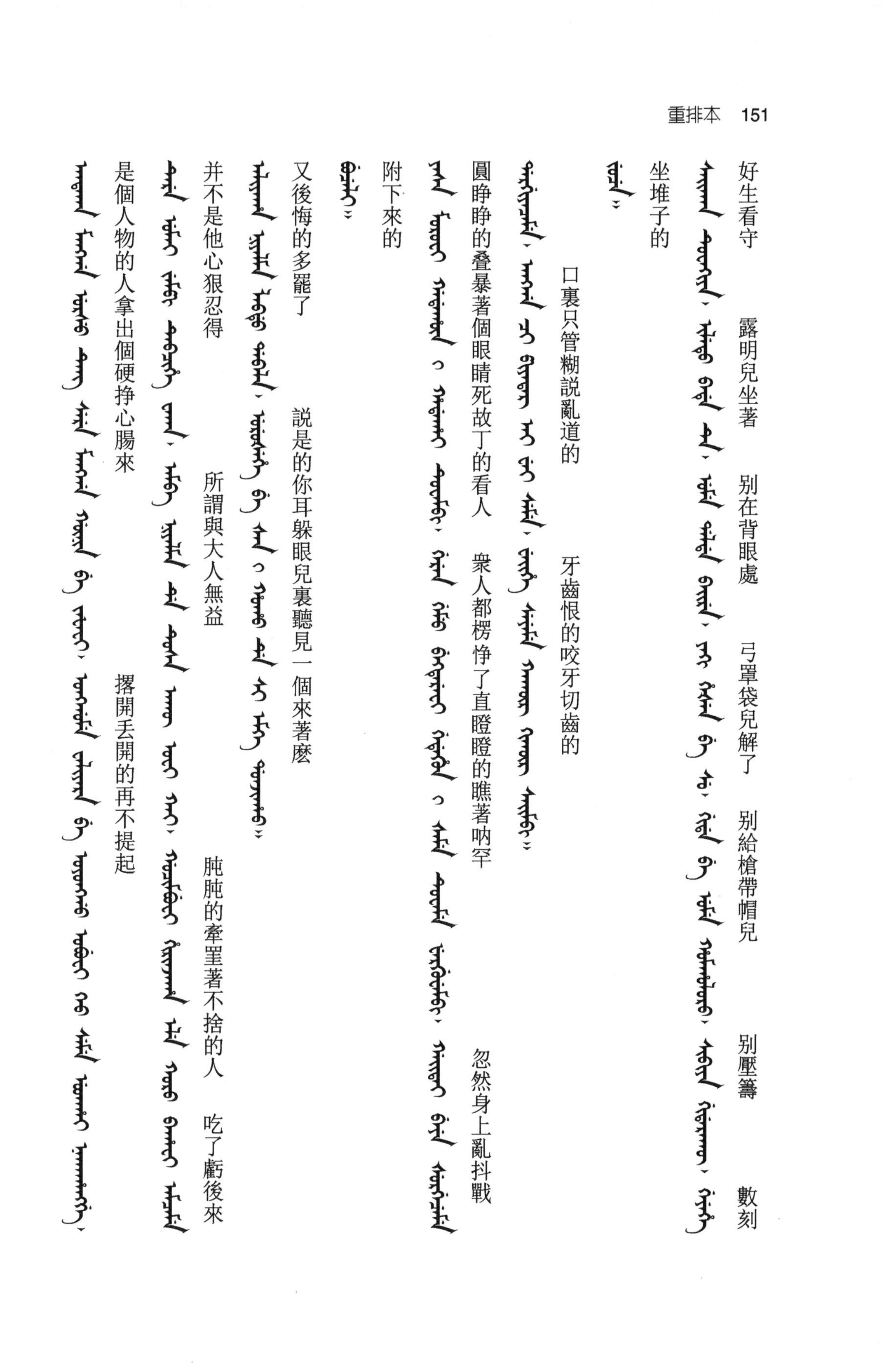

好生看守　露明兒坐著　別在背眼處　弓罩袋兒解了　別給槍帶帽兒　別壓籌　數刻

坐堆子的

口裏只管糊說亂道的　牙齒恨的咬牙切齒的

圓睁睁的叠暴著個眼睛死故丁的看人　衆人都楞挣了直瞪瞪的瞧著呐罕　忽然身上亂抖戰

附下來的

又後悔的多罷了　說是的你耳躲眼兒裏聽見一個來著麼

并不是他心狠忍得　所謂與大人無益　肫肫的牽罣著不捨的人　吃了虧後來

是個人物的人拿出個硬挣心腸來　撂開丢開的再不提起

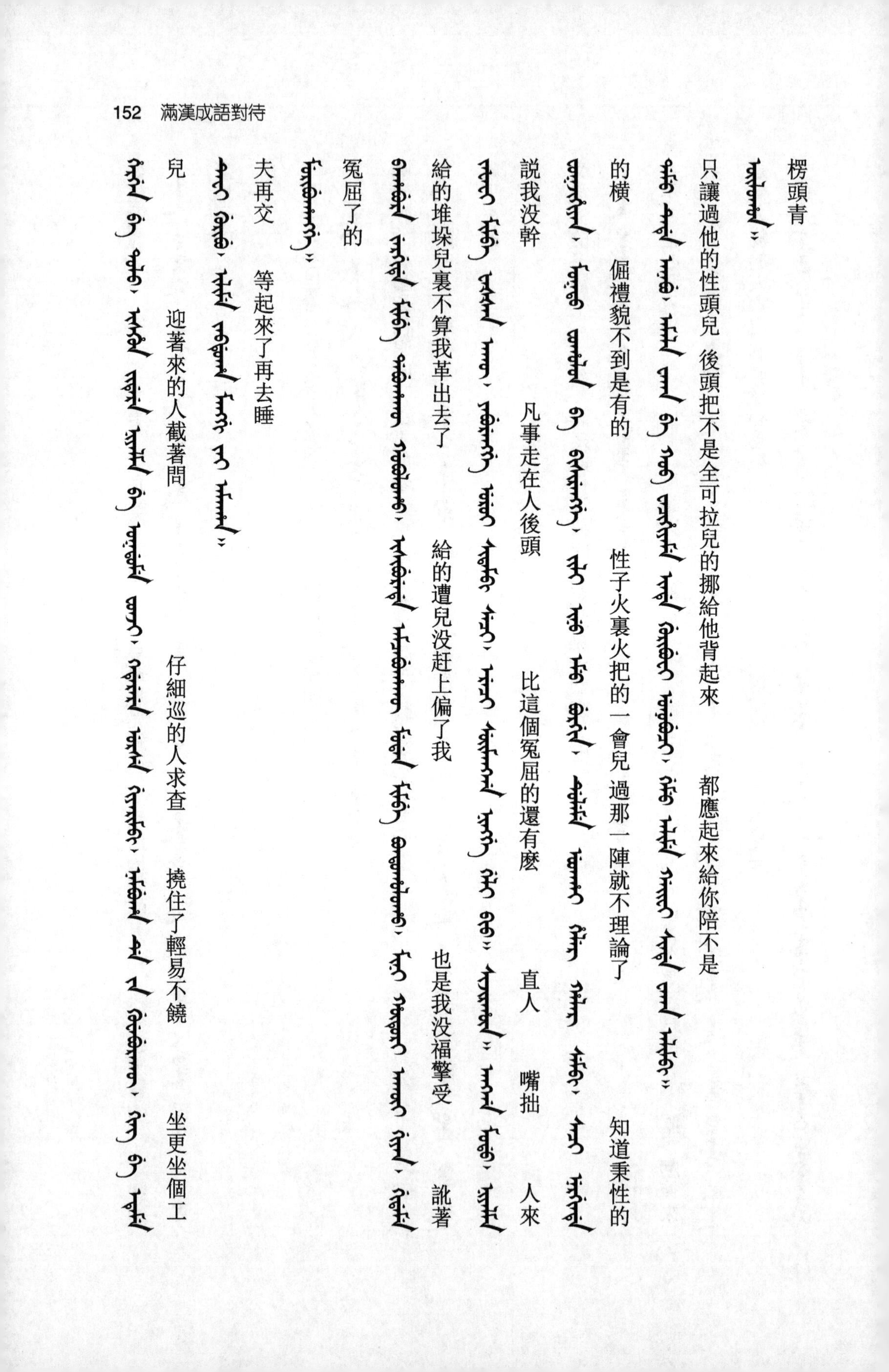

楞頭青

只讓過他的性頭兒　後頭把不是全可拉兒的挪給他背起來　都應起來給你陪不是

的橫　倔禮貌不到是有的　性子火裏火把的一會兒　過那一陣就不理論了　知道秉性的

説我沒幹　凡事走在人後頭　比這個寃屈的還有麽　直人　嘴拙　人來

給的堆垛兒裏不算我革出去了　給的遭兒沒赶上偏了我　也是我沒福擎受　訛著

寃屈了的

夫再交　等起來了再去睡

兒　迎著來的人截著問　仔細巡的人求查　撓住了輕易不饒　坐更坐個工

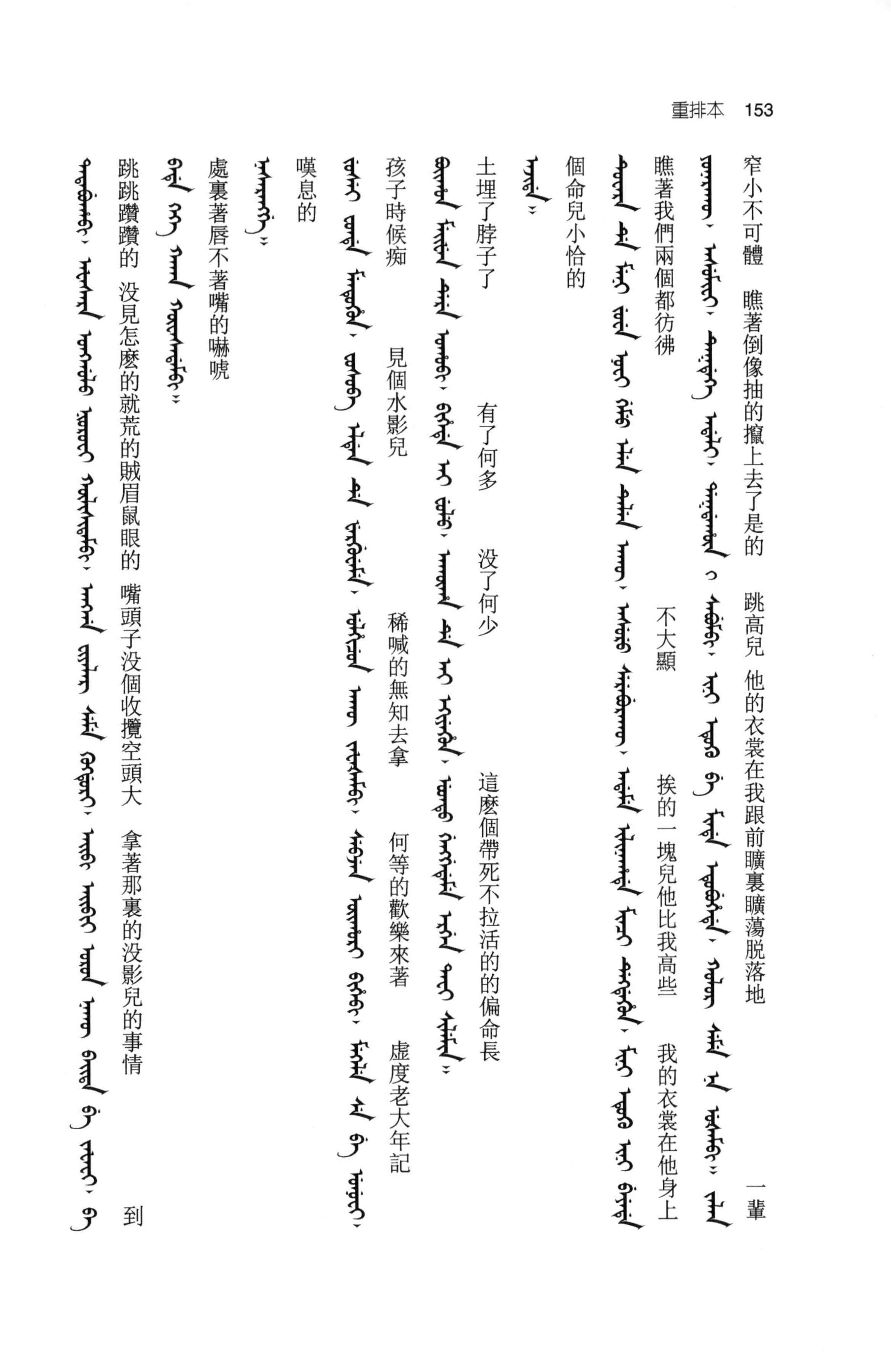

窄小不可體 瞧著倒像抽的攛上去了是的 跳高兒 他的衣裳在我跟前曠裏曠蕩脱落地 一輩

瞧著我們兩個都彷彿 不大顯 挨的一塊兒他比我高些 我的衣裳在他身上

個命兒小恰的

土埋了脖子了 有了何多 没了何少 這麼個帶死不拉活的偏命長

孩子時候痴 見個水影兒 稀喊的無知去拿 何等的歡樂來著 虛度老大年記

嘆息的

處裏著唇不著嘴的嚇唬

跳跳躦躦的 没見怎麼的就荒的賊眉鼠眼的 嘴頭子没個收攬空頭大 拿著那裏的没影兒的事情 到

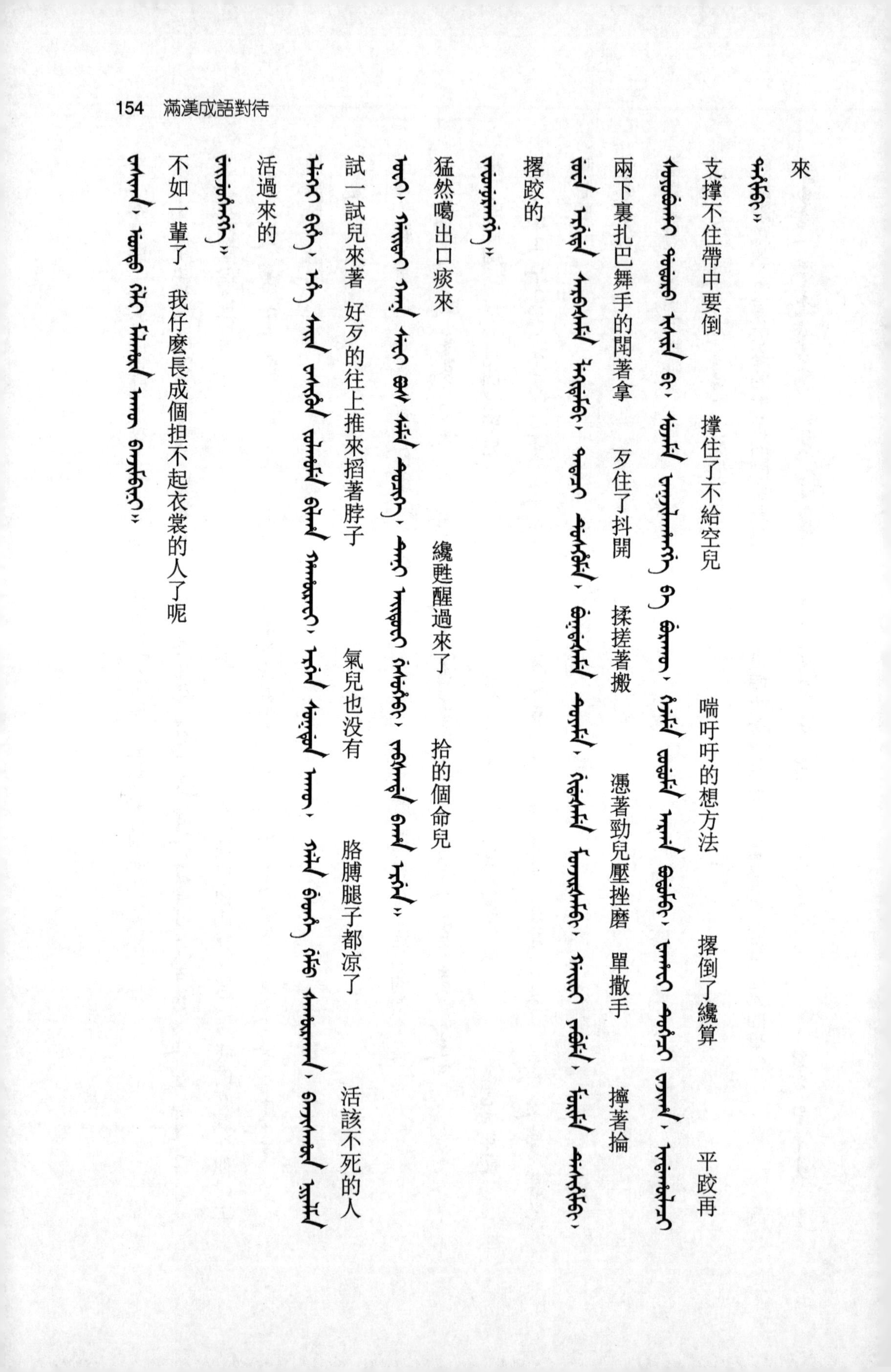

來

支撐不住帶中要倒
撐住了不給空兒
喘吁吁的想方法
摺倒了纔算
平跤再

兩下裏扎巴舞手的閙著拿
歹住了抖開
揉搓著搬
憑著勁兒壓挫磨
單撒手
擰著掄

摺跤的

猛然噶出口痰來
纔甦醒過來了
拾的個命兒

試一試兒來著
好歹的往上推來掐著脖子
氣兒也沒有
胳膊腿子都涼了
活該不死的人

活過來的

不如一輩了
我仔麽長成個担不起衣裳的人了呢

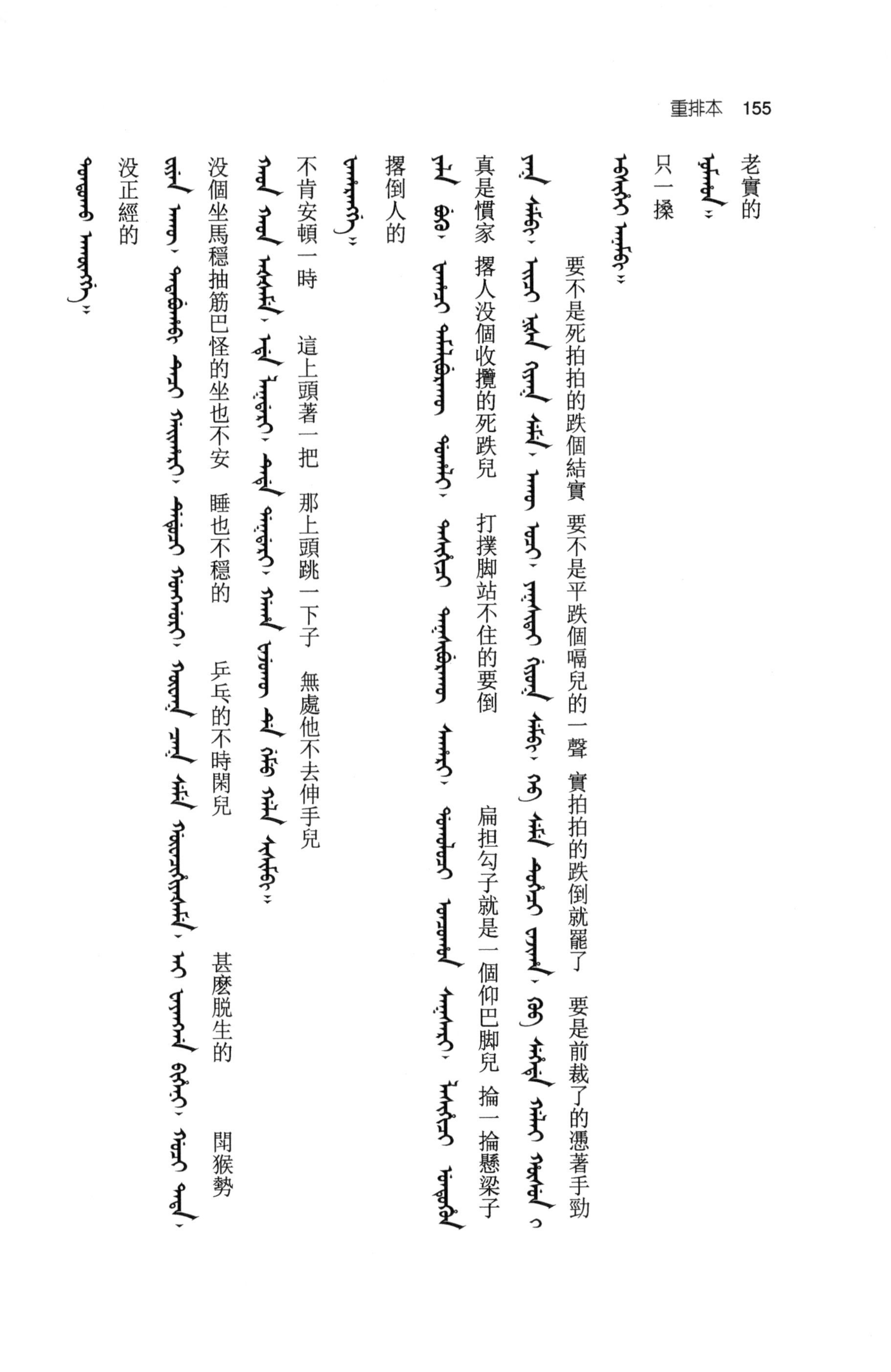

老實的

只一搡

要不是死拍拍的跌個結實 要不是平跌個嗝兒的一聲 實拍拍的跌倒就罷了 要是前栽了的憑著手勁

真是慣家 撂人没個收攬的死跌兒 打撲脚站不住的要倒 扁担勾子就是一個仰巴脚兒 掄一掄懸梁子

撂倒人的

不肯安頓一時 這上頭著一把 那上頭跳一下子 無處他不去伸手兒

没個坐馬穩抽筋巴怪的坐也不安 睡也不穩的 乒乓的不時閑兒 甚麽脱生的 閗猴勢

没正經的

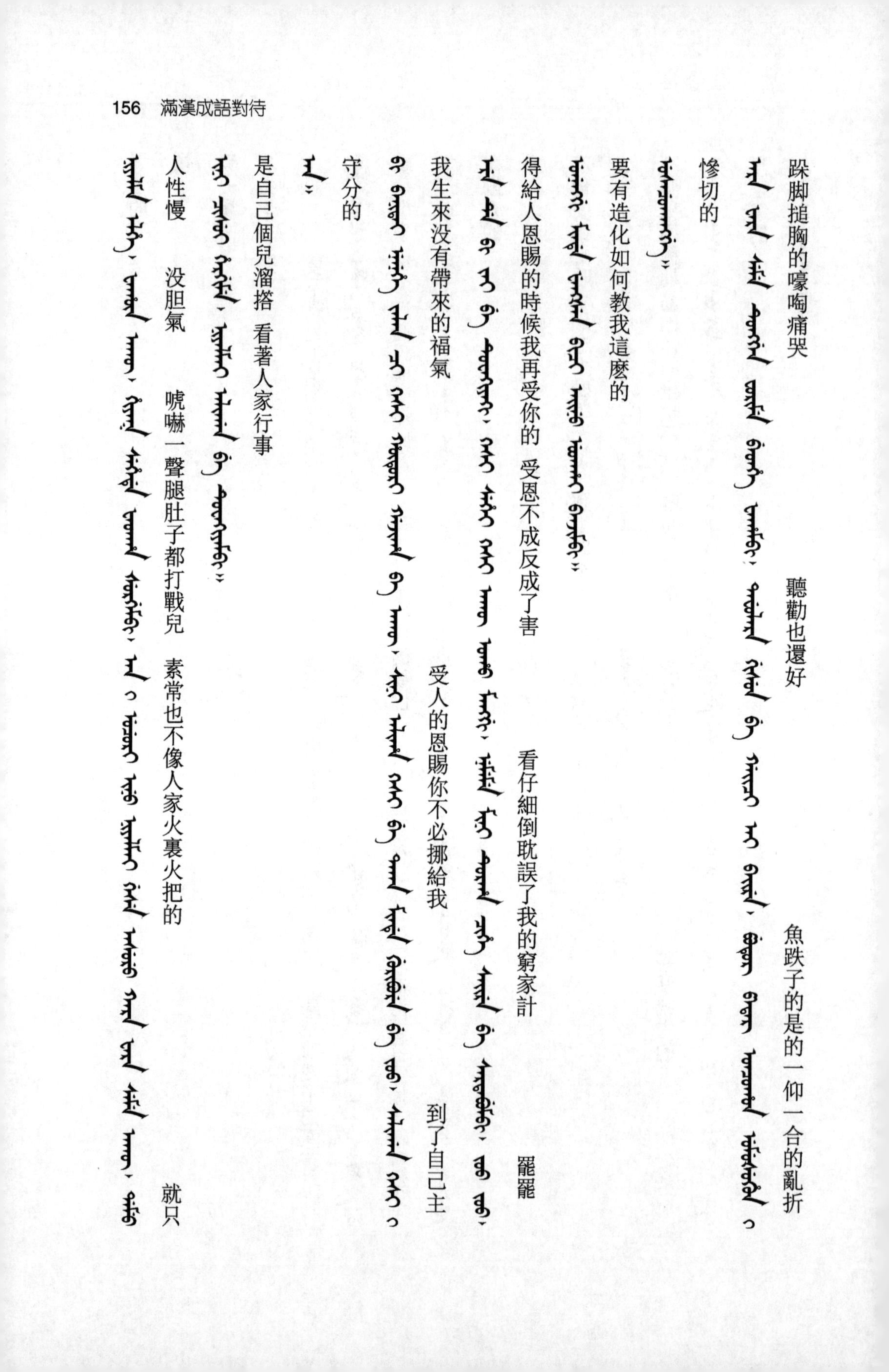

跺脚搥胸的嚎啕痛哭　聽勸也還好　魚跌子的是的一仰一合的亂折

慘切的

要有造化如何教我這麼的

得給人恩賜的時候我再受你的　受恩不成反成了害　看仔細倒耽誤了我的窮家計　罷罷

我生來没有帶來的福氣　受人的恩賜你不必挪給我　到了自己主

守分的

是自己個兒溜搭　看著人家行事

人性慢　没胆氣　唬嚇一聲腿肚子都打戰兒　素常也不像人家火裏火把的　就只

夸塌夸塌的敲門 我早知道來了 扯著脖子吶喊摇旗的儘著叫 那上頭我也不

會邀來的

那麼樣的可只是仔麼得知道呢

的 大人保舉的人没有 把我擬正 擬陪的人平常 大有個成兒 大勢該得 雖是

安排次序揀選過了 人名開列引見 派就了不時的預備著 本地保來

升官的

知道 受不的不撂開手死得了麼 你說麼

個子 只說你別管我 心裏的氣滿了 這裏不教我出氣 你們教我那裏去出氣 我

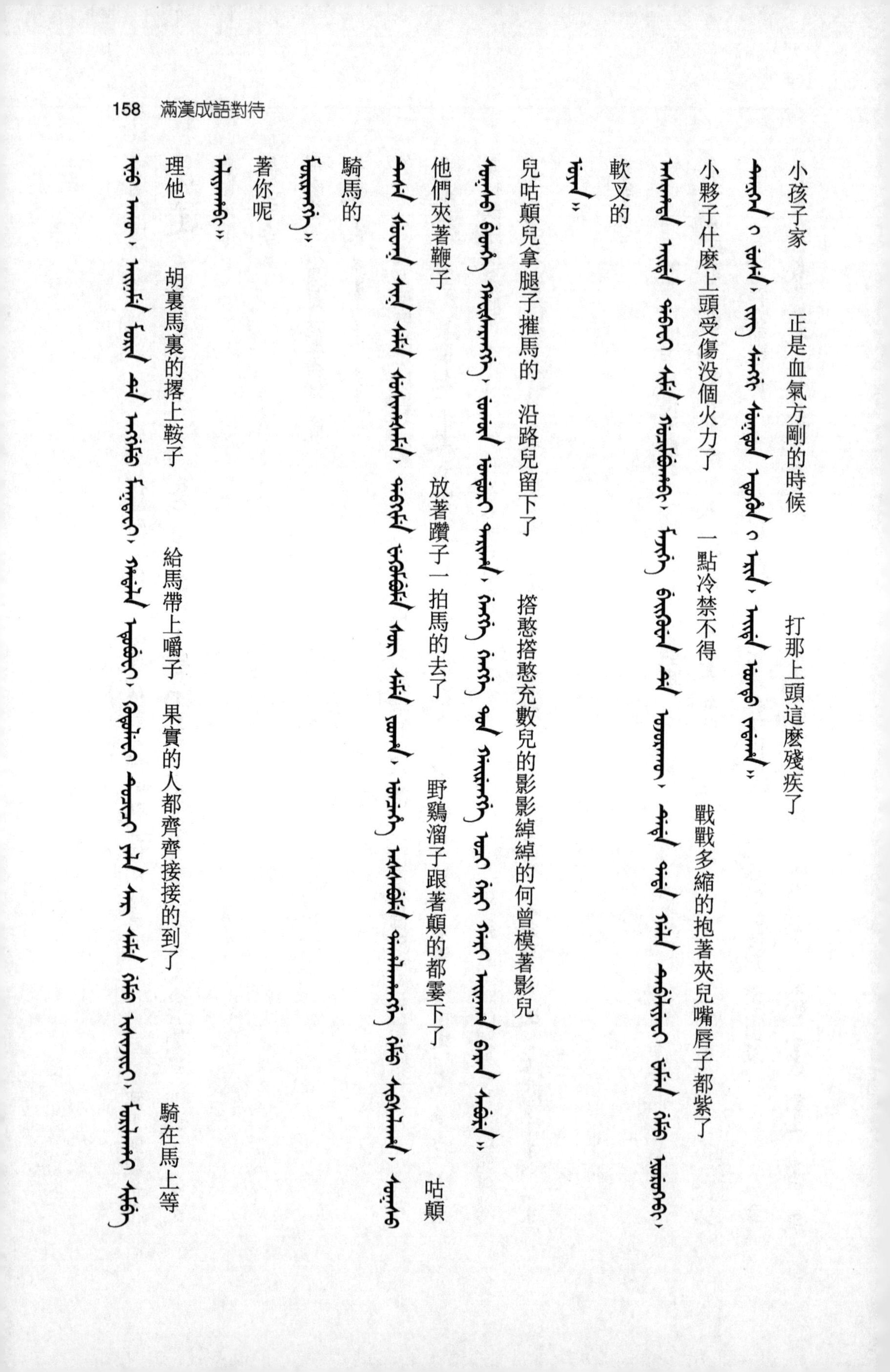

小孩子家　正是血氣方剛的時候　打那上頭這麼殘疾了

小夥子什麼上頭受傷没個火力了　一點冷禁不得　戰戰多縮的抱著夾兒嘴唇子都紫了

軟叉的

兒咕顛兒拿腿子摧馬的　沿路兒留下了　搭憨搭憨充數兒的影影綽綽的何曾模著影兒

他們夾著鞭子　放著蹬子一拍馬的去了　野鷄溜子跟著顛的都霎下了　咕顛

騎馬的

著你呢

理他　胡裏馬裏的搭上鞍子　給馬帶上嚼子　果實的人都齊齊接接的到了　騎在馬上等

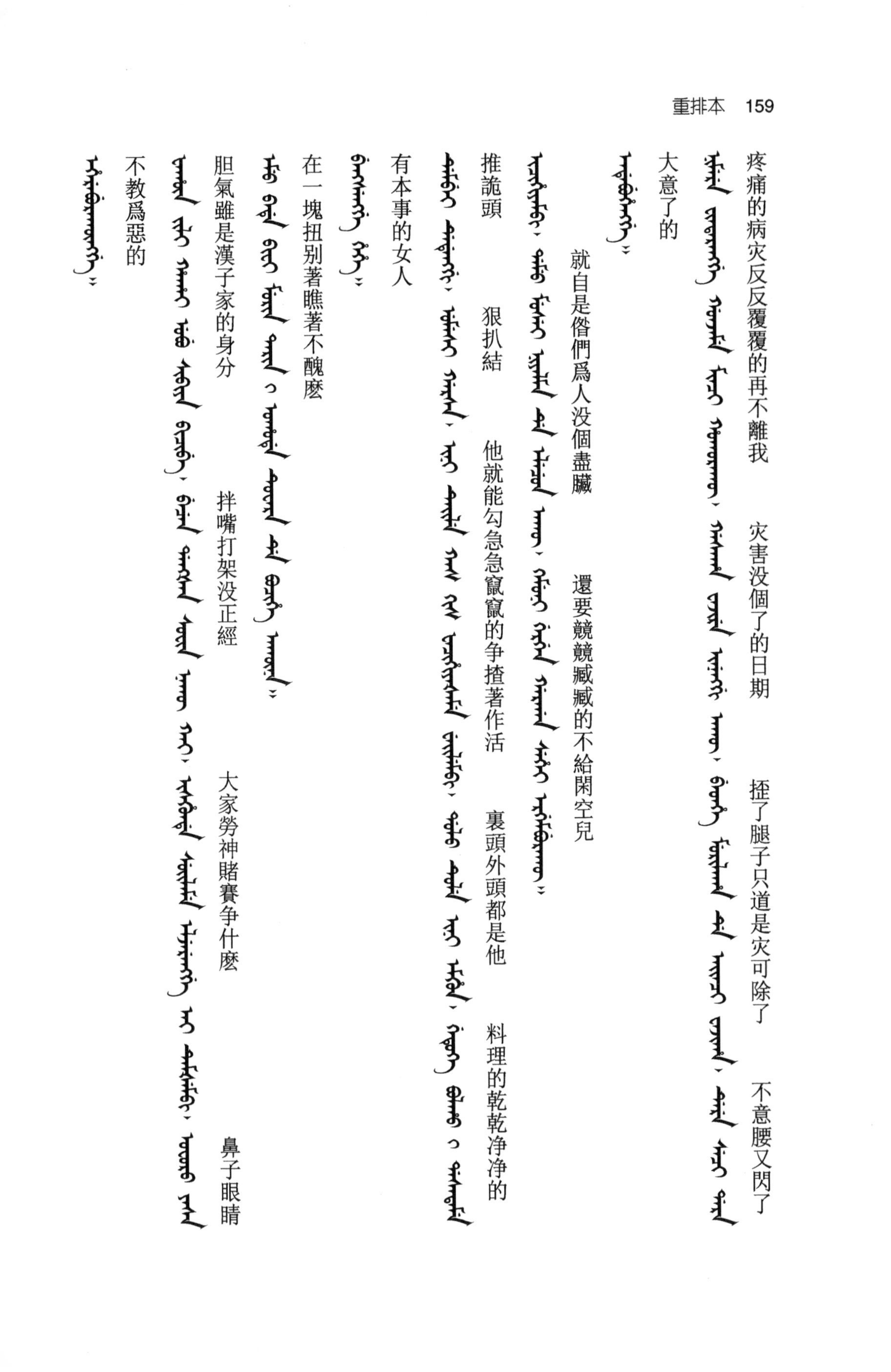

疼痛的病灾反反覆覆的再不離我　灾害没個了的日期　捱了腿子只道是灾可除了　不意腰又閃了

大意了的

就自是偺們爲人没個盡臟　還要競競臧臧的不給閑空兒

推諉頭　狠扒結　他就能勾急急竄竄的争揸著作活　裏頭外頭都是他　料理的乾乾净净的

有本事的女人

在一塊扭别著瞧著不醜麽

胆氣雖是漢子家的身分　拌嘴打架没正經　大家勞神賭賽争什麽　鼻子眼睛

不教爲惡的

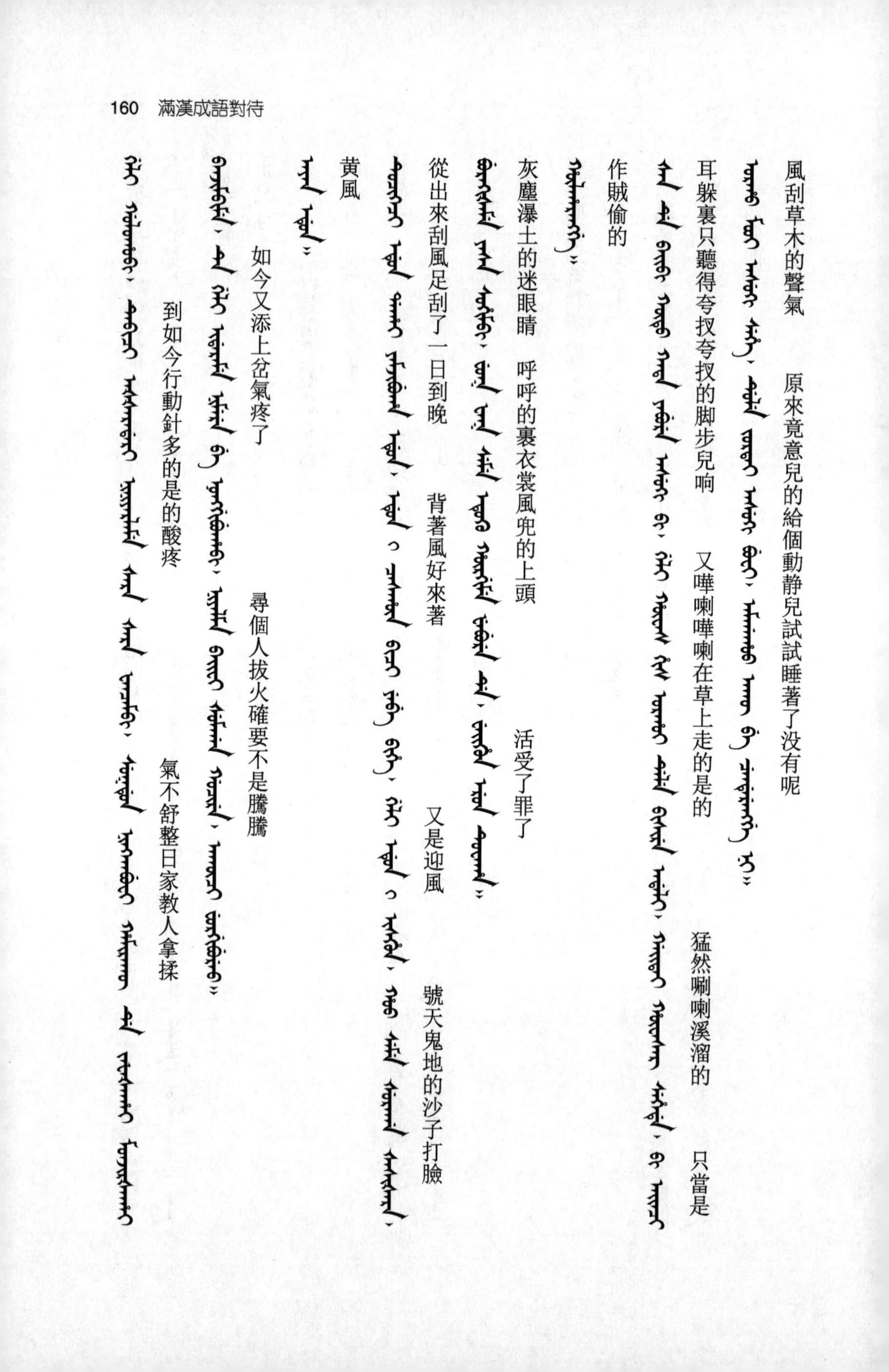

風刮草木的聲氣　原來竟意兒的給個動靜兒試試睡著了没有呢

[illegible]

耳躲裏只聽得夸扠夸扠的脚步兒响　又嘩喇嘩喇在草上走的是的　猛然唰喇溪溜的　只當是

[illegible]

作賊偷的

[illegible]

灰塵瀑土的迷眼睛　呼呼的裏衣裳風兜的上頭　活受了罪了

[illegible]

從出來刮風足刮了一日到晚　背著風好來著　又是迎風　號天鬼地的沙子打臉

[illegible]

黃風

[illegible]

如今又添上岔氣疼了　尋個人拔火確要不是騰騰

[illegible]

到如今行動針多的是的酸疼　氣不舒整日家教人拿揉

[illegible]

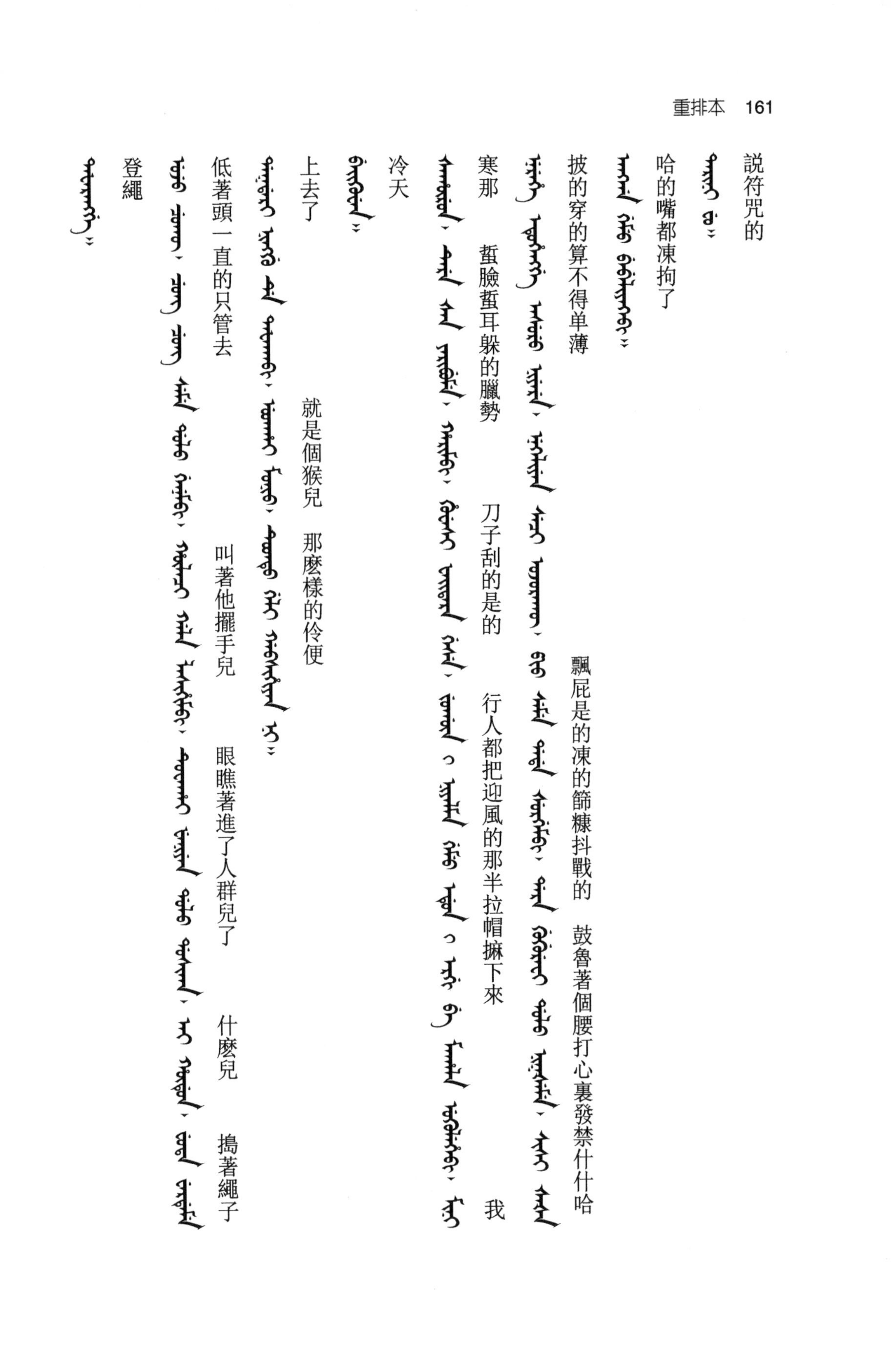

說符咒的

哈的嘴都凍拘了

披的穿的算不得单薄 飄屁是的凍的篩糠抖戰的 鼓魯著個腰打心裏發禁什什哈

寒那 蜇臉蜇耳躲的臘勢 刀子刮的是的 行人都把迎風的那半拉帽擨下來 我

冷天

上去了 就是個猴兒 那麼樣的伶便

低著頭一直的只管去 叫著他擺手兒 眼瞧著進了人群兒了 什麼兒 搗著繩子

登繩

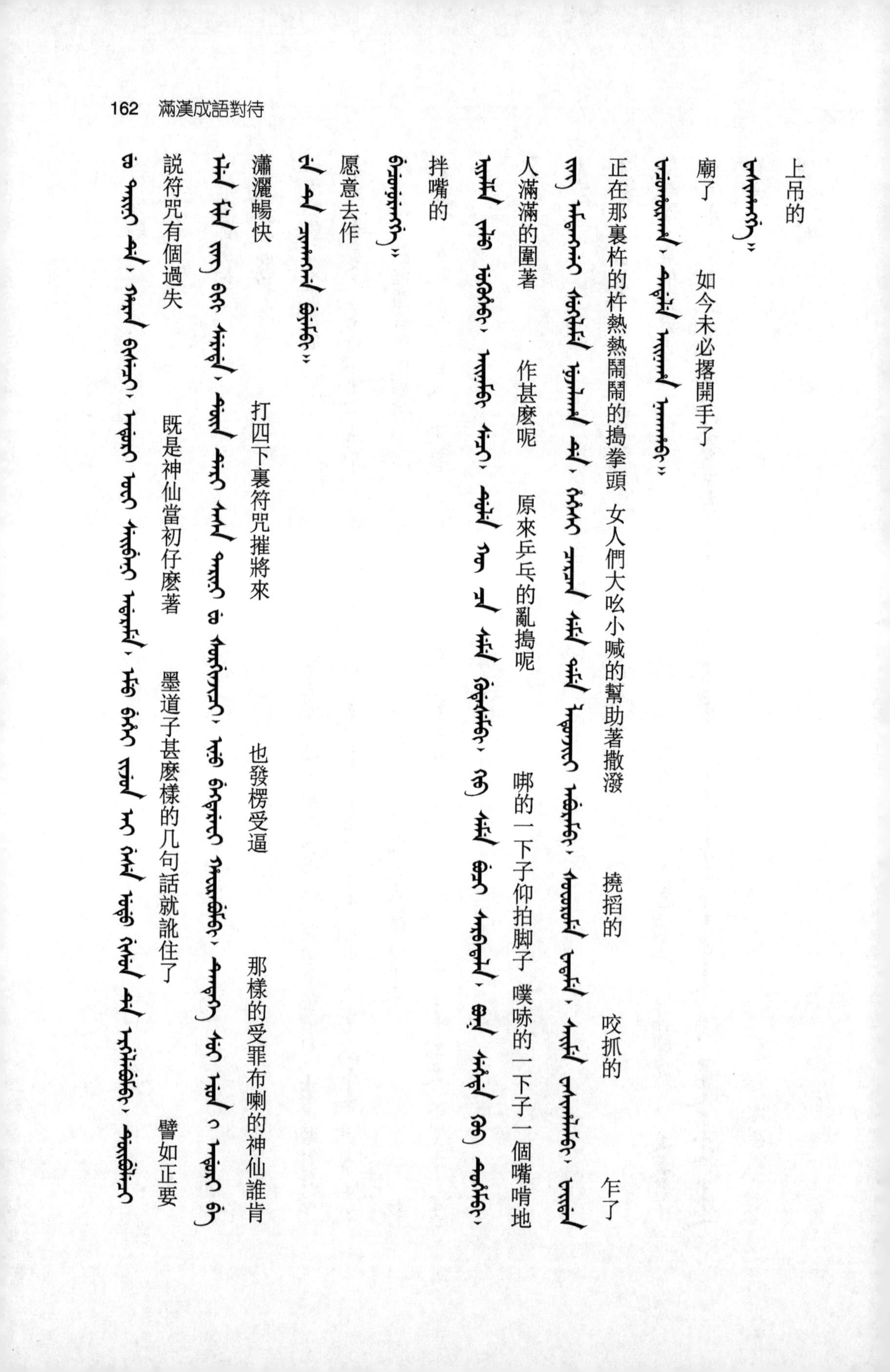

上吊的

廟了　如今未必擺開手了

正在那裏杵的杵熱熱鬧鬧的搗拳頭　女人們大吆小喊的幫助著撒潑　撓掐的　咬抓的　乍了

人滿滿的圍著　作甚麼呢　原來乒乓的亂搗呢　唦的一下子仰拍脚子　噗哧的一下子一個嘴啃地

拌嘴的

願意去作

瀟灑暢快　打四下裏符咒摧將來　也發楞受逼　那樣的受罪布喇的神仙誰肯

説符咒有個過失　既是神仙當初仔麼著　墨道子甚麼樣的幾句話就訛住了　譬如正要

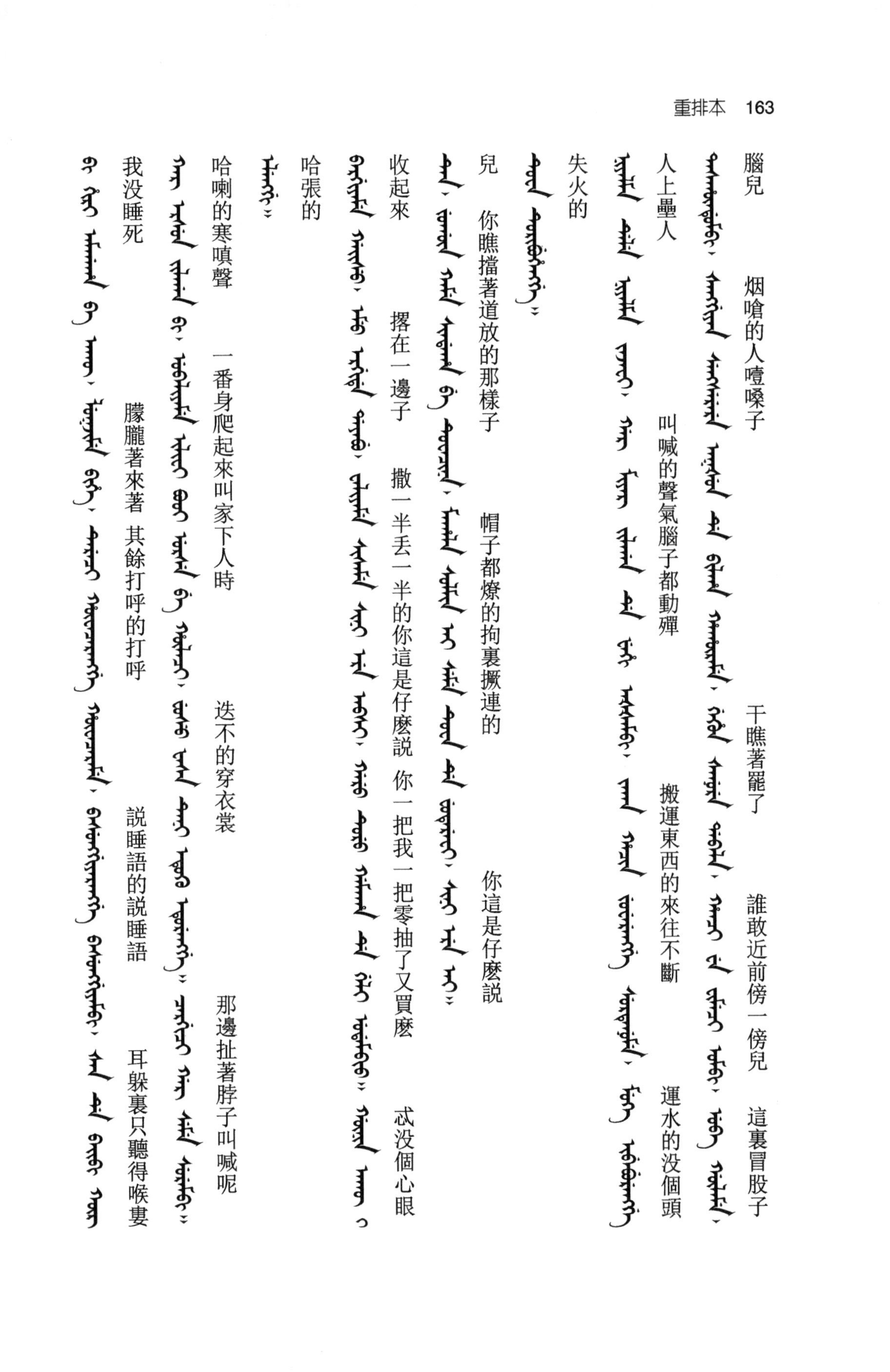

腦兒　烟嗆的人噎嗓子　干瞧著罷了　誰敢近前傍一傍兒　這裏冒股子

人上壘人　叫喊的聲氣腦子都動殫　搬運東西的來往不斷　運水的没個頭

失火的

兒　你瞧擋著道放的那樣子　帽子都燎的拘裏撅連的　你這是仔麼說

收起來　撂在一邊子　撒一半丟一半的你這是仔麼說　你一把我一把零抽了又買麼　忒没個心眼

哈張的

哈喇的寒嗔聲　一番身爬起來叫家下人時　迭不的穿衣裳　那邊扯著脖子叫喊呢

我没睡死　朦朧著來著　其餘打呼的打呼　説睡語的説睡語　耳躲裏只聽得喉嘍

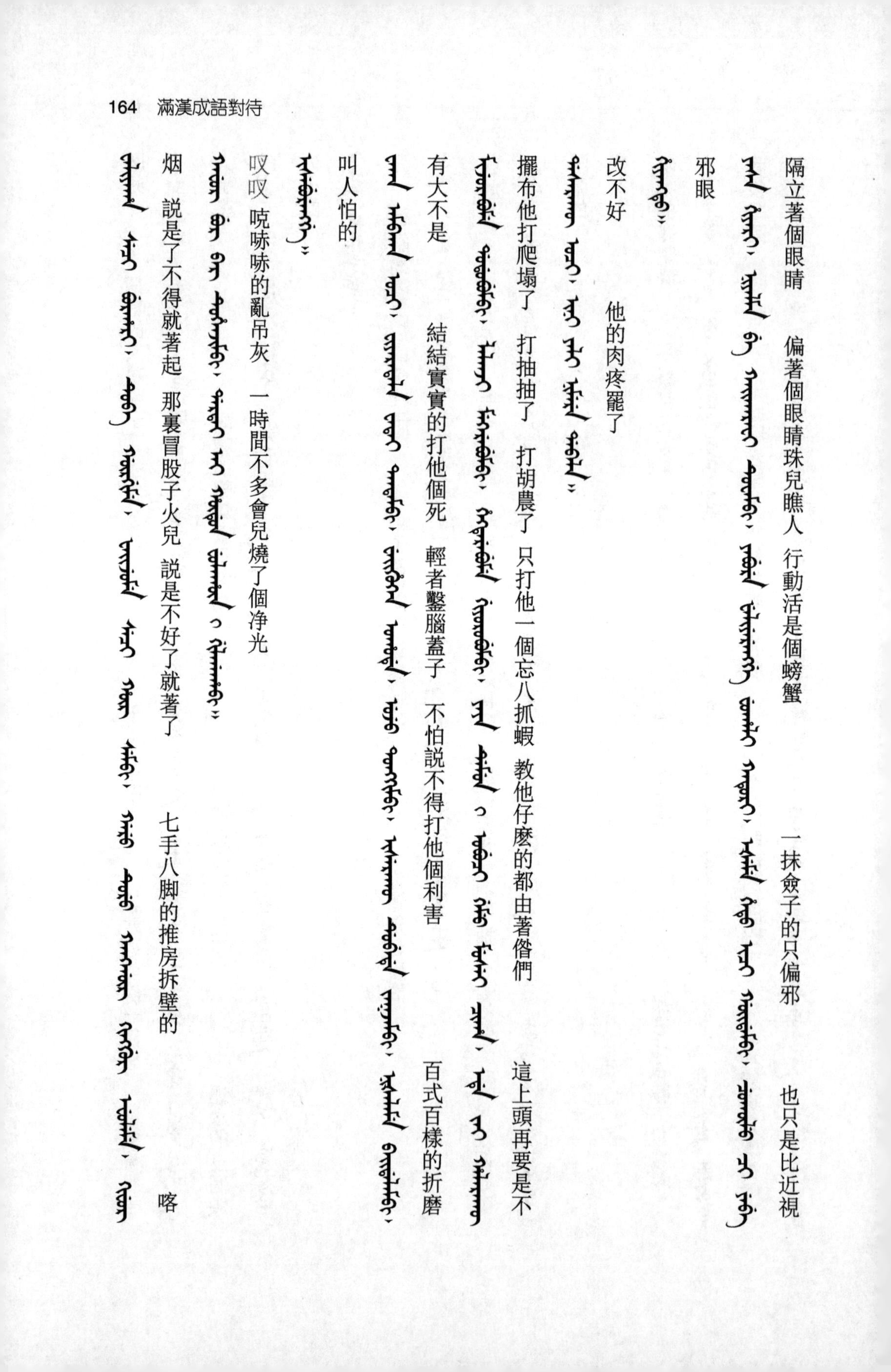

隔立著個眼睛　偏著個眼睛珠兒瞧人　行動活是個螃蟹　一抹僉子的只偏邪　也只是比近視

邪眼

改不好　他的肉疼罷了

擺布他打爬塌了　打抽抽了　打胡農了　只打他一個忘八抓蝦　教他仔麼的都由著偺們　這上頭再要是不

有大不是　結結實實的打他個死　輕者鑿腦蓋子　不怕說不得打他個利害　百式百樣的折磨

叫人怕的

哎哎　吭哧哧的亂吊灰　一時間不多會兒燒了個净光

烟　說是了不得就著起　那裏冒股子火兒　說是不好了就著了　七手八脚的推房拆壁的　咯

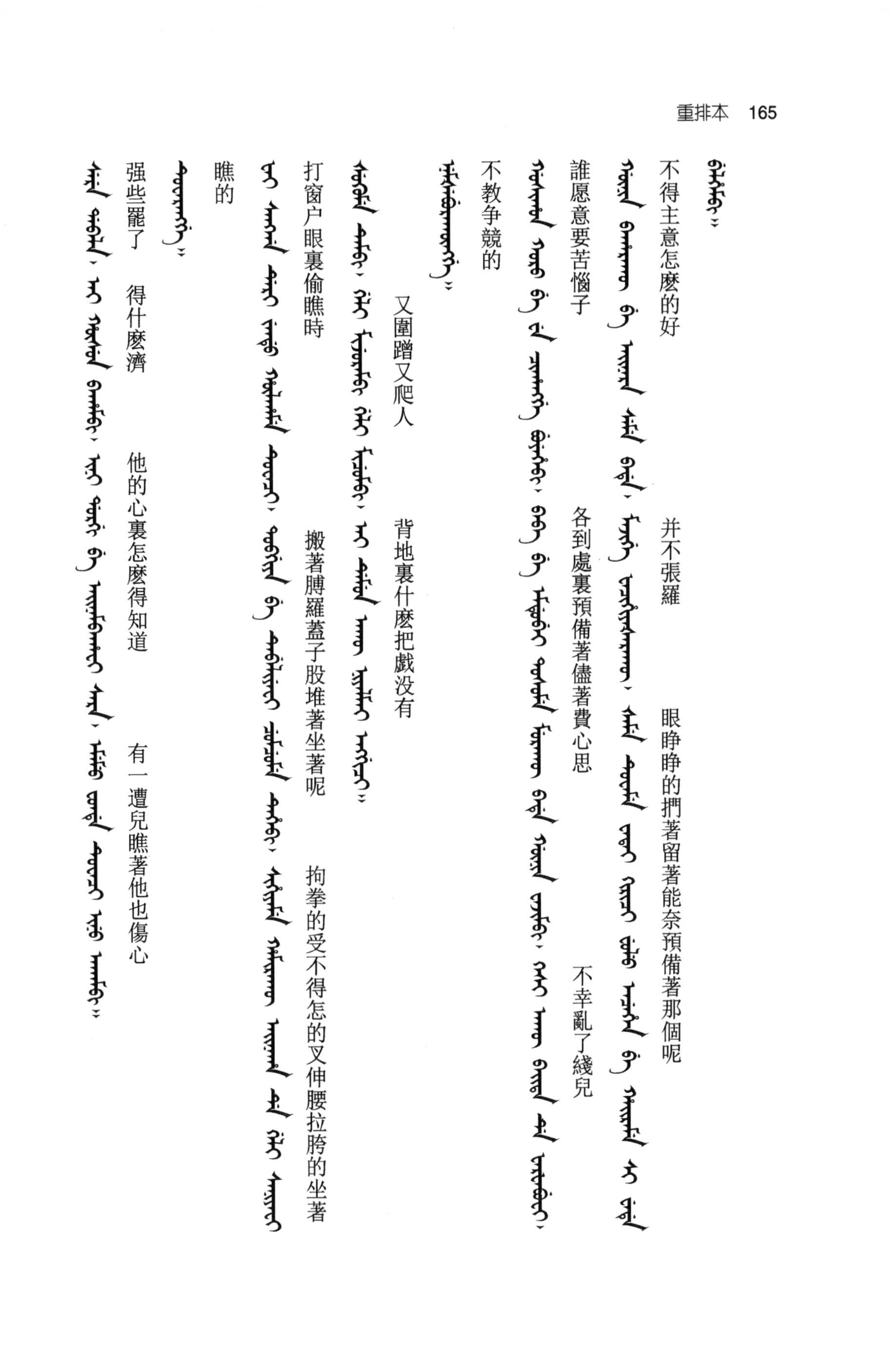

不得主意怎麽的好 并不張羅 眼睁睁的捫著留著能奈預備著那個呢

誰願意要苦惱子 各到處裏預備著儘著費心思 不幸亂了綫兒

不教争競的

又圍蹭又爬人 背地裏什麽把戲没有

打窗户眼裏偷瞧時 搬著膊羅蓋子股堆著坐著呢 拘拳的受不得怎的又伸腰拉胯的坐著

瞧的

强些罷了 得什麽濟 他的心裏怎麽得知道 有一遭兒瞧著他也傷心

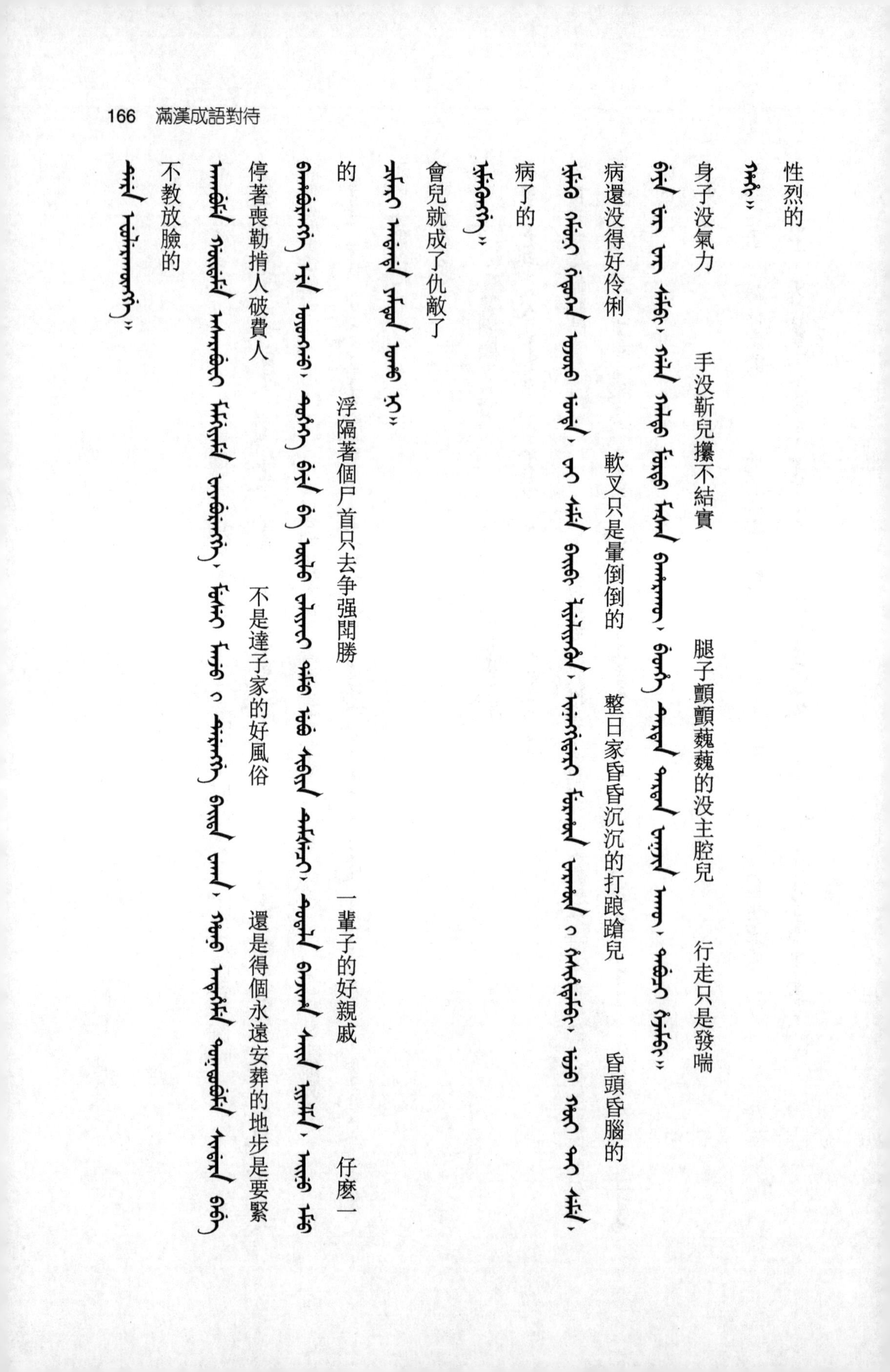

性烈的

身子没氣力　手没斬兒攥不結實　腿子顫顫巍巍的没主腔兒　行走只是發喘

病還没得好伶俐　軟叉只是暈倒倒的　整日家昏昏沉沉的打踉蹌兒　昏頭昏腦的

病了的

會兒就成了仇敵了

的　浮隔著個尸首只去争强鬥勝　一輩子的好親戚　仔麽一

停著喪勒措人破費人　不是達子家的好風俗　還是得個永遠安葬的地步是要緊

不教放臉的

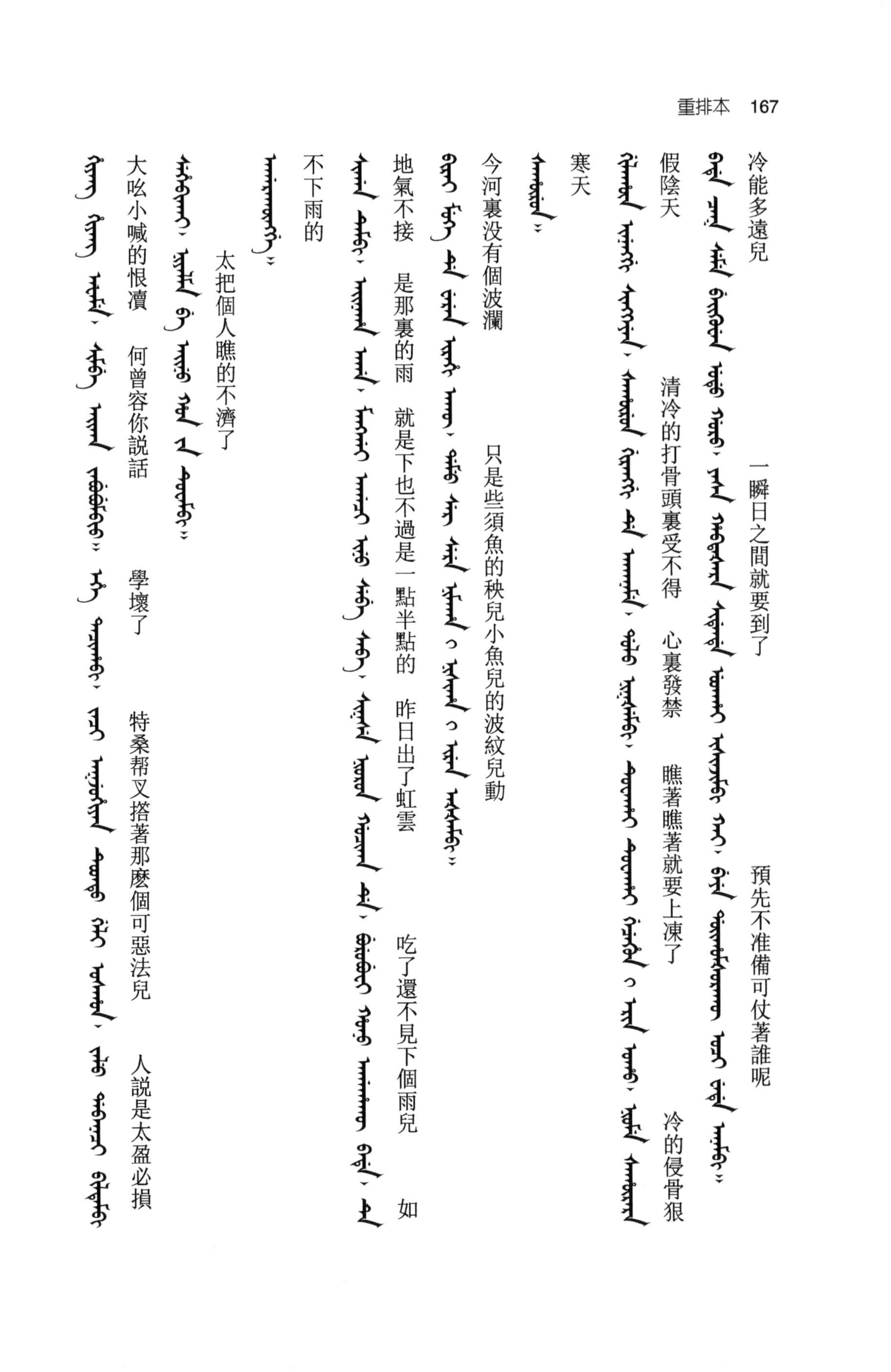

冷能多遠兒　一瞬日之間就要到了　預先不准備可仗著誰呢

假陰天　清冷的打骨頭裏受不得　心裏發禁　瞧著瞧著就要上凍了　冷的侵骨狠

寒天

今河裏没有個波瀾　只是些須魚的秧兒小魚兒的波紋兒動

地氣不接　是那裏的雨　就是下也不過是一點半點的　昨日出了虹雲　吃了還不見下個雨兒　如

不下雨的

太把個人瞧的不濟了

大吆小喊的恨潰　何曾容你說話　學壞了　特桑帮叉搭著那麼個可惡法兒　人說是太盈必損

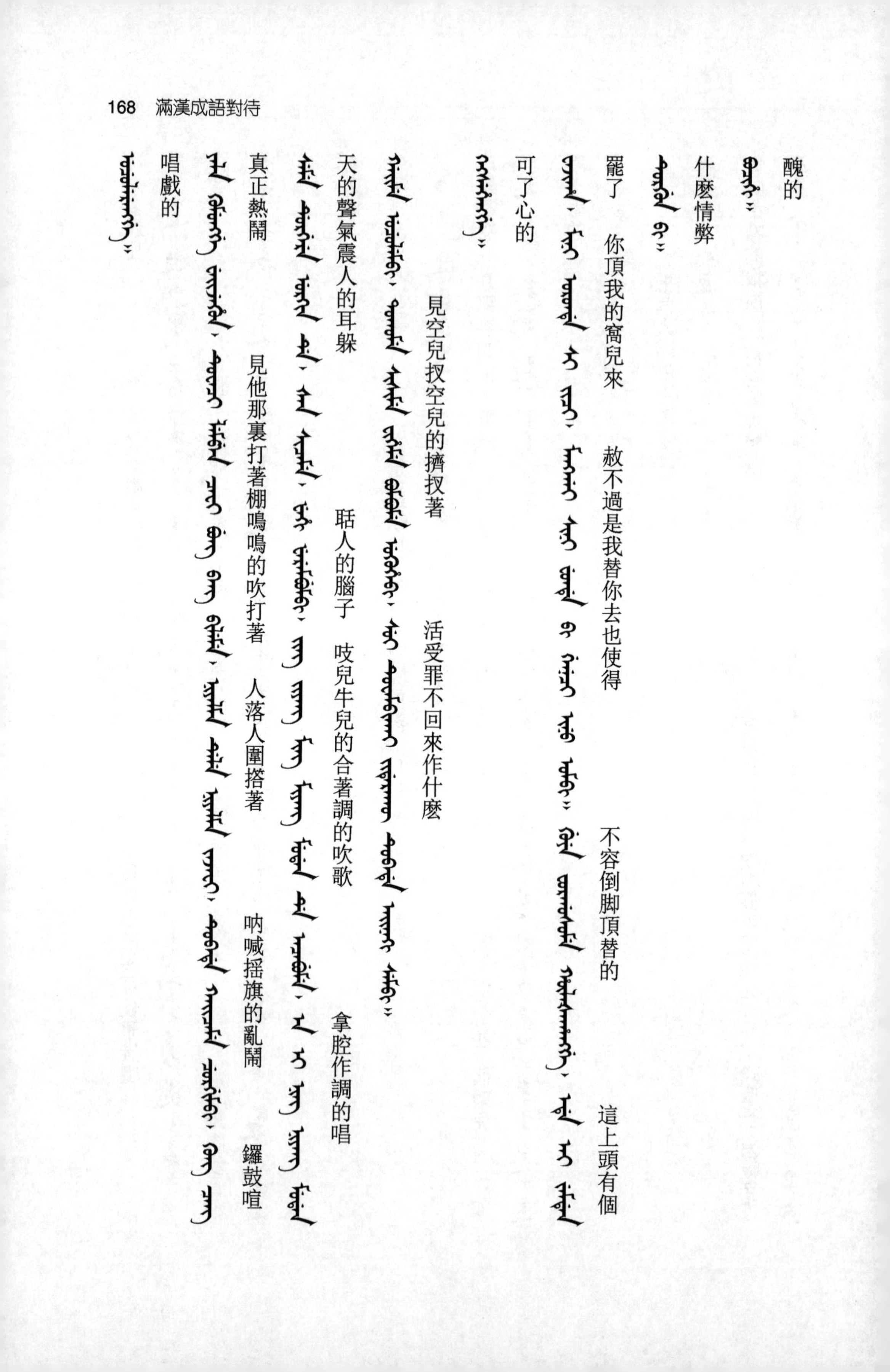

醜的

什麽情弊

罷了 你頂我的窩兒來 赦不過是我替你去也使得 不容倒脚頂替的 這上頭有個

可了心的

見空兒扠空兒的擠扠著 活受罪不回來作什麽

天的聲氣震人的耳朵 聒人的腦子 吱兒牛兒的合著調的吹歌 拿腔作調的唱

真正熱鬧 見他那裏打著棚嗚嗚的吹打著 人落人圍搭著 吶喊摇旗的亂鬧 鑼鼓喧

唱戲的

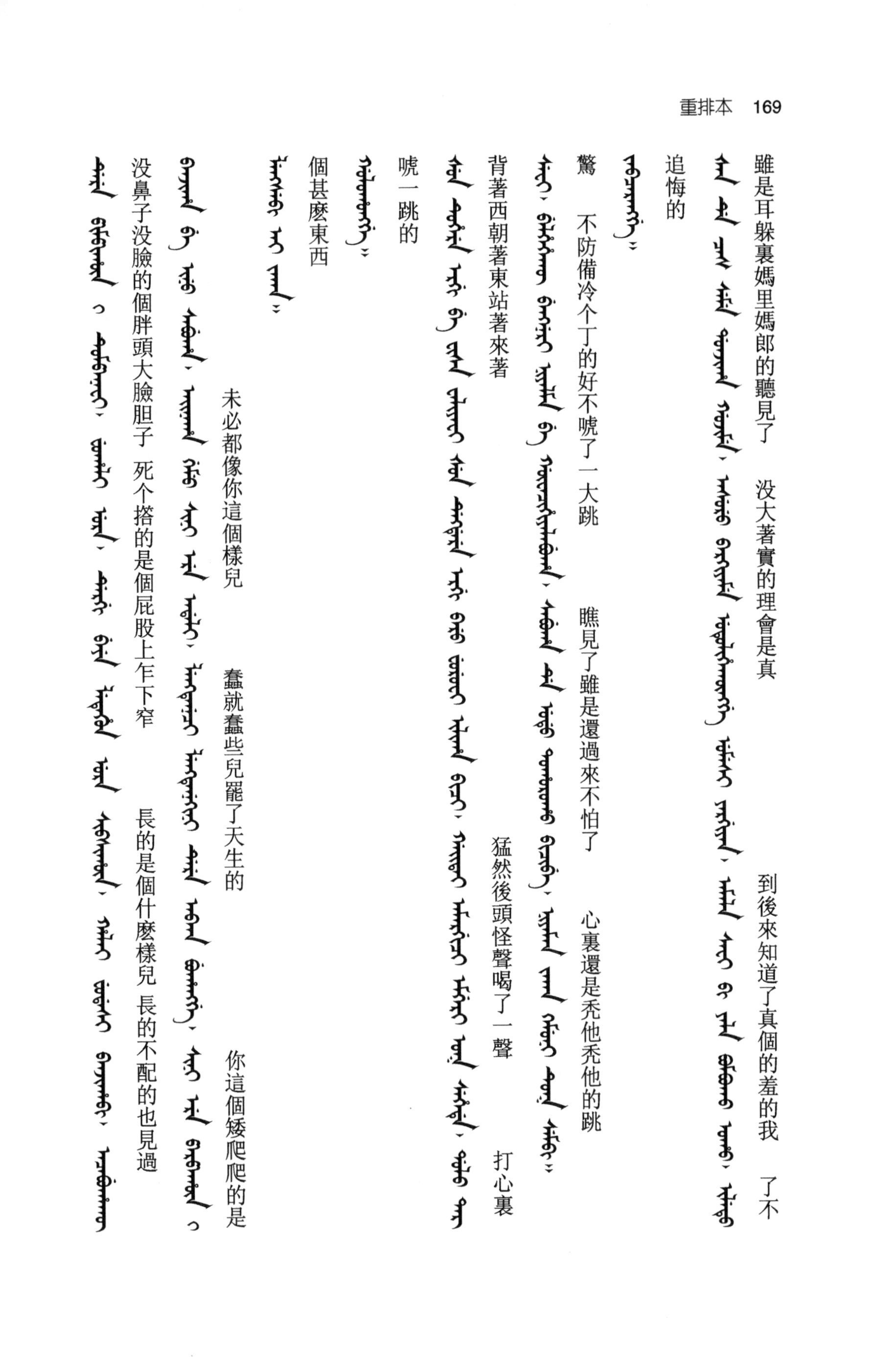

雖是耳躲裏媽里媽郎的聽見了 沒大著實的理會是真 到後來知道了真個的羞的我 了不
追悔的

驚 不防備冷个丁的好不唬了一大跳 瞧見了雖是還過來不怕了 心裏還是禿他禿他的跳

背著西朝著東站著來著 猛然後頭怪聲喝了一聲 打心裏
唬一跳的
個甚麼東西

未必都像你這個樣兒 蠢就蠢些兒罷了天生的 你這個矮爬爬的是
没鼻子没臉的個胖頭大臉胆子 死个搭的是個屁股上乍下窄 長的是個什麼樣兒 長的不配的也見過

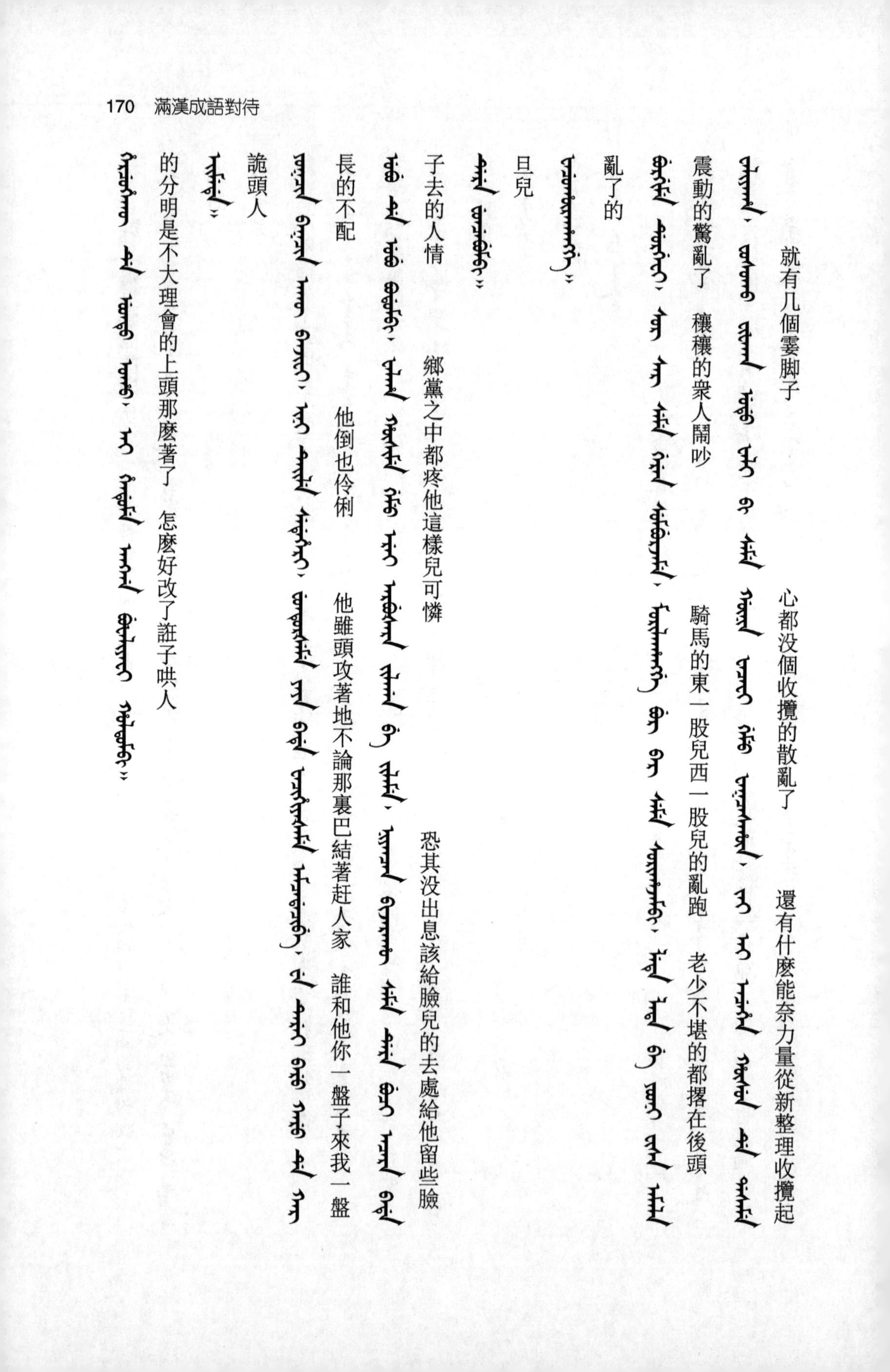

就有几個雲脚子　心都没個收攬的散亂了　還有什麼能奈力量從新整理收攬起

震動的驚亂了　穰穰的衆人鬧吵　騎馬的東一股兒西一股兒的亂跑　老少不堪的都撂在後頭

亂了的

旦兒

子去的人情　鄉黨之中都疼他這樣兒可憐　恐其没出息該給臉兒的去處給他留些臉

長的不配　他倒也伶俐　他雖頭攻著地不論那裏巴結著赶人家　誰和他你一盤子來我一盤

詭頭人

的分明是不大理會的上頭那麼著了　怎麼好改了詖子哄人

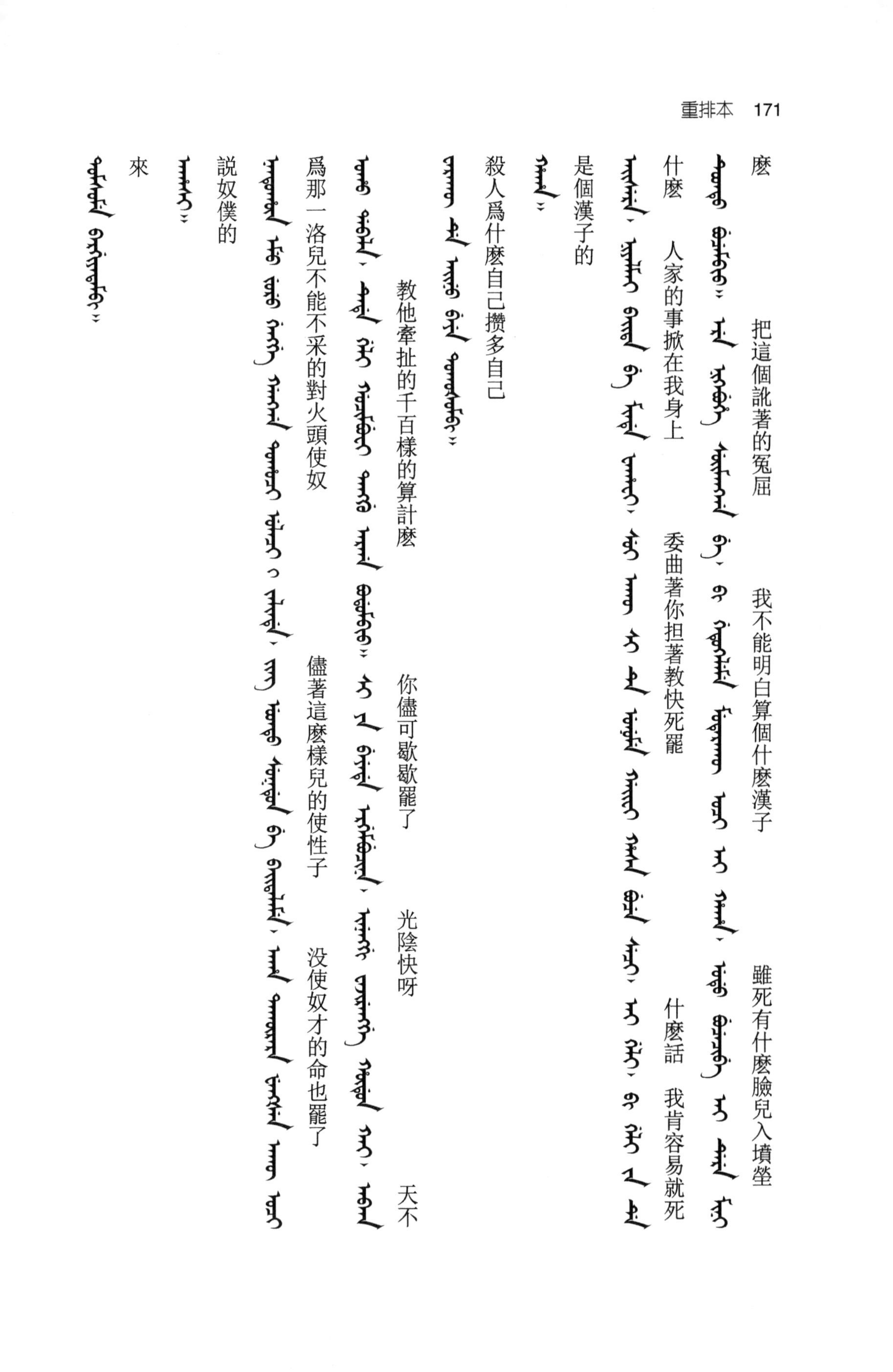

麼

把這個訛著的冤屈　我不能明白算個什麼漢子　雖死有什麼臉兒入墳塋

什麼　人家的事掀在我身上　委曲著你担著教快死罷　什麼話　我肯容易就死

是個漢子的

殺人爲什麼自己攢多自己

教他牽扯的千百樣的算計麼　你儘可歇歇罷了　光陰快呀　天不

爲那一洛兒不能不采的對火頭使奴　儘著這麼樣兒的使性子　没使奴才的命也罷了

說奴僕的

來

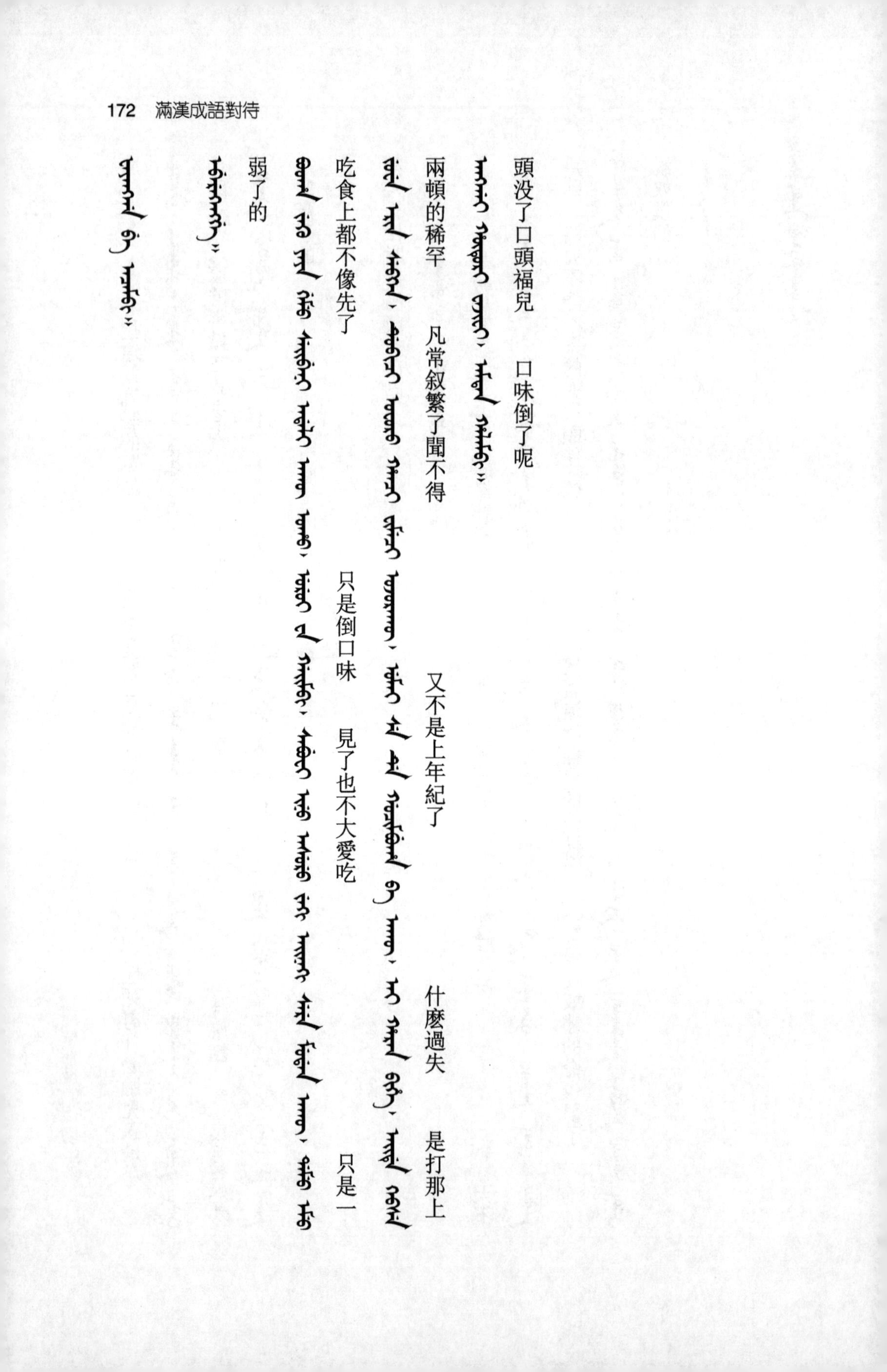

頭没了口頭福兒 口味倒了呢

兩頓的稀罕 凡常敘繁了聞不得 又不是上年紀了 什麽過失 是打那上

吃食上都不像先了 只是倒口味 見了也不大愛吃 只是一

弱了的

栽樹的名兒麼 枝葉少 稀不喇的東一枝西枝克數兒 插答著打鵲兒的乾樹枝子是的 可是要哄誰

栽樹　按著行兒揀著光華的開開的稀個拉叉的栽　要個齊節　長短不齊的要個

栽樹的

是些箍輪柴頭零星兒罷了

盡都是些燒柴　糟了的爛了的　晒的乾透了　燒的待完了　總剩下也只

總是些不中用的　鋸砍倒的　年久的　死木頭　去了皮的光杆　倒了的樹科叉之類

木柴

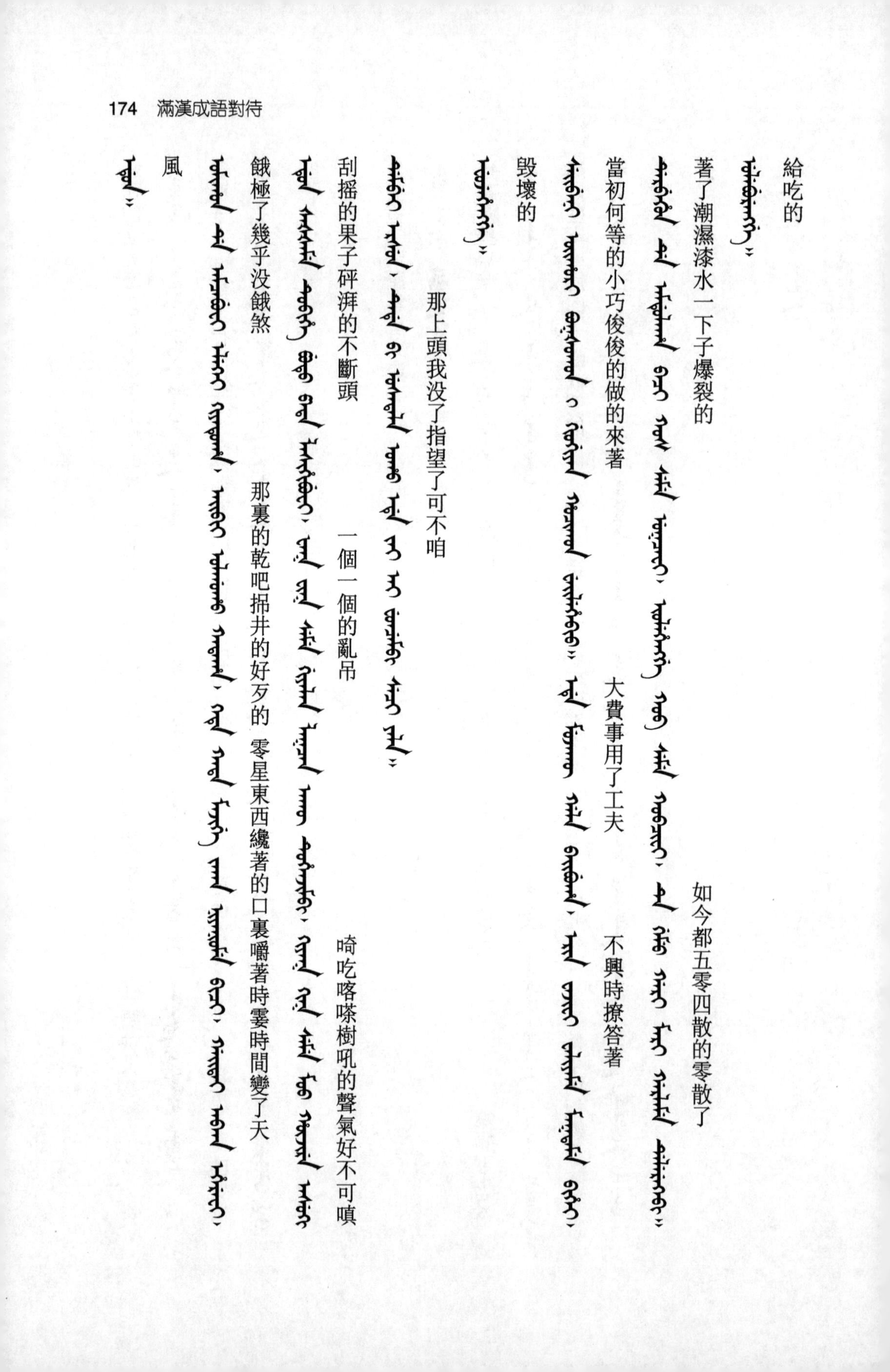

給吃的

著了潮濕漆水一下子爆裂的　如今都五零四散的零散了

當初何等的小巧俊俊的做的來著　大費事用了工夫　不興時撩答著

毀壞的

那上頭我没了指望了可不咱

刮摇的果子砰湃的不斷頭　一個一個的亂吊　嗬吃喀嗏樹吼的聲氣好不可嗔

餓極了幾乎没餓煞　那裏的乾吧掃井的好歹的　零星東西纔著的口裏嚼著時霎時間變了天

風

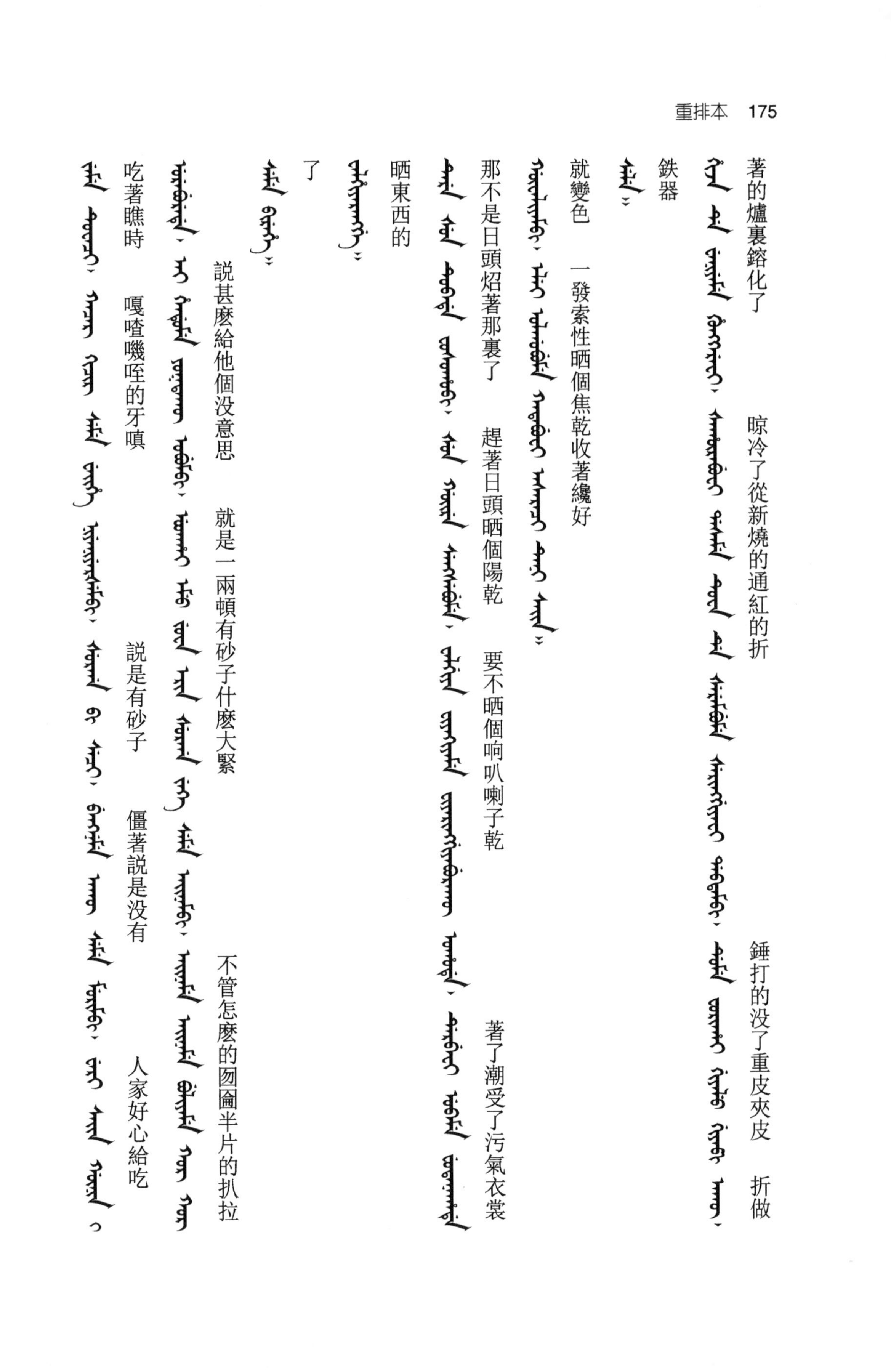

著的爐裏鎔化了　晾冷了從新燒的通紅的折　錘打的没了重皮夾皮　折做

鐵器

就變色　一發索性晒個焦乾收著纔好

那不是日頭炤著那裏了　趕著日頭晒個陽乾　要不晒個响叭喇子乾　著了潮受了污氣衣裳

晒東西的

了

說甚麼給他個没意思　就是一兩頓有砂子什麼大緊　不管怎麼的囫圇半片的扒拉

吃著瞧時　嘎喳嘰咥的牙嗔　說是有砂子　僵著說是没有　人家好心給吃

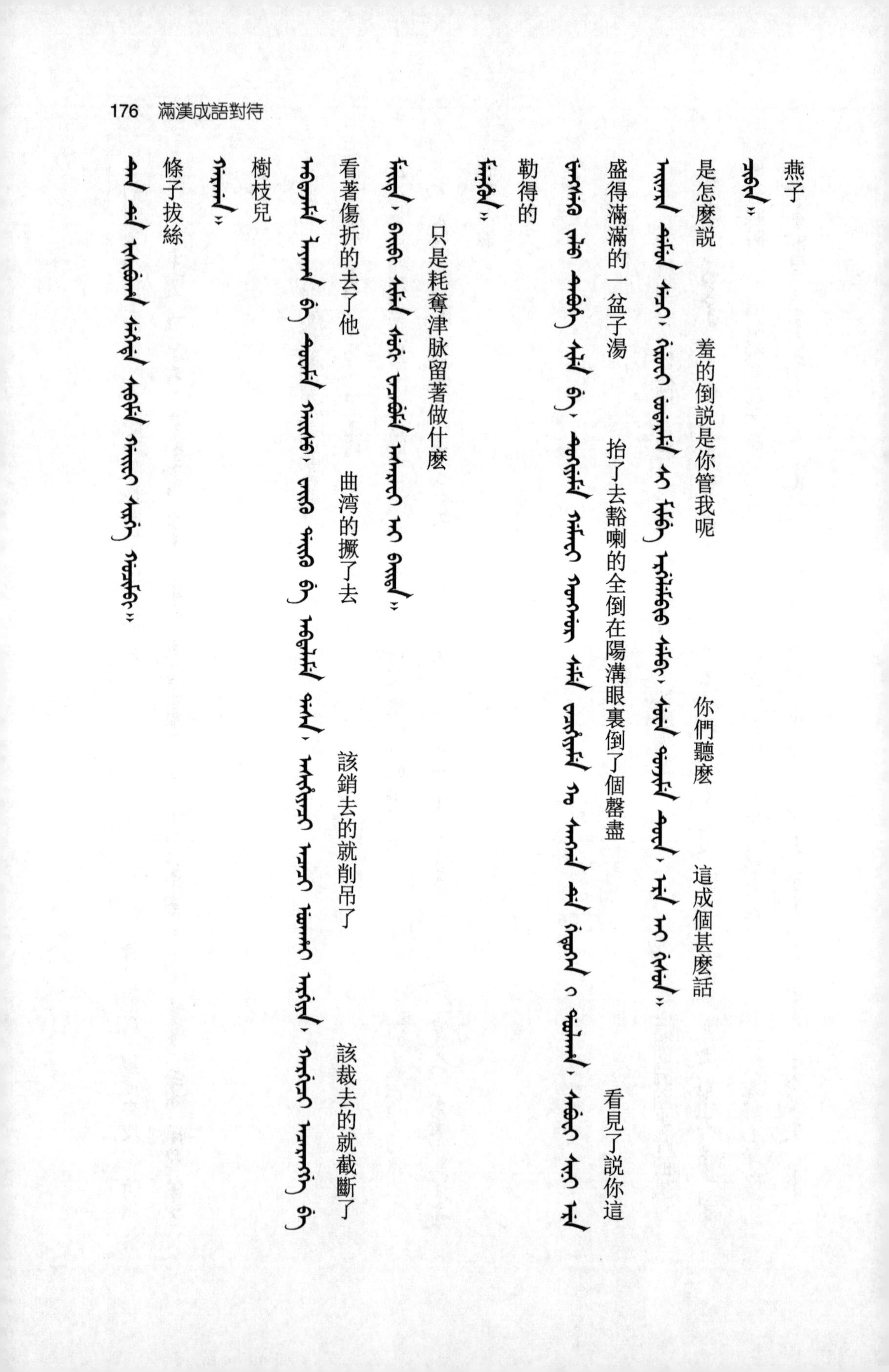

燕子

是怎麼說　羞的倒說是你管我呢　你們聽麼　這成個甚麼話

盛得滿滿的一盆子湯　抬了去豁喇的全倒在陽溝眼裏倒了個罄盡　看見了說你這

勒得的

只是耗奪津脈留著做什麼

看著傷折的去了他　曲灣的撅了去　該銷去的就削吊了　該裁去的就截斷了

樹枝兒

條子拔絲

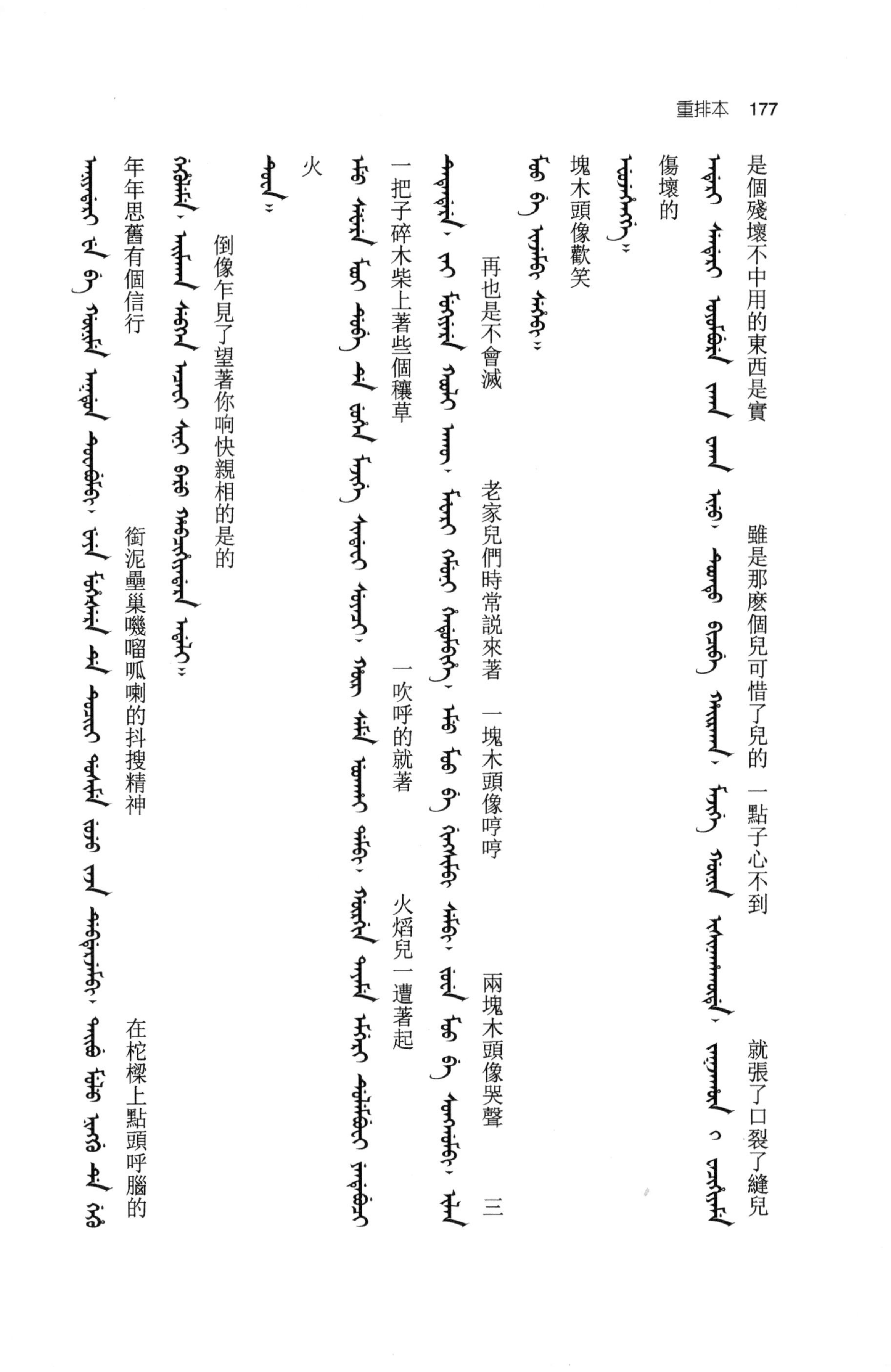

是個殘壞不中用的東西是實　雖是那麼個兒可惜了兒的　一點子心不到　就張了口裂了縫兒

傷壞的

塊木頭像歡笑

再也是不會滅　老家兒們時常說來著　一塊木頭像哼哼　兩塊木頭像哭聲　三

一把子碎木柴上著些個穰草　一吹呼的就著　火焰兒一遭著起

火

倒像乍見了望著你响快親相的是的

年年思舊有個信行　銜泥壘巢嘰嚁呱喇的抖搜精神　在柁樑上點頭呼腦的

了 恐其磕傷閃裂了 我也狠用心何曾不收著來著 不因不由的你可教我怎麼的

雨

連陰時 滴巴的盼住 何曾給你個住 各到處裏墻院雨澆透了 呼嚨豁啷的

墹塌 屋裏漏的 這塊兒那塊兒滴巴的教人肉了心熟 何曾給你留個過的分兒

不下雨的

不多時花搭雲彩普裏鋪勻了 雲彩不斷頭流水似的跑 我說是不好了 我們要教雨截

住了 正然躊躇之間 只見鋪開的雲彩從新嘰可梆塊的臟堆起來了 那上頭我纔放了些心

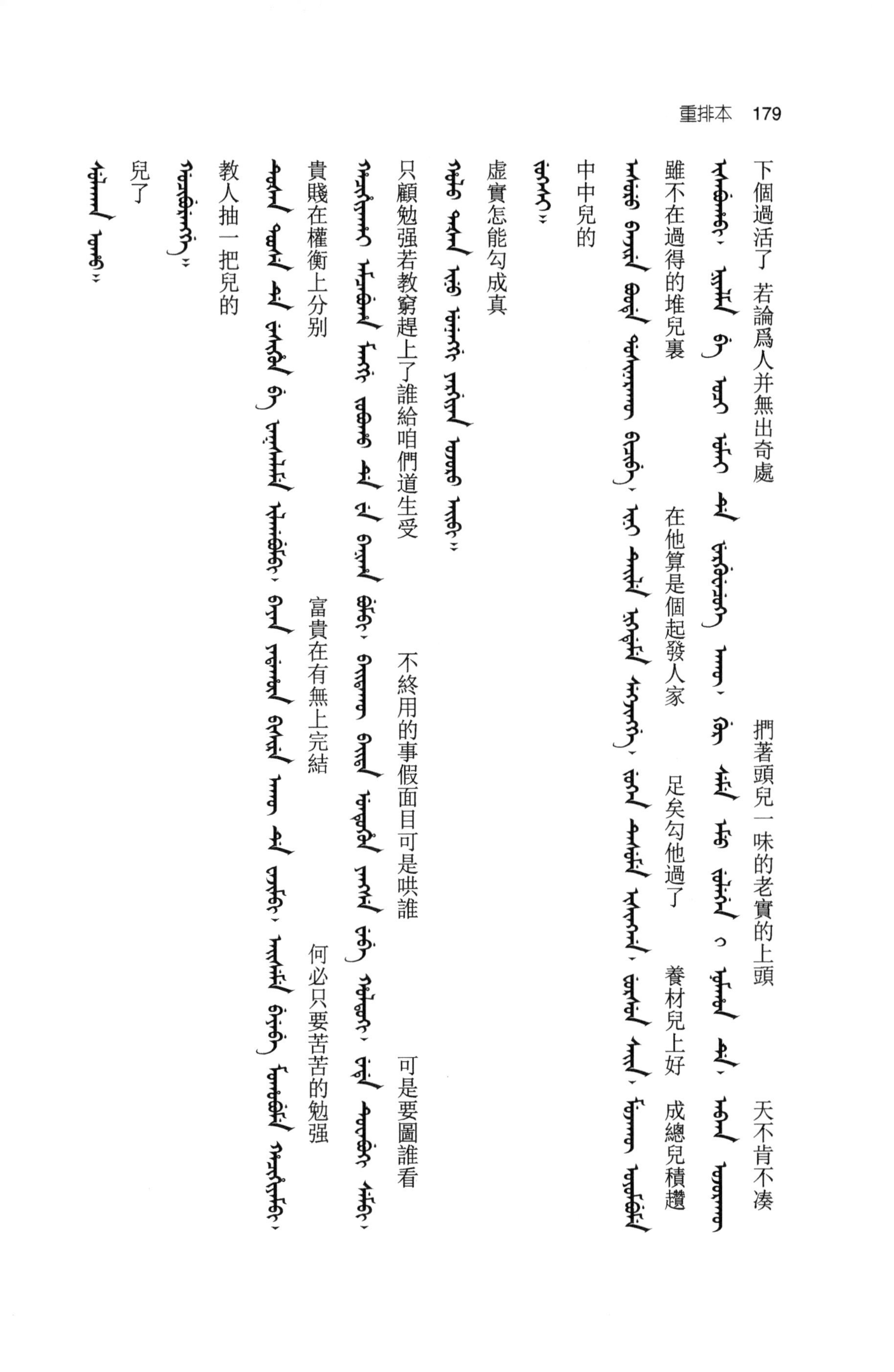

下個過活了 若論爲人并無出奇處 捫著頭兒一味的老實的上頭 天不肯不湊

雖不在過得的堆兒裏 在他算是個起發人家 足矣勾他過了 養材兒上好 成總兒積趲

中中兒的

虛實怎能勾成真

只顧勉强若教窮趕上了誰給咱們道生受 不終用的事假面目可是哄誰 可是要圖誰看

貴賤在權衡上分別 富貴在有無上完結 何必只要苦苦的勉强

教人抽一把兒的

兒了

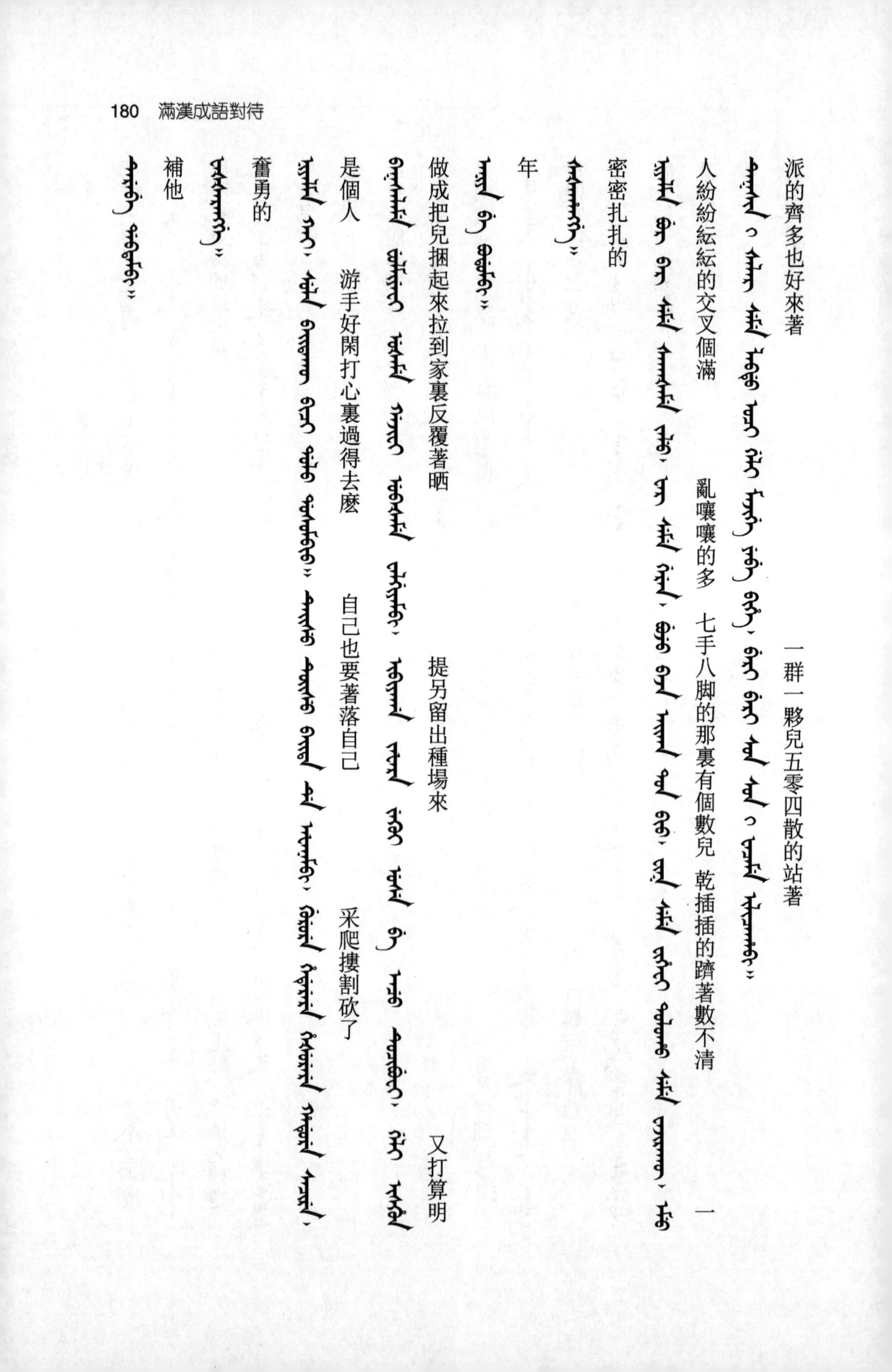

派的齊多也好來著　一群一夥兒五零四散的站著

人紛紛紜紜的交叉個滿　亂嚷嚷的多　七手八脚的那裏有個數兒　乾插插的躋著數不清　一

密密扎扎的

年

做成把兒捆起來拉到家裏反覆著晒　提另留出種場來　又打算明

是個人　游手好閑打心裏過得去麼　自己也要著落自己　采爬摟割砍了

奮勇的

補他

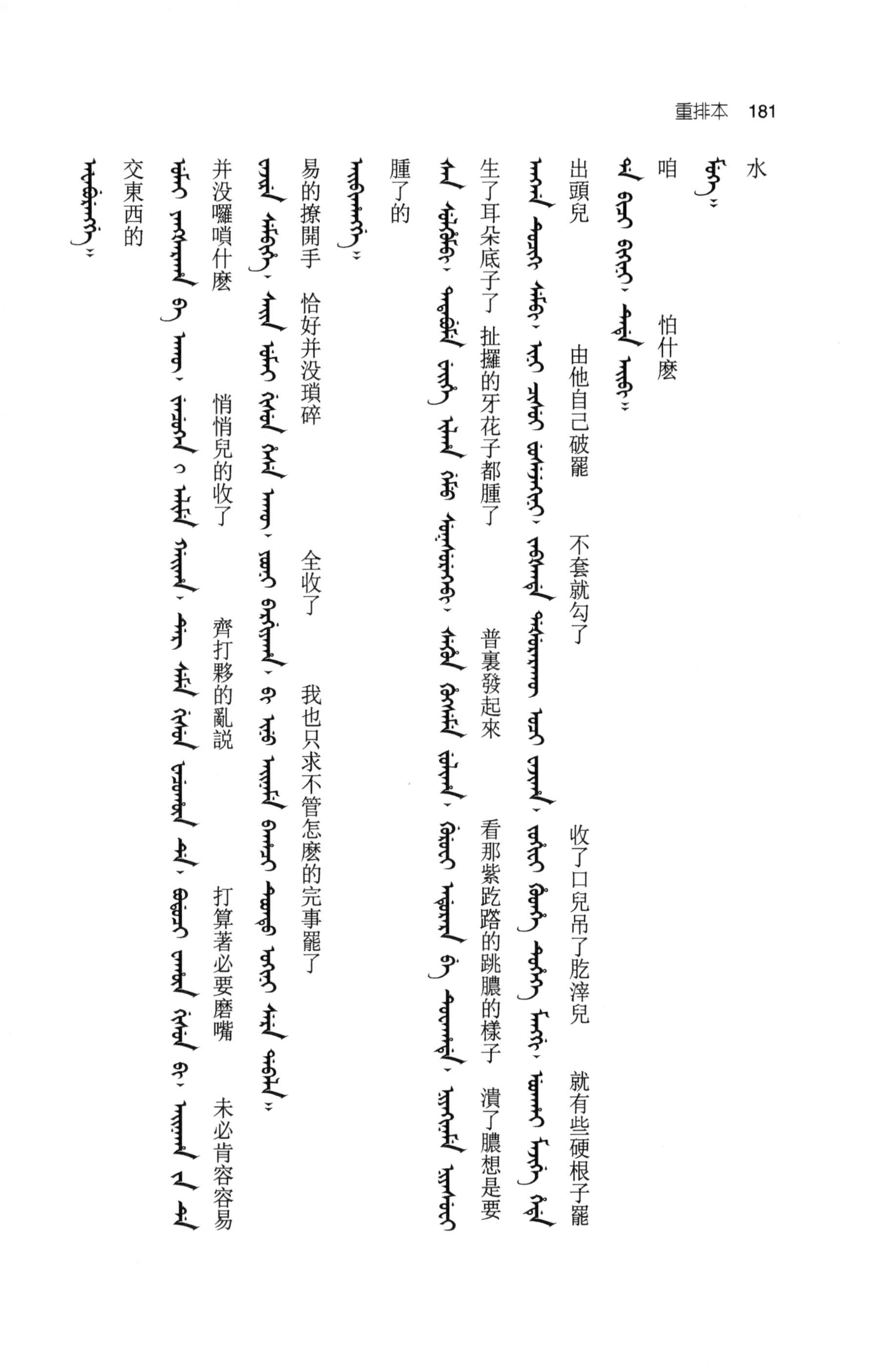

水

咱　怕什麽

出頭兒　由他自己破罷　不套就勾了　收了口兒吊了肐滓兒　就有些硬根子罷

生了耳朵底子了　扯攞的牙花子都腫了　普裏發起來　看那紫跎踏的跳膿的樣子　潰了膿想是要

腫了的

易的撩開手　恰好并没瑣碎　全收了　我也只求不管怎麽的完事罷了

并没囉嗩什麽　悄悄兒的收了　齊打夥的亂説　打算著必要磨嘴　未必肯容容易

交東西的

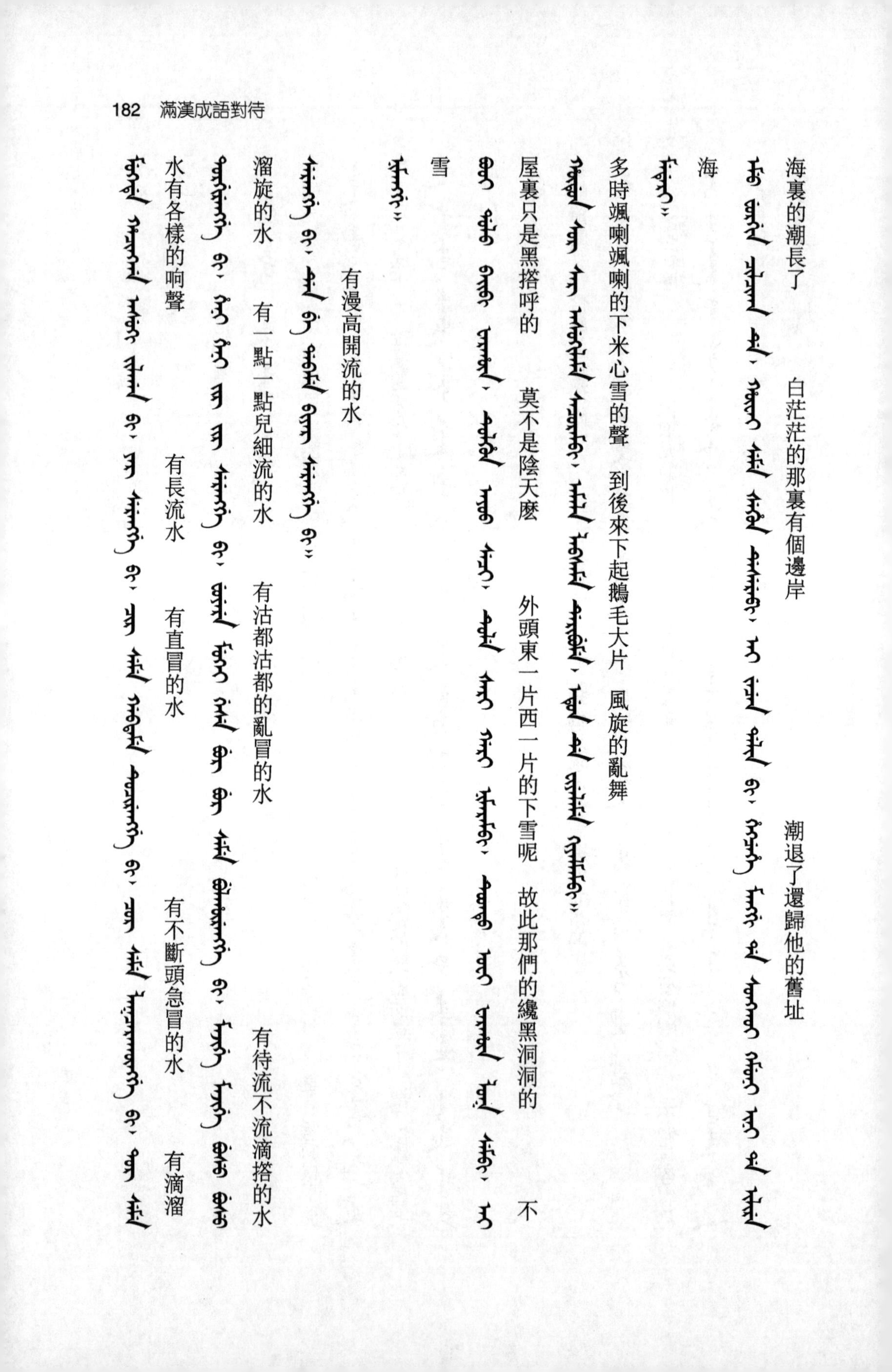

海裏的潮長了 白茫茫的那裏有個邊岸 潮退了還歸他的舊址

海

多時颯喇颯喇的下米心雪的聲 到後來下起鵝毛大片 風旋的亂舞

屋裏只是黑搭呼的 莫不是陰天麼 外頭東一片西一片的下雪呢 故此那們的纔黑洞洞的 不

雪

有漫高開流的水

溜旋的水 有一點一點兒細流的水 有沽都沽都的亂冒的水 有待流不流滴搭的水

水有各樣的響聲 有長流水 有直冒的水 有不斷頭急冒的水 有滴溜

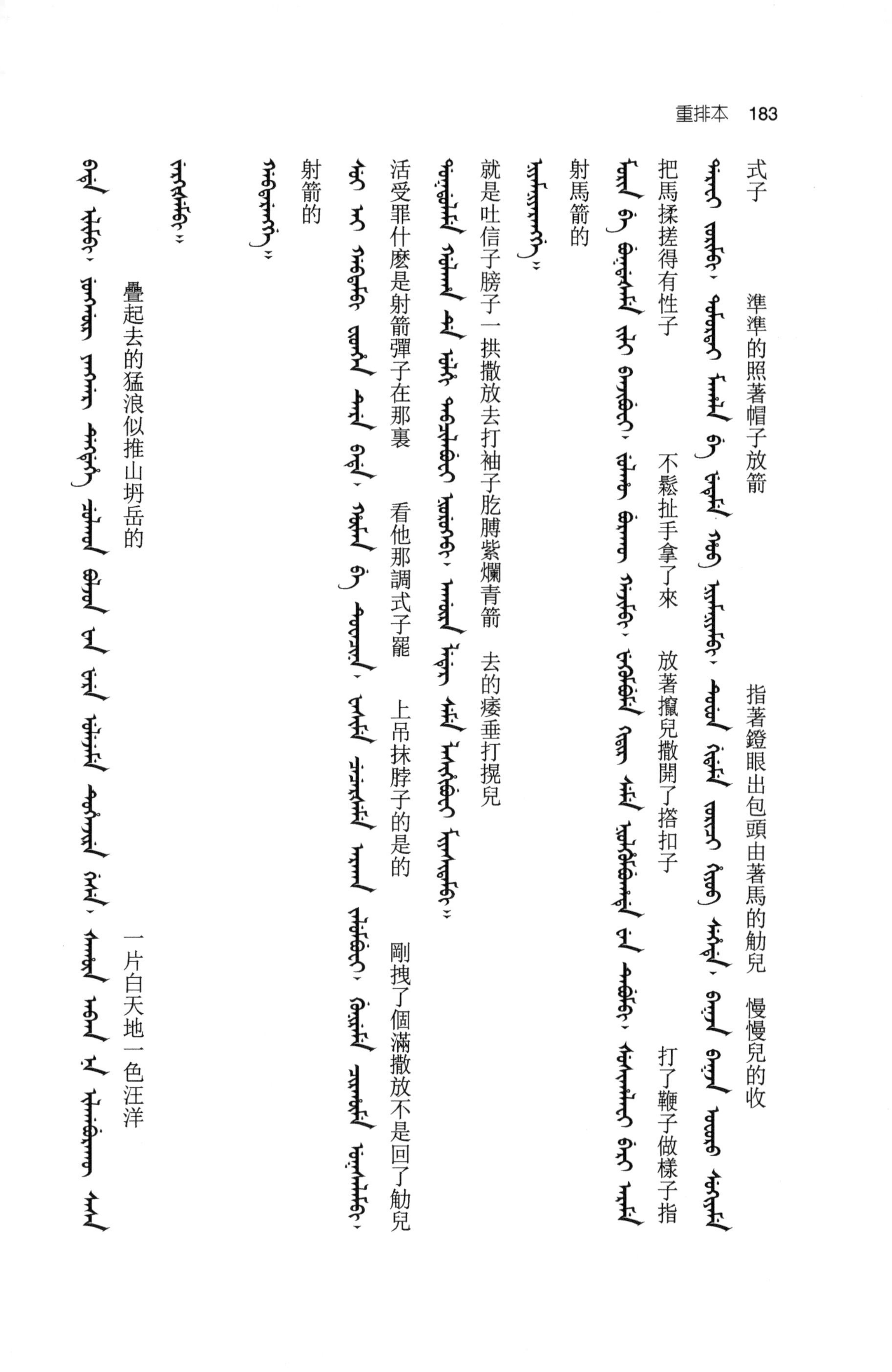

式子　準準的照著帽子放箭　指著鐙眼出包頭由著馬的觔兒　慢慢兒的收

把馬揉搓得有性子　不鬆扯手拿了來　放著攏兒撒開了搭扣子　打了鞭子做樣子指

射馬箭的

就是吐信子膀子一拱撒放去打袖子肐膊紫爛青箭　去的痿垂打捽兒

活受罪什麼是射箭彈子在那裏　看他那調式子罷　上吊抹脖子的是的　剛拽了個滿撒放不是回了觔兒

射箭的

疊起去的猛浪似推山坍岳的　一片白天地一色汪洋

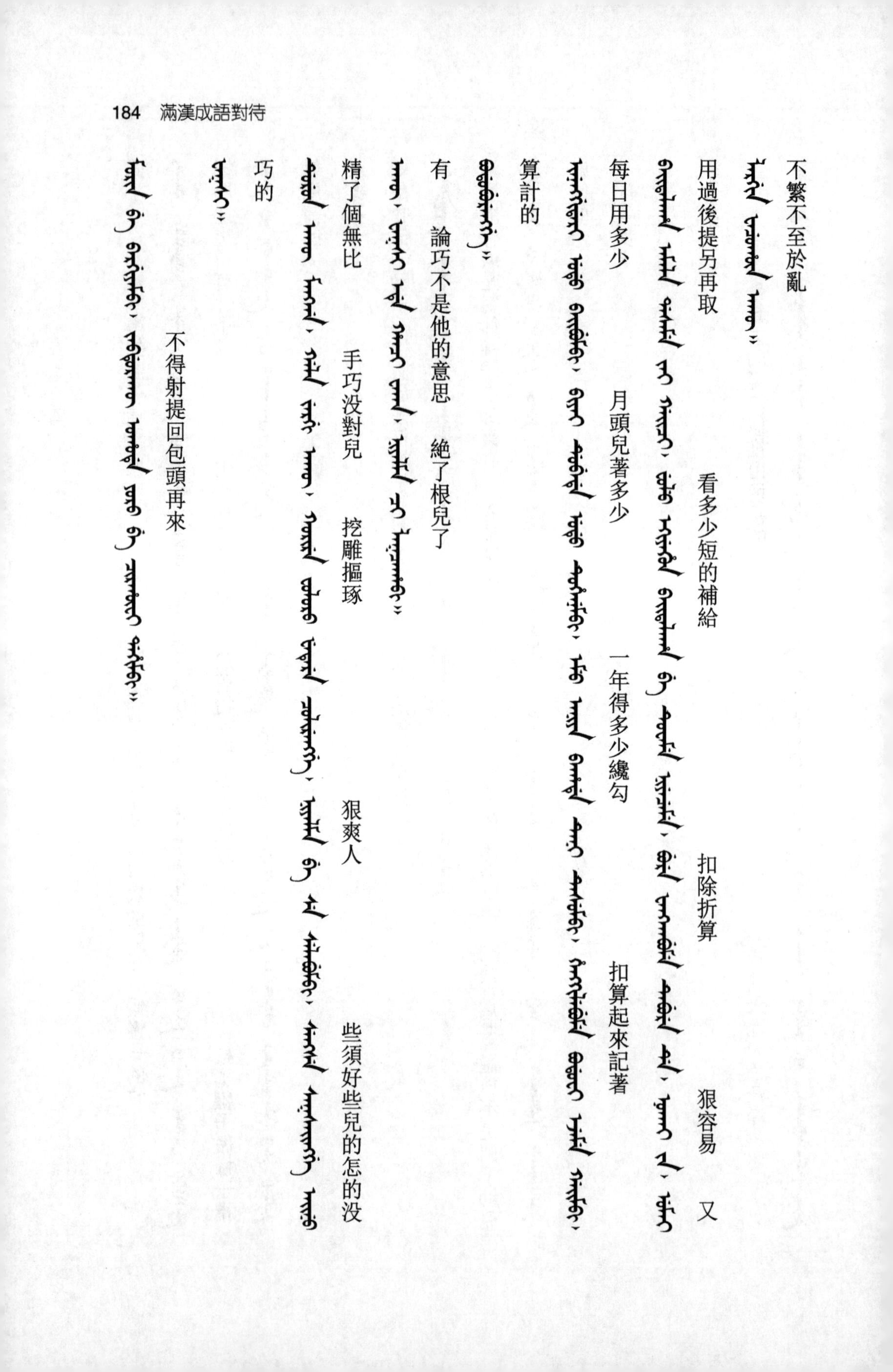

不繁不至於亂

用過後提另再取　看多少短的補給　扣除折算　狠容易　又

每日用多少　月頭兒著多少　一年得多少纔勾　扣算起來記著

算計的

有　論巧不是他的意思　絕了根兒了

精了個無比　手巧沒對兒　挖雕摳琢　狠爽人　些須好些兒的怎的沒

巧的

不得射提回包頭再來

肉

愛

硬 我好吃個堅硬東西 皮喇的嚼木餑餑似的没油的精肉 我不大

可心順口和軟的上頭有滋有味的吃 著實的咬一口試試不打蹬兒的下來 乾透了的雖是梃

吃東西的

彈子糟不吃的模樣兒改變得没個血色兒

吃的東西不長精神 血脉塞閉著不生動 枯瘦如柴瘦乾了 臉

癆傷的

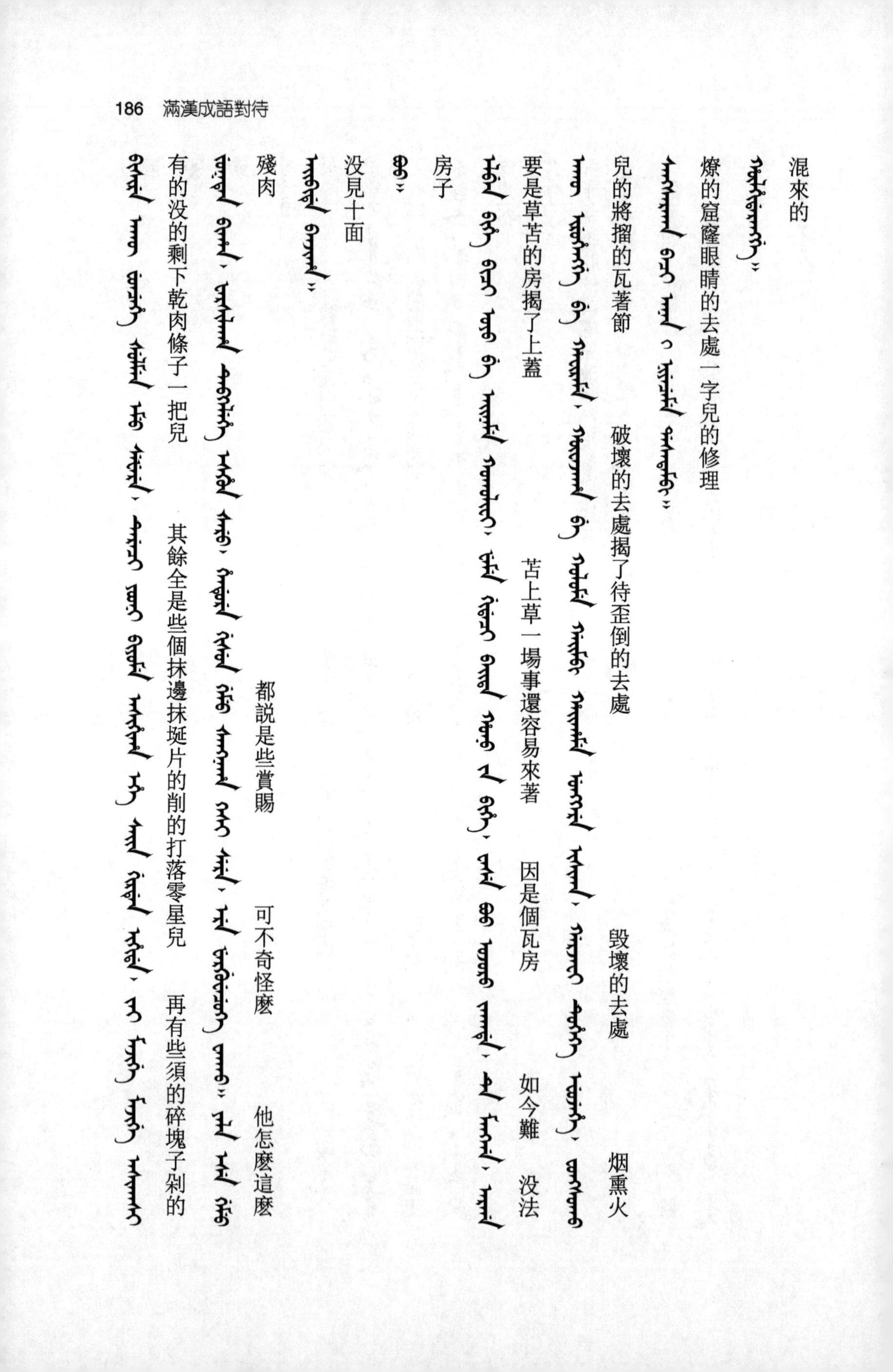

有的没的剩下乾肉條子一把兒　其餘全是些個抹邊抹埏片的削的打落零星兒　再有些須的碎塊子剁的

殘肉　都說是些賞賜　可不奇怪麽　他怎麽這麽

没見十面

房子

要是草苫的房揭了上蓋　苫上草一場事還容易來著　因是個瓦房　如今難　没法

兒的將搊的瓦著節　破壞的去處揭了待歪倒的去處　毀壞的去處　烟熏火

燎的窟窿眼睛的去處一字兒的修理

混來的

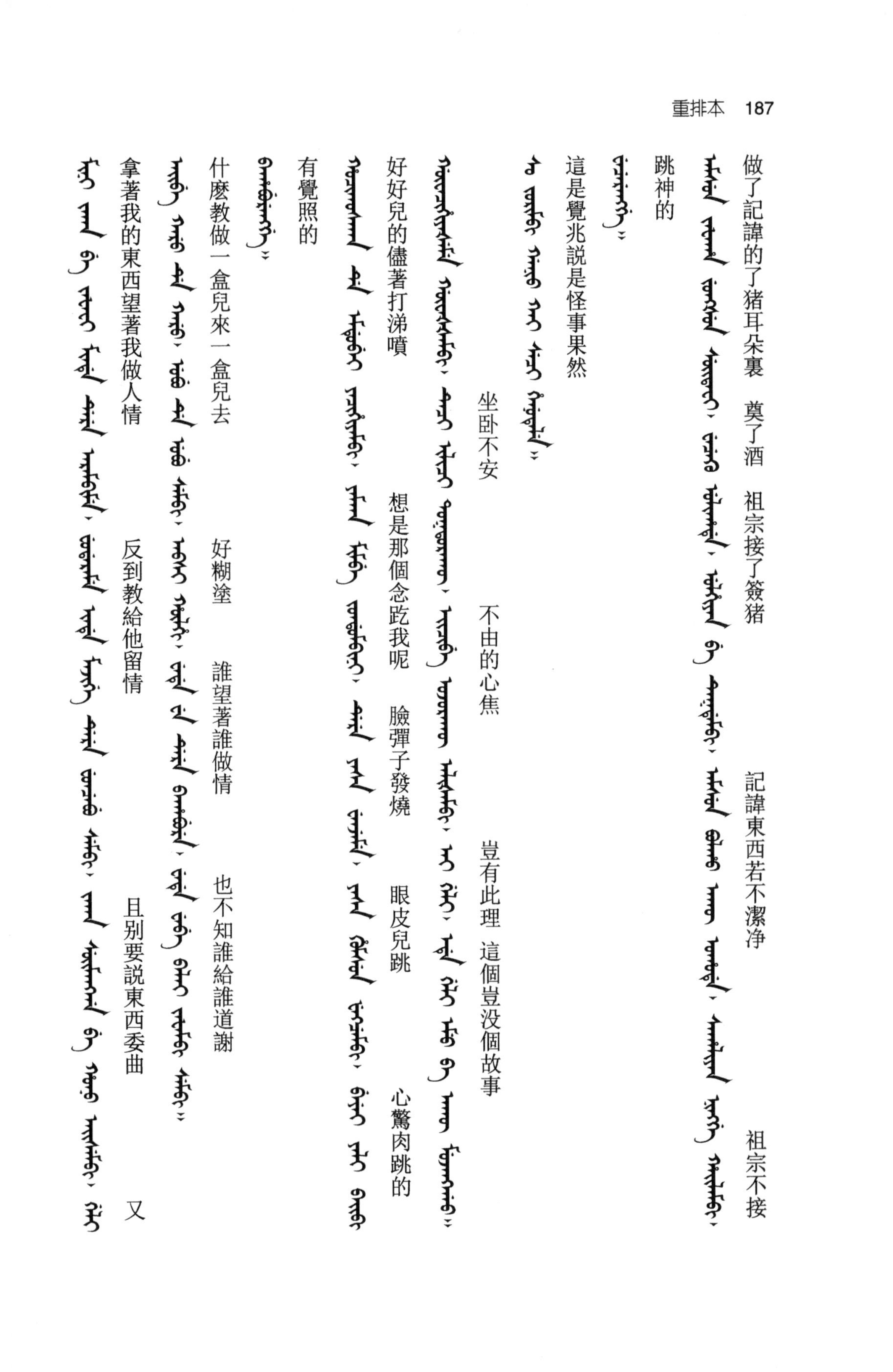

做了記諱的了猪耳朵裏　奠了酒　祖宗接了簽猪　記諱東西若不潔净　祖宗不接

跳神的

這是覺兆說是怪事果然

坐卧不安　不由的心焦　豈有此理　這個豈没個故事

好好兒的儘著打涕噴　想是那個念叱我呢　臉彈子發燒　眼皮兒跳　心驚肉跳的

有覺照的

什麼教做一盒兒來一盒兒去　好糊塗　誰望著誰做情　也不知誰給誰道謝

拿著我的東西望著我做人情　反到教給他留情　且別要說東西委曲　又

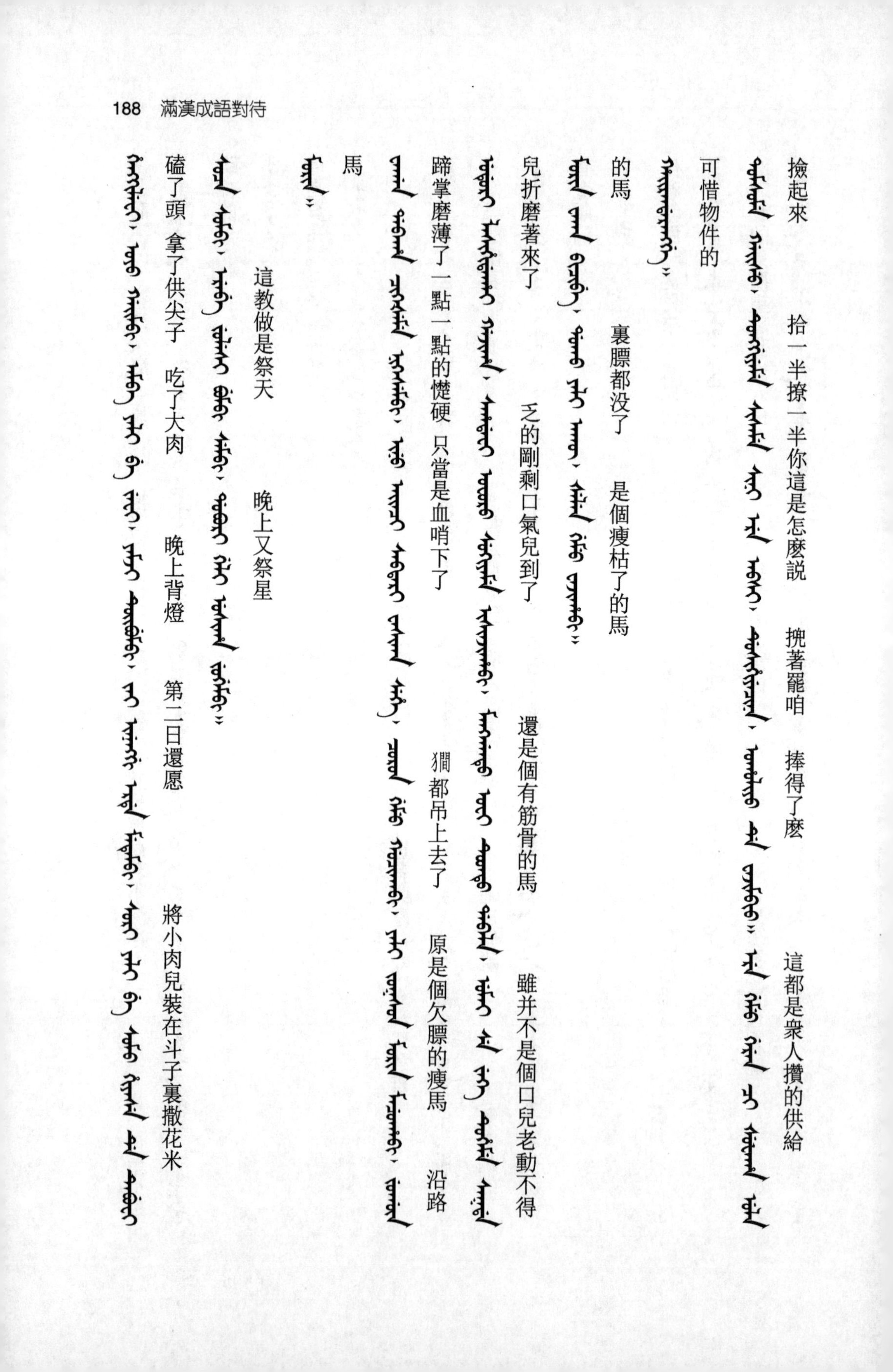

撿起來　拾一半撩一半你這是怎麼說　挽著罷咱　捧得了麼　這都是衆人攢的供給

可惜物件的

的馬　裏膘都沒了　是個瘦枯了的馬

兒折磨著來了　乏的剛剩口氣兒到了　還是個有筋骨的馬　雖并不是個口兒老動不得

蹄掌磨薄了一點一點的憷硬　只當是血哨下了　瞯都吊上去了　原是個欠膘的瘦馬　沿路

馬

這教做是祭天　晚上又祭星

磕了頭　拿了供尖子　吃了大肉　晚上背燈　第二日還願　將小肉兒裝在斗子裏撒花米

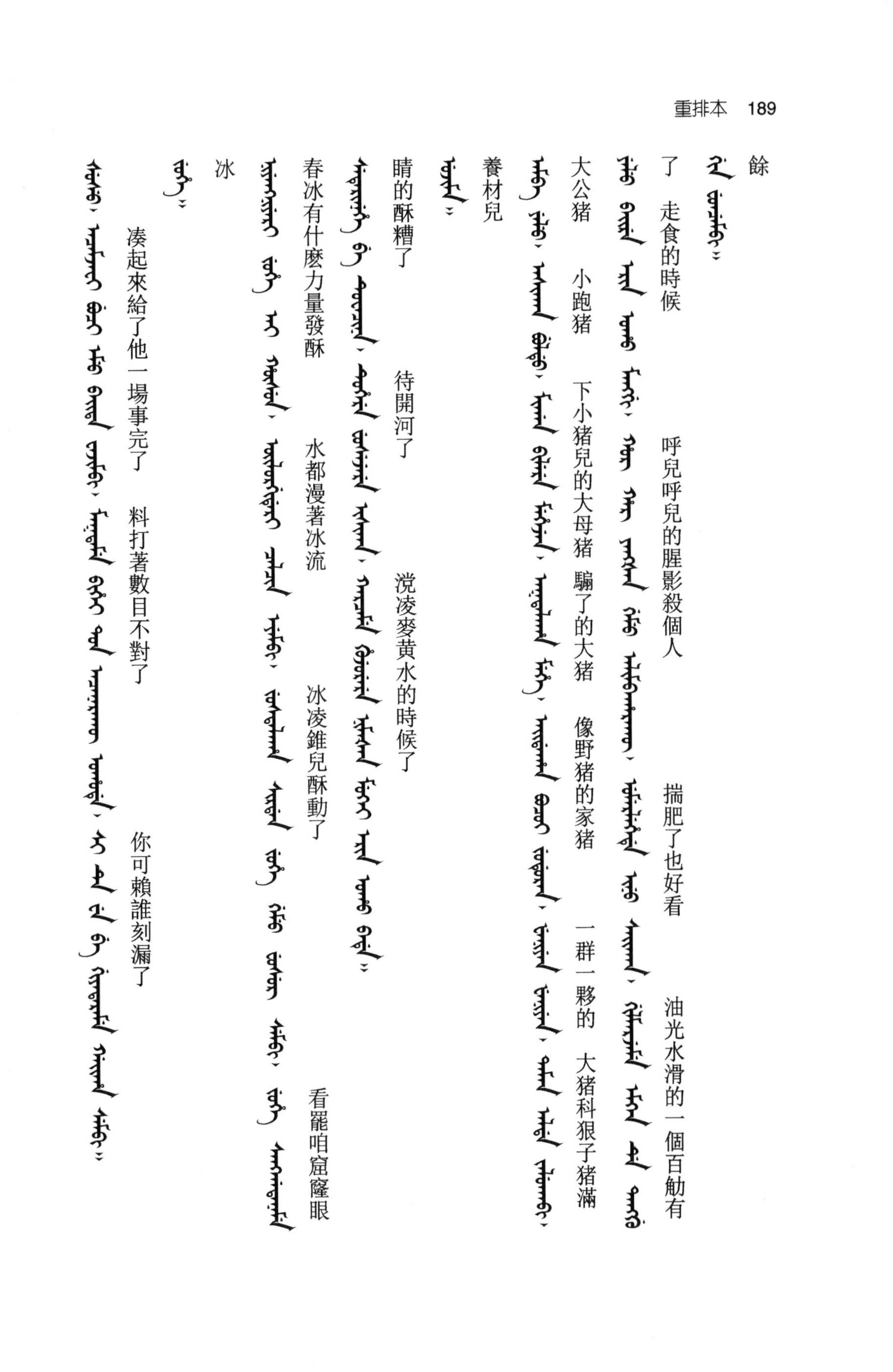

餘

了 走食的時候 呼兒呼兒的腥影殺個人 揣肥了也好看 油光水滑的一個百觔有

大公猪 小跑猪 下小猪兒的大母猪 騸了的大猪 像野猪的家猪 一群一夥的 大猪科狠子猪滿

養材兒

晴的酥糟了 待開河了 涗凌麥黄水的時候了

春冰有什麽力量發酥 水都漫著冰流 冰凌錐兒酥動了 看罷咱窟窿眼

冰

湊起來給了他一場事完了 料打著數目不對了 你可賴誰刻漏了

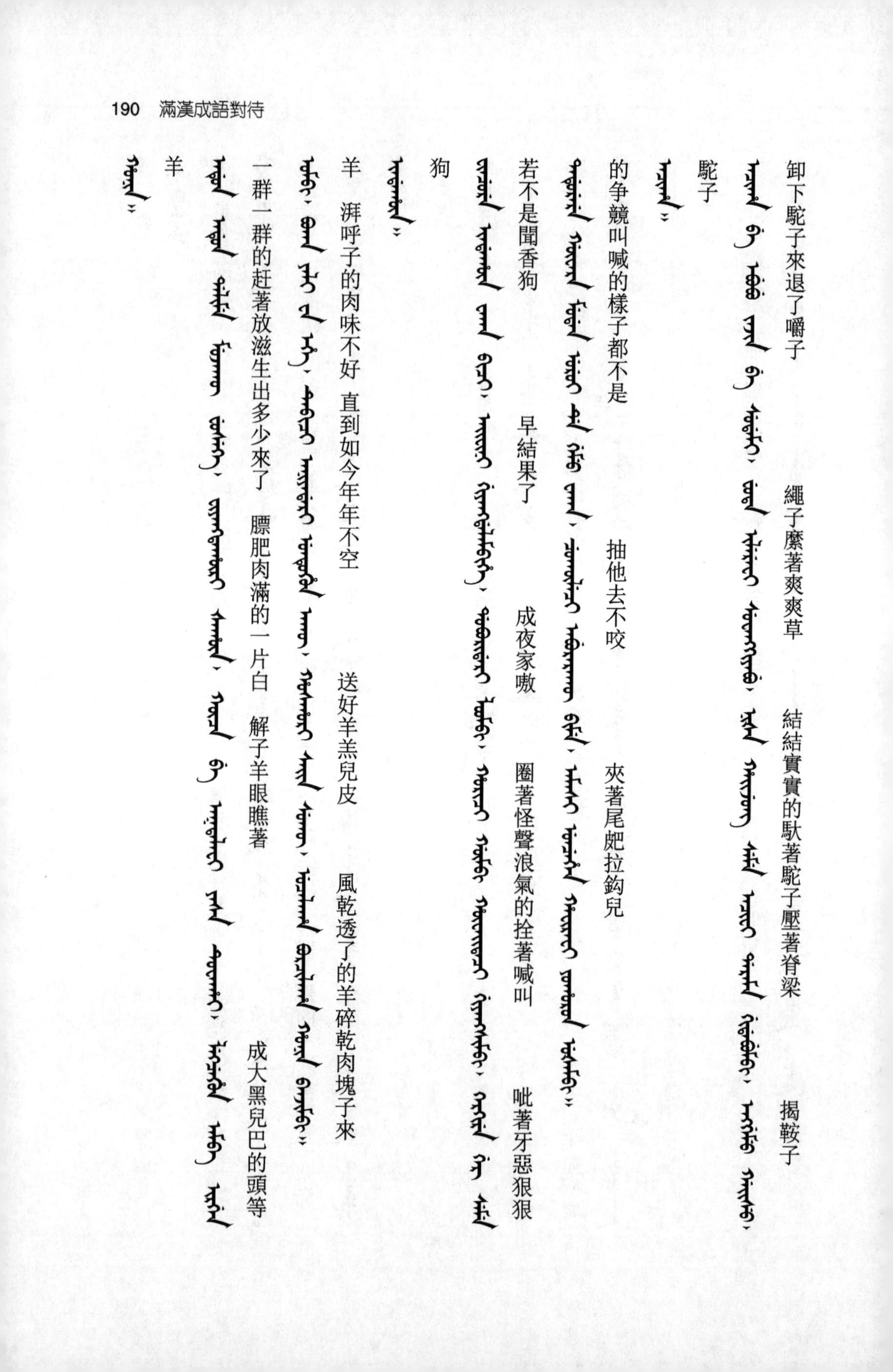

卸下駝子來退了嚼子　繩子縻著爽爽草　結結實實的馱著駝子壓著脊粱　揭鞍子

駝子

的争競叫喊的樣子都不是　抽他去不咬　夾著尾杷拉鈎兒

若不是聞香狗　早結果了　成夜家嗽　圈著怪聲浪氣的拴著喊叫　呲著牙惡狠狠

狗

羊　湃呼子的肉味不好　直到如今年年不空　送好羊羔兒皮　風乾透了的羊碎乾肉塊子來

一群一群的赶著放滋生出多少來了　膘肥肉滿的一片白　解子羊眼瞧著　成大黑兒巴的頭等

羊

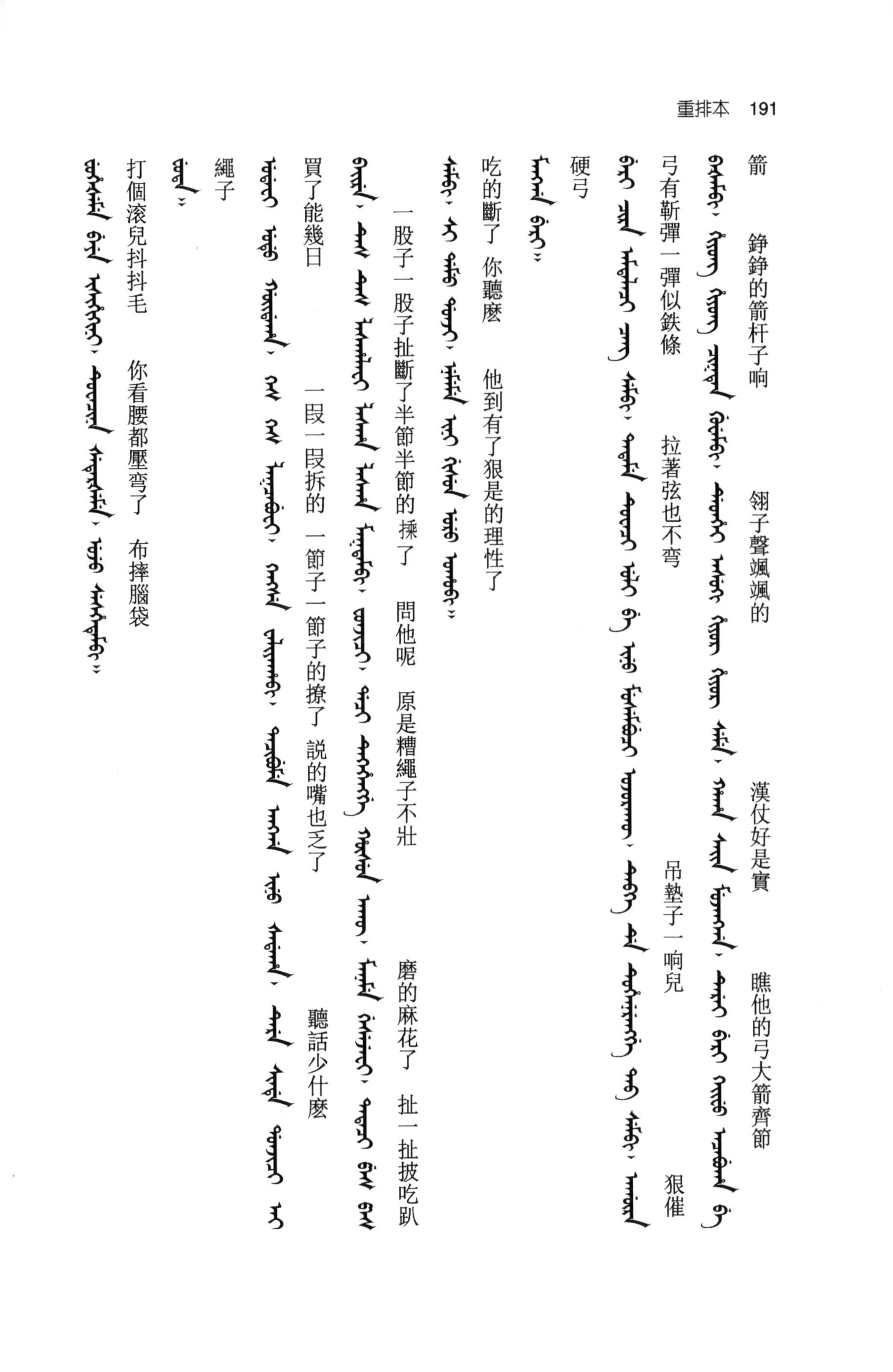

箭 錚錚的箭杆子响 翎子聲颯颯的 漢仗好是實 瞧他的弓大箭齊節

弓有靳彈一彈似鐵條 拉著弦也不弯 吊墊子一响兒 狠催

硬弓

吃的斷了 你聽麼 他到有了狠是的理性了

一股子一股子扯斷了半節半節的揀了 問他呢 原是糟繩子不壯 磨的麻花了 扯一扯披吃趴

買了能幾日 一段一段拆的 一節子一節子的撩了 說的嘴也乏了 聽話少什麼

繩子

打個滾兒抖抖毛 你看腰都壓弯了 布摔腦袋

射箭的

著　起下誓他們堆垛兒裏没有亂箭　攢的是的　只要各自顧各兒

儕貨們也會成夥兒學射　一箭射了個倒硼子　一箭射了個亂馬交槍　有準頭肯

不會射的

照直出去的出去　雙貫透的雙貫透　著鼓子一個比著一個的熟練

善射　賭強逞能　都是箭箭著箭　不離左右　試一試兒的要不是拐著就是傍著

射箭的

生成是個慣戰能征的材料

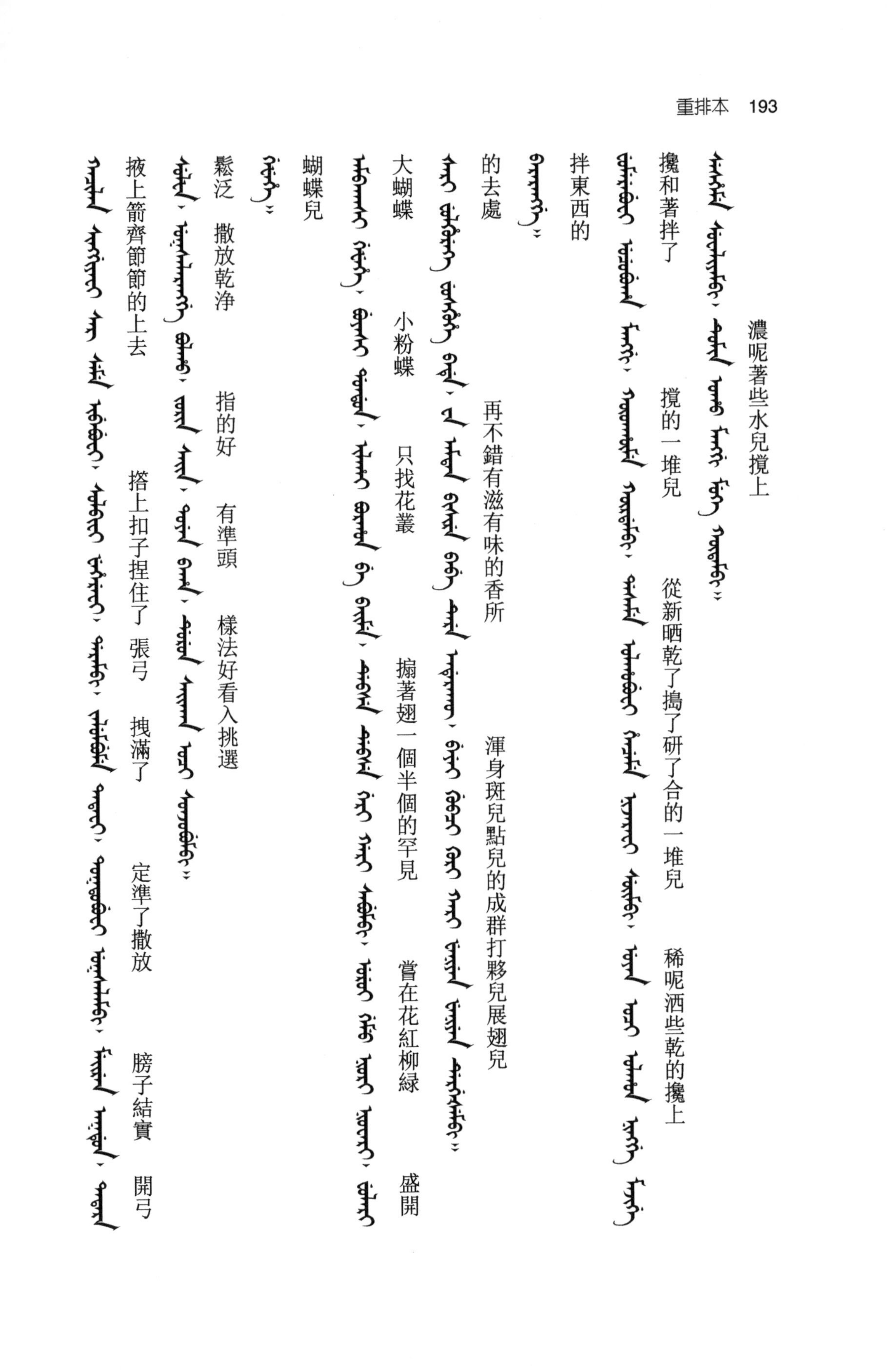

濃呢著些水兒攪上

攙和著拌了 攪的一堆兒 從新晒乾了搗了研了合的一堆兒 稀呢洒些乾的攙上

拌東西的

的去處 再不錯有滋有味的香所 渾身斑兒點兒的成群打夥兒展翅兒

大蝴蝶 小粉蝶 只找花叢 搧著翅一個半個的罕見 嘗在花紅柳綠 盛開

蝴蝶兒

鬆泛 撒放乾淨 指的好 有準頭 樣法好看入挑選

掖上箭齊節節的上去 搭上扣子捏住了 張弓 拽滿了 定準了撒放 膀子結實 開弓

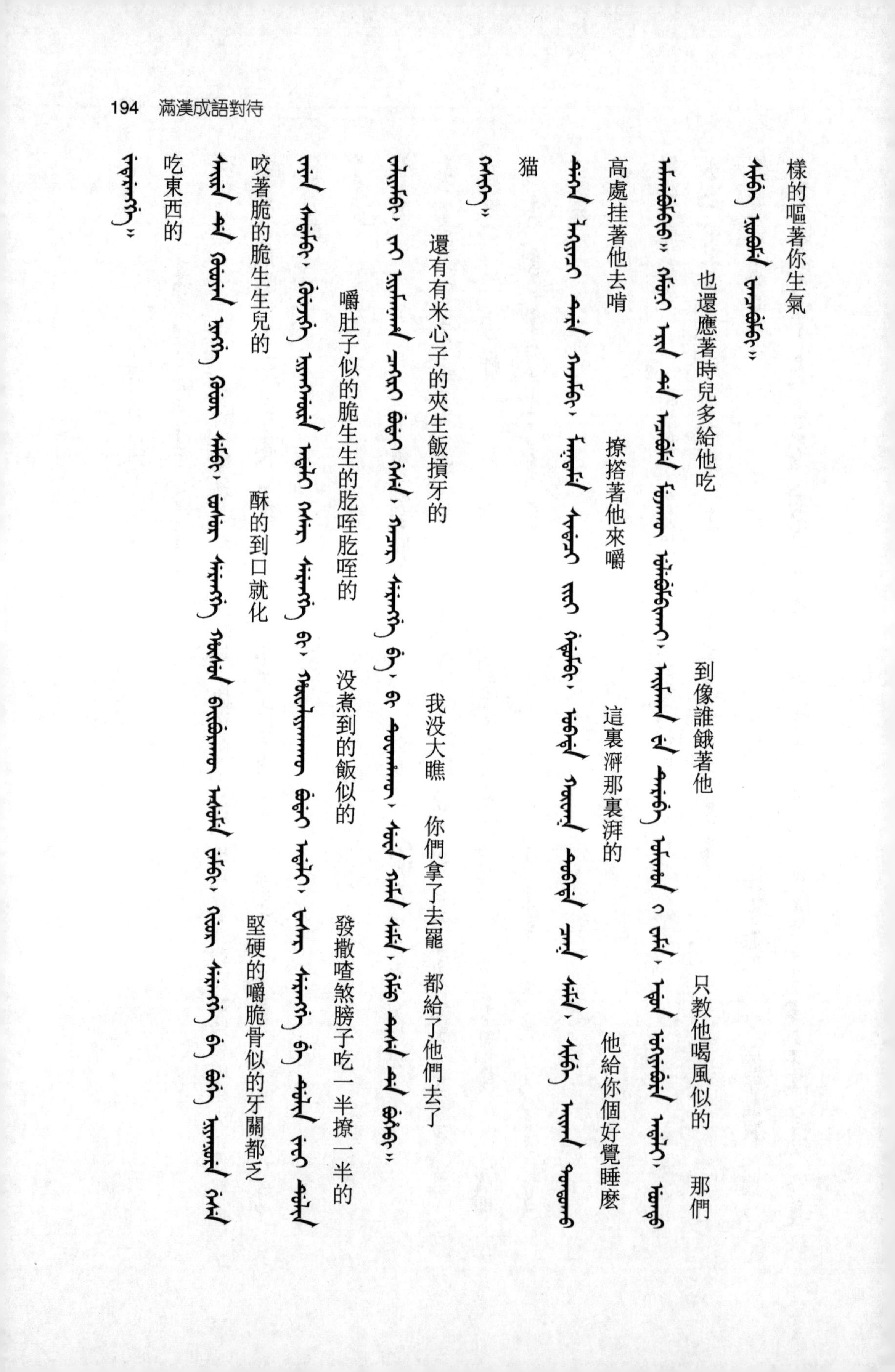

樣的嘔著你生氣

也還應著時兒多給他吃 到像誰餓著他 只教他喝風似的 那們

高處挂著他去啃 撩搭著他來嚼 這裏湃那裏湃的 他給你個好覺睡麽

猫

還有有米心子的夾生飯損牙的 我没大瞧 你們拿了去罷 都給了他們去了

嚼肚子似的脆生生的肐咥肐咥的 没煮到的飯似的 發撒喳煞膀子吃一半撩一半的

咬著脆的脆生生兒的 酥的到口就化 堅硬的嚼脆骨似的牙關都乏

吃東西的

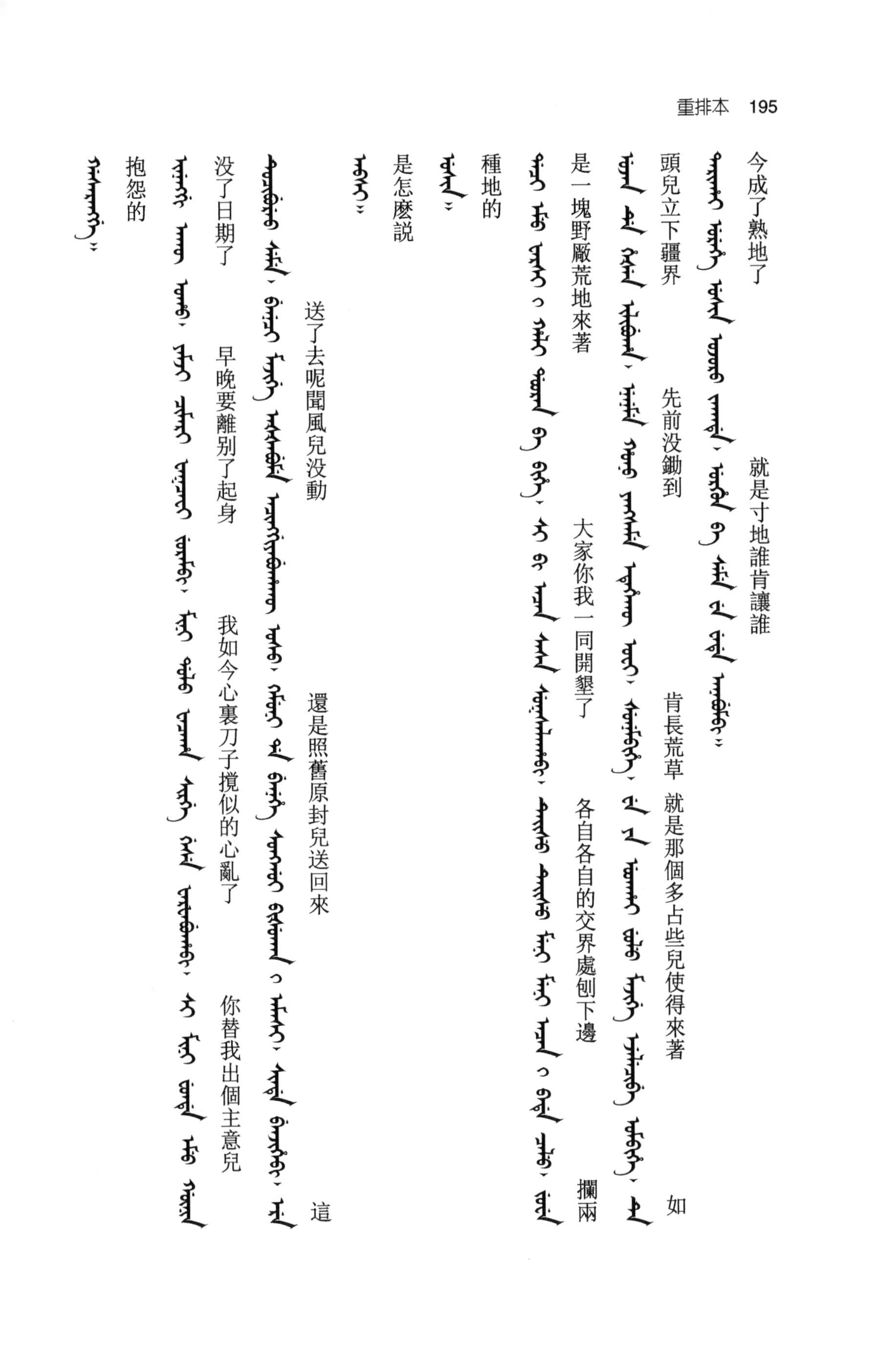

今成了熟地了　就是寸地誰肯讓誰

頭兒立下疆界　先前没鋤到　肯長荒草　就是那個多占些兒使得來著　如

是一塊野廠荒地來著　大家你我一同開墾了　各自各自的交界處刨下邊　攔兩

種地的

是怎麼説

送了去呢聞風兒没動　還是照舊原封兒送回來　這

没了日期了　早晚要離別了起身　我如今心裏刀子攪似的心亂了　你替我出個主意兒

抱怨的

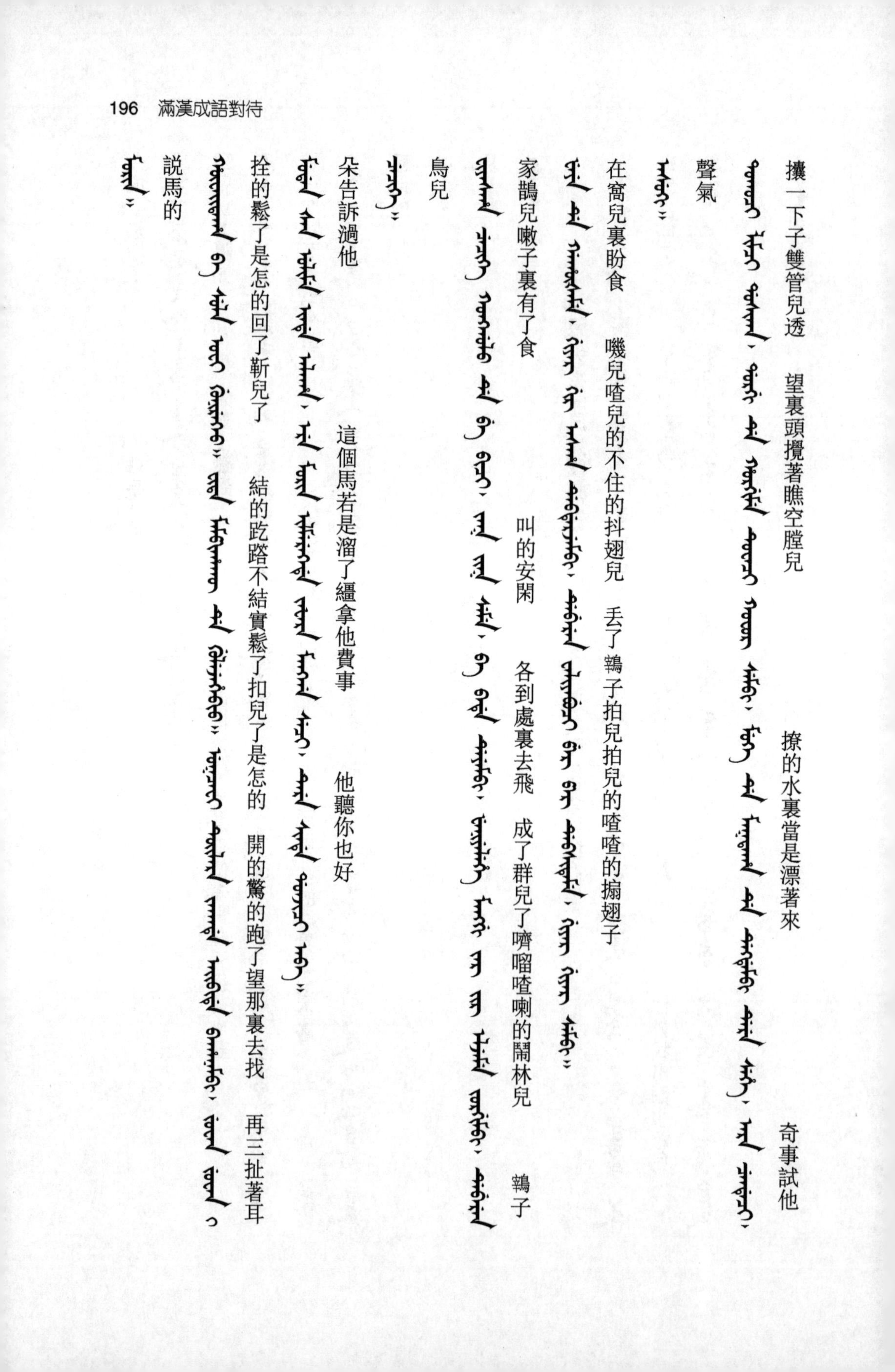

攮一下子雙管兒透　望裏頭攪著瞧空膛兒　撩的水裏當是漂著來　奇事試他

聲氣

在窩兒裏盼食　嘰兒喳兒的不住的抖翅兒　丟了鶉子拍兒拍兒的喳喳的搧翅子

家鵲兒嗽子裏有了食　叫的安閑　各到處裏去飛　成了群兒了嚌嚁喳喇的鬧林兒　鶉子

鳥兒

朵告訴過他　這個馬若是溜了繮拿他費事　他聽你也好

栓的鬆了是怎的回了靳兒了　結的跐踏不結實鬆了扣兒了是怎的　開的驚的跑了望那裏去找　再三扯著耳

說馬的

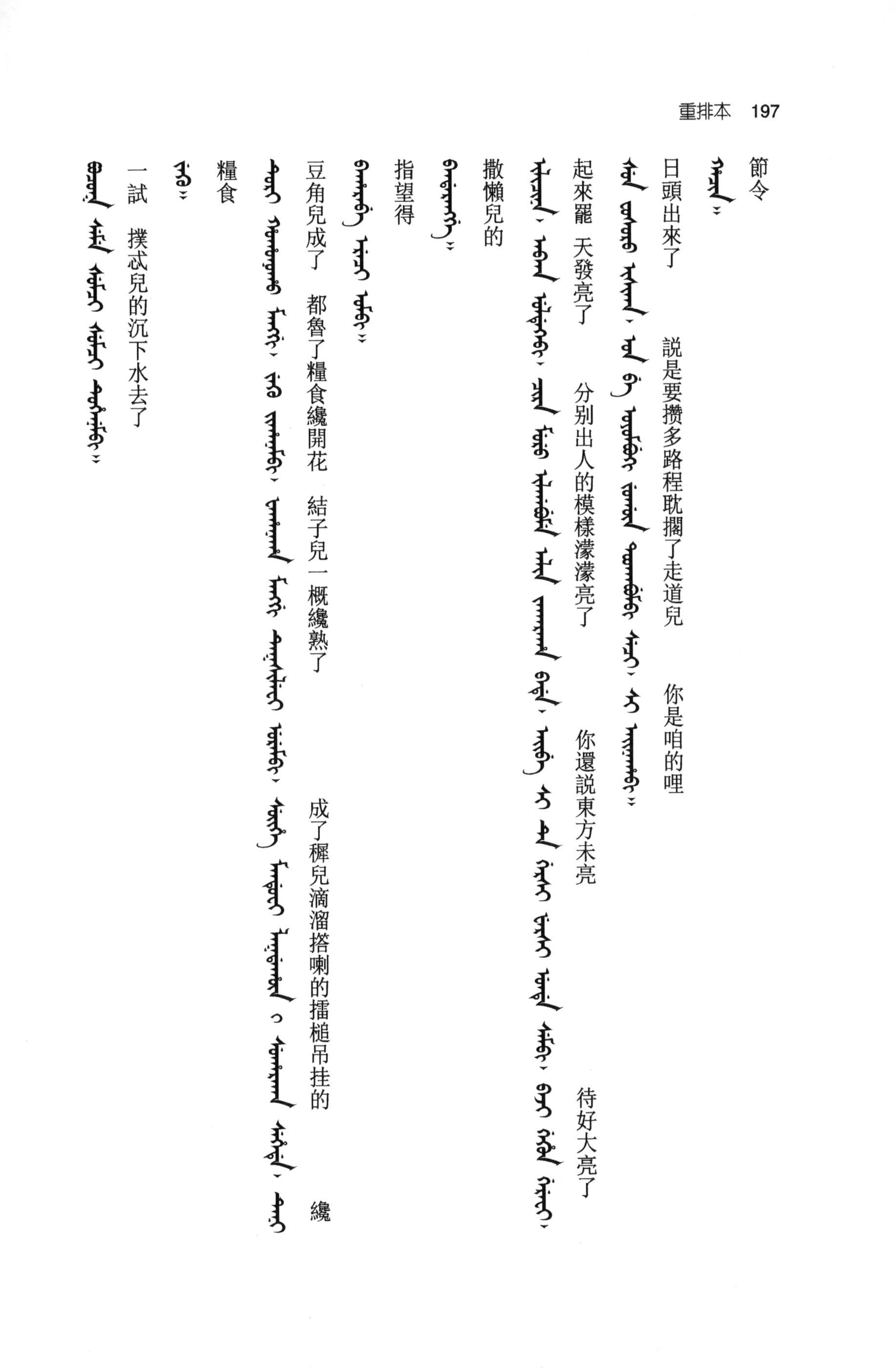

節令

日頭出來了　說是要攢多路程耽擱了走道兒　你是咱的哩

起來罷　天發亮了　分別出人的模樣濛濛亮了　你還說東方未亮　待好大亮了

撒懶兒的

指望得

豆角兒成了　都魯了糧食纔開花　結子兒一概纔熟了　成了穗兒滴溜搭喇的擂槌吊挂的　纔

糧食

一試　撲忒兒的沉下水去了

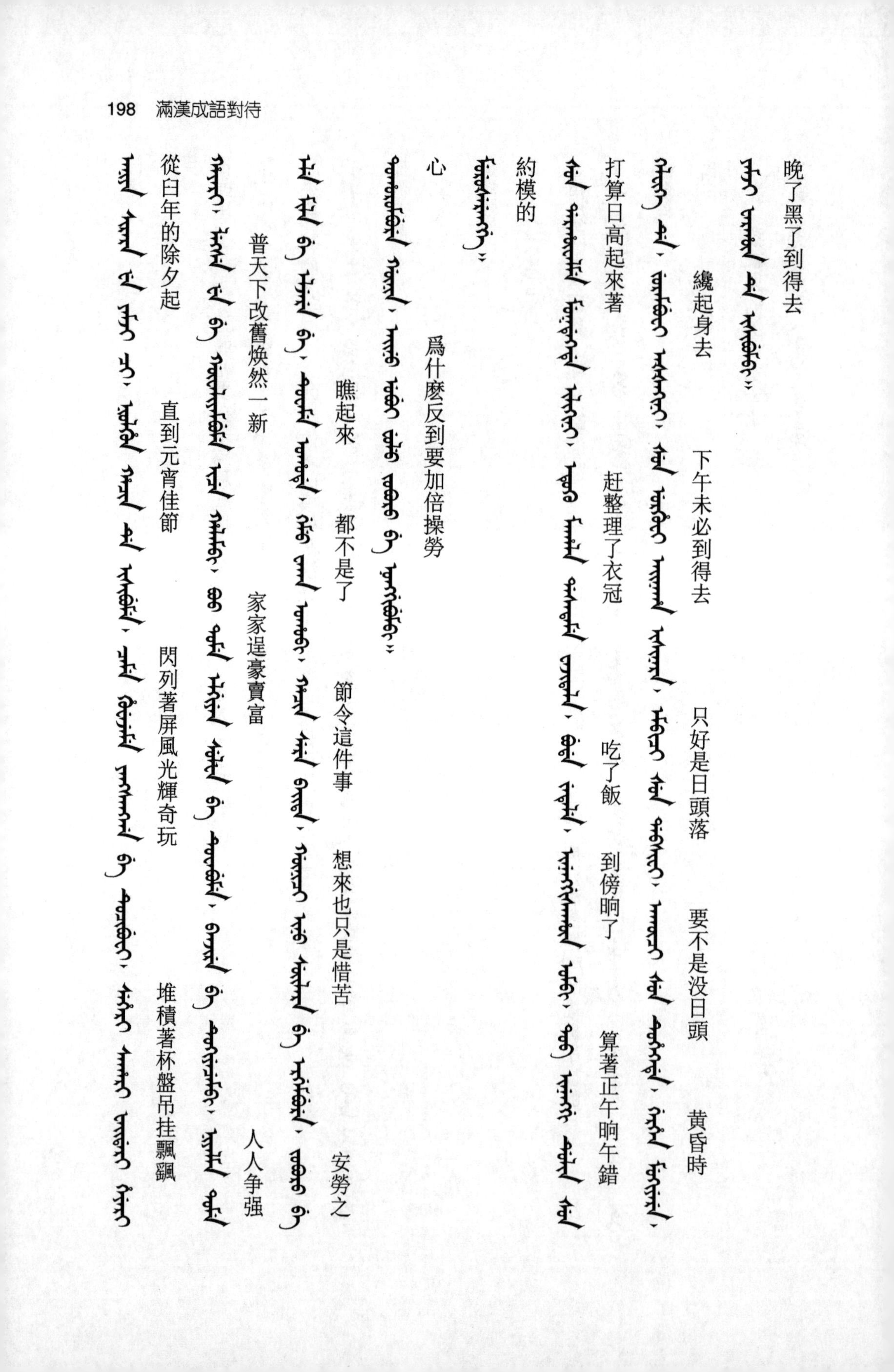

晚了黑了到得去

纔起身去　下午未必到得去　只好是日頭落　要不是没日頭　黃昏時

打算日高起來著　趕整理了衣冠　吃了飯　到傍晌了　算著正午晌午錯

約模的

心　爲什麼反到要加倍操勞

瞧起來　都不是了　節令這件事　想來也只是惜苦　安勞之

普天下改舊煥然一新　家家逞豪賣富　人人爭強

從臼年的除夕起　直到元宵佳節　閃列著屏風光輝奇玩　堆積著杯盤吊挂飄飆

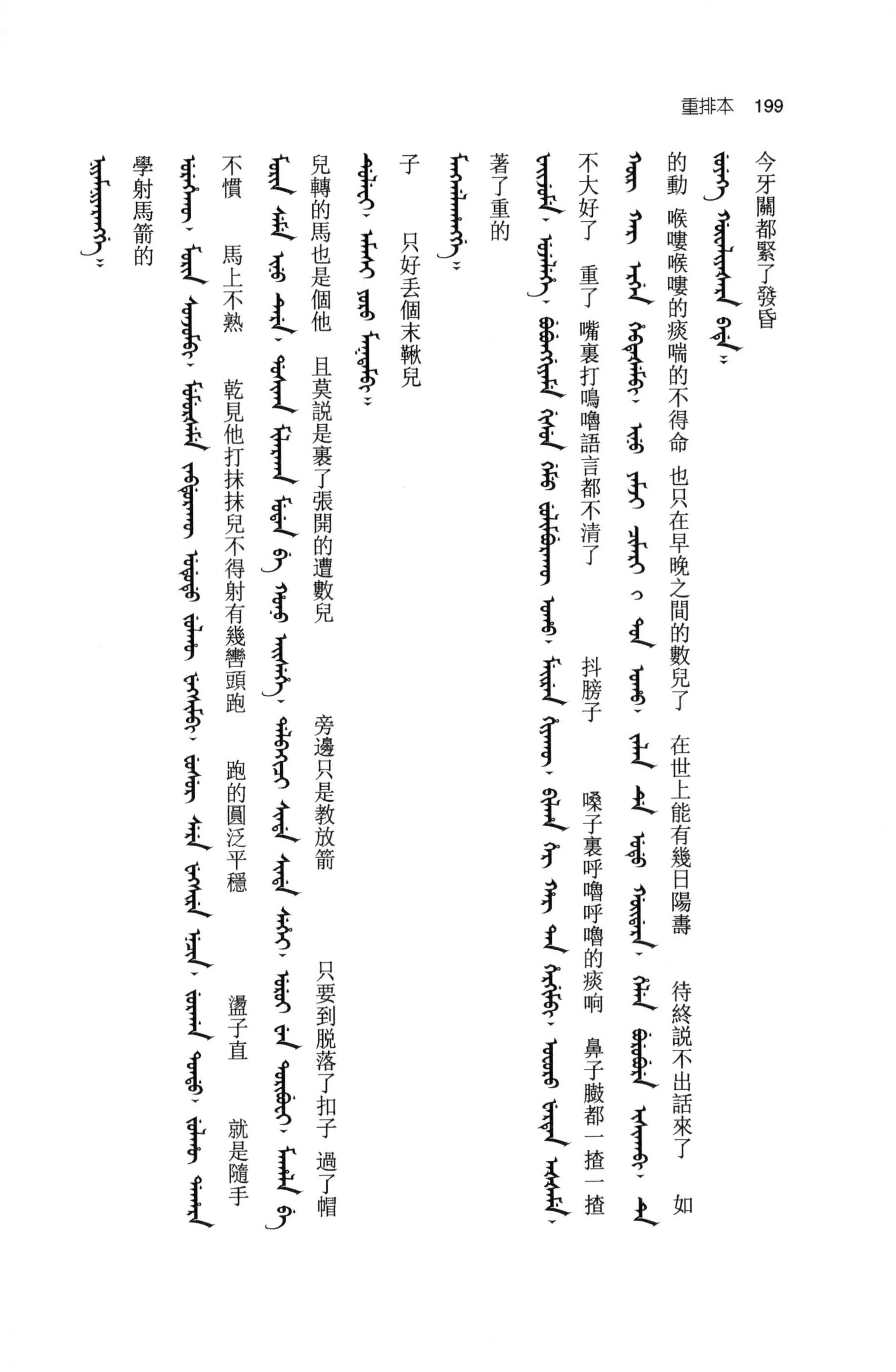

今牙關都緊了發昏

的動　喉嘍喉嘍的痰喘的不得命　也只在早晚之間的數兒了　在世上能有幾日陽壽　待終說不出話來了　如

不大好了　重了　嘴裏打嗚嚕語言都不清了　抖膀子　嗓子裏呼嚕呼嚕的痰响　鼻子臌都一揸一揸

著了重的

子　只好丟個末鞦兒

兒轉的馬也是個他　且莫說是裹了張開的遭數兒　旁邊只是教放箭　只要到脱落了扣子　過了帽

不慣　馬上不熟　乾見他打抹抹兒不得射有幾轡頭跑　跑的圓泛平穩　盪子直　就是隨手

學射馬箭的

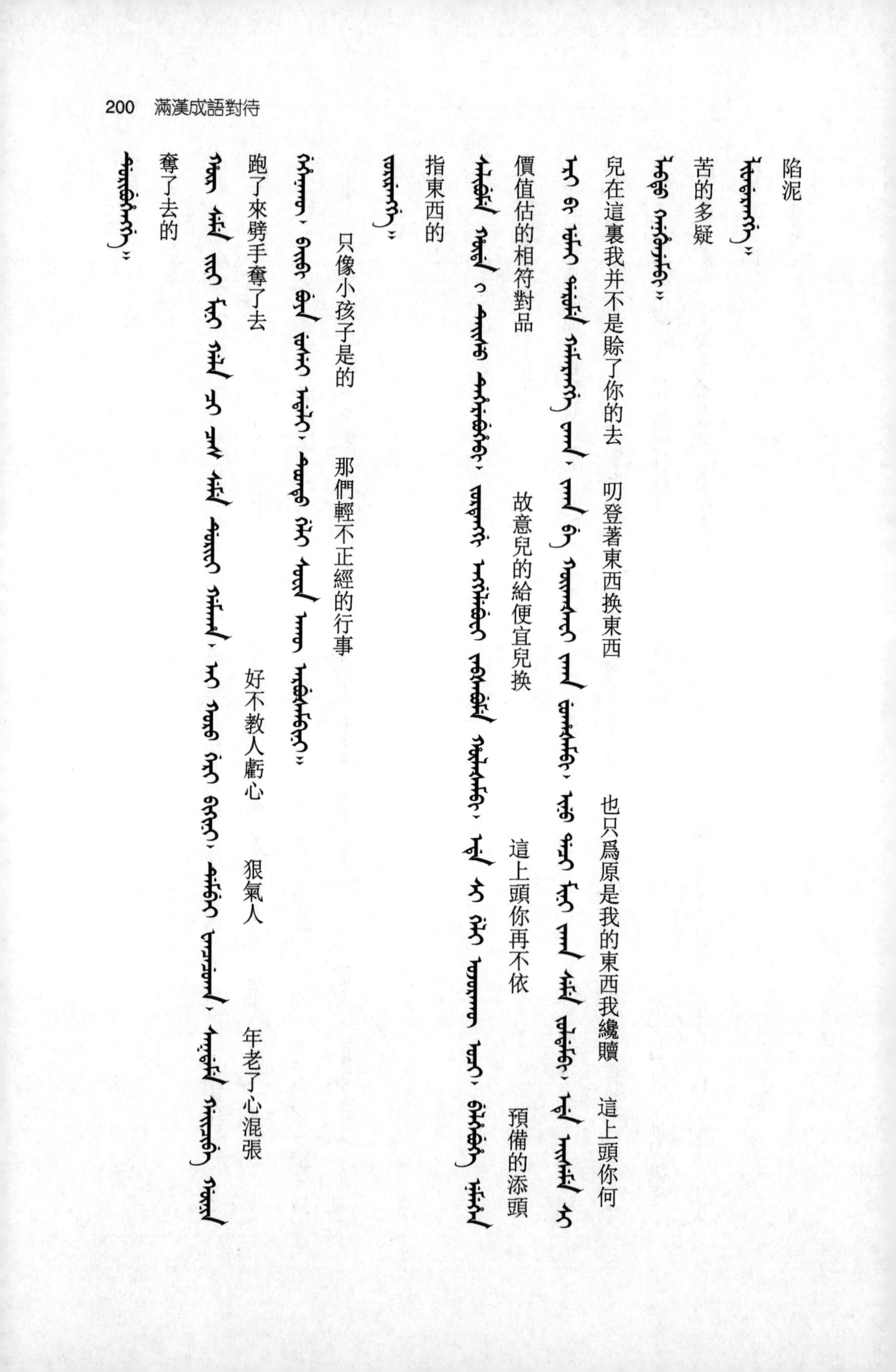

陷泥

苦的多疑

兒在這裏我并不是賒了你的去　叨登著東西換東西　也只爲原是我的東西我纔贖　這上頭你何

價值估的相符對品　故意兒的給便宜兒換　這上頭你再不依　預備的添頭

指東西的

只像小孩子是的　那們輕不正經的行事

跑了來劈手奪了去　好不教人虧心　狠氣人　年老了心混張

奪了去的

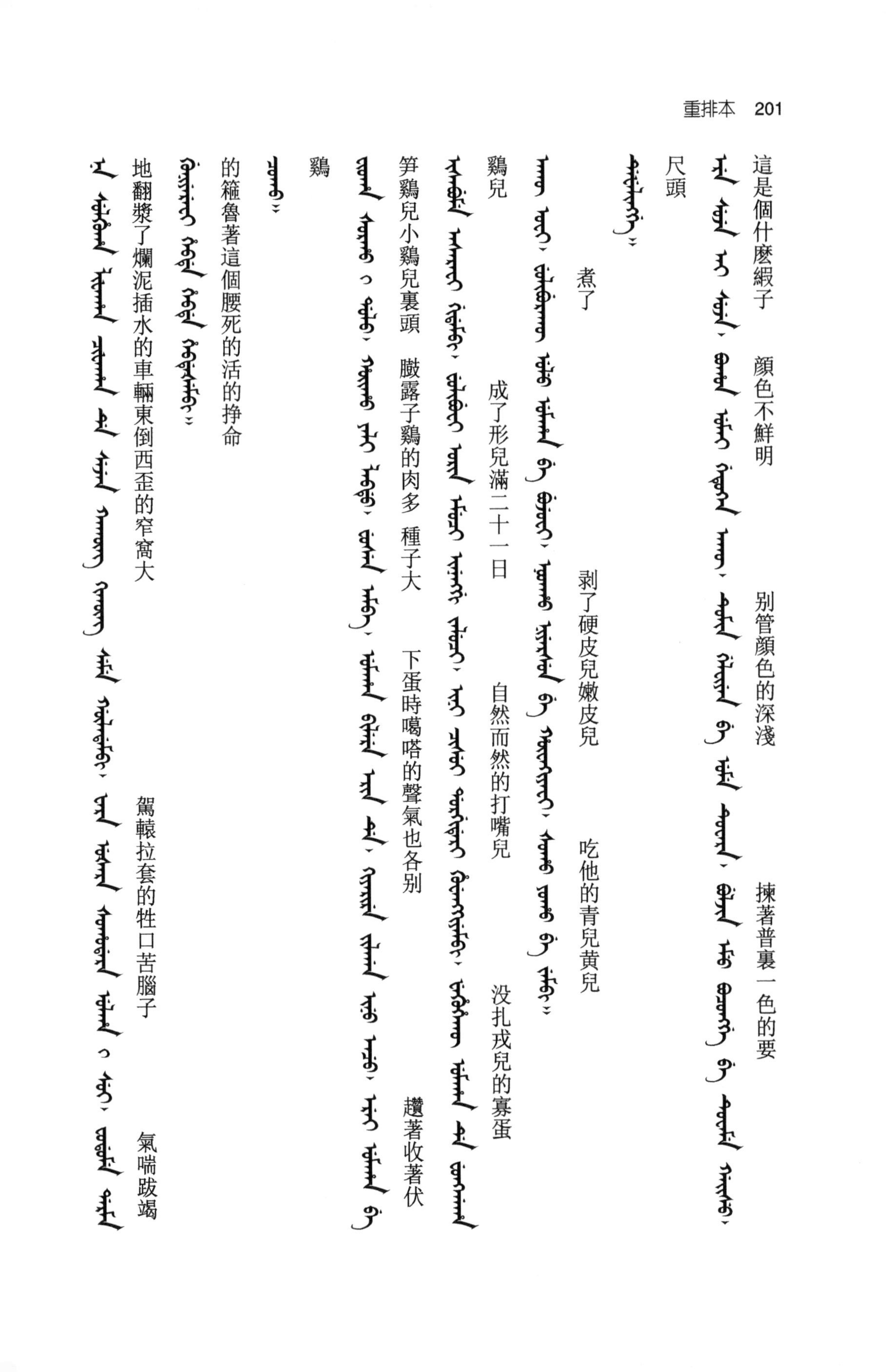

這是個什麼緞子　顏色不鮮明　別管顏色的深淺　揀著普裏一色的要

尺頭

煮了　剝了硬皮兒嫩皮兒　吃他的青兒黃兒

鷄兒　成了形兒滿二十一日　自然而然的打嘴兒　没扎戎兒的寡蛋

笋鷄兒小鷄兒裏頭　臌露子鷄的肉多　種子大　下蛋時噶嗒的聲氣也各別　趲著收著伏

鷄

的箍魯著這個腰死的活的掙命

地翻漿了爛泥插水的車輛東倒西歪的窄窩大　駕轅拉套的牲口苦惱子　氣喘跋竭

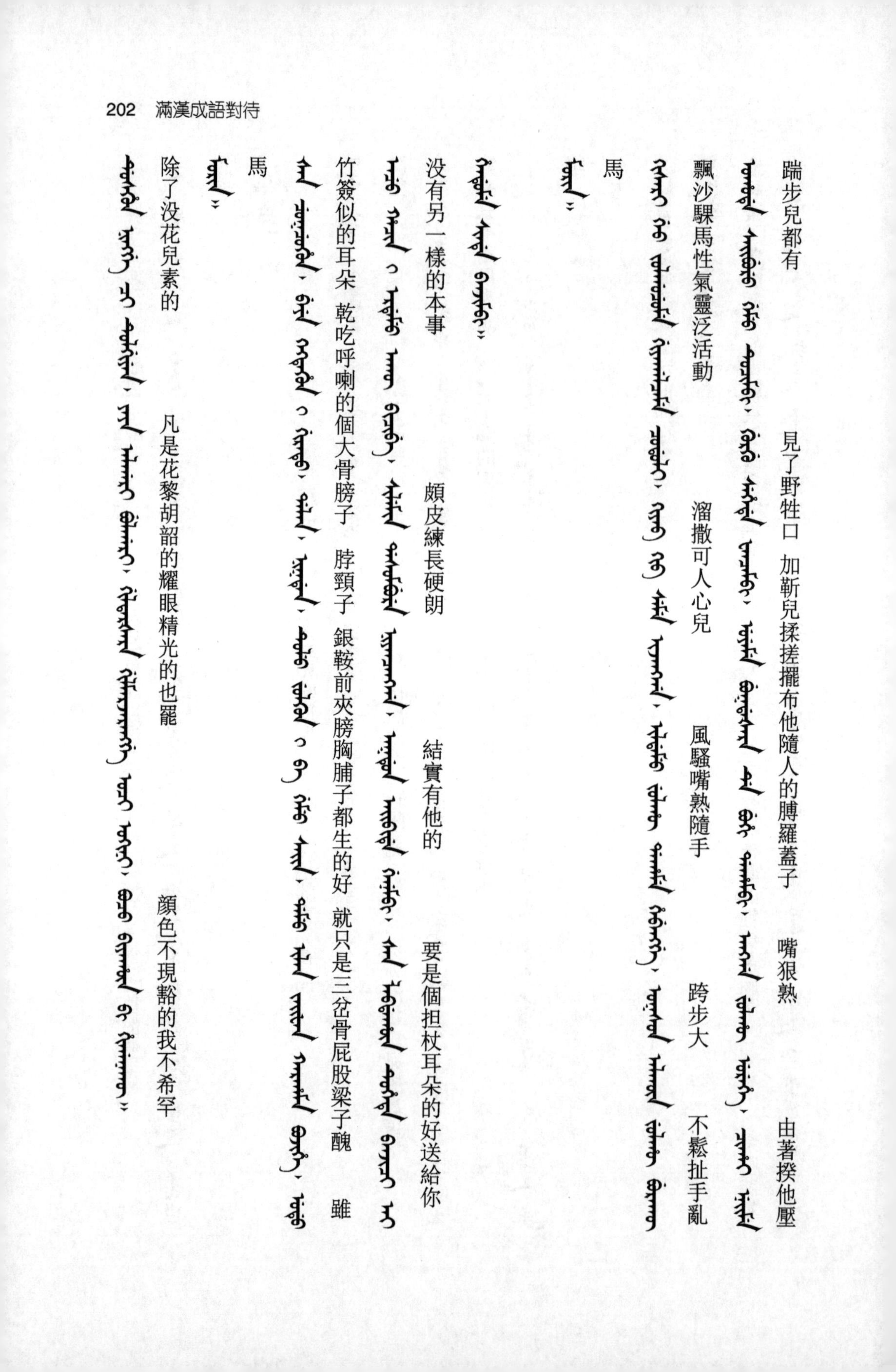

踹步兒都有 見了野牲口 加靳兒揉搓擺布他隨人的膞羅蓋子 嘴狠熟 由著揆他壓

飄沙騍馬性氣靈泛活動 溜撒可人心兒 風騷嘴熟隨手 跨步大 不鬆扯手亂

馬

没有另一樣的本事 頗皮練長硬朗 結實有他的 要是個担杖耳朵的好送給你

竹簽似的耳朵 乾吃呼喇的個大骨膀子 脖頸子 銀鞍前夾膀胸脯子都生的好 就只是三岔骨屁股梁子醜 雖

馬

除了没花兒素的 凡是花黎胡韶的耀眼精光的也罷 顏色不現豁的我不希罕

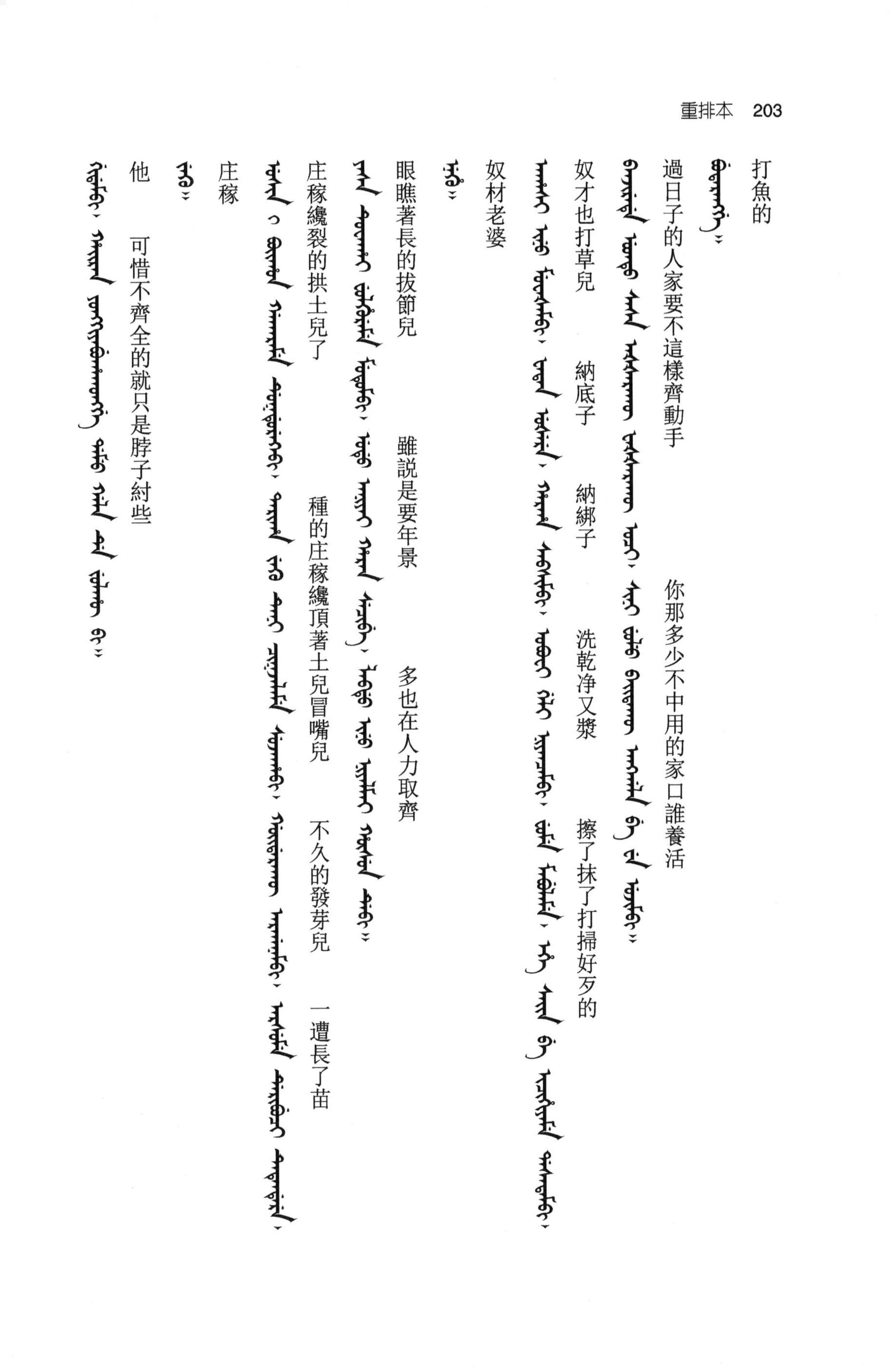

打魚的

過日子的人家要不這樣齊動手　你那多少不中用的家口誰養活

奴才也打草兒　納底子　納綁子　洗乾净又漿　擦了抹了打掃好歹的

奴材老婆

眼瞧著長的拔節兒　雖說是要年景　多也在人力取齊

庄稼纔裂的拱土兒了　種的庄稼纔頂著土兒冒嘴兒　不久的發芽兒　一遭長了苗

庄稼

他　可惜不齊全的就只是脖子紂些

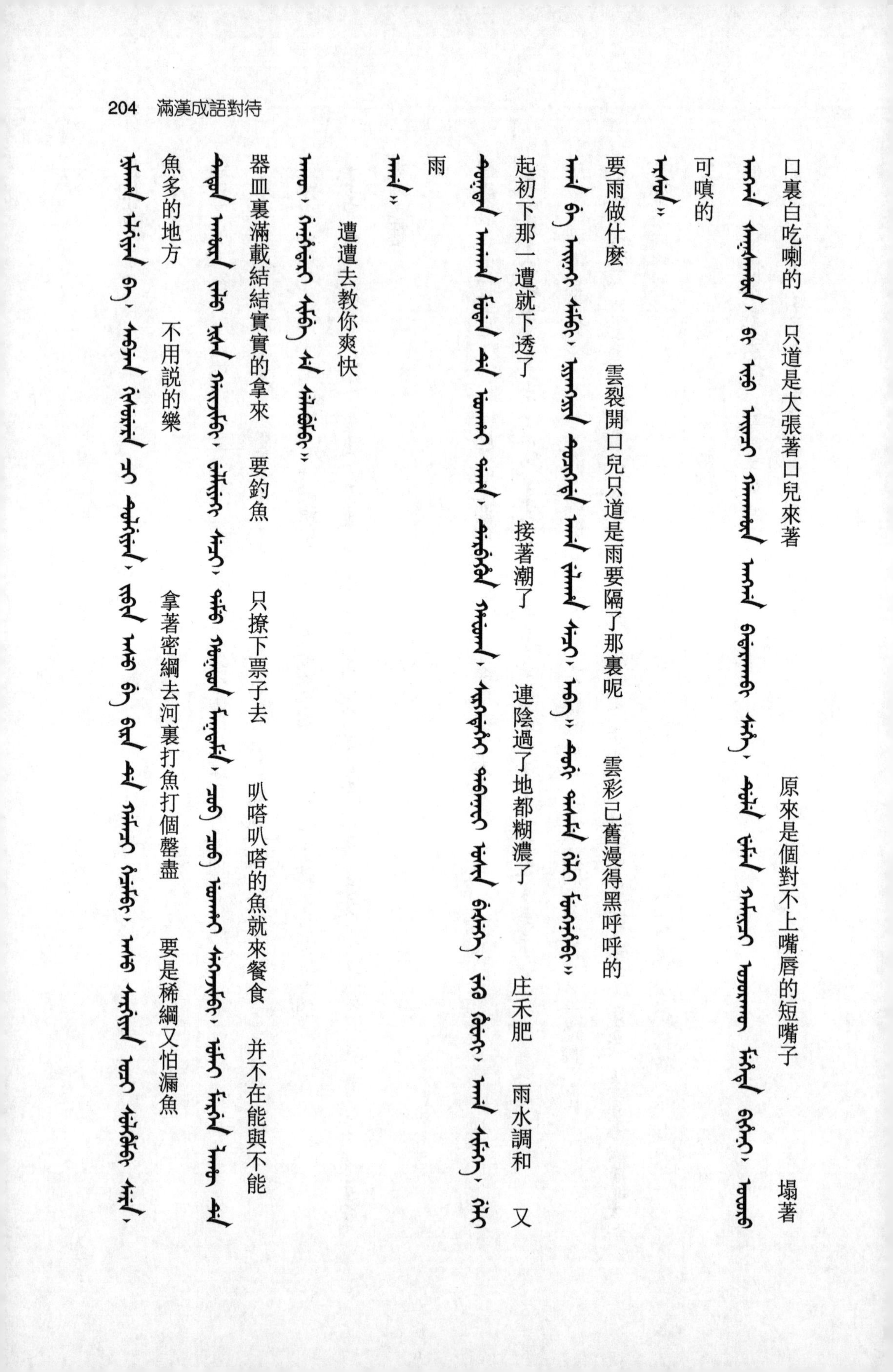

口裏白吃喇的　只道是大張著口兒來著　原來是個對不上嘴唇的短嘴子　塌著

可嗔的

要雨做什麼　雲裂開口兒只道是雨要隔了那裏呢　雲彩已舊漫得黑呼呼的

起初下那一遭就下透了　接著潮了　連陰過了地都糊濃了　庄禾肥　雨水調和　又

雨

遭遭去教你爽快

器皿裏滿載結結實實的拿來　要釣魚　只撩下票子去　叭嗒叭嗒的魚就來餐食　并不在能與不能

魚多的地方　不用說的樂　拿著密綱去河裏打魚打個罄盡　要是稀綱又怕漏魚

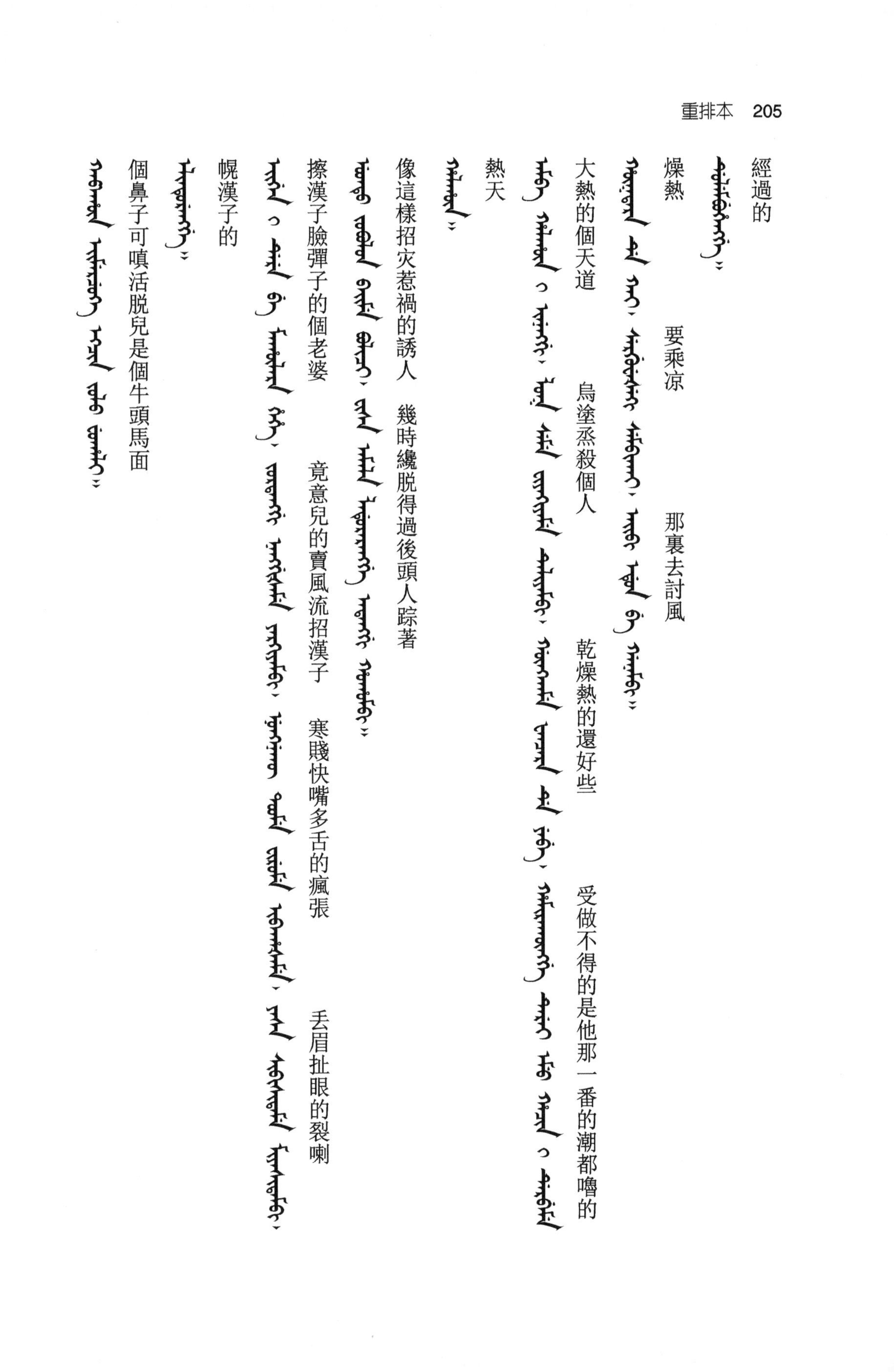

經過的

燥熱 要乘凉 那裏去討風

大熱的個天道 烏塗烝殺個人 乾燥熱的還好些 受做不得的是他那一番的潮都嚕的

熱天

像這樣招灾惹禍的誘人 幾時纔脱得過後頭人踪著

擦漢子臉彈子的個老婆 竟意兒的賣風流招漢子 寒賤快嘴多舌的瘋張 丢眉扯眼的裂喇

幌漢子的

個鼻子可嗔活脱兒是個牛頭馬面

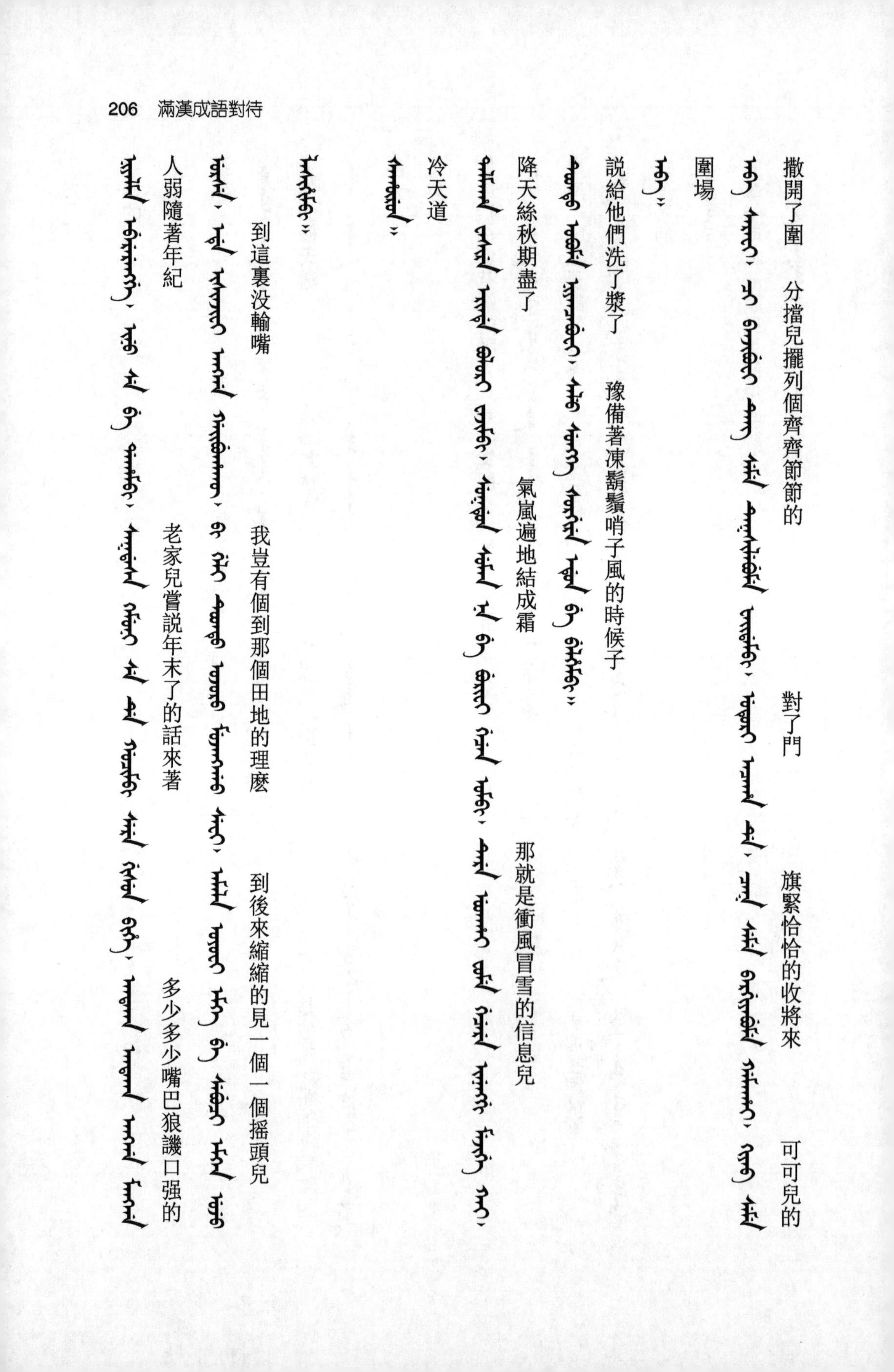

撒開了圍　分擋兒擺列個齊齊節節的　對了門　旗緊恰恰的收將來　可可兒的圍場

說給他們洗了漿了　豫備著凍鬍鬚哨子風的時候子

降天絲秋期盡了　氣嵐遍地結成霜　那就是衝風冒雪的信息兒

冷天道

到這裏沒輪嘴　我豈有個到那個田地的理麼　到後來縮縮的見一個一個搖頭兒

人弱隨著年紀　老家兒嘗說年末了的話來著　多少多少嘴巴狼讖口强的

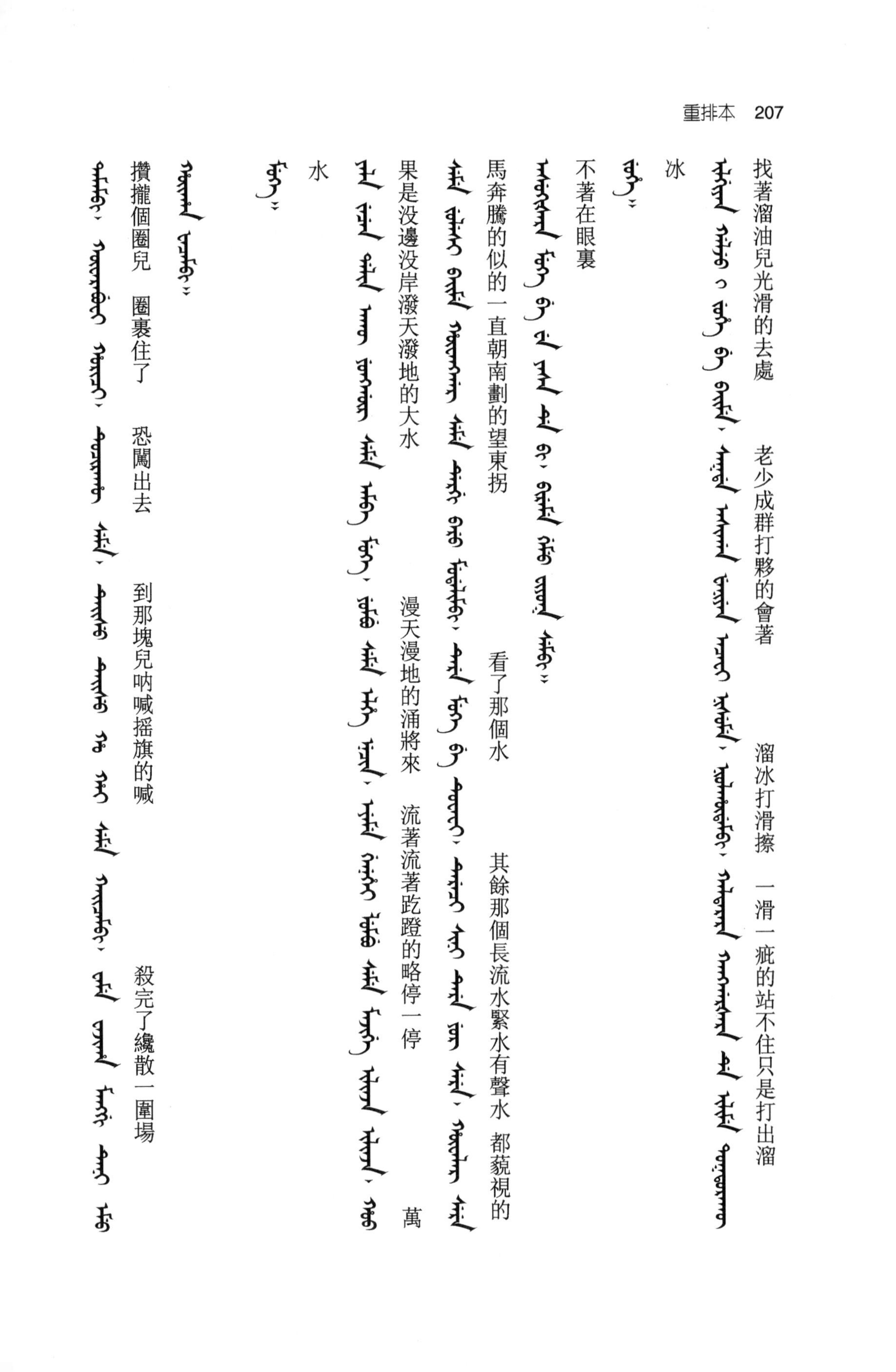

找著溜油兒光滑的去處　老少成群打夥的會著　溜冰打滑擦　一滑一疵的站不住只是打出溜

冰

不著在眼裏

馬奔騰的似的一直朝南劃的望東拐　看了那個水　其餘那個長流水緊水有聲水　都藐視的

果是没邊没岸潑天潑地的大水　漫天漫地的涌將來　流著流著跄蹬的略停一停　萬

水

攢攏個圈兒　圈裏住了　恐闖出去　到那塊兒吶喊搖旗的喊　殺完了纔散一圍場

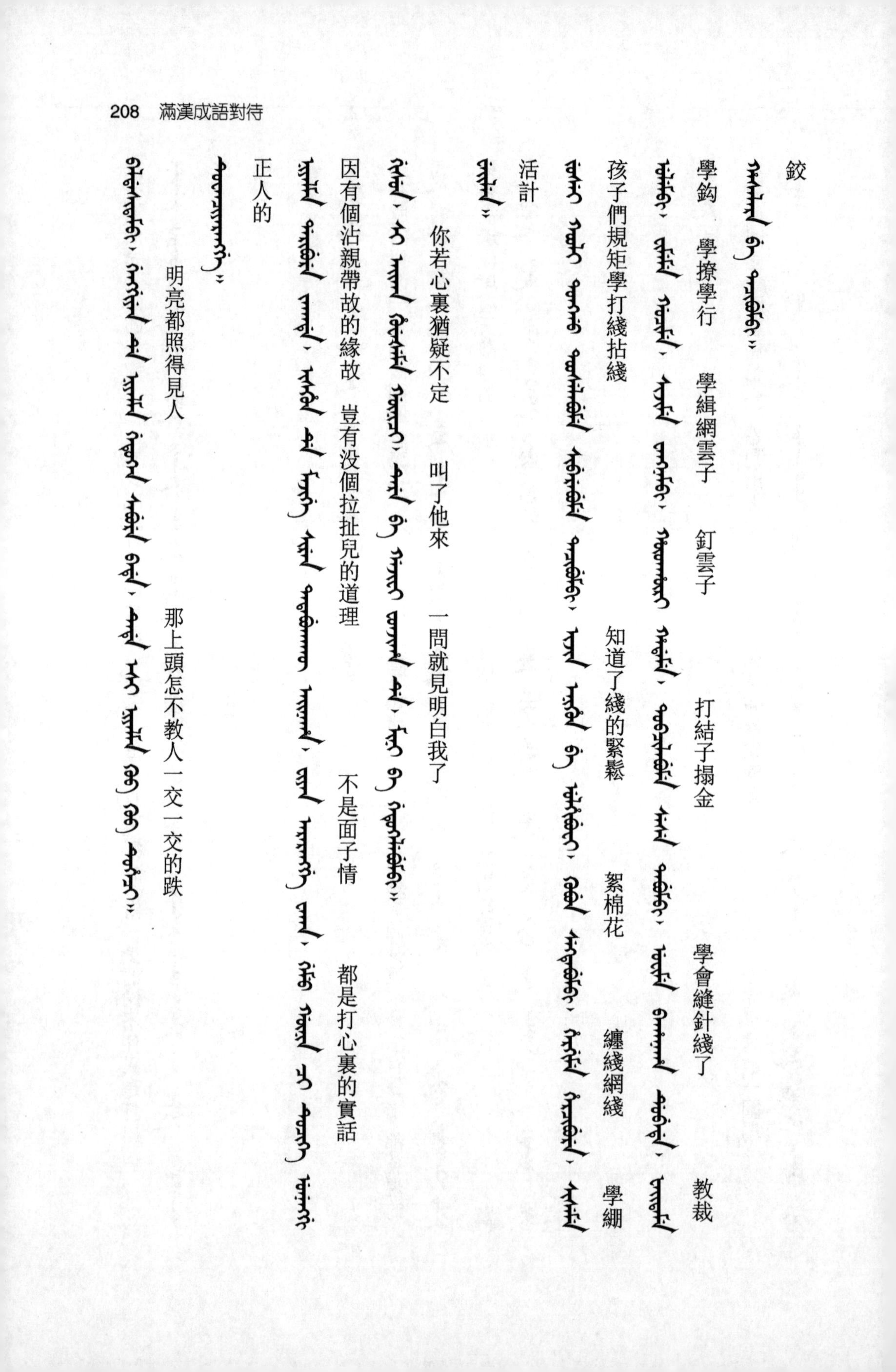

鉸

學鉤　學撩學行　學緝網雲子　釘雲子　打結子搨金　學會縫針綫了　教裁

孩子們規矩學打綫拈綫　知道了綫的緊鬆　絮棉花　纏綫網綫　學綳

活計

你若心裏猶疑不定　叫了他來　一問就見明白我了

因有個沾親帶故的緣故　豈有没個拉扯兒的道理　不是面子情　都是打心裏的實話

正人的

明亮都照得見人　那上頭怎不教人一交一交的跌

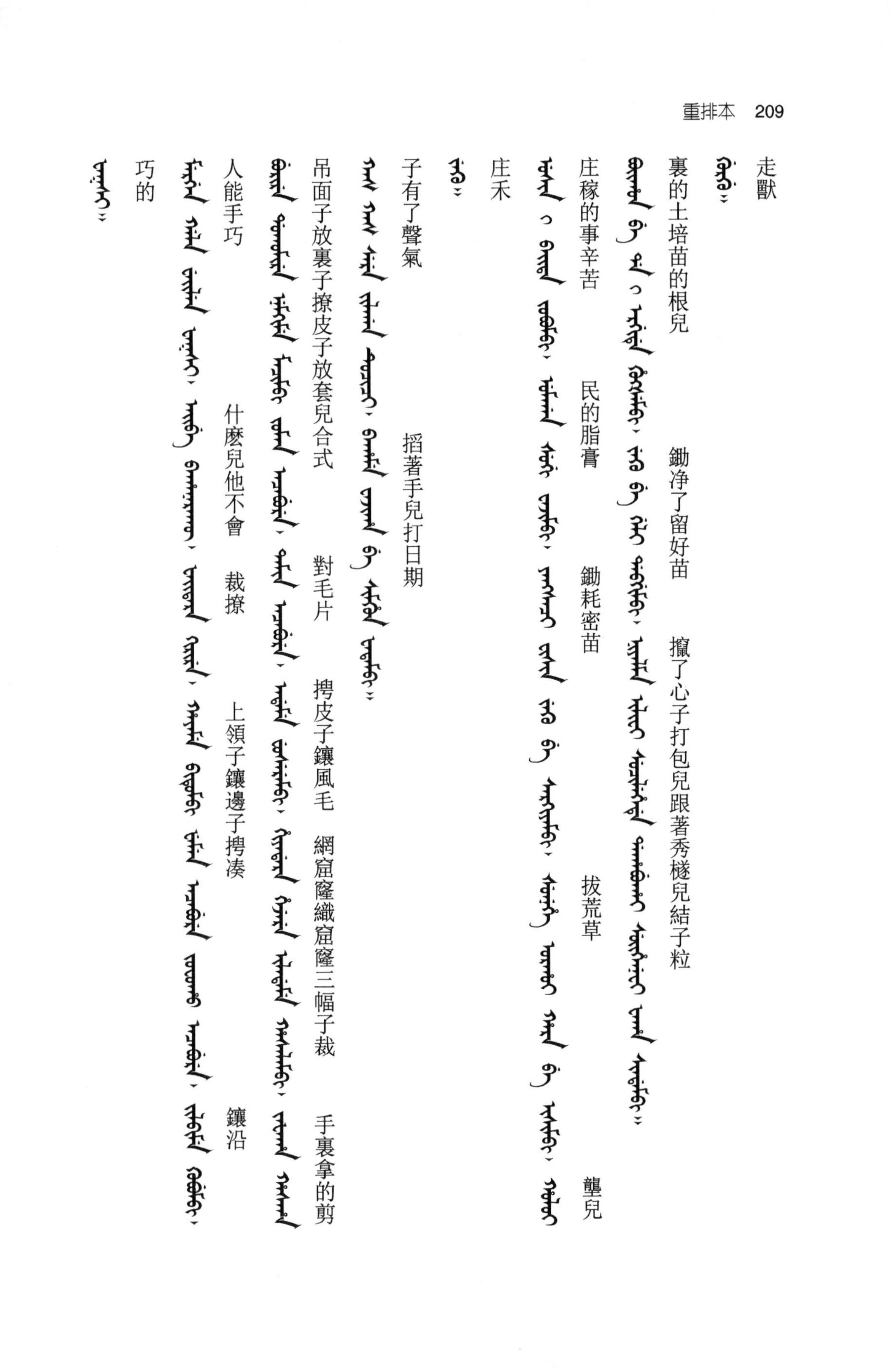

走獸

裏的土培苗的根兒 鋤净了留好苗 攏了心子打包兒跟著秀穟兒結子粒

庄稼的事辛苦 民的脂膏 鋤耗密苗 拔荒草 壟兒

庄禾

子有了聲氣 搯著手兒打日期

吊面子放裏子撩皮子放套兒合式 對毛片 摞皮子鑲風毛 綱窟窿織窟窿三幅子裁 手裏拿的剪

人能手巧 什麼兒他不會 裁撩 上領子鑲邊子摞湊 鑲沿

巧的

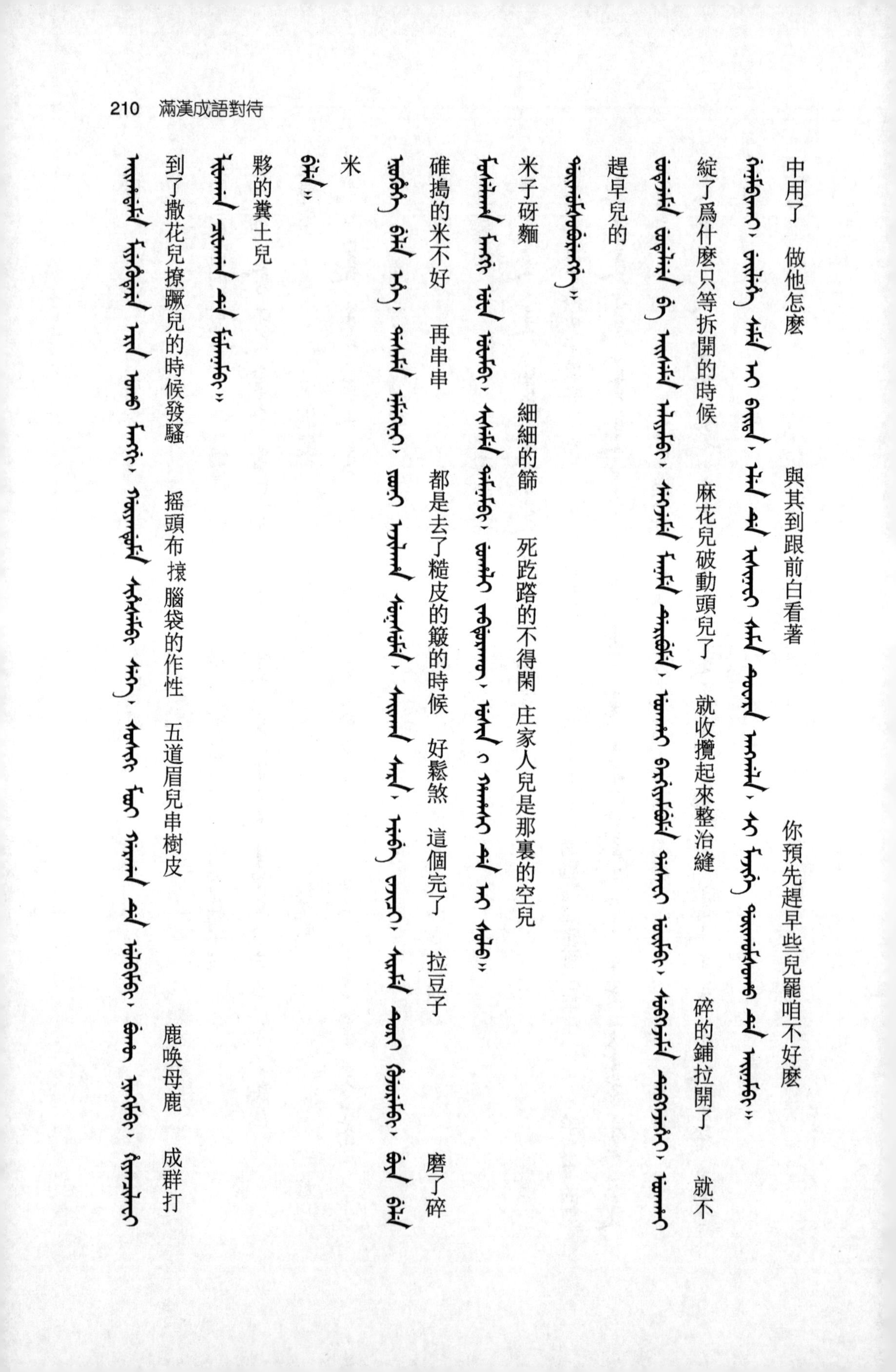

中用了　做他怎麼　與其到跟前白看著　你預先趕早些兒罷咱不好麼

綻了爲什麼只等拆開的時候　麻花兒破動頭兒了　就收攬起來整治縫　碎的鋪拉開了　就不

趕早兒的

米子砑麵　細細的篩　死跎踏的不得閑　庄家人兒是那裏的空兒

碓搗的米不好　再串串　都是去了糙皮的簸的時候　好鬆煞　這個完了　拉豆子　磨了碎

米

夥的糞土兒

到了撒花兒撩蹶兒的時候發騷　搖頭布㨠腦袋的作性　五道眉兒串樹皮　鹿喚母鹿　成群打

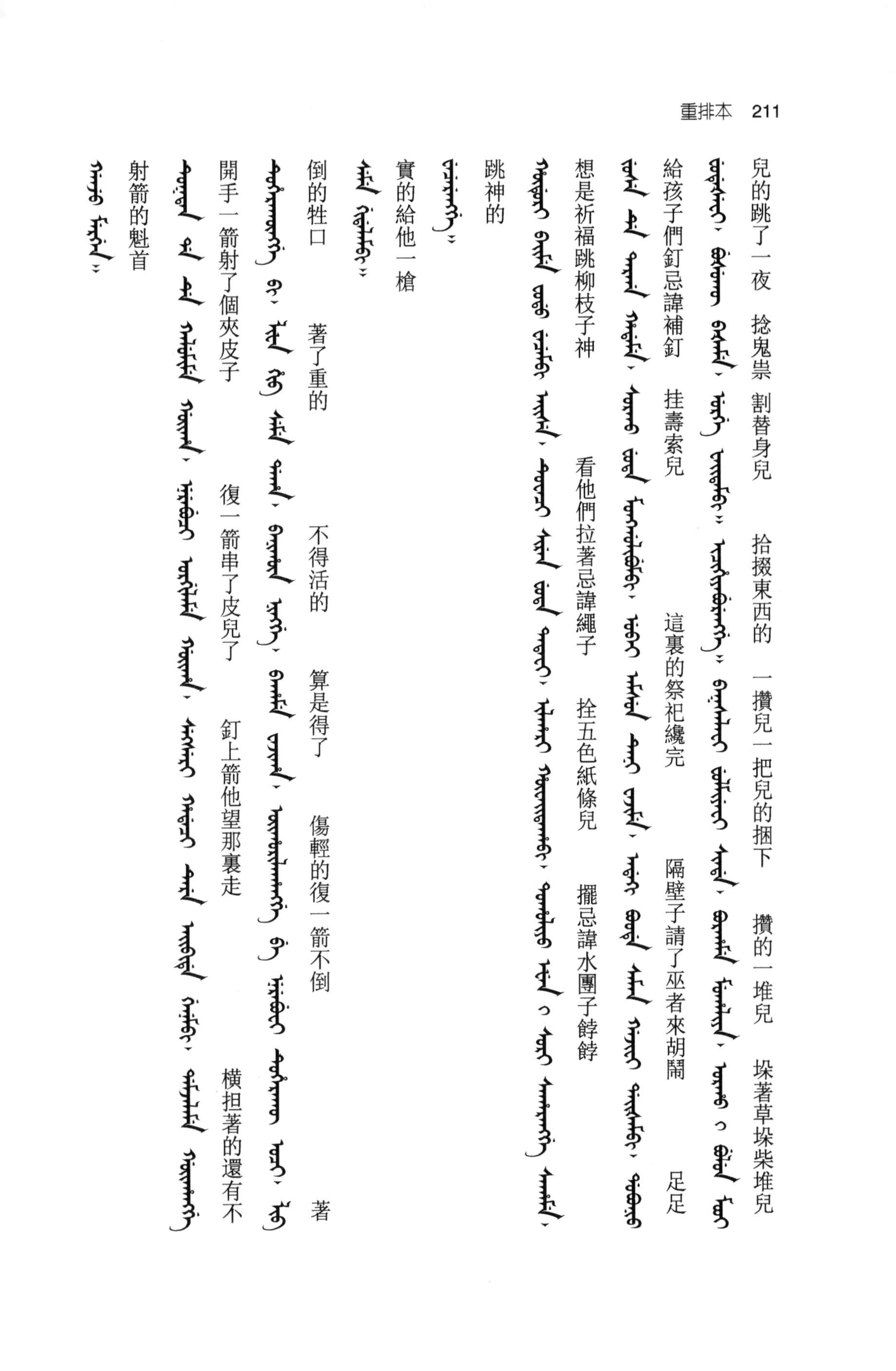

兒的跳了一夜　捻鬼祟　割替身兒　拾掇東西的　一攢兒一把兒的捆下　攢的一堆兒　垛著草垛柴堆兒

給孩子們釘忌諱補釘　挂壽索兒　這裏的祭祀纔完　隔壁子請了巫者來胡鬧　足足

想是祈福跳柳枝子神　看他們拉著忌諱繩子　拴五色紙條兒　擺忌諱水團子餑餑

跳神的

實的給他一槍

倒的牲口　著了重的　不得活的　算是得了　傷輕的復一箭不倒　著

開手一箭射了個夾皮子　復一箭串了皮兒了　釘上箭他望那裏走　橫担著的還有不

射箭的魁首

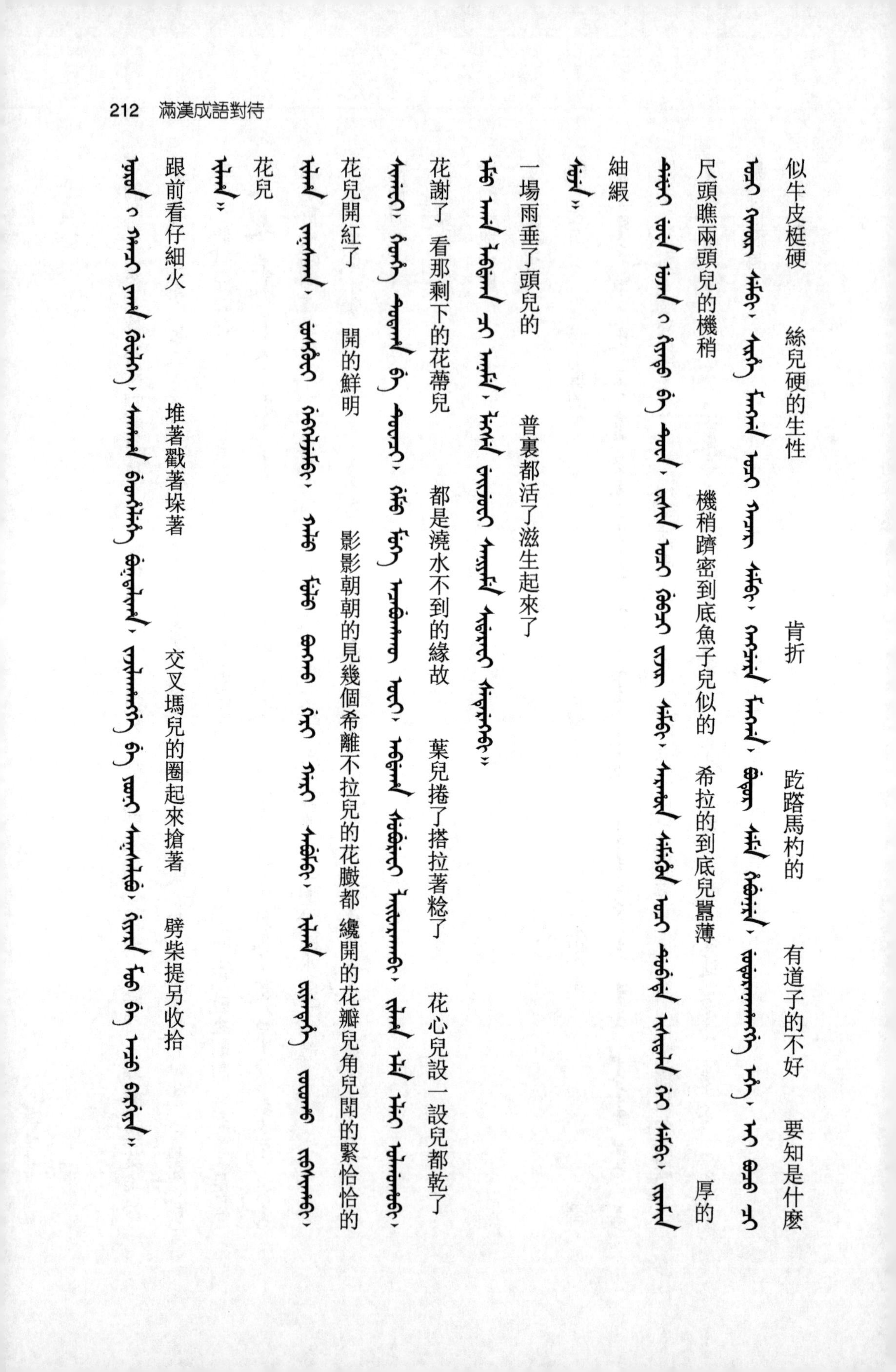

似牛皮梃硬　絲兒硬的生性　肯折　跄踏馬杓的　有道子的不好　要知是什麼

尺頭瞧兩頭兒的機稍　機稍蹐密到底魚子兒似的　希拉的到底兒囂薄　厚的

紬緞

一場雨垂了頭兒的　普裏都活了滋生起來了

花謝了　看那剩下的花蒂兒　都是澆水不到的緣故　葉兒捲了搭拉著稔了　花心兒設一設兒都乾了

花兒開紅了　開的鮮明　影影朝朝的見幾個希離不拉兒的花臟都　纔開的花瓣兒角兒閗的緊恰恰的

花兒

跟前看仔細火　堆著戳著垛著　交叉瑪兒的圈起來搶著　劈柴提另收拾

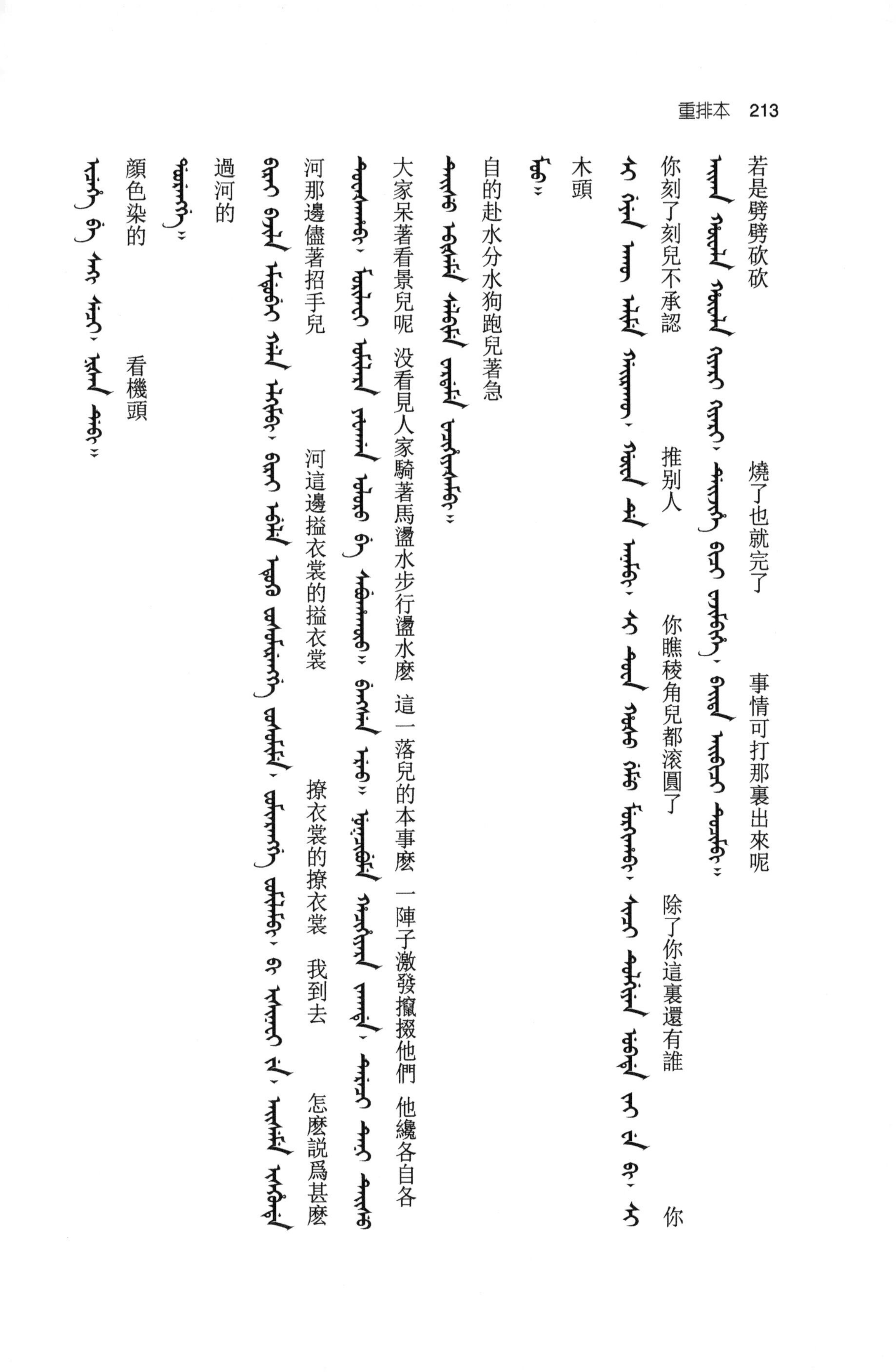

若是劈劈砍砍　燒了也就完了　事情可打那裏出來呢

你刻了刻兒不承認　推別人　你瞧稜角兒都滾圓了　除了你這裏還有誰　你

木頭

自的赴水分水狗跑兒著急

大家呆著看景兒呢　没看見人家騎著馬盪水步行盪水麼　這一落兒的本事麼　一陣子激發攛掇他們　他纔各自各

河那邊儘著招手兒　河這邊揝衣裳的揝衣裳　撩衣裳的撩衣裳　我到去　怎麼説爲甚麼

過河的

顏色染的　看機頭

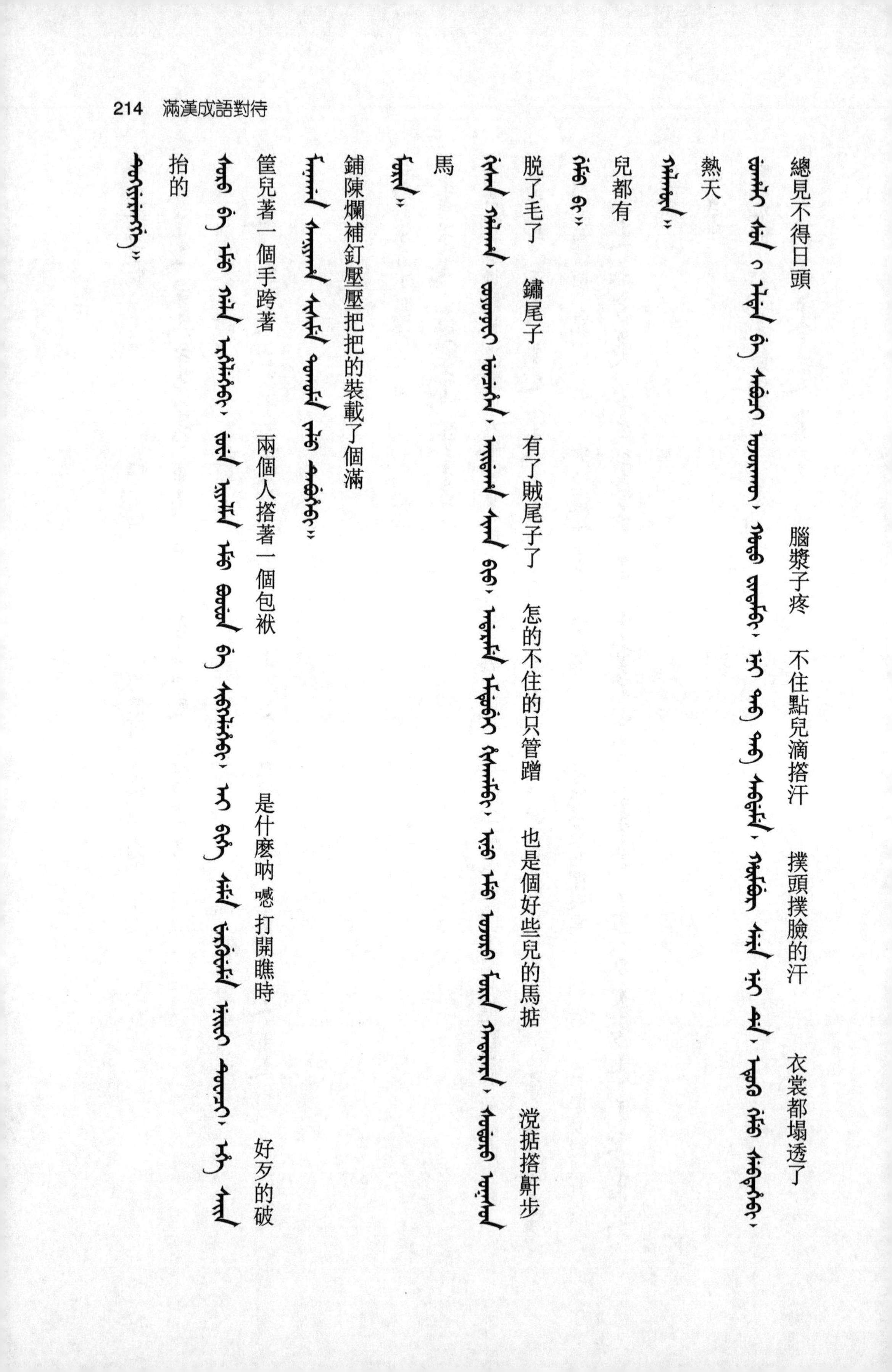

總見不得日頭 腦漿子疼 不住點兒滴搭汗 撲頭撲臉的汗 衣裳都塌透了

熱天

兒都有

脫了毛了 鏽尾子 有了賊尾子了 怎的不住的只管蹭 也是個好些兒的馬掂 滉掂搭蹄步

馬

鋪陳爛補釘壓壓把把的裝載了個滿

筐兒著一個手跨著 兩個人搭著一個包袱 是什麼呐 嗯 打開瞧時 好歹的破

抬的

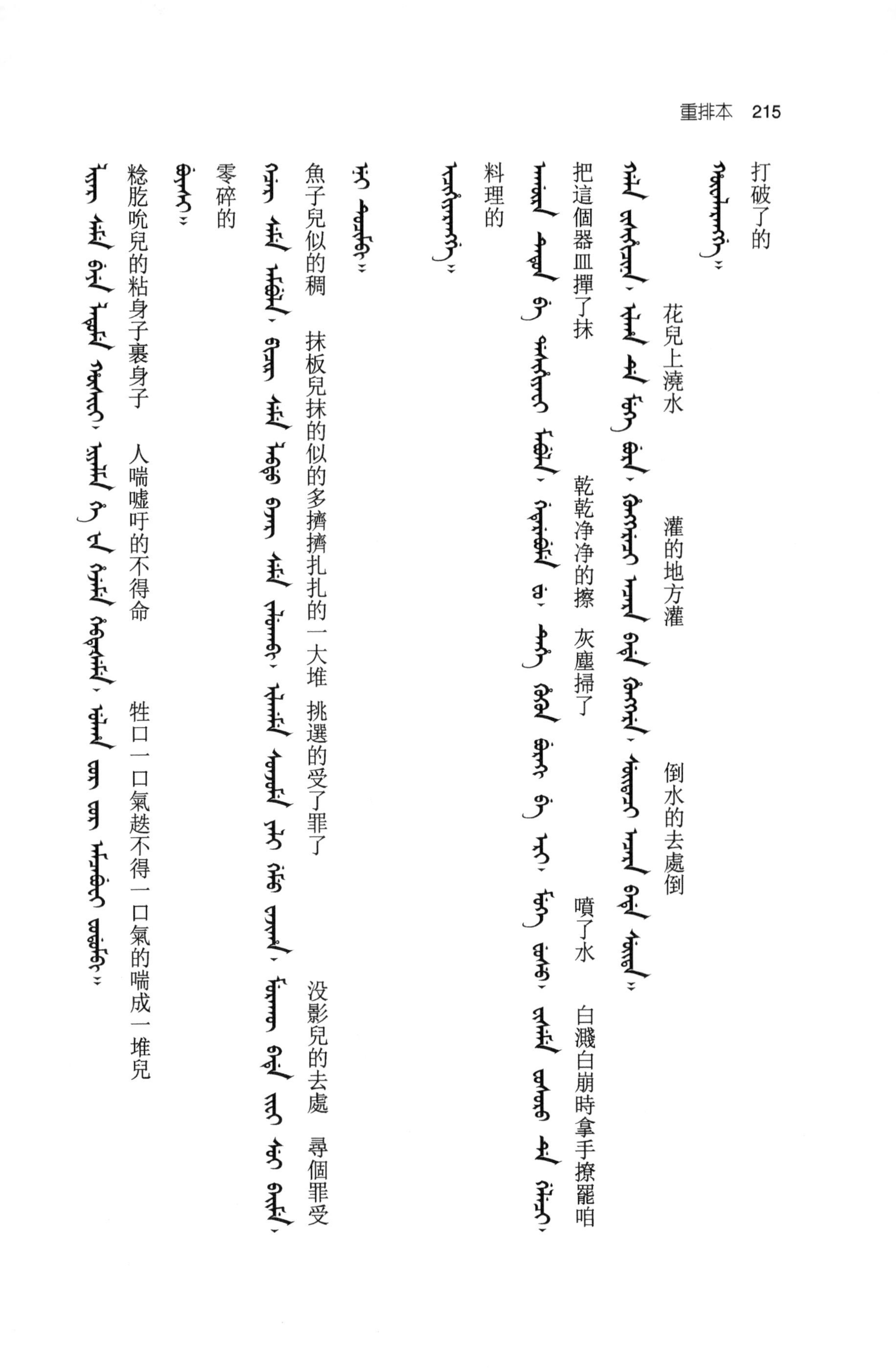

打破了的

花兒上澆水 灌的地方灌 倒水的去處倒

把這個器皿撣了抹 乾乾净净的擦 灰塵掃了 噴了水 白濺白崩時拿手撩罷咱

料理的

魚子兒似的稠 抹板兒抹的似的多擠擠扎扎的一大堆 挑選的受了罪了 没影兒的去處 尋個罪受

零碎的

牎肐吮兒的粘身子裹身子 人喘嘘吁的不得命 牲口一口氣趆不得一口氣的喘成一堆兒

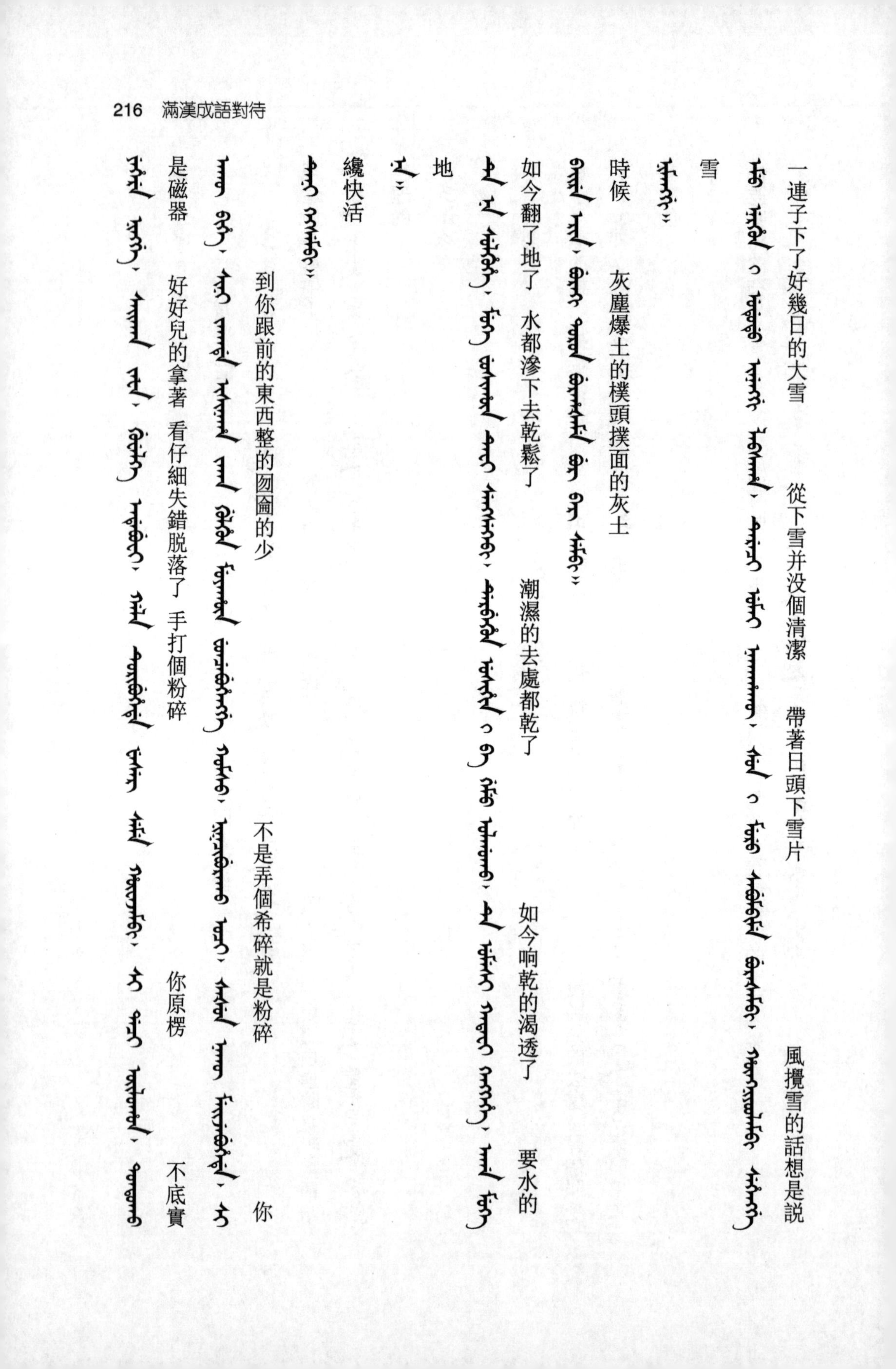

一連子下了好幾日的大雪　從下雪并没個清潔　帶著日頭下雪片　風攪雪的話想是說

雪

時候　灰塵爆土的樸頭撲面的灰土

如今翻了地了　水都滲下去乾鬆了　潮濕的去處都乾了　如今晌乾的渴透了　要水的

地

纔快活

到你跟前的東西整的囫圇的少　不是弄個希碎就是粉碎　你

是磁器　好好兒的拿著　看仔細失錯脫落了　手打個粉碎　你原楞　不底實

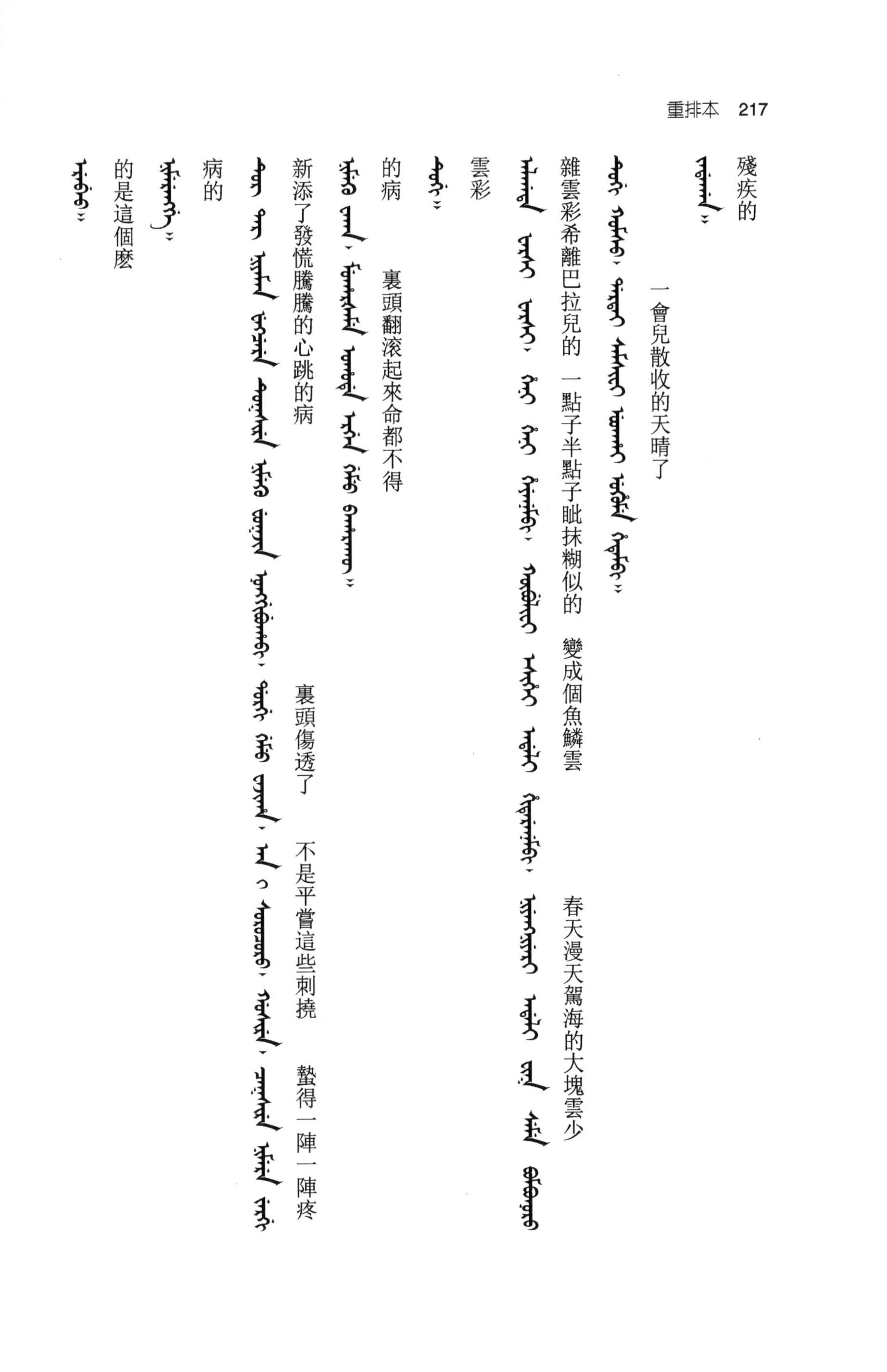

殘疾的

一會兒散收的天晴了

雜雲彩希離巴拉兒的 一點子半點子眦抹糊似的 變成個魚鱗雲 春天漫天駕海的大塊雲少

雲彩

的病 裏頭翻滾起來命都不得

新添了發慌騰騰的心跳的病 裏頭傷透了 不是平當這些刺撓 蟄得一陣一陣疼

病的

的是這個麼

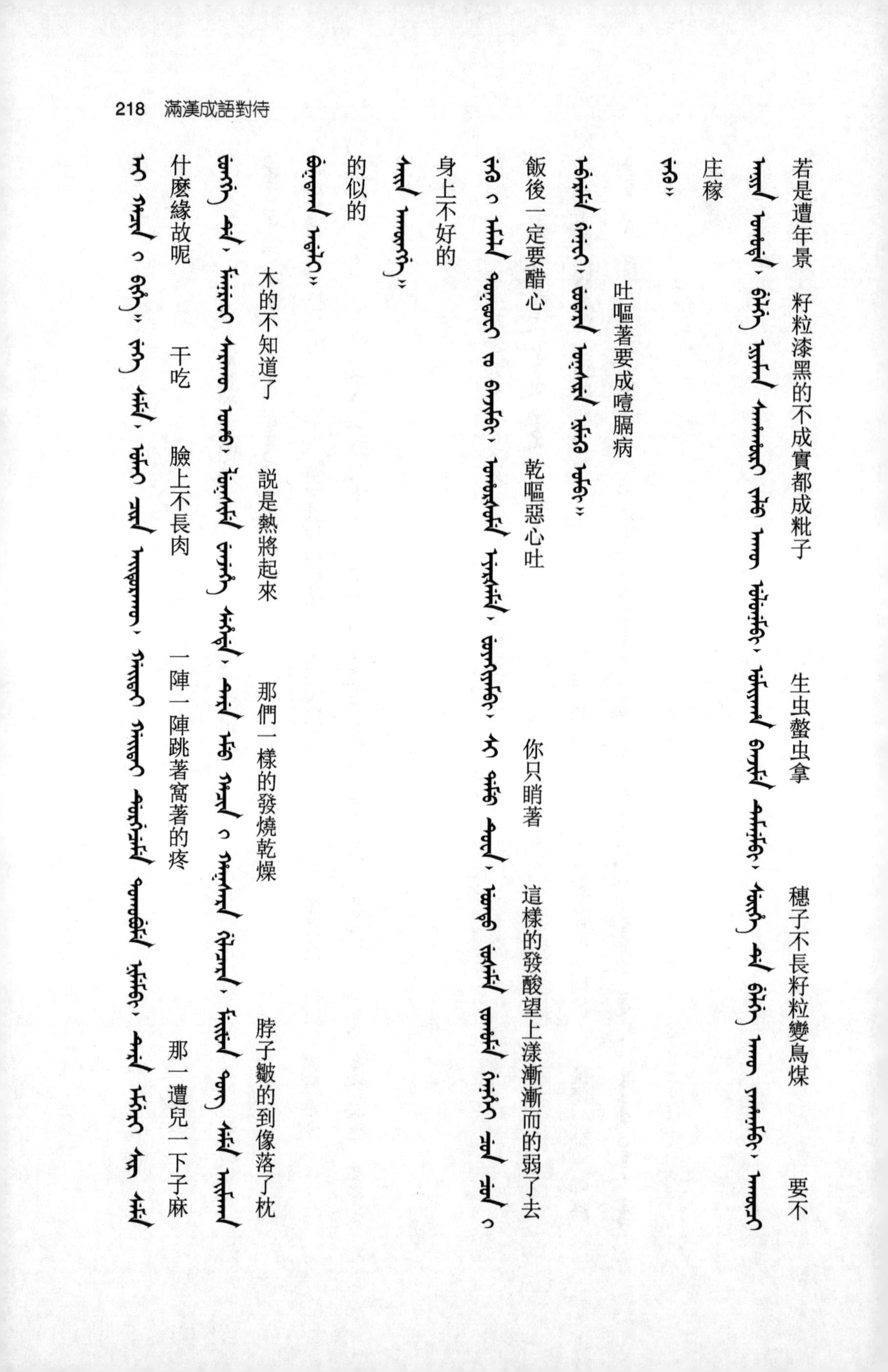

若是遭年景　籽粒漆黑的不成實都成粃子　生虫螯虫拿　穗子不長籽粒變烏煤　要不

庄稼

吐嘔著要成噎膈病

飯後一定要醋心　乾嘔惡心吐　你只睄著　這様的發酸望上漾漸漸而的弱了去

身上不好的

的似的

木的不知道了　說是熱將起來　那們一樣的發燒乾燥　脖子皺的到像落了枕

什麼緣故呢　干吃　臉上不長肉　一陣一陣跳著窩著的疼　那一遭兒一下子麻

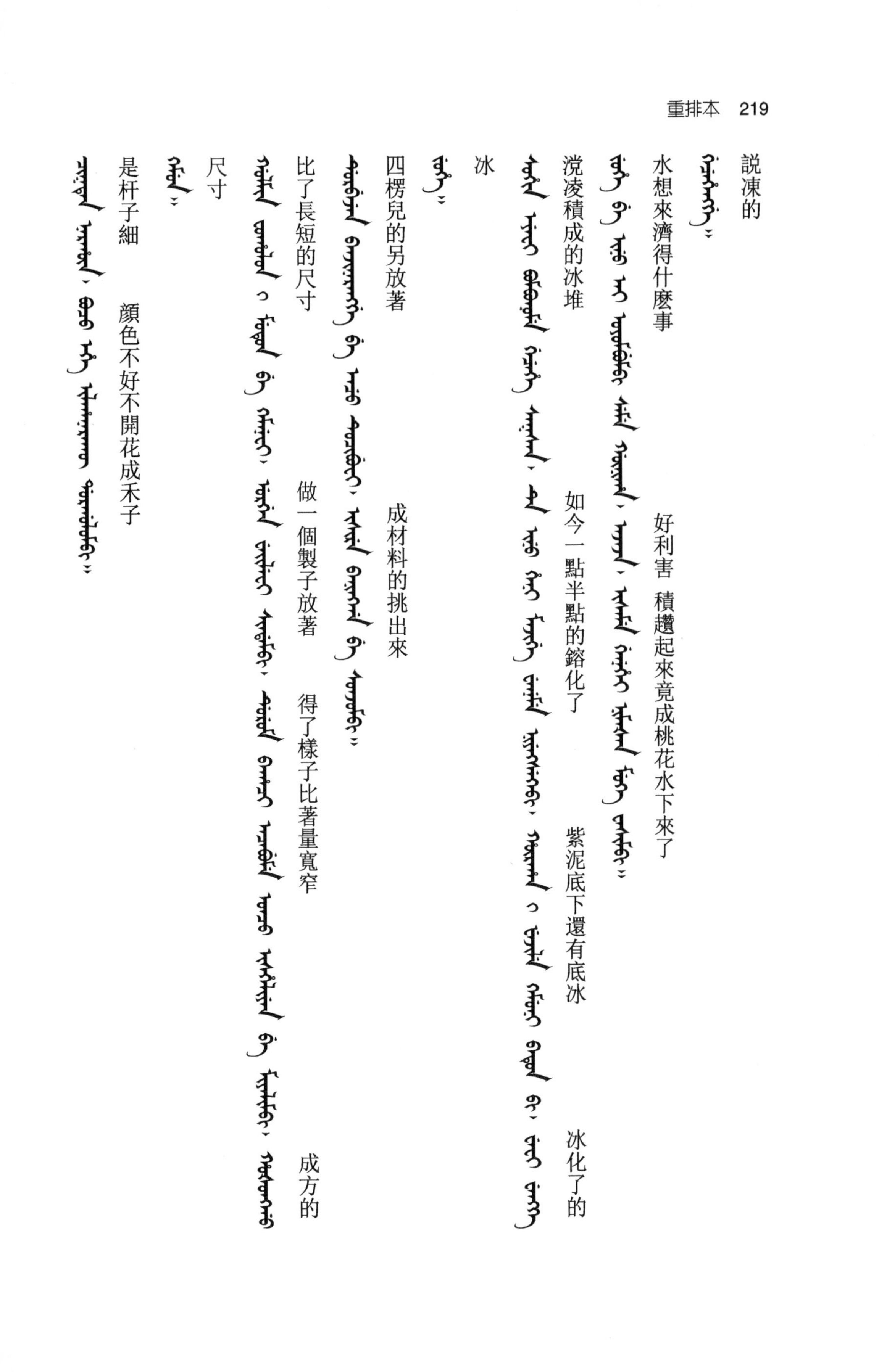

說凍的

水想來濟得什麼事 好利害 積趲起來竟成桃花水下來了

涚凌積成的冰堆 如今一點半點的鎔化了 紫泥底下還有底冰 冰化了的

冰

四楞兒的另放著 成材料的挑出來

比了長短的尺寸 做一個製子放著 得了樣子比著量寬窄 成方的

尺寸

是杆子細 顏色不好不開花成禾子

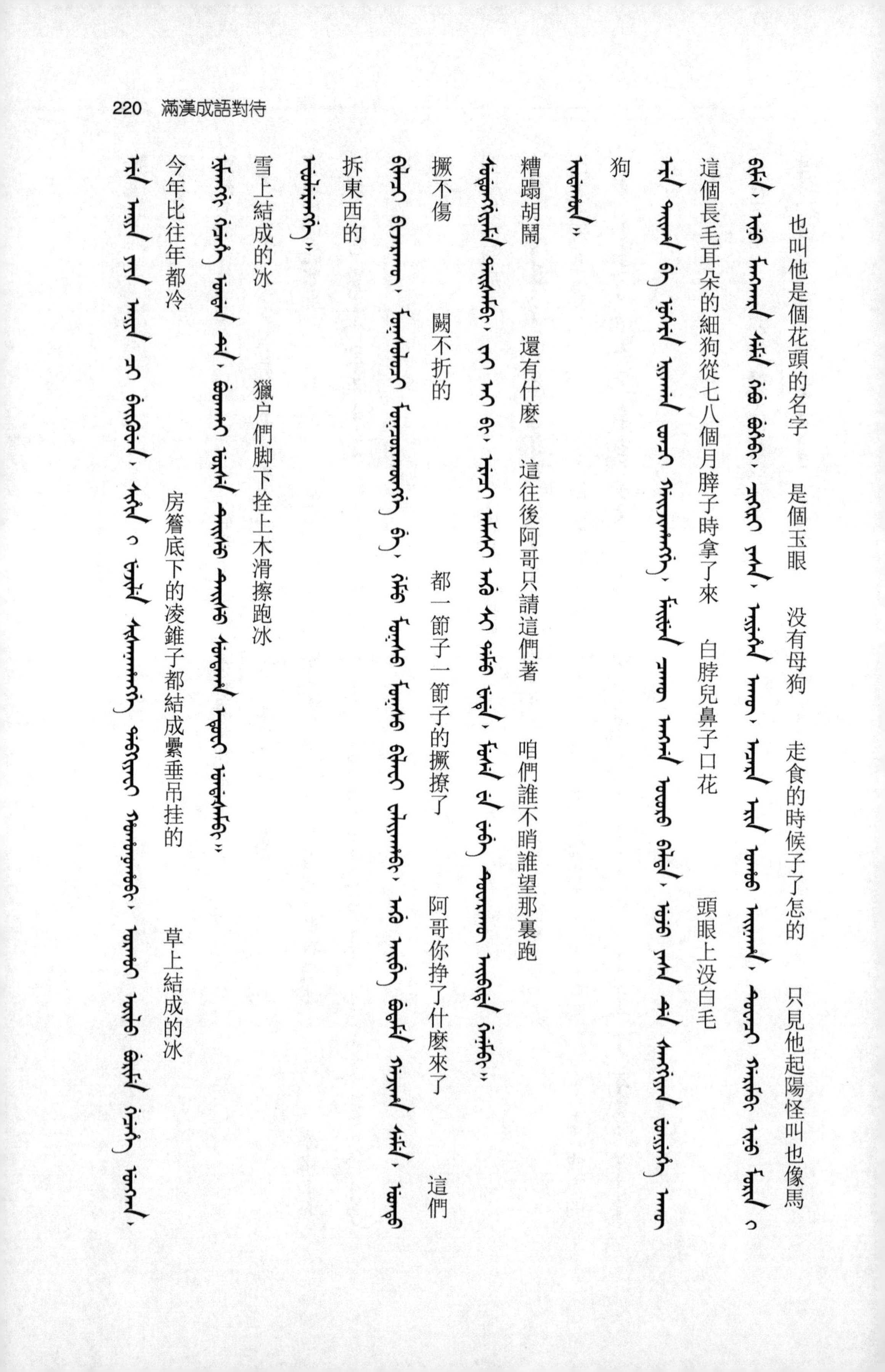

也叫他是個花頭的名字　是個玉眼　没有母狗　走食的時候子了怎的　只見他起陽怪叫也像馬

這個長毛耳朵的細狗從七八個月脖子時拿了來　白脖兒鼻子口花　頭眼上没白毛

狗

糟蹋胡鬧　還有什麼　這往後阿哥只請這們著　咱們誰不睄誰望那裏跑

撅不傷　撅不折的　都一節子一節子的撅撩了　阿哥你掙了什麼來了　這們

拆東西的

雪上結成的冰　獵户們脚下拴上木滑擦跑冰

今年比往年都冷　房簷底下的凌錐子都結成纍垂吊挂的　草上結成的冰

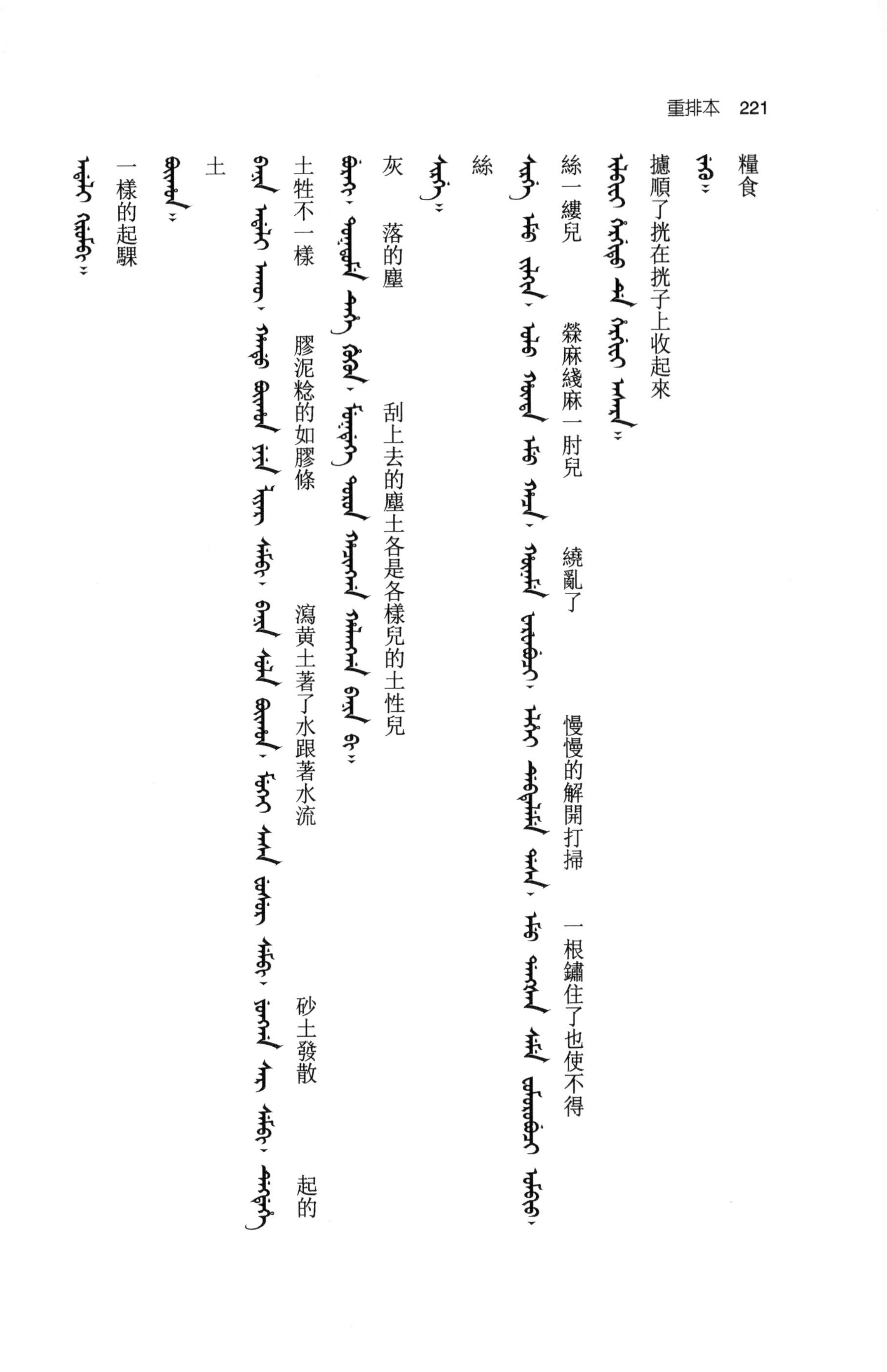

糧食

攄順了挑在挑子上收起來

絲一縷兒　縈麻綫麻一肘兒　繞亂了　慢慢的解開打掃　一根鏽住了也使不得

絲

灰　落的塵　刮上去的塵土各是各樣兒的土性兒

土牲不一樣　膠泥粘的如膠條　瀉黃土著了水跟著水流　砂土發散　起的

土

一樣的起騍

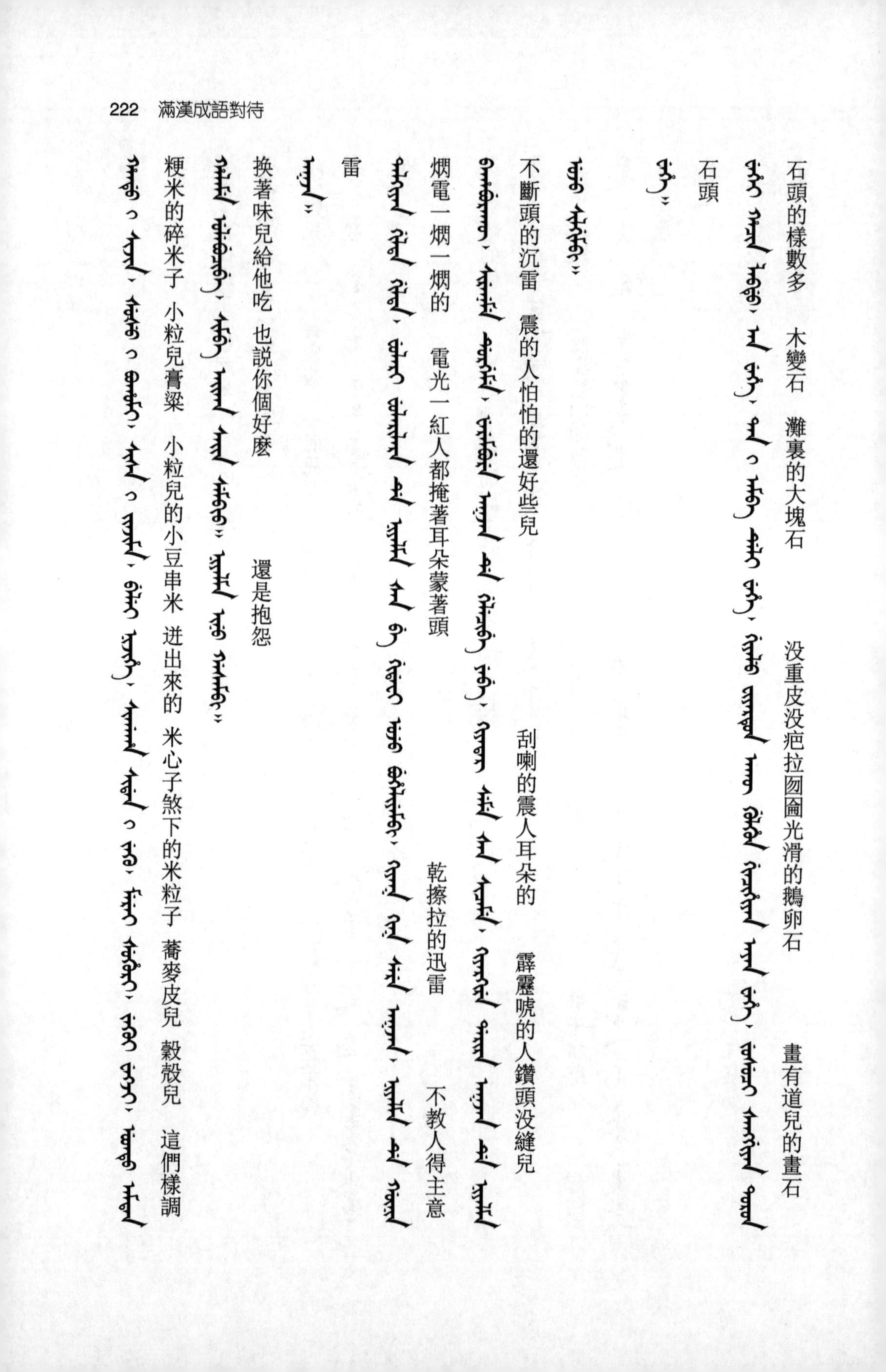

石頭的樣數多　木變石　灘裏的大塊石　沒重皮沒疤拉囫圇光滑的鵝卵石　畫有道兒的畫石

石頭

不斷頭的沉雷　震的人怕怕的還好些兒　刮喇的震人耳朵的　霹靂唬的人鑽頭沒縫兒

烱電一烱一烱的　電光一紅人都掩著耳朵蒙著頭　乾擦拉的迅雷　不教人得主意

雷

換著味兒給他吃　也說你個好麼　還是抱怨

粳米的碎米子　小粒兒膏粱　小粒兒的小豆串米　迸出來的　米心子煞下的米粒子　蕎麥皮兒　穀殼兒　這們樣調

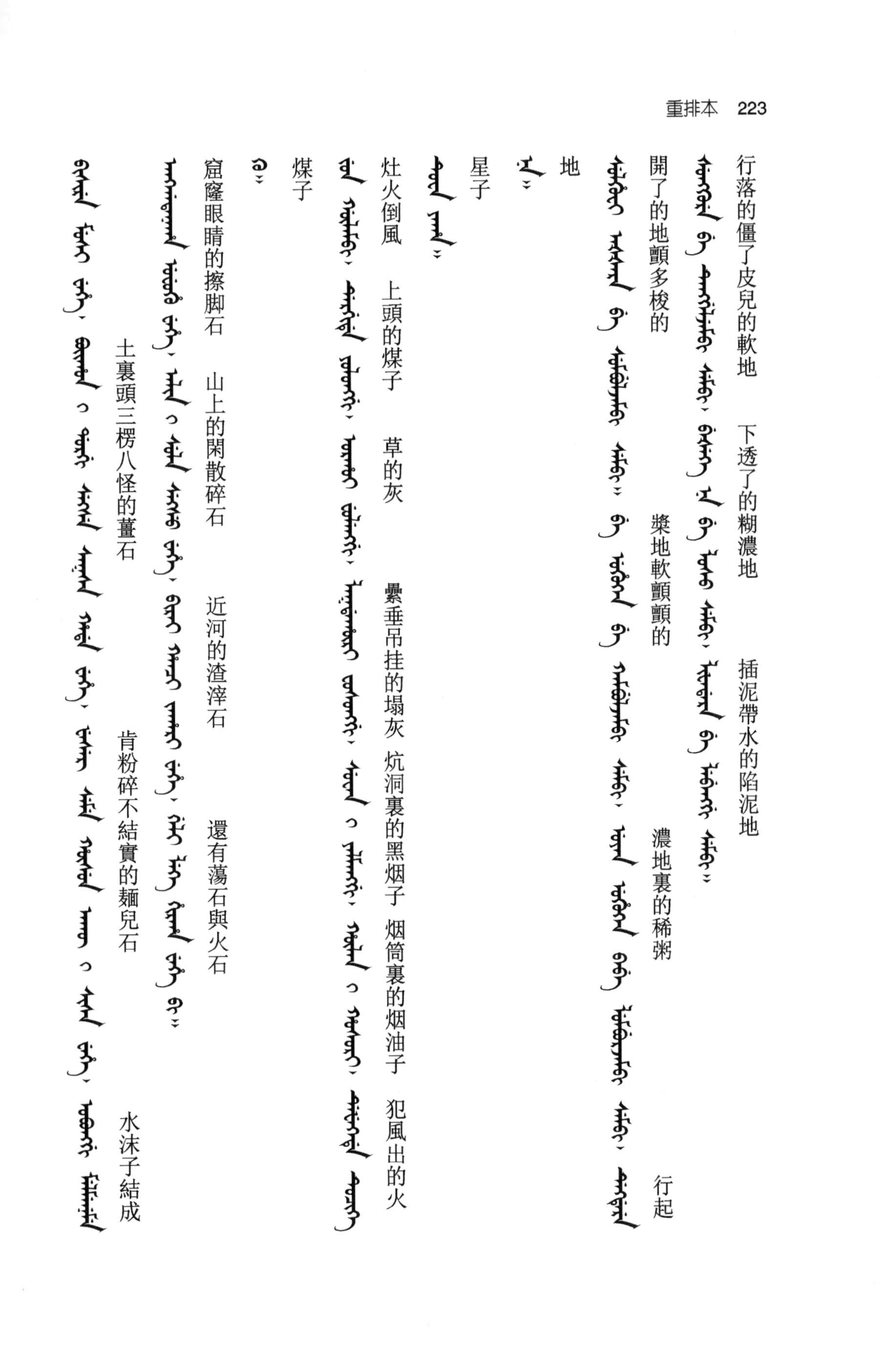

行落的僵了皮兒的軟地　下透了的糊濃地　插泥帶水的陷泥地

開了的地顫多梭的　槳地軟顫顫的　濃地裏的稀粥　行起

地

星子

灶火倒風　上頭的煤子　草的灰　爨垂吊挂的塌灰　炕洞裏的黑烟子　烟筒裏的烟油子　犯風出的火

煤子

窟窿眼睛的擦脚石　山上的閑散碎石　近河的渣滓石　還有蕩石與火石

土裏頭三楞八怪的薑石　肯粉碎不結實的麵兒石　水沫子結成

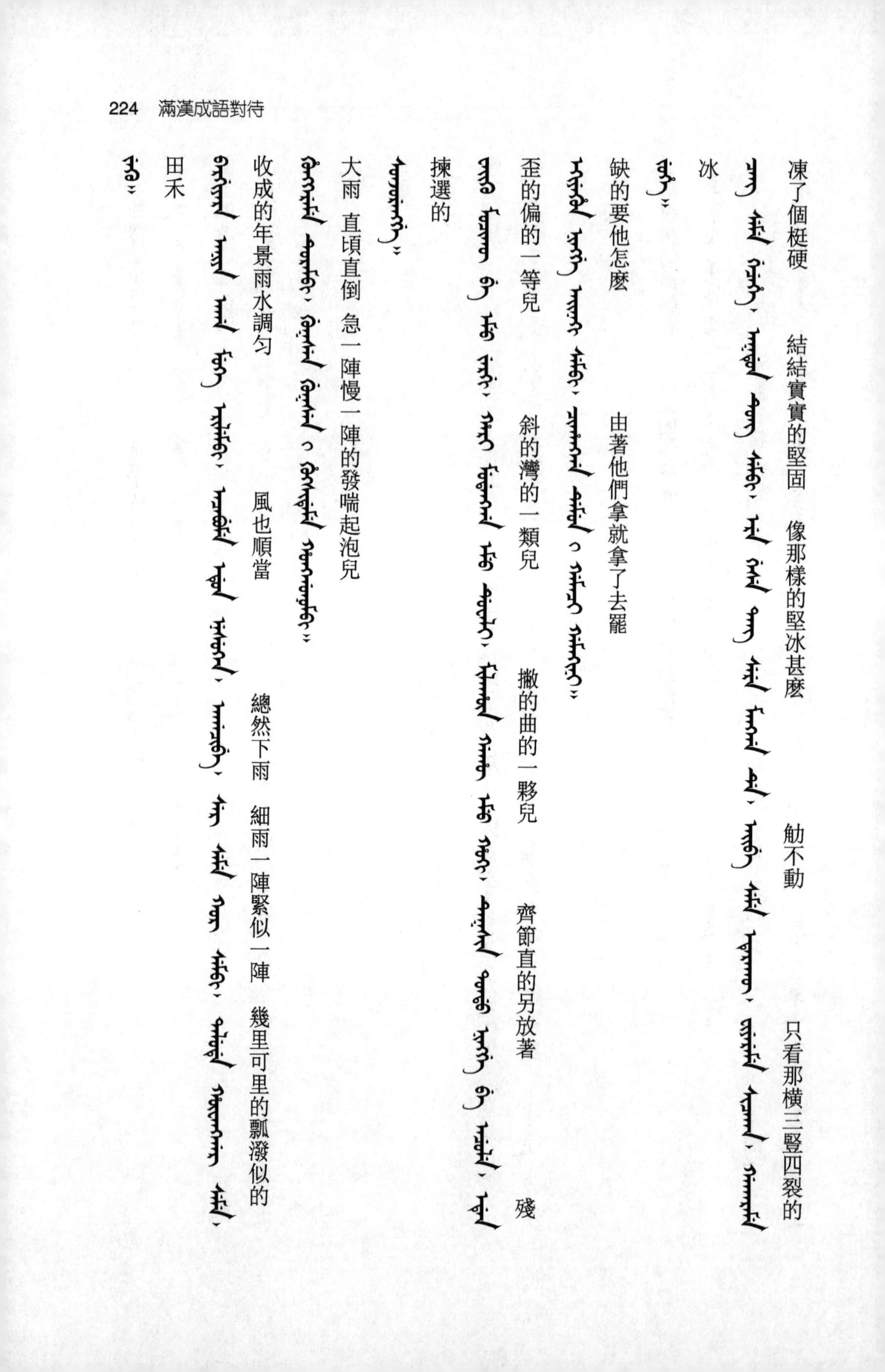

凍了個梃硬　結結實實的堅固　像那樣的堅冰甚麼　觔不動　只看那橫三豎四裂的

冰

缺的要他怎麼　由著他們拿就拿了去罷

歪的偏的一等兒　斜的灣的一類兒　撇的曲的一夥兒　齊節直的另放著　殘

揀選的

大雨　直頃直倒　急一陣慢一陣的發喘起泡兒

收成的年景雨水調勻　風也順當　總然下雨　細雨一陣緊似一陣　幾里可里的瓢潑似的

田禾

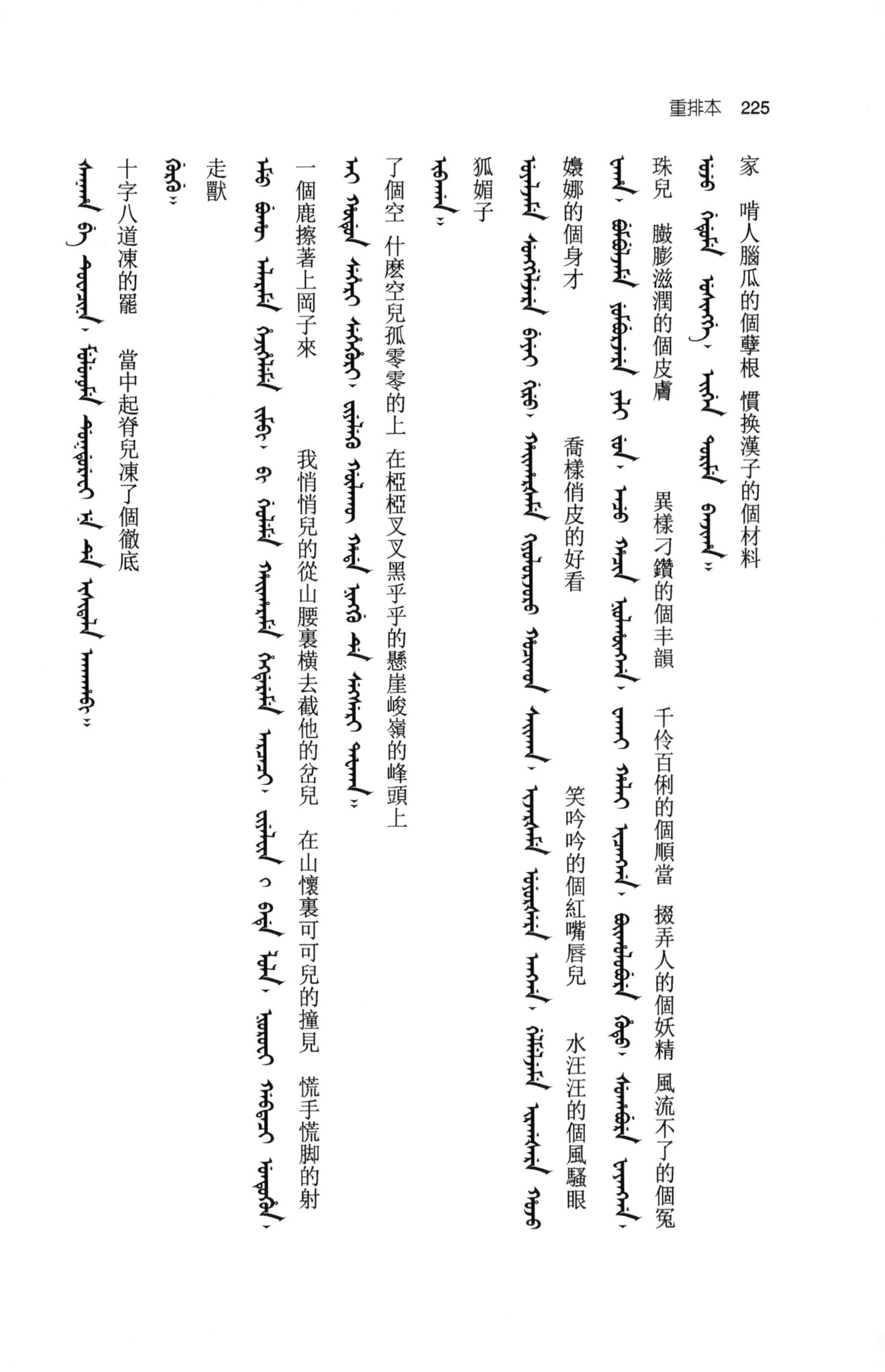

家　啃人腦瓜的個孽根　慣換漢子的個材料

[illegible]

珠兒　臌膨滋潤的個皮膚　異樣刁鑽的個丰韻　千伶百俐的個順當　掇弄人的個妖精　風流不了的個冤

[illegible]

孃娜的個身才　喬樣俏皮的好看　笑吟吟的個紅嘴唇兒　水汪汪的個風騷眼

[illegible]

狐媚子

[illegible]

了個空　什麼空兒孤零零的上　在椏椏叉叉黑乎乎的懸崖峻嶺的峰頭上

[illegible]

一個鹿擦著上岡子來　我悄悄兒的從山腰裏橫去截他的岔兒　在山懷裏可可兒的撞見　慌手慌腳的射

[illegible]

走獸

[illegible]

十字八道凍的羆　當中起脊兒凍了個徹底

[illegible]

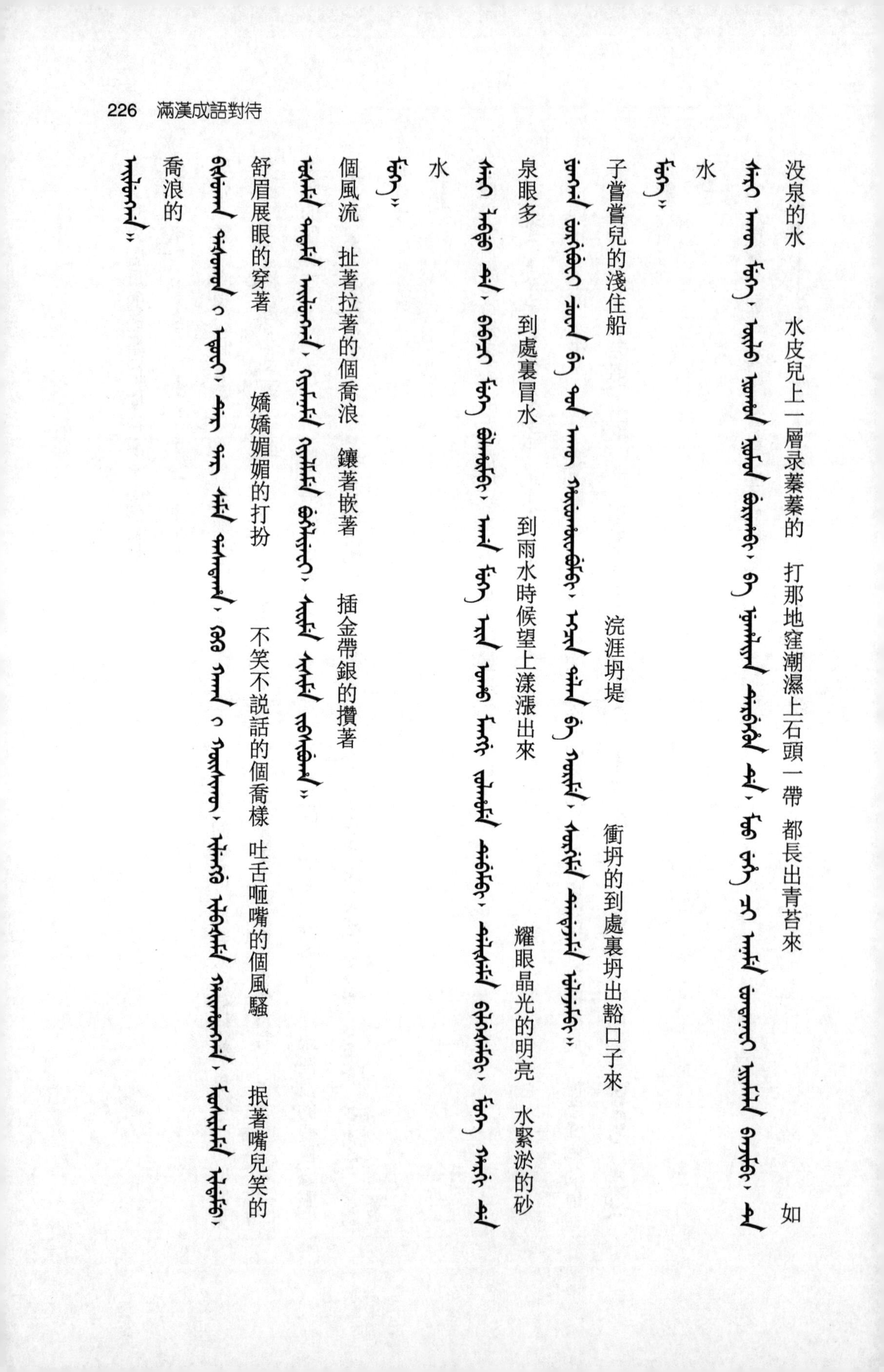

没泉的水　水皮兒上一層录蓁蓁的　打那地窪潮濕上石頭一帶　都長出青苔來　如

水

子嘗嘗兒的淺住船　浣涯坍堤　衝坍的到處裏坍出豁口子來

泉眼多　到處裏冒水　到雨水時候望上漾漲出來　耀眼晶光的明亮　水緊淤的砂

水

個風流　扯著拉著的個喬浪　鑲著嵌著　插金帶銀的攢著

舒眉展眼的穿著　嬌嬌媚媚的打扮　不笑不說話的個喬樣　吐舌咂嘴的個風騷　抿著嘴兒笑的

喬浪的

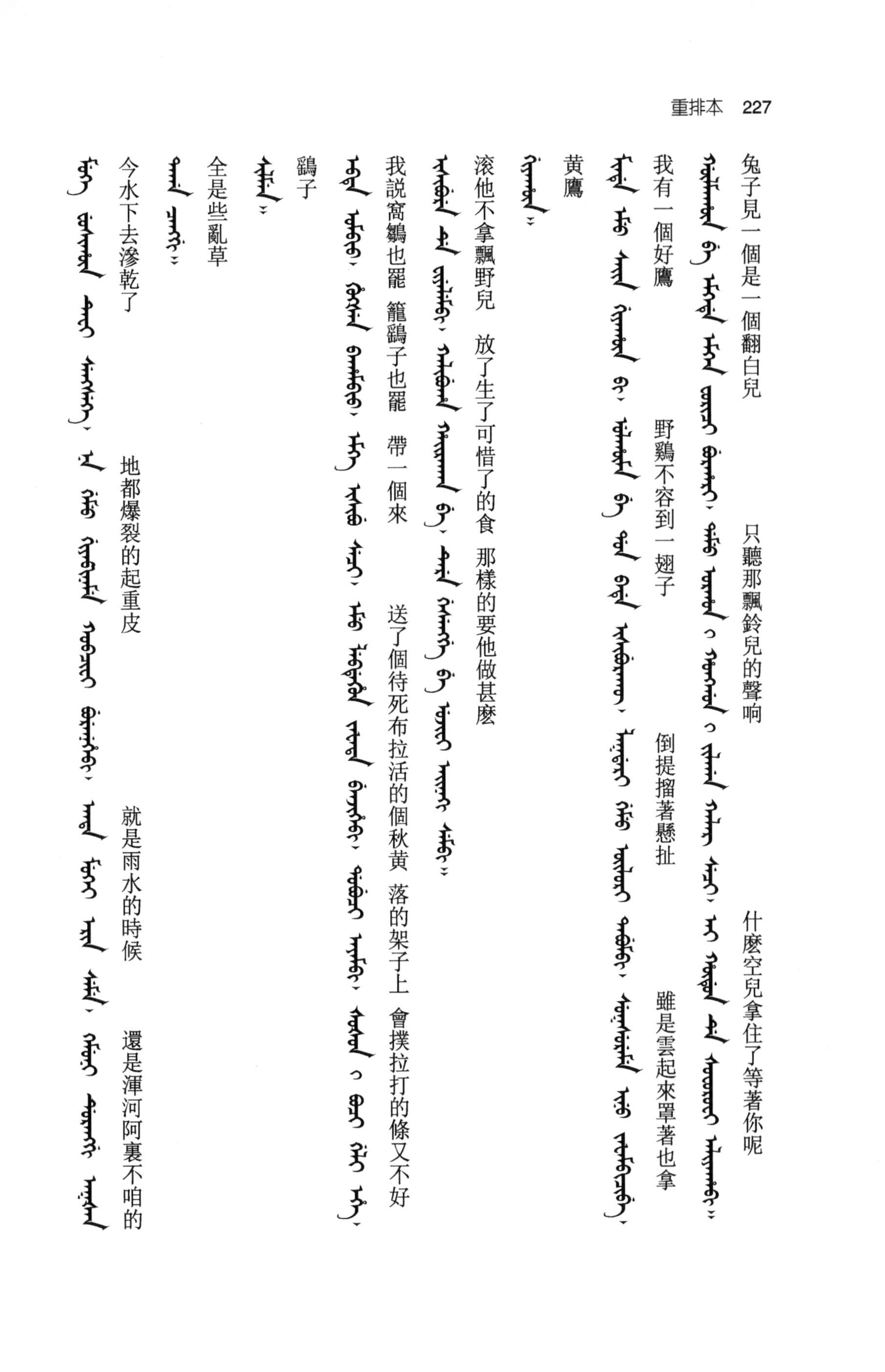

兔子見一個是一個翻白兒　只聽那飄鈴兒的聲响　什麽空兒拿住了等著你呢

我有一個好鷹　野鷄不容到一翅子　倒提摺著懸扯　雖是雲起來罩著也拿

黄鷹

滚他不拿飄野兒　放了生了可惜了的食　那樣的要他做甚麽

我說窩鶵也罷　籠鶵子也罷　帶一個來　送了個待死布拉活的個秋黄　落的架子上　會撲拉打的條又不好

鶵子

全是些亂草

今水下去滲乾了　地都爆裂的起重皮　就是雨水的時候　還是渾河阿裏不咱的

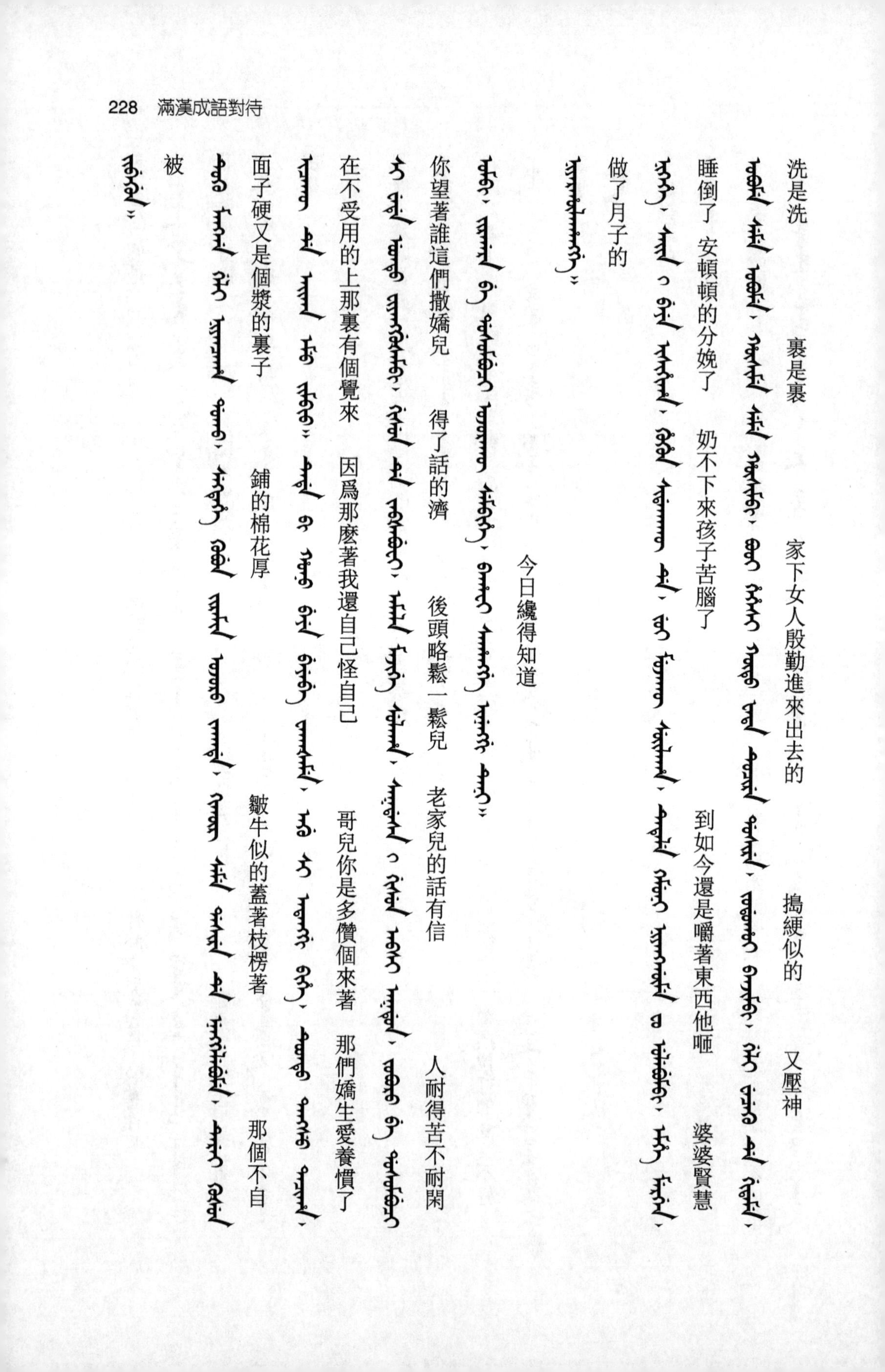

洗是洗 裏是裏 家下女人殷勤進來出去的 搗綆似的 又壓神

睡倒了 安頓頓的分娩了 奶不下來孩子苦腦了 到如今還是嚼著東西他咂 婆婆賢慧

做了月子的

今日纔得知道

你望著誰這們撒嬌兒 得了話的濟 後頭略鬆一鬆兒 老家兒的話有信 人耐得苦不耐閑

在不受用的上那裏有個覺來 因爲那麼著我還自己怪自己 哥兒你是多贊個來著 那們嬌生愛養慣了

面子硬又是個漿的裏子 鋪的棉花厚 皺牛似的蓋著枝楞著 那個不自

被

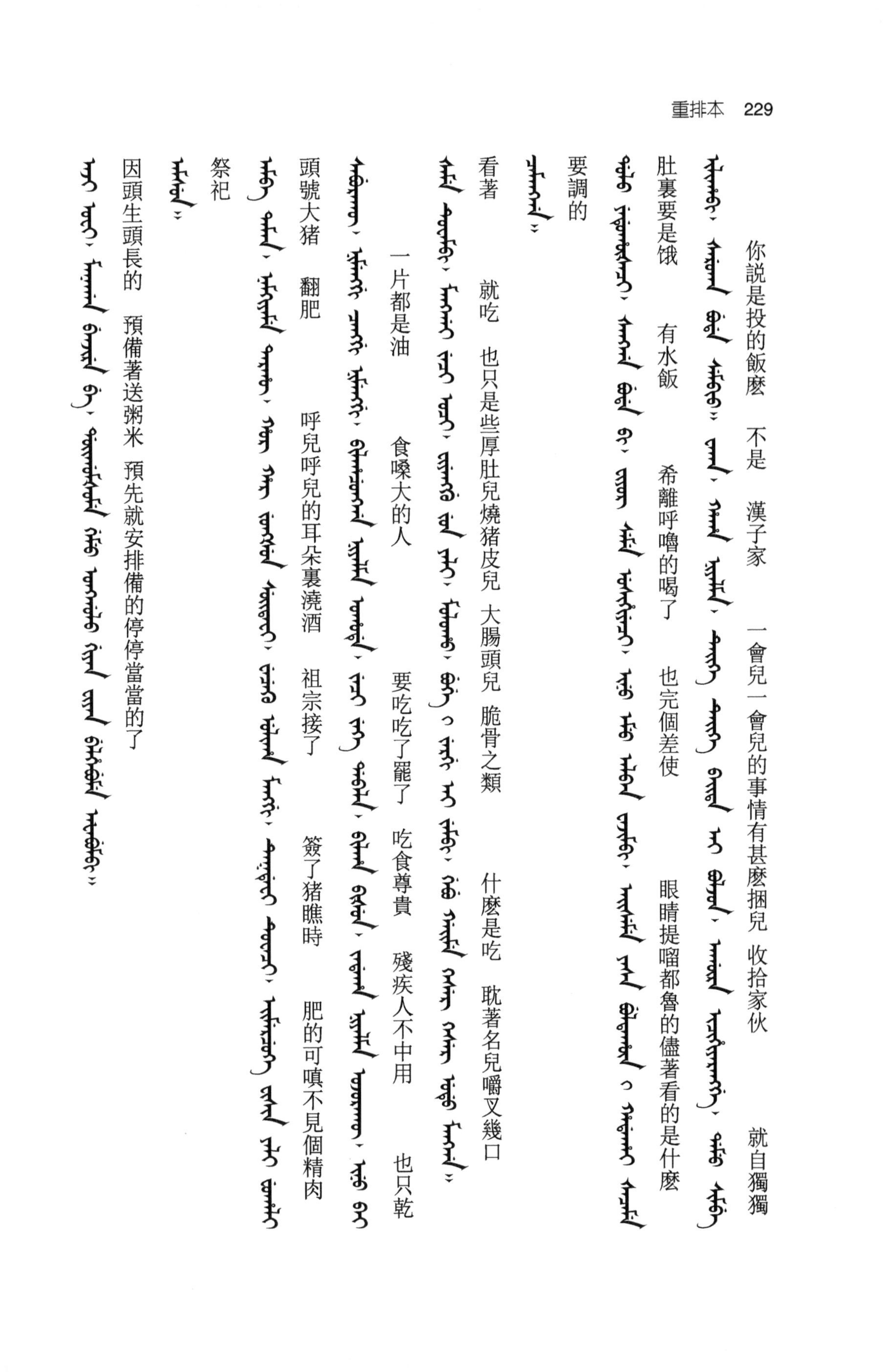

你說是投的飯麼　不是　漢子家　一會兒一會兒的事情有甚麼捆兒 收拾家伙　就自獨獨

肚裏要是餓　有水飯　希離呼嚕的喝了　也完個差使　眼睛提溜都魯的儘著看的是什麼

要調的

看著　就吃　也只是些厚肚兒燒猪皮兒 大腸頭兒 脆骨之類　什麼是吃　耽著名兒嚼叉幾口

一片都是油　食嗓大的人　要吃吃了罷了　吃食尊貴　殘疾人不中用　也只乾

頭號大猪　翻肥　呼兒呼兒的耳朵裏澆酒　祖宗接了　簽了猪瞧時　肥的可嗔不見個精肉

祭祀

因頭生頭長的　預備著送粥米　預先就安排備的停停當當的了

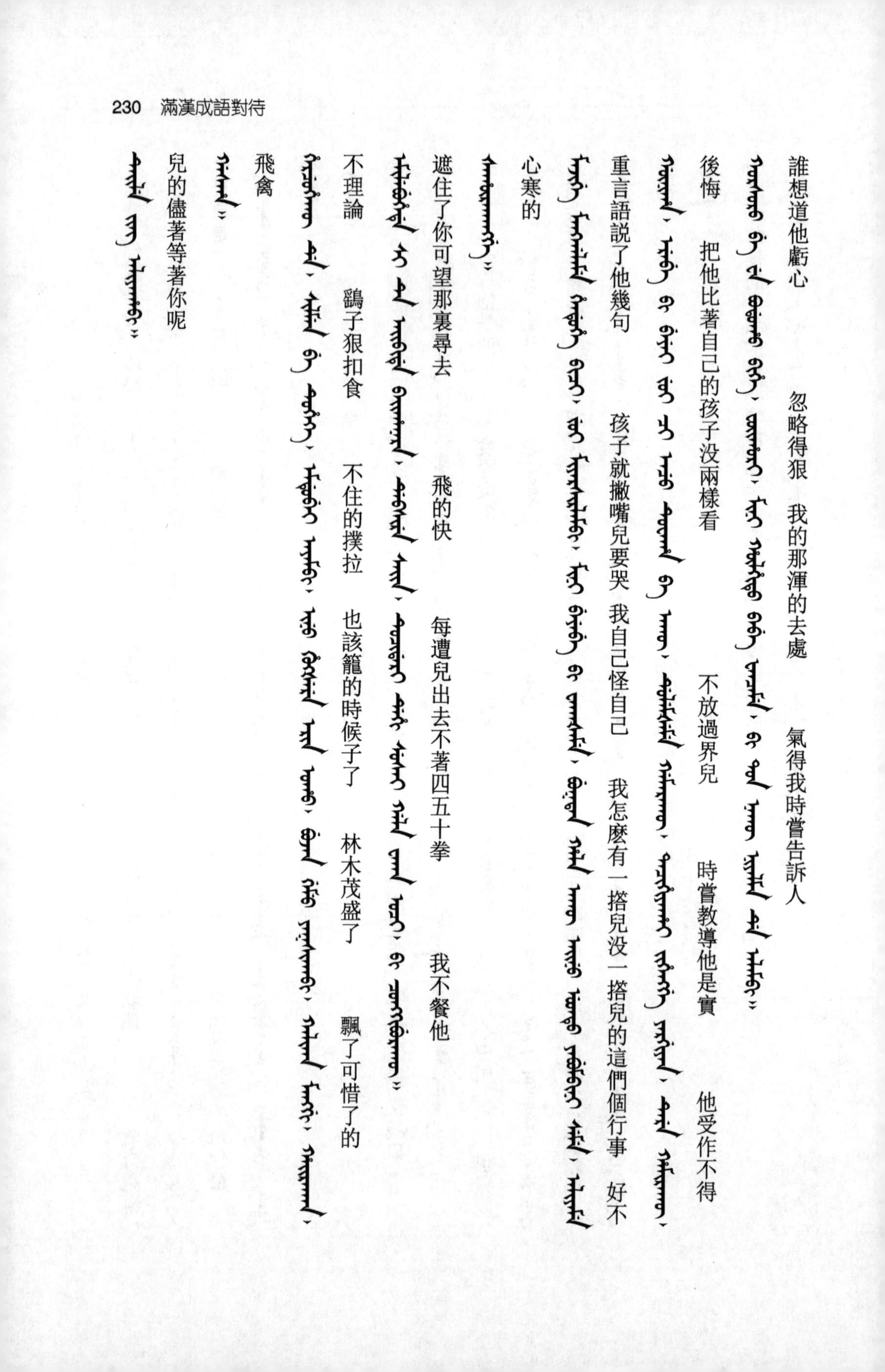

誰想道他虧心　忽略得狠　我的那渾的去處　氣得我時常告訴人

後悔　把他比著自己的孩子没兩樣看　不放過界兒　時常教導他是實　他受作不得

重言語説了他幾句　孩子就撇嘴兒要哭　我自己怪自己　我怎麼有一搭兒没一搭兒的這們個行事　好不

心寒的

遮住了你可望那裏尋去　飛的快　每遭兒出去不著四五十拳　我不餐他

不理論　鷂子狠扣食　不住的撲拉　也該籠的時候子了　林木茂盛了　飄了可惜了的

飛禽

兒的儘著等著你呢

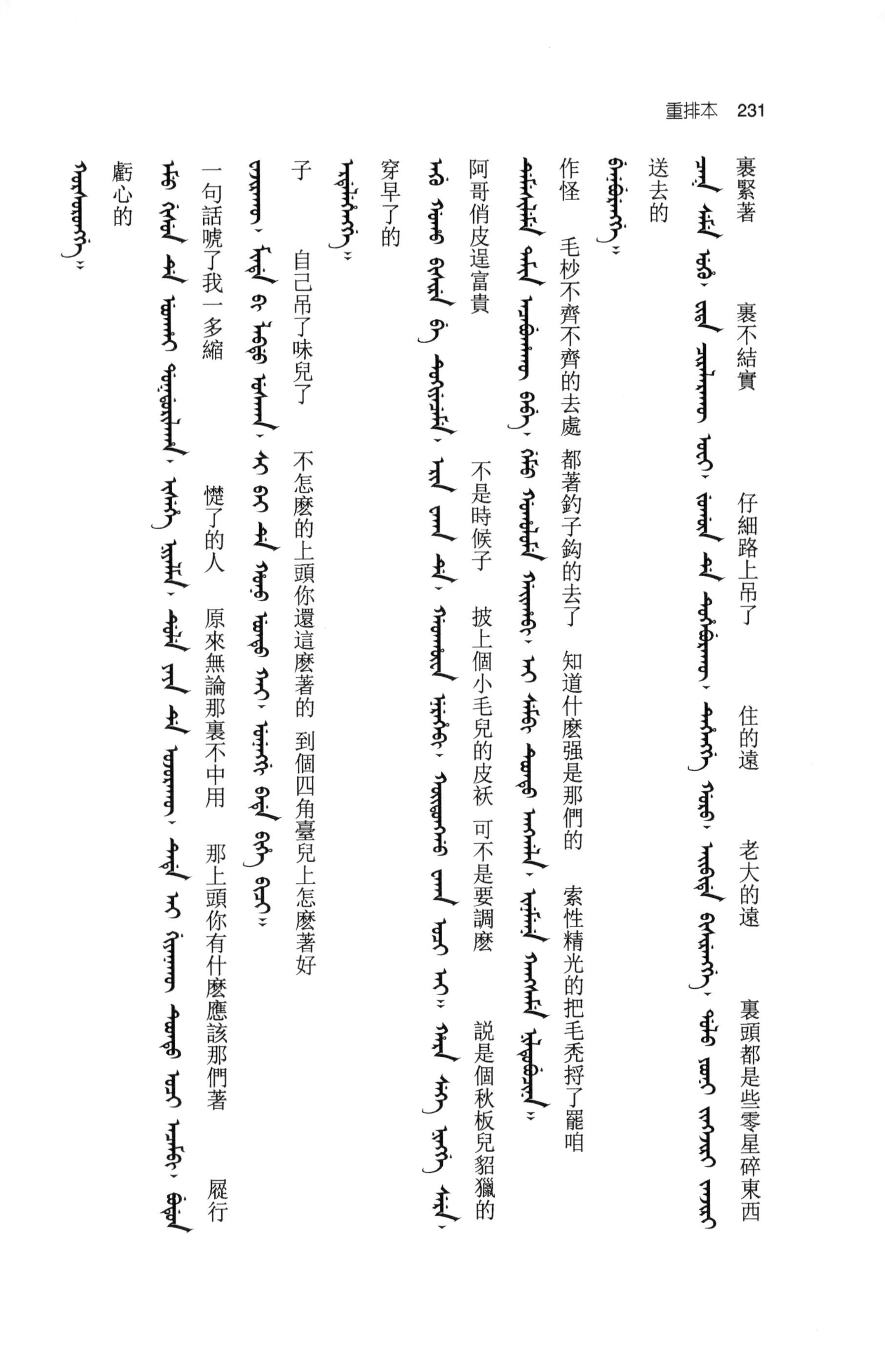

裹緊著　裹不結實　仔細路上吊了　住的遠　老大的遠　裹頭都是些零星碎東西

送去的

作怪　毛杪不齊不齊的去處　都著鈎子鈎的去了　知道什麼强是那們的　索性精光的把毛禿捋了罷咱

阿哥俏皮逞富貴　不是時候子　披上個小毛兒的皮袄　可不是要調麼　說是個秋板兒貂獵的

穿早了的

子　自己吊了味兒了　不怎麼的上頭你還這麼著的　到個四角臺兒上怎麼著好

一句話唬了我一多縮　憷了的人　原來無論那裏不中用　那上頭你有什麼應該那們著　屣行

虧心的

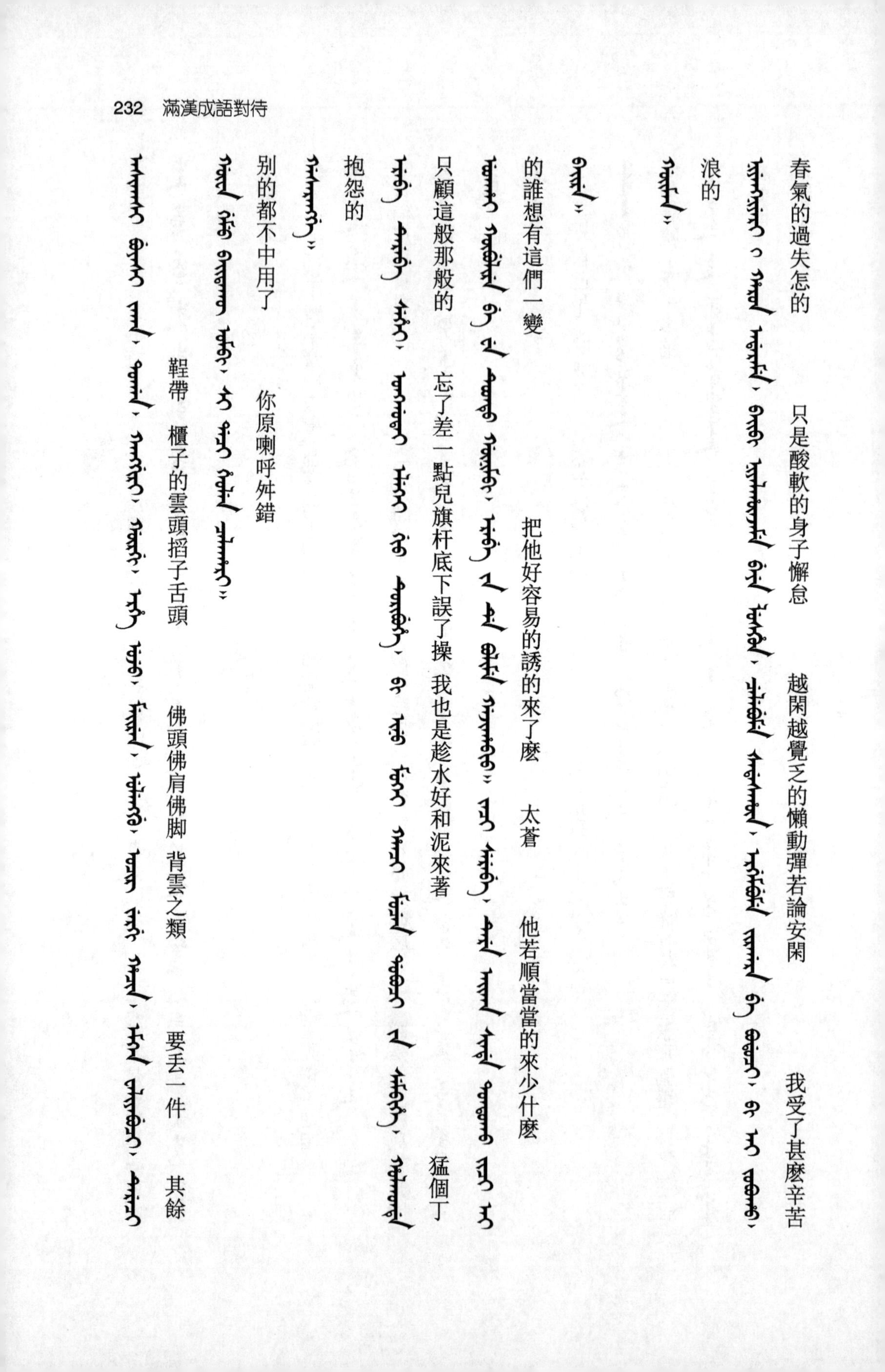

春氣的過失怎的 只是酸軟的身子懈怠 越閑越覺乏的懶動彈若論安閑 我受了甚麼辛苦

[illegible]

浪的

[illegible]

的誰想有這們一變 把他好容易的誘的來了麼 太蒼 他若順當當的來少什麼

[illegible]

只顧這般那般的 忘了差一點兒旗杆底下誤了操 我也是趁水好和泥來著 猛個丁

[illegible]

抱怨的

[illegible]

別的都不中用了 你原喇呼舛錯

[illegible]

鞓帶 櫃子的雲頭掐子舌頭 佛頭佛肩佛脚 背雲之類 要丟一件 其餘

[illegible]

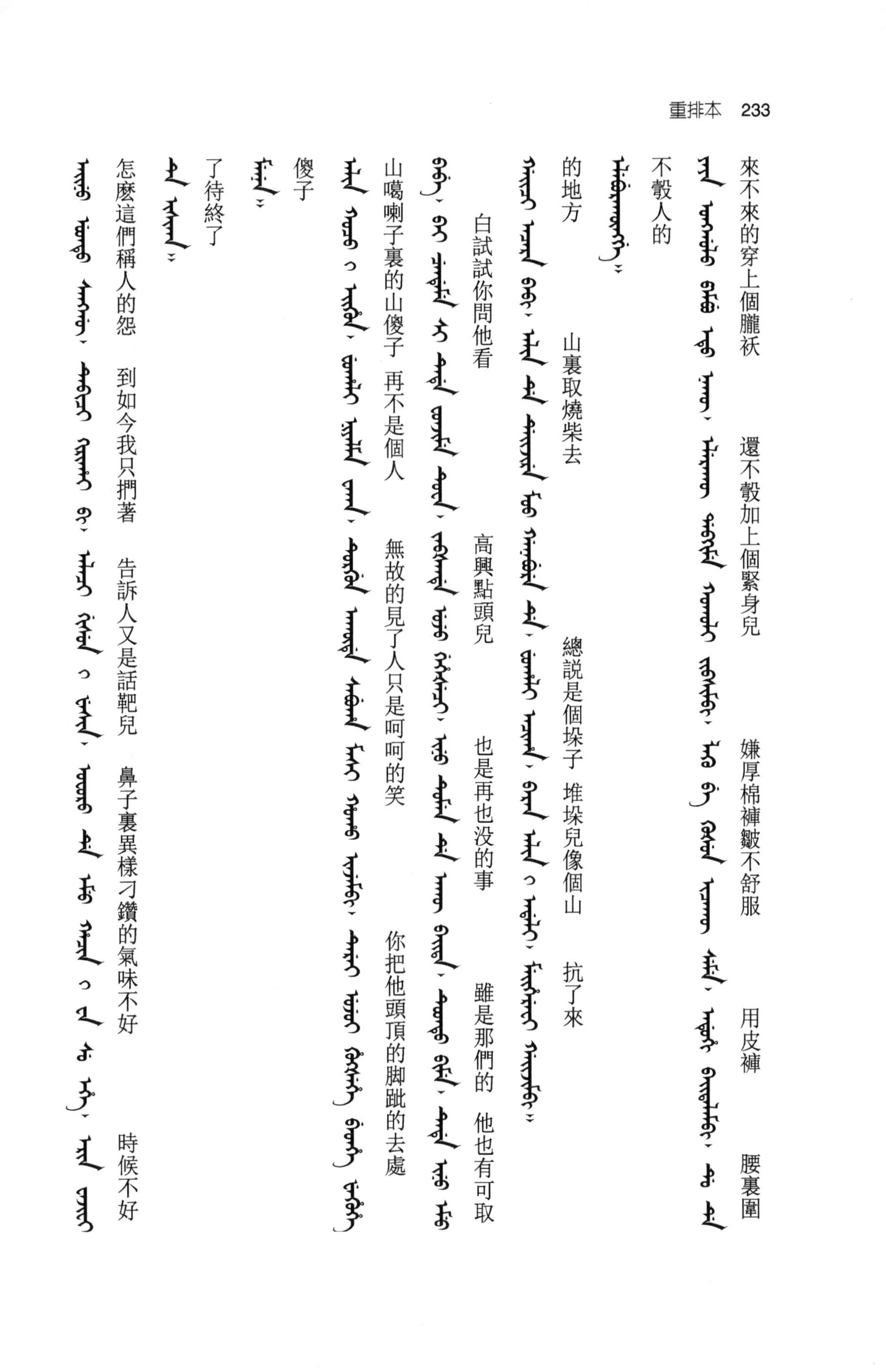

來不來的穿上個朧袄 還不彀加上個緊身兒 嫌厚棉褲皺不舒服 用皮褲 腰裏圍

不彀人的

的地方 山裏取燒柴去 總說是個垛子 堆垛兒像個山 抗了來

白試試你問他看 高興點頭兒 也是再也没的事 雖是那們的 他也有可取

山噶喇子裏的山傻子 再不是個人 無故的見了人只是呵呵的笑 你把他頭頂的脚跐的去處

傻子

了待終了

怎麼這們稱人的怨 到如今我只捫著 告訴人又是話靶兒 鼻子裏異様刁鑽的氣味不好 時候不好

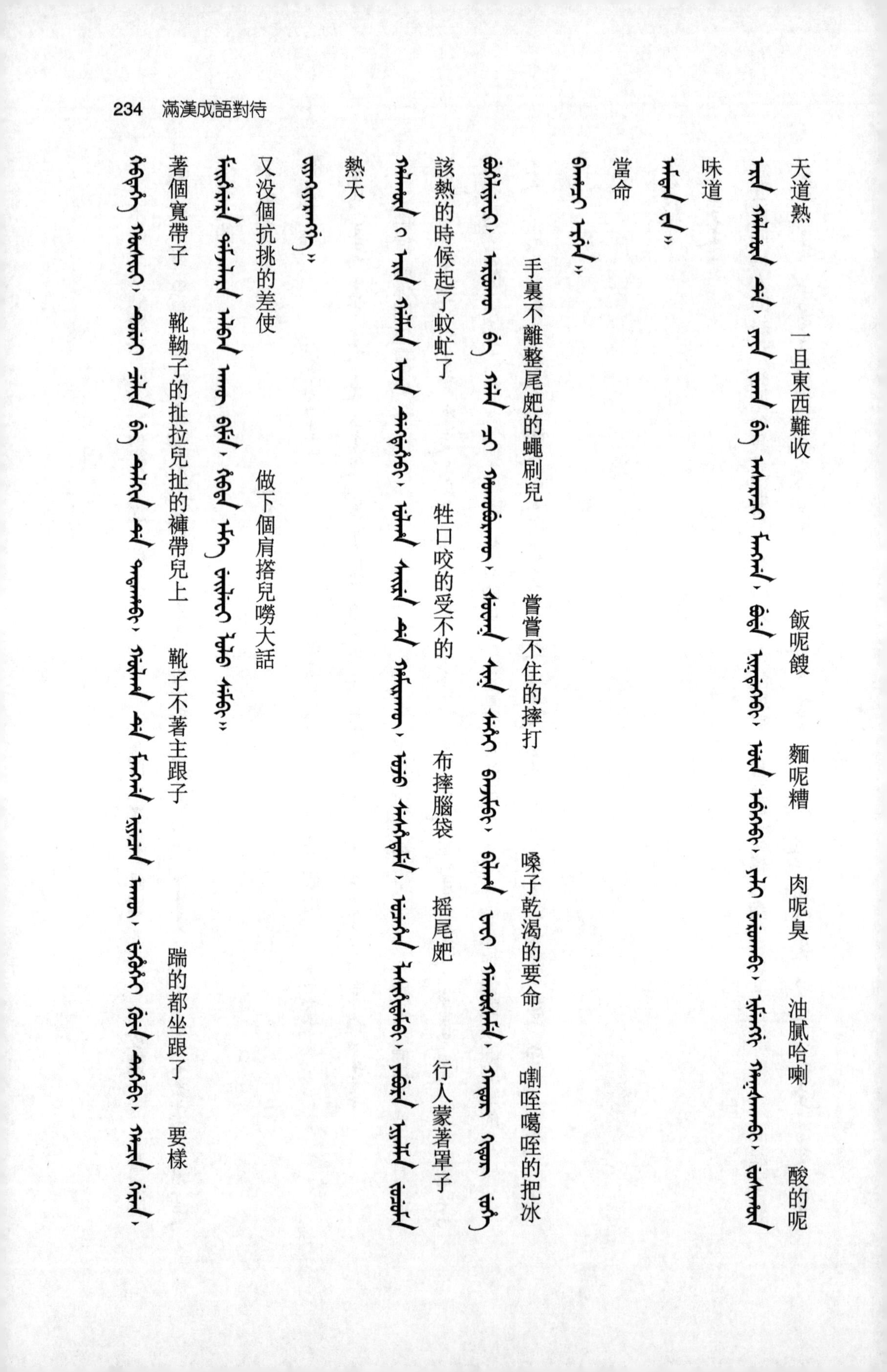

天道熱　一旦東西難收　飯呢餿　麵呢糟　肉呢臭　油膩哈喇　酸的呢

味道

當命

手裏不離整尾爬的蠅刷兒　嘗嘗不住的摔打　嗓子乾渴的要命　喇咥噶咥的把冰

該熱的時候起了蚊虻了　牲口咬的受不的　布摔腦袋　搖尾爬　行人蒙著罩子

熱天

又没個抗挑的差使　做下個肩搭兒嘮大話

著個寬帶子　靴鞦子的扯拉兒扯的褲帶兒上　靴子不著主跟子　踹的都坐跟了　要様

稍子大了奪酒的味道　大冷天戀黃酒　乾酢燒酒　就著帶血津兒的燒魚吃　大家只

酒

拖床子似的直赶了去了

他會給你個轅輕　大雪裏　教他別出去　降著不肯依　也不理論車輪轉不轉

你們睄裝的　眼都瞎了　轅重了　你看不見麼　一點不教人說牛奔兒　說了他發作了

車

蒼蠅綜著下胙

變　改變了都白撂　要吃呢　剛彀　可著買　剩下了

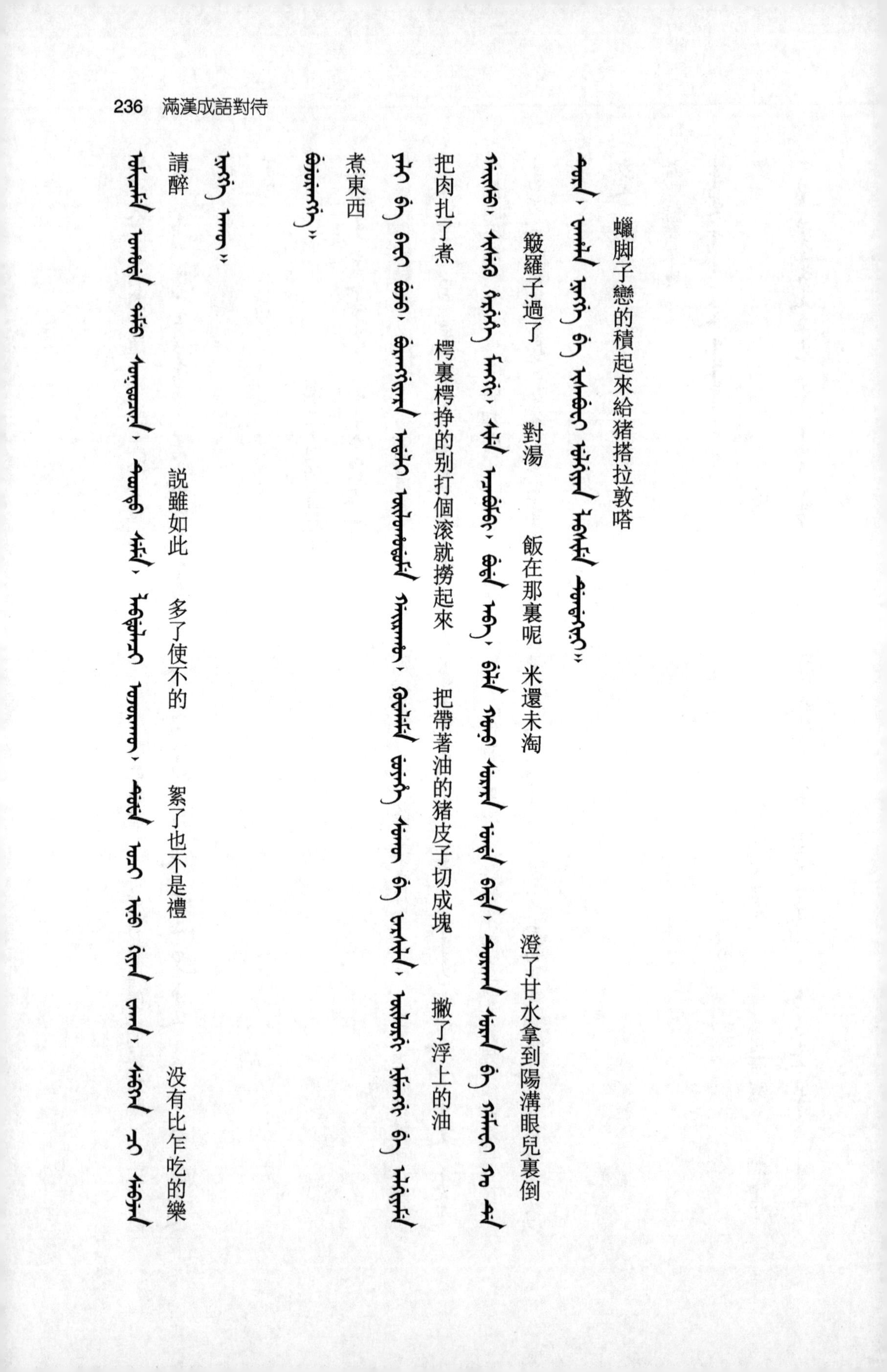

蠟脚子戀的積起來給猪搭拉敦嗒

簸羅子過了　對湯　飯在那裏呢　米還未淘　澄了甘水拿到陽溝眼兒裏倒

把肉扎了煮　楞裹楞挣的别打個滾就撈起來　把帶著油的猪皮子切成塊　撇了浮上的油

煮東西

請醉　説雖如此　多了使不的　絮了也不是禮　没有比乍吃的樂

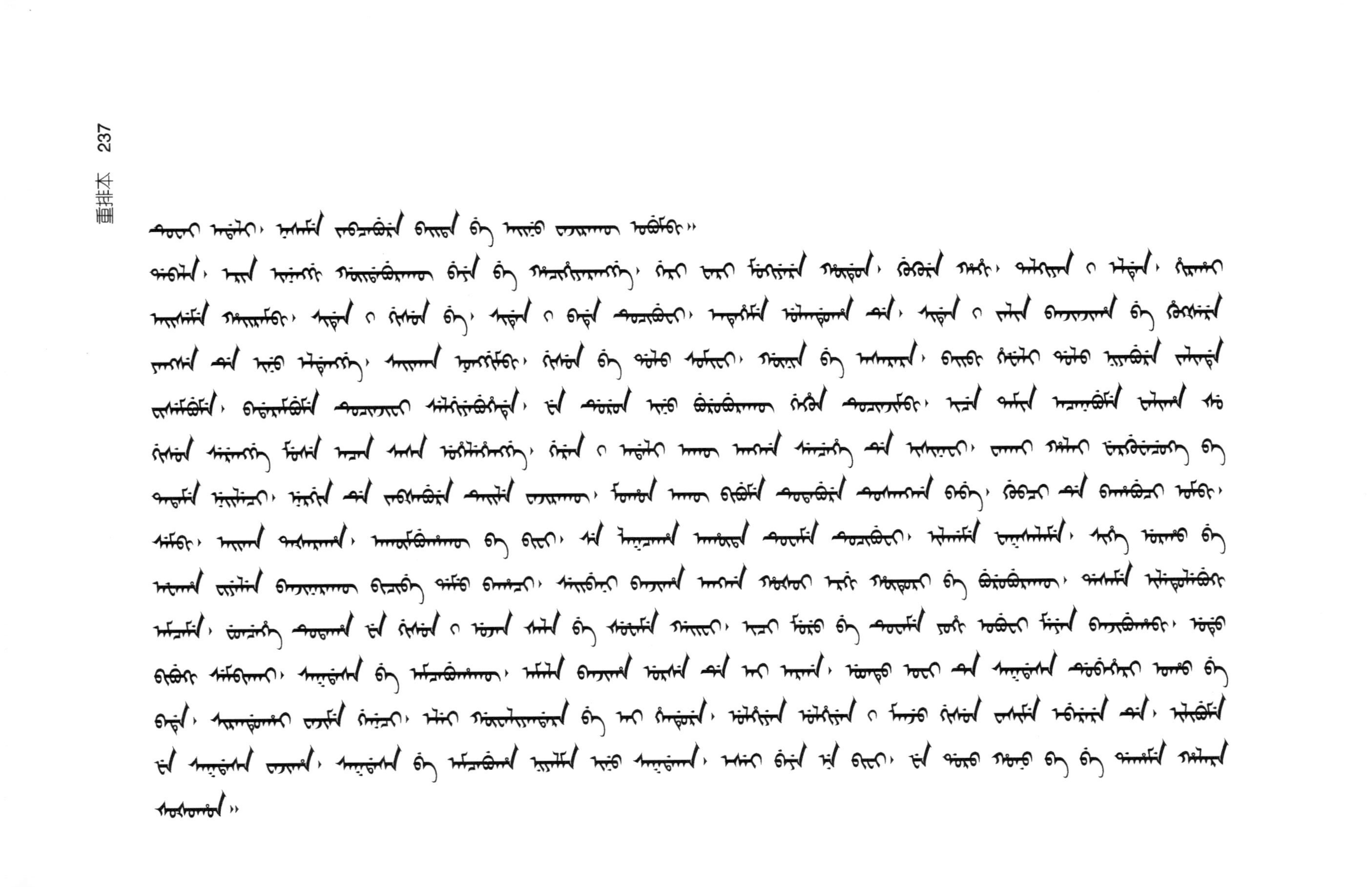

[illegible]
[illegible]
[illegible]
[illegible]
[illegible]
[illegible]
[illegible]
[illegible]
[illegible]
[illegible]
[illegible]
[illegible]
[illegible]